KB105552

실용적 관점에서의 인간학

대우고전총서 037

Daewoo Classical Library

한국어 칸트전집 16

The Korean Edition of
the Works of Immanuel Kant

실용적 관점에서의 인간학

Anthropologie in pragmatischer Hinsicht

임마누엘 칸트 | 백종현 옮김

아카넷

1791년의 칸트. G. Doeppler의 초상화.

칼라닌그라드의 임마누엘 칸트 대학 정원에 있는 칸트 동상.

칸트의 묘소(쾨니히스베르크 교회 후면)

칸트의 석곽묘(쾨니히스베르크 교회 특별 묘소 내부)

쾨니히스베르크(칼라닌그라드) 성곽 모서리에 있는 칸트의 기념 동판. "그에 대해서 자주 그리고 계속해서 숙고하면 할수록, 점점 더 큰 감탄과 외경으로 마음을 채우는 두 가지 것이 있다, 그것은 내 위의 별이 빛나는 하늘과 내 안의 도덕 법칙이다"라는 『실천이성비판』 맺음말의 첫 구절이 새겨져 있다.

《한국어 칸트전집》 간행에 부쳐

칸트(Immanuel Kant, 1724~1804)의 철학에 대한 한국인의 연구 효시를 이정직(李定稷, 1841~1910)의 「康氏哲學說大略」(1903~1910년경)으로 본다면, 한국에서의 칸트 연구는 칸트 사후 100년쯤부터 시작된 것인데, 그 시점은 대략 서양철학이 한국에 유입된 시점과 같다. 서양철학 사상 중에서도 칸트철학에 대한 한국인의 관심은 이렇게 시기적으로 가장 빨랐을 뿐만 아니라 가장 많은 연구 논저의 결실로도 나타났다. 그 일차적 이유는 19세기 말에서 20세기 초의 동아시아 정치 상황에서 찾을 수 있겠지만, 사상 교류의 특성상 칸트의 한국인과의 친화성 또한 그 몫이 적지 않을 것이다.

칸트는 생전 57년(1746~1803)에 걸쳐 70편의 논저를 발표하였고, 그 외에 다대한 서간문, 조각글, 미출판 원고, 강의록을 남겨 그의 저작 모음은 독일 베를린 학술원판 전집 기준 현재까지 발간된 것만 해도 총 29권 37책이다. 이 가운데 《한국어 칸트전집》은 그가 생전에 발표한 전체 저술과 이 저술들을 발간하는 중에 지인들과 나눈 서간들, 그리고 미발간 원고 중 그의 말년 사상을 포괄적으로 담고 있는 유작(Opus postumum)을 포함한다. 칸트 논저들의 번역 대본은 칸트 생전 원본이고, 서간과 유작은 베를린 학술원판 전집 중 제10~12권과 제21~22권이다.(이

한국어 번역의 베를린 학술원판 대본에 관해서는 저작권자인 출판사 Walter de Gruyter에서 한국어번역판권을 취득하였다.)

한 철학적 저작은 저자가 일정한 문화 환경 안에서 그에게 다가온 문제를 보편적 시각으로 통찰한 결실을 담고 있되, 그가 사용하는 언어로 기술한 것이다. 이러한 저작을 번역한다는 것은 그것을 다른 언어로 옮긴다는 것이고, 언어가 한 문화의 응축인 한에서 번역은 두 문화를 소통시키는 일이다. 그래서 좋은 번역을 위해서는 번역자가 원저자의 사상 및 원저의 기저를 이루고 있는 문화 배경에 대해 충분한 이해를 가질 것과 아울러 원저의 언어와 번역 언어에 대한 상당한 구사력을 가질 것이 요구된다.

18세기 후반 독일에서 칸트는 독일어와 라틴어로 저술했거니와, 이러한 저작을 한국어로 옮김에 있어 그 전혀 다른 언어 구조로 인해서 그리고 칸트가 저술한 반세기 동안의 독일어의 어휘 변화와 칸트 자신의 사상과 용어 사용법의 변화로 인해서 여러 번역자가 나서서 제아무리 애를 쓴다 해도 한국어로의 일대일 대응 번역은 어렵다. 심지어 핵심적인 용어조차도 문맥에 따라서는 일관되게 옮기기가 쉽지 않다. 게다가 한 저자의 저술을 여러 번역자가 나누어 옮기는 경우에는 번역자마다 가질 수밖에 없는 관점과 이해 정도의 차이에 따라 동일한 원어가 다소간에 상이한 번역어를 얻게 되는 것은 불가피한 일이다. 이러한 제한과 유보 아래서 이《한국어 칸트전집》을 간행한다.

당초에 대우재단과 한국학술협의회가 지원하고 출판사 아카넷이 기획 발간한 '대우고전총서'의 일환으로 2002년부터 칸트 주요 저작들의 한국어 역주서가 원고 완성 순서대로 다른 사상가의 저술들과 섞여서 출간되었던바, 이것이 10권에 이른 2014년에 '대우고전총서' 내에 하나의 별실을 설치하고 전 24권의《한국어 칸트전집》을 펴낸다. 각 권의 사사에서 표하고 있듯이 이 작업을 위해 대우재단/한국학술협의회, 한국연구재단, 서울대학교 인문대학, 서울대학교 인문학연구원은 상당한 역주 연구비를 지원하였고, 대우재단/한국학술협의회는 출판비를 전담하였으며, 출판사 아카넷은 제책에 장인 정신과 미감 그리고 최고 학술서 발간의 자부심을 더해주었다. 권권에 배어 있는 여러분들의 정성을 상기하면서, 여러 공익 기관과 학술인들이 합심 협력하여 펴내는 이 《한국어 칸트전집》이 한국어를 사용하는 이들의 지성 형성에 지속적인 자양분이 될 것을 기대한다.

《한국어 칸트전집》 편찬자 백 종 현

책을 펴내면서

모든 시대의 경험에서 그리고 모든 민족들 사이에서 알려지는바 인류의 성격인즉 이렇다. 즉 집합적으로(인류 전체로) 본 인류는 서로 잇따라 그리고 서로 곁하여 실존하는 인격들의 집합이며, 이 인격들은 평화적인 공존이 없지는 않지만, 그럼에도 끊임없이 서로 상반되는 것을 피할 수가 없고, 따라서 그들 자신으로부터 나온 법칙들 아래서, 교호적인 강제에 의해, 끊임없이 분열의 위협을 받으면서도, 일반적으로는 진보하는 연립이 자연〔본성〕에 의해 세계시민 사회(世界同胞主義)가 되도록 정해져 있다는 것을 느낀다. 그러나 이 세계시민 사회 자체는 도달할 수 없는 이념으로서, (인간의 활발한 작용과 반작용 중에 존립하는 평화를 기대하는) 구성적 원리는 아니고, 단지 하나의 규제적 원리일 따름이다. 즉 그것은 그러한 이념으로의 자연적 추세를 추정하는 것이 근거 없지 않은, 인류의 규정〔사명〕으로서의 세계시민 사회를 열심히 추구해 나아가야 한다는 규제적 원리인 것이다.(『인간학』, B329=A331=VII331)

"인간이란 무엇인가?"를 물으면서, 인간의 자연적 성향에 대한 우려와 함께 인간의 자기 개선의 능력에 대한 신뢰를 진심 어린 어조로 말하고 있는 칸트(Immanuel Kant, 1724~1804)의 〈인간학 강의〉는 인간에 대한 칸트의 전반적인 이해를 보여주고 있다. 이를 통해 우리는 칸트의 인간에 대한 기대와 함께 자연인 칸트가 자연적 존재자인 인간을 어떻게 알고 있는지, 그리고 대략 18세기 말 유럽 지식인들의 인간에 대한 지식 수준이 어떠했는지를 볼 수 있다. 그런 가운데 어떤 이는 이 〈인간학 강의〉에서 칸트 비판철학의 경험적 자료 내지 토대를 읽을 수도 있을 것이고, 어떤 이는 이렇게 무지하고 편협한 인간 이해를 바탕으로 하는 칸트의 이성비판적 사유가 오늘날 어떤 타당성을 갖겠는지 회의적 증거를 발견할 수도 있을 것이다.

칸트의 육필 원고를 토대로 발간된 마지막 저술 『실용적 관점에서의 인간학(*Anthropologie in pragmatischer Hinsicht*)』은 그의 생전에 2판이 출간되었는데, 제1판(=A)은 1798년에, 제2판(=B)은 1800년에 나왔다. 제1판이 칸트의 원고대로 인쇄에 부쳐진 것은 아닌 것으로 보인다. 현재 로스토크 대학 도서관(UB Rostock)에 보관되어 있는 칸트 육필 원고가 이 책의 원본이라면, 아마도 출판사에서 가독성을 높이려는 이유로 여러 대목의 표현을 바꾼 것으로 추정된다. 또한 제1판과 제2판의 출간 과정에서 칸트가 직접 교정쇄를 보지는 않은 것으로 보이며, 다만 제1판이 출간된 후 이를 넘겨보면서 칸트가 다소간 가필 정정을 했고, 이 자료를 참고해서 제2판이 출간되었으며, 그 교정은 인쇄소가 있던 현지 예나(Jena)에서 슈츠(Ch. G. Schütz)가 맡아본 것으로 추정된다.(슈츠가 칸트에게 보낸 1800. 5. 22 자 편지: AA XII, 305 참조) 이 책의 이러한 출판 과정과 사정을 감안하여 후대의 편집자들은 상당 부분 각자의 판단에 따라 (보기에 따라서는 재편집의 수준으로) 칸트 『인간학』을 단행본으로 펴냈다.

이 한국어 역주서는 칸트 이름으로 출간된 원본을 번역의 대본으로 삼는다는 원칙 아래서, 제1판을 살펴본 후 칸트 자신의 수정 의견이 어느 정도 반영되어 제2판이 출간된 것인 만큼, 제2판을 바탕에 두고 제1판을 대조하여 작업한 결실이다. 역주 과정에서는 그 밖에도 현재까지의 연구 결과를 반영하여 새롭게 편집된 아래의 대표적인 판본들과 주요한 국내

외 역주서를 참고하였다.

번역 대본:

Anthropologie in pragmatischer Hinsicht abgefaßt von Immanuel Kant. Zweyte verbesserte Auflage. Königsberg bey Friedrich Nicolovius 1800.

Anthropologie in pragmatischer Hinsicht abgefaßt von Immanuel Kant. Königsberg bey Friedrich Nicolovius 1798.

원문 대조 및 주해 참고:

Kant's gesammelte Schriften. Hrsg. v. d. Königlich Preußischen Akademie der Wissenschaften. Erste Abteilung: Kant's Werke. Bd. VII. Berlin 1907(Neudruck 1917), 117~333(Herausgeber: Oswald Külpe)+(Einleitung, Sachliche Erläuterungen, Lesarten, Ergänzungen aus H, Orthographie, Interpunction und Sprache 354~417).

Immanuel Kant. Werke in 6 Bänden. Hrsg. v. Wilhelm Weischedel. Bd. 6. Schriften zur Anthropologie. Geschichtsphilosophie, Politik und Pädagogik. Wiesbaden 1954, 395~690.

Immanuel Kant. Anthropologie in pragmatischer Hinsicht. Hrsg. v. Karl Vorländer, Einl. v. Joachim Kopper, Anhang v. Rudolf Malter, Hamburg 1980. 〔PhB 44〕

Immanuel Kant. Anthropologie in pragmatischer Hinsicht. Hrsg. v. Reinhard Brandt, Hamburg 2000. 〔PhB 490〕

역주 참고:

이남원 옮김, 『실용적 관점에서 본 인간학』, 울산대학교출판부, 1998.

Robert B. Louden(transl. & ed.), *Anthropology from a Pragmatic Point of View*, Cambridge 2006.

坂田德南 譯,『人間學』, 岩波書店, 1952.

山下太郎 / 坂部 惠 譯,《カント全集》第14卷:『人間学』, 東京: 理想社, (1966)1993.

李秋零 主編,《康德著作全集》第7卷,『學科之爭 / 實用人類学』, 北京: 中國人民大學出版部, 2008.

무슨 일이나 그렇듯이 이 책자를 펴내는 데도 많은 이의 협력이 있었다. 유상미, 노현정 선생님은 원고 입력상의 어려움이 있을 때마다 지체 없이 도움을 주어 일을 수월하게 하였고, 김철 선생님은 찾아보기를 만드는 데 큰 노고를 더해주었으며, 윤영광 선생님은 교정 작업에 적지 않은 시간을 할애해주었다. 또한 서울대학교 인문대학은 '인문학 명저 번역·교감·주해 지원사업'을 통해 역주자로 하여금 이 작업에 전념하도록 격려해주었고, 출판사 아카넷의 편집부, 특히 김일수 팀장님을 위시로 박경아, 정민선 선생님은 양서 출판의 자부심을 가지고 투박한 원고가 세련된 모양을 갖추도록 성의를 다하였다. 이 자리를 빌려 두루 감사의 마음을 표하며, 많은 이들의 물심양면의 도움을 얻어 내놓게 된 이 책자가 독자의 칸트 사상 이해를 위한 안내자가 되고 인간 사랑의 마음씨를 배양하는 밑거름이 되기를 희망한다.

2014. 8

靜敬齋에서 백 종 현

전체 목차

제 1 부

『실용적 관점에서의 인간학』 해제

『실용적 관점에서의 인간학』 해제

1756년 4월(32세)에 교수 자격을 얻어 14년의 사강사 생활 끝에 1770년 3월 마침내 정교수에 취임한 칸트(Immanuel Kant, 1724~1804)가 실용적 견지에서 〈인간학〉 강의를 시작한 것은 1772/73년 겨울학기인데, 이 강의는 당시 대학의 최고 인기 강의여서 칸트는 이를 1795/96년 겨울학기까지 매년 개설하였으며, 노령으로 더 이상 강의를 할 수 없게 되자 — 칸트는 1796년 7월 23일에 대학에서 마지막 강의를 하였다 — 이 강의록을 1796/97년간에 정리하여 1798년에 비로소 단행본 『실용적 관점에서의 인간학』으로 출간하였다. 그러니까 칸트가 〈인간학〉 강의를 하던 기간은 그의 철학을 상징하는 '비판철학'의 시기로서 그야말로 칸트의 사상이 만개해 있던 때이다.

칸트가 대학에서 〈인간학〉 강의를 시작하기 직전까지도 독일의 대학들에서는 여전히 볼프(Christian Wolff, 1679~1754)류의 형이상학적 인간 지식만이 강론되었다. 그러나 이미 대중들은 영국에서 유입된 로크(John Locke, 1632~1704)의 인간지성론, 흄(David Hume, 1711~1776)의 인간본성론에 열렬한 관심을 보였고, 프랑스의 지성 볼테르(Voltaire, 1694~1778)와 루소(J.-J. Rousseau, 1712~1778)의 저술들을 통해 새로운 인간 이해를 추구하였다. 이러한 지적 상황에서 칸트의 인간학은 바움가르텐(Alexander Gottlieb Baumgarten, 1714~1762)의 『형이상학(*Metaphysica*)』(1739, [4]1757)의 일부를 이룬 "경험 심리학(psychologia empirica)"(*Metaphysica*, §§504~699)을 출발점으로 삼되, 그 안에 포함되어 있던 형이상학적 요소들을 당대의 과학, 역사, 문학, 여행기 등을 통한 직간접의 체험적 지식으로 대체해나갔다. 그런 도정에서 칸트는 자연스럽게 당대의 능력심리학을 받아들였고, 당시 '독일의 흄'이라 불리던 테텐스(Johannes Nikolaus Tetens, 1736~1807)의 『인간의 본성과 그 발전에 관한 철학 시론(*Philosophische Versuche über die menschliche Natur und ihre Entwicklung*)』(전 2권, 1777) 또한 참고한 것으로 보인다. 이로써 칸트는 이 강의를 거듭하는 동안 젊은 수강자들에게 인간에 대한 스콜라적 규정이 아니라, 인간의 삶에 대한 실천적 지혜를 제공하고자 했다. 곧 칸트는 '실용적 관점에서의 인간지'를 겨냥했던 것이다.

칸트는 그의 〈인간학〉에서 '완전한' 또는 '완벽한' 인간의 상을 제시하고자 하는 것이 아니라, 실제 인간의 다양한 면모, 수없이 자기모순적인 인간, 그런 중에서도 자율적인 존재자로서 끊임없이 도덕적 개선을 향해 전진하고 있는 인간을 보여준다. 칸트의 '인간지'는 '개인'의 소묘에서 시작해서 '인류'에 대한 기대로 나아가고 있는 것이다. 그렇게 해서 일종의 경험과학(심리학)처럼 보이는 그의 인간학 역시 자연과 역사의 모든 자료들을 뛰어넘어가는 '철학적' 내지는 '이성적' 인간 이념을 정점에 두고 있다. 그럼에도 이 〈인간학〉은 '순수 이성'의 철학이 아니다. 〈인간학〉에서 칸트는 순수한 이성의 사고 원리를 탐구(논리학)하는 것도 아니고, 그렇다고 오로지 순수한 이성으로 사고하고 수립할 수 있는, 그러니까 초감성적 대상들에 대해 탐구(형이상학)하는 것도 아니다. 칸트 〈인간학〉의 주제는 '순수한 영혼/마음/정신'이나 한낱 물체적인 몸/육체/신체가 아니라, 사회적·문화적 관계 속에서 살아가고 있는 심리적-생리적 역량을 가진 시민적 인간, 요컨대 일상인의 관점에서 보고, 볼 수 있는 인간이고, 〈인간학〉의 내용은 그러한 인간에 대한 앎이다. 그러니까 칸트는 그의 '비판철학'을 완성해가는 동안, 다시 말해 순수한 이성에 의한 순수한 이성에 대한 비판 작업, 곧 형이상학적 탐구를 하는 내내 다른 한편으로는 평범한 이성이 관찰한 인간의 모습에 대해서 강의했던 것이다.

칸트가 더 이상 강의를 할 수 없는 노년에 이르러 이 강의의 교재를 바탕으로 제2판까지 출간된 『실용적 관점에서의 인간학』(*Anthropologie in pragmatischer Hinsicht* abgefaßt von Immanuel Kant. Königsberg bey Friedrich Nicolovius 1798〔=A〕. // *Anthropologie in pragmatischer Hinsicht* abgefaßt von Immanuel Kant. Zweyte verbesserte Auflage. Königsberg bey Friedrich Nicolovius 1800〔=B〕.)에서 '실용적(pragmatisch)'이란 "어떤 기술의 실행에 쓸 수"(*Anth*, B82=A82=VII176) 있는 것, 그리하여 세계시민으로서의 인간에게 보편적으로 쓸모가 있는 것을 말하며, 그것은 인간의 "보편적 복지를 위한 예방적 배려에서 나온" 것(*GMS*, B44=IV417)으로, 이러한 "실용적 인간지는 자유로운 행위자로서 인간이 그 자신에서 무엇을 이루며, 이룰 수 있고, 이루어야만 하는가에 향해 있다."(*Anth*, BA4=VII119) 인간 존엄성의 담보인 인격의 가치는 인간이 오로지 선한 자유의지로써 순수한 도덕법칙을 준수하는 데에서 볼 수 있는 것이고, 도덕법칙이란 "행복할 만한 품격 있음 외에는 다른 아무것도 동인으로 갖지 않는 한의 실천 법칙"(*KrV*, A806=B834)을 일컫는 것인 반면에 '실용적'인 것이란 "행복의 동인에서의 실천 법칙", 다시 말해 한낱 "영리함의 규칙"(*KrV*, A806=B834)을 지칭하는 것이 분명하다. 그럼에도 인간이 "자연적 완전성을 발전시키고 증진"시킬 자신에 대한 의무를 갖는다고 보는 칸트는 "인간이 자기의 능력들을 〔……〕 배양하고, 실용적인 견지에서 자기의 현존의 목적에 알맞은 인간이 되는 것은 도덕적-실천적 이성의 지시명령〔계명〕이자, 인간의 자기 자신에 대한 의무이다."(*MS*, *TL*, A111=VI444)라고 힘주어 말한다. 이미 칸트는 그의 철학적 종교론에서 '가능한 최고선'의 개념을 통하여 행복의 원리와 도덕의 원리가 합일될 수 있음을 역설했거니와, 그의 '실용적 인간학'은 인간이 그러한 합일을 이룰 수 있는 자리를 함께 서술하고 있다.

『실용적 관점에서의 인간학』의 주요 내용은 아래와 같다.

제1편 인간학적 교수론

인간의 내면과 외면을 인식하는 방식에 대하여

제1권 인식능력에 대하여

자기 자신의 의식에 대하여(B3)

지성과 대조되는 감성에 대하여(B25)

감성에 대한 변론(B30)

인식능력 일반과 관련한 '할 수 있다'에 대하여(B35)

감관가상과의 인위적 유희에 대하여(B39)

허용되는 도덕적 가상〔겉모습〕에 대하여(B42)

다섯 〔외적〕 감관에 대하여(B45)

내감〔내적 감관〕에 대하여(B57)

상상력에 대하여(B68)

여러 가지 종류의 감성적 창작능력에 대하여(B79)

과거의 것과 장래의 것을 상상력에 의해 현전화하는 능력에 대하여(B92)

건강한 상태에서의 비자의적 창작, 다시 말해 꿈에 대하여(B104)

표시능력(表示能力)에 대하여(B106)

지성에 기초하는 한에서의 인식능력에 대하여(B115)

인식능력과 관련한 영혼의 박약과 병에 대하여(B124)

인식능력에서 재능들에 대하여(B153)

비교하는 기지와 논증하는 기지의 종적 차이에 대하여(B154)

제2권 쾌와 불쾌의 감정

감성적 쾌에 대하여(B168)

A. 쾌적한 것에 대한 감정

또는 대상의 감각에서의 감성적 쾌에 대하여(B168)

B. 미적인 것에 대한 감정에 대하여, 또는 취미에 대하여(B184)

취미는 도덕성을 외적으로 촉진하는 경향을 함유한다

취미에 관한 인간학적 소고

사치에 대하여

제3권 욕구능력에 대하여(B202)

열정〔욕정〕과 대조되는 정동〔격정〕에 대하여(B203)

특기할 정동〔격정〕들에 대하여(B205)

A. 정동〔격정〕들에 관한 마음의 통치〔다스림〕에 대하여

B. 여러 가지 정동〔격정〕들 자체에 대하여

열정〔욕정〕들에 대하여(B225)

A. 열정〔욕정〕으로서의 자유의 경향성에 대하여

B. 열정〔욕정〕으로서의 복수욕망에 대하여

C. 타인들에 대해 영향 일반을 갖는 능력으로의 경향성에 대하여

열정〔욕정〕으로서의 망상의 경향성에 대하여

최고의 물리적 좋음〔선〕에 대하여(B241)

최고의 도덕적-물리적 좋음〔선〕에 대하여(B243)

제2편 인간학적 성격론

인간의 내면을 외면에 의해 인식하는 방식에 대하여

A. 인〔人〕의 성격(B253)

I. 천성에 대하여(B254)

II. 기질에 대하여(B255)

I. 감정의 기질들

A. 경혈인의 다혈 기질

B. 중혈인의 우울 기질

II. 활동의 기질들

C. 온혈인의 담즙 기질

D. 냉혈인의 점액 기질

III. 성향으로서의 성격에 대하여(B264)

인간이 하나의 성격을 가지고 있는가,

가지고 있지 않은가하는, 순전히 이 사실에서 귀결하는 속성들에 대하여

관상술에 대하여(B270)

B. 성〔性〕의 성격(B282)

C. 민족의 성격(B295)

D. 인종의 성격(B311)

E. 인류의 성격(B312)

인류의 성격 묘사 개요(B327)

이에서 보듯 칸트의 〈인간학〉은 상당 부분 심리학을 그 내용으로 가지며, 어느 면 철학개론의 성격을 갖는다. 당대의 교양학문으로서 칸트의 〈인간학〉은 우리에게 생활 세계에서의 인간의 적나라한 모습을 보여줌과 동시에, 인간이 "이 세계에서 가장 중요한 대상"이고 "그 자신의 최종 목적"(BAIII=VII119)인 한에서, 세계 자체와 인간 자신에 대한 적확한 이

해의 표현이다. 이러한 인간학의 탐구는 인간이 자기 자신과 자기의 활동, 그리고 그의 거소인 이 세계를 관찰하면서 자기 자신이 최종 목적임을 알아가는 수행 방식이다. 이를 통해 인간은 자기 생의 구조를 파악하고 자기 생의 의미를 알고, 자기 생에 대해서 알게 된 바에 따라 다시금 살게 되거니와, 이러한 지속적인 탐구와 거듭되는 수행 방식은 그의 사념을 지속적으로 풍부하게 보충하고, 그 자신의 사유 내용을 변화시키고 발전시키며, 마침내 인간의 '개념' 내지 '이념'에 이르러 이에 비춰 그 자신을 교화한다. 그로써 인간은 '철학적'이지 않을 수 없고, 그래서 칸트는 "인간의 내면과 외면을 인식하는 방식"에 대한 탐구를 "인간학적 교수론(Didaktik)"이라 명명했다.

어떻게 가르치고 배워야 하는지에 대한 실천적 수행을 다루는 것이 방법론이라면 무엇을 가르치고 배우는지에 대한 이론적 고찰은 교수론이라 하겠다. 이러한 개념 구분을 고려할 때, 칸트 〈인간학〉을 구성하고 있는 두 부문, 곧 '교수론'과 '성격론'은 칸트의 〈논리학〉 또는 〈순수이성비판〉의 '요소론'과 '방법론'에 비견될 수 있다.

칸트는 논리학을 강술하는 당시의 방식에 맞춰 『논리학』(AA IX, 1~150 참조) 강의를 사고 형성의 요소를 다루는 '요소론'과 사고 및 인식의 성격과 구분을 설명하는 '방법론'으로 편성했거니와, 『순수이성비판』도 유사한 편제를 가지고 있다. 그래서 사고의 보편적 형식을 다룬 칸트의 일반 논리학은 〈일반 요소론〉과 〈일반 방법론〉 두 부문으로 이루어져 있고, 경험적 인식의 가능 원리를 함유하는 초월 논리학을 기술하고 있는 그의 『순수이성비판』은 〈초월적 요소론〉과 〈초월적 방법론〉이라는 두 부문을 갖는다. 초월적 요소론이 인식을 규정하는 세 요소, 즉 감성의 형식과 지성의 형식 그리고 이성의 변증성을 그 내용으로 갖는다면, "순수 이성의 완벽한 체계를 위한 형식적 조건들을 규정"(*KrV*, A707=B735 이하)하는 초월적 방법론은 "순수 이성의 훈육과 규준, 건축술, 마지막으로 역사"(*KrV*, A708=B736)를 내용으로 갖는다.

물체로서의 인간이 아니라 생명체 곧 영혼적 존재자로서의 인간을 주제로 하는 칸트의 인간학은 '교수론'에서 한 인간을 인간이게 하는 생명활동의 세 요소, 즉 인식능력, 쾌와 불쾌의 감정, 욕구능력 등, 통상 인간 마음의 세 능력으로 꼽히는 지(知)·정(情)·의(意)의 능력을 서술한다. 이어서 '성격론'은 그러한 마음의 능력들을 발휘하는 인간을 생리적으로, 사회적으로 규정하는 외적 조건들 곧 "성격들"에 대해 서술하고 있다. 칸트는 한 사람의 지(知)·정(情)·의(意)의 활동은 그의 천성과 기질, 성향은 물론 그가 남자인지 여자인지에 따라, 그가 어떤 민족의 일원이며 어떤 인종에 속하는지에 따라 영향을 받는다고 보는 것이다. 이로써 칸트의 인간학은 한 인간을 형성하는 내면적 요소들과 외면적 조건들에 대한 앎의 체계에 이른다.

칸트가 당대의 능력심리학적 마음 이론에 맞춰 인간의 영혼(anima) 능력, 마음(animus)의 활동을 지(知)·정(情)·의(意)로 나누어서 고찰하고, 그에 따라 인간의 마음이 추구하는 최종의 가치를 진(眞)·미(美)·선(善)으로 잡고서, 이 세 가지 가치의 성립 조건들을 인간의 세 마음 활동의 비판을 통해 밝힌 것이 『순수이성비판』(1781·1787), 『판단력비판』(1790), 『실천이성비판』(1788)이며, 이것이 칸트 철학의 골격을 이루고 있다. 그러니까 칸트의 진(眞)·선(善)·미(美)의 형이상학, 초월철학은 그 바탕에 인간에 대한 칸트의 경험적 지식, 곧 그의 인간학을 두고 있는 것이다. 그리고 인간이 추구하는 최고 가치의 원리들을 이렇게 하나의 토대 위에서 해설한 칸트의 철학은 철학의 대명사가 되었다.

칸트 인간학이 칸트철학 내에서 이러한 의의를 가지며, 또 대학에서의 〈인간학 강의〉가 대단한 인기와 호응을 받았던 것과 마찬가지로 단행본으로 출간된 이 책 『실용적 관점에서의 인간학』 또한 많은 독자를 얻었다. 그럼에도 칸트의 인간학은 더 이상 지식인들 사이에서는 화제가 되지 않았다. 그것은 1790년대 후반 독일의 지성계는 이미 이른바 '독일 이상주의' 시대의 정신에 충만해 있었고, 더 이상 '경험'이라는 상투적인 자료에 따른 제한적이고 비체계적인 사고에 머물러 있지 않았기 때문이다.

그러나 2세기가 지난 현금에 이르러서도 칸트의 비판철학은 인간 문화 형성의 한 요소로 살아 있으니, 그의 철학의 토대를 이루고 있는 인간에 대한 그의 경험적 이해를 엿보는 일은 여전히 의미가 없지 않다. 이 책『실용적 관점에서의 인간학』은 그러한 이해를 제공해준다.

※ 해제와 주해에서 한국어 제목을 사용한 칸트 원논저 제목〔약호〕, 이를 수록한 베를린 학술원판 전집〔AA〕 권수(와 인용 역본)

Kant's gesammelte Schriften〔베를린 학술원판 전집: AA〕, hrsg. v. der Kgl. Preußischen Akademie der Wissenschaft // v. der Deutschen Akademie der Wissenschaft zu Berlin // v. der Akademie der Wissenschaften zu Göttingen // v. der Berlin-Brandenburgischen Akademie der Wissenschaften, Bde. 1~29, Berlin 1900~2009.

『인간학』: *Anthropologie in pragmatischer Hinsicht*〔*Anth*〕, AA VII.

「인간학 강의」: 〔V-Anth〕, AA XXV.

「조각글」: Reflexionen〔Refl〕, AA XIV~XIX.

『순수이성비판』: *Kritik der reinen Vernunft*〔*KrV*〕, AA III~IV(백종현 역, 아카넷, 2006).

『형이상학 서설』: *Prolegomena zu einer jeden künftigen Metaphysik, die als Wissenschaft wird auftreten können*〔*Prol*〕, AA IV(백종현 역, 아카넷, 2012).

『실천이성비판』: *Kritik der praktischen Vernunft*〔*KpV*〕, AA V(백종현 역, 아카넷, 개정판 2009).

『윤리형이상학 정초』: *Grundlegung zur Metaphysik der Sitten*〔*GMS*〕, AA IV(백종현 역, 아카넷, 2005).

『윤리형이상학』: *Die Metaphysik der Sitten*〔*MS*〕, AA VI(백종현 역, 아카넷, 2012).

『법이론의 형이상학적 기초원리』/『법이론』

: *Metaphysische Anfangsgründe der Rechtslehre*〔*RL*〕.

『덕이론의 형이상학적 기초원리』/『덕이론』

: *Metaphysische Anfangsgründe der Tugendlehre*〔*TL*〕.

『판단력비판』: *Kritik der Urteilskraft*〔*KU*〕, AA V(백종현 역, 아카넷, 2009).

「판단력비판 제1서론」: Erste Einleitung in die Kritik der Urteilskraft〔EEKU〕, AA XX(백종현 역, 아카넷, 2009).

『(순전한) 이성의 한계(들) 안에서의 종교』: *Die Religion innerhalb der Grenzen der bloßen Vernunft*〔*RGV*〕, AA VI(백종현 역, 아카넷, 2011).

『학부들의 다툼』: *Der Streit der Fakultäten*〔*SF*〕, AA VII.

『영원한 평화』: *Zum ewigen Frieden*〔*ZeF*〕, AA VIII(백종현 역, 아카넷, 2013).

「거짓말」: Über ein vermeintes Recht aus Menschenliebe zu lügen〔VRML〕, AA VIII.

「이론과 실천」: Über den Gemeinspruch: Das mag in der Theorie richtig sein, taugt aber nicht für die Praxis〔TP〕, AA VIII.

「도덕철학 강의」: 〔V-Mo〕, AA XXVII.

「윤리형이상학 강의」: Metaphysik der Sitten Vigilantius〔V-MS/Vigil〕, AA XXVII.

「자연법 강의」: Naturrecht Feyerabend〔V-NR/Feyerabend〕, AA XXVII.

「형이상학 강의」: 〔V-MP〕, AA XXVIII.

「종교론 강의」: Philosophische Religionslehre nach Pölitz〔V-Phil-Th/Pölitz〕, AA XXVIII.

『자연과학의 형이상학적 기초원리』: *Metaphysische Anfangsgründe der Naturwissenschaft*〔*MAN*〕, AA IV.

『교육학』: *Immanuel Kant über Pädagogik*〔*Päd*〕, AA IX.

『자연지리학』: *Immanuel Kants Physische Geographie*〔*PG*〕, AA IX.

『미와 숭고의 감정에 관한 고찰』: *Beobachtungen über das Gefühl des Schönen und Erhabenen*〔*GSE*〕, AA II.

「목적론적 원리들의 사용」: Über den Gebrauch teleologischer Principien in der Philosophie〔ÜGTP〕, AA VIII.

『논리학』: *Immanuel Kant's Logik. Ein Handbuch zu Vorlesungen*〔*Log*〕. AA IX.

「논리학 강의」: 〔V-Log〕, AA XXIV.

「감성세계와 예지세계의 형식과 원리들〔교수취임논문〕」: De mundi sensibilis atque intelligibilis forma et principiis〔MSI〕, AA II.

「형이상학의 진보」: Welches sind die wirklichen Fortschritte, die die Metaphysik seit Leibnizens und Wolf's Zeiten in Deutschland gemacht hat?〔FM〕, AA XX.

「신의 현존의 유일 가능한 증명근거」: Der einzig mögliche Beweisgrund zu einer Demonstration des Daseins Gottes〔BDG〕, AA II.

「(형이상학적 인식의 제1원리에 대한) 새로운 해명」: Principiorum primorum cognitionis metaphysicae nova dilucidatio〔PND〕, AA I.

『시령자의 꿈』: *Träume eines Geistersehers, erläutert durch die Träume der Metaphysik*〔*TG*〕, AA II.

「발견」: Über eine Entdeckung, nach der alle neue Kritik der reinen Vernunft durch eine ältere entbehrlich gemacht werden soll〔ÜE〕, AA VIII.

「보편사의 이념」: Idee zu einer allgemeinen Geschichte in weltbürgerlicher Absicht〔IaG〕, AA VIII.

「인간 역사」: Mutmaβlicher Anfang der Menschengeschichte〔MAM〕, AA VIII.

「천체 일반 자연사와 이론」: Allgemeine Naturgeschichte und Theorie

des Himmels〔NTH〕, AA I.

「자연신학과 도덕」: Untersuchung über die Deutlichkeit der Grundsätze der natürlichen Theologie und der Moral〔nThM〕, AA II.

「계몽이란 무엇인가」: Beantwortung der Frage: Was ist Aufklärung?〔WA〕, AA VIII.

「사고에서 정위란 무엇을 말하는가?」: Was heißt, sich im Denken orientiren?〔WDO〕, AA VIII.

「만물의 종말」: Das Ende aller Dinge〔EAD〕, AA VIII.

「유작」: Opus postumum〔OP〕, AA XXI~XXII.

『실용적 관점에서의 인간학』 관련 주요 문헌

1. 원전의 주요 판본

1) 칸트의 원판본

Anthropologie in pragmatischer Hinsicht abgefaßt von Immanuel Kant. Königsberg, bey Friedrich Nicolovius, 1798, XIV+334면.

Anthropologie in pragmatischer Hinsicht abgefaßt von Immanuel Kant. Zweyte verbesserte Auflage. Königsberg, bey Friedrich Nicolovius, 1800, XIV+332면.

2) 칸트 생전 편집자 판본

Anthropologie in pragmatischer Hinsicht abgefaßt von Immanuel Kant. Mit einem zu diesem Buche nöthigen Register versehen. Frankfurt und Leipzig 1799, VIII+356면.

3) 칸트 사후 편집자 판본

Anthropologie in pragmatischer Hinsicht abgefaßt von Immanuel Kant. Dritte verbesserte Auflage. Königsberg, in der Universitäts-Buchhandling, 1820.

Immanuel Kant's Anthropologie in pragmatischer Hinsicht. Vierte Original-Ausgabe mit einem Vorwort von J. F. Herbart. Leipzig, Verlag von Immanuel Müller. 1833.

Immanuel Kant's sämmtliche Werke. Hrsg. v. Karl Rosenkranz und Friedr. Wilh. Schubert. Siebenten Theils Zweite Abtheilung: *Immanuel Kant's Anthropologie in pragmatischer Hinsicht*. Hrsg. v. Friedr. Wilh. Schubert. Leipzig 1838.

Immanuel Kant's Werke, sorgfältig revidirte Gesammtausgabe in zehn Bänden. Bd. 10: *Schriften zur Anthropologie und Pädagogik*. Nebst einer Sammlung von Briefen und öffentlichen Erklärungen und einem chronologischen Verzeichnisse sämmtlicher Schriften Kant's. Leipzig 1839, 113~377.

Immanuel Kant's sämmtliche Werke. In chronologischer Reihenfolge. Hrsg. v. G. Hartenstein. Bd. 7. Nr. VI. Leipzig 1868, 429~658.

Immanuel Kant. Anthropologie in pragmatischer Hinsicht. Philosophische Bibliothek Bd. 44 (früher 14): a) Hrsg. v. J. H. von Kirchmann. Berlin 1869, ^{2}1872, ^{3}1880; Leipzig ^{4}1899. b) Hrsg. v. Karl Vorländer. Neuausgabe, Leipzig ^{5}1912, ^{6}1922, ^{7}1980. c) Bd. 490: Neuausgabe, Hrsg. v. Reinhard Brandt. Hamburg 2000.

Kant's gesammelte Schriften. Hrsg. v. d. Königlich Preußischen Akademie der Wissenschaften. Erste Abteilung: Kant's Werke.

Bd. VII. Berlin 1907 (Neudruck 1917), 117~333 (Herausgeber: Oswald Külpe)(Einleitung, Sachliche Erläuterungen, Lesarten, Ergänzungen aus H, Orthographie, Interpunction und Sprache 354~417). — Paperbackausgabe des Textes: Kants Werke. Akademie-Textausgabe. Unveränderter photomechanischer Abdruck des Textes der von der Preußischen Akademie der Wissenschaften 1900 begonnenen Ausgabe von Kants gesammelten Schriften. Bd VII: *Der Streit der Fakultäten. Anthropologie in pragmatischer Hinsicht*. Berlin 1968 (seitenidentisch mit der Ausg. 1907/1917).

Immanuel Kant's sämmtliche Werke in sechs Bänden. Großherzog-Wilhelm-Ernst-Augabe. Erster Bd.: *Vermischte Schriften*. Nr. X. (Herausgeber: Felix Groß), Leipzig 1921, 289~537.

Immanuel Kants Werke. In Gemeinschaft mit Hermann Cohen, Arthur Buchenau, Otto Buek, Albert Görland, B. Kellermann hrsg. v. Ernst Cassirer. Bd. VII: *Anthropologie*. Hrsg. v. Otto Schöndörffer. Berlin 1923.

Reclams Universalbibliothek: Hrsg. v. Raymund Schmidt. Leipzig 1943 (UB Nr. 7541~44).

Immanuel Kant. Werke in 6 Bänden. Hrsg. v. Wilhelm Weischedel. Bd. 6. *Schriften zur Anthropologie, Geschichtsphilosophie, Politik und Pädagogik*. Wiesbaden (Insel-Ausgabe) 1964, 395~690 (=Wissenschaftliche Buchgesellschaft, Darmstadt 1964, [2]1966, [3]1975).

Reclams Universal-Bibliothek. Hrsg. u. eingel. von Wolfgang Becker. Mit e. Nachw. von Hans Ebeling. Stuttgart 1983. UB Nr. 7541.

4) 칸트 「조각글」

Kant's gesammelte Schriften. Hrsg. v. d. Königlich Preußischen Akademie der Wissenschaften. Bd. XV(in zwei Halbbänden). 3. Abteilung: Kant's handschriftlicher Nachlaß. Zweiter Band: *Anthropologie*. 2 Teilbände. Teilband 1: XIV+1~493. Teilband 2: 494~982. Bearb. v. Erich Adickes. Berlin und Leipzig 1913(Neudruck 1923).

5) 칸트 〈인간학 강의록〉

Kant's gesammelte Schriften. Hrsg. v. der Berlin-Brandenburgischen Akademie der Wissenschaften. Bd. XXV(in zwei Halbbänden). 4. Abteilung: Vorlesungen. Hrsg. v. der Akademie der Wissenschaften zu Göttingen. Zweiter Band: *Vorlesungen über Anthropologie*. 2 Teilbände. Teilband 1: CLI +1~728. Teilband 2: 729~1691. Bearb. v. Reinhard Brandt und Werner Stark. Berlin 1997.

2. 칸트 당대의 서평

Athenaeum. 1799, Zweiten Bandes zweites Stück, 300~306 (Fr. D. Schleiermacher), abgedruckt auch in: Aus Schleiermachers Leben. In Briefen, Vol. IV. Hrsg. v. W. Dilthey. Berlin 1863, 533~536.

〔Baldinger〕 *Physisch-medicinisches Journal von dem Geheimen Rath Baldinger zu Marburg*. Elften Bandes Erstes Stück. *Neues*

Medicinisches und Physisches Journal von dem Geheimen Rath Baldinger zu Marburg. Zweiten Bandes Erstes Stück. Marburg 1799, 52/53.

〔Erlanger〕 *Literaturzeitung Erlangen*. Bd. I, Teil 1, Nr. 11, Mittwochs am 16. Jan. 1799, 81~88.

Göttingische Anzeigen von gelehrten Sachen. 63. Stück, 30. April 1799, I, 617~628.

Gothaische gelehrte Zeitungen. 1799, I, 47. Stück, 394~400; ebd. *Besprechung der 2. Aufl.*: 1800, II, 90. Stück, 750~752.

Neue theologische Annalen der neuesten theologischen Literatur und Kirchengeschichte. 1799, 446~448.

Neue Würzburger gelehrte Anzeigen. Nr. 91, den 27. November 1799, 839~857.

Neueste Critische Nachrichten. Greifswald, Hrsg. v. J. G. Pt. Möller, 1799, Zwölftes Stück, 89~91.

Oberdeutsche allgemeine Literaturzeitung. 1799, I. Stück XXXV, Freytag, den 22. März 1799, 545~560; Stück XXXVI, Mondtag, den 24. März 1799, 561~566.

(Tübinger) *Gelehrte Anzeigen*. 9. Stück. Tübingen, den 28. Jan. 1799, 65~68.

Neue allgemeine deutsche Bibliothek. Des LXIII. Bandes Erstes Stück. Drittes Heft, 1801, 161~169 (zur 1. u. zur 2. Aufl.).

(Leipziger) *Jahrbuch der neuesten Litteratur vom Jahre 1800*. Leipzig 1801, II, 501/502.

Allgemeine Literaturzeitung. Ergänzungsblätter 1802. Jg. 2, Bd. II, 109 f. und: Revision der Literatur in den drey letzteren Quinquennien des achtzehnten Jahrhunderts in Ergänzungsblättern zur Allgemeinen Literatur-Zeitung dieses Zeitraums 1803. Jg. 3, II, 25~31.

3. 칸트 강의록 편집본 및 원자료

Andre, K. Chn.(Hrsg.), *Der Mensch, oder compendiöse Bibliothek des Wissenswürdigsten von der Natur und Bestimmung des Menschen, und von der Geschichte der Menschheit.*(= K. Chn. Andre〔Hrsg.〕, *Compendiöse Bibliothek der gemeinnützigsten Kenntnisse für alle Stände.* Teil I: Körperlehre, Teil II: Seelenlehre.). Eisenach und Halle (Teil I, 1794; Teil II, 1796).

Arnoldt, Emil, "Kants Vorlesungen über Anthropologie". 수록: ders., *Gesammelte Schriften*. Hrsg. v. Otto Schöndörffer. Bd. IV, Berlin 1908, 319~334.

______, "Kants Vorlesungen über Physische Geographie und ihr Verhältnis zu seinen anthropologischen Vorlesungen". 위의 책, 335~434.

von Baczko, L. F. A., "Probe eines Commentars zu Kants Anthropologie". 수록: *Vesta 1807.*

Barach, C. S., "Kant als Anthropolog". 수록: *Mitteilungen der anthropologischen Gesellschaft in Wien 2.* 1872, Nr. 3 (9. März), 65~79.

Bauer, K. Gfr., "Ueber Taubstumme; ein paar Anmerkungen zu Kants Anthropologie". 수록: *Neue Berlinische Monatsschrift.* August 1799, 146~160.

Bauer, K. Gfr. / E. Ad. Eschke, *Ueber den Unterricht der Taub-*

stummen. Anmerkungen zu Kants Anthropologie. Nebst einem Schreiben des Herrn J. G. C. Kiesewetter. Berlin 1801.

Bendavid, Lazarus, "*Ueber den logischen Egoism. An Hrn. Salomon Maimon*". 수록: *Neue Berlinische Monatsschrift.* 1800, IV, Nov., 384~400.

Berthold, Emil, "Kant's Regeln eines geschmackvollen Gastmahls und seine Umgangstugenden". Tischrede, gehalten in der Kant-Gesellschaft am 22. April 1895. 수록: *Altpreußische Monatsschrift* 32, 1895, 189~204.

Brandt, Reinhard, "Eine neu aufgefundene Reflexion Kants 'Vom inneren Sinn'(Loses Blatt Leningrad 1)". 수록: *Neue Autographen und Dokumente zu Kants Leben, Schriften und Vorlesungen.* Hg. von R. Brandt & W. Stark. Hamburg 1987, 1~30.

Dessoir, Max, *Geschichte der neueren deutschen Psychologie.* Berlin [2]1902 (복쇄: Amsterdam 1964).

Gerland, G., "Immanuel Kant. Seine geographischen und anthropologischen Arbeiten". 수록: *KS* 10, 1905, 1~43; 417~547.

Gruber, J. Gfr., *Versuch einer pragmatischen Anthropologie.* Als Anleitung zur Menschenkenntniß für junge Leute, die in die Welt treten wollen. Leipzig 1803.

Maimon, Salomon, "Erklärung einer allgemeinbekannten merkwürdigen anthropologischen Erscheinung". 수록: *Neue Berlinische Monatsschrift.* 1800, III, Jan., 61~72.

Marquard, Odo, "Zur Geschichte des philosophischen Begriffs 'Anthropologie' seit dem Ende des achtzehnten Jahrhunderts". 수록: *Collegium philosophicum*, Basel · Stuttgart 1965.

______, Artikel "Anthropologie". 게재: *Historisches Wörterbuch der*

Philosophie. Bd. 1. hrsg. von Joachim Ritter, Basel · Stuttgart 1971, Sp. 365/366.

Michaelis, Chn. Friedr., "Psychologische Selbstprüfung nach Kants Temperamentenlehre in der Anthropologie". 수록: *Allgemeines Repertorium für empirische Psychologie und verwandte Wissenschaften*. Mit Unterstützung mehrerer Gelehrten hrsg. von J. D. Mauchart. Sechster Band. Tübingen 1801, 148~152.

Pörschke, Karl Ludwig, *Anthropologische Abhandlungen*. Königsberg 1801 (복쇄: Aetas Kantiana, Brüssel 1973, Nr. 204).

Schön, J., *Psychologiae empiricae compendium*. Würzburg 1800.

Thom, Martina, "Philosophie als Menschenkenntnis. Zur Entstehung und Wertung des philosophischen Systems I. Kants". 수록: *Wissenschaftliche Zeitschrift Leipzig*. Gesellschafts– und Sprachwissenschaftliche Reihe 23, 1974, Heft 3: Immanuel Kant(1724~1804), 131~153.

4. 칸트 인간학 관련 연구 논저

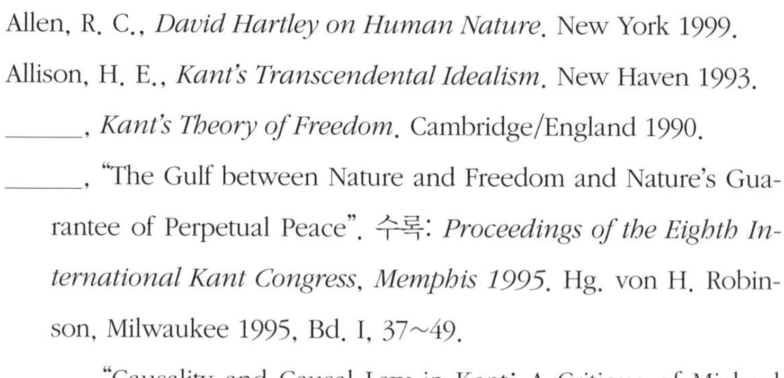

Allen, R. C., *David Hartley on Human Nature*. New York 1999.

Allison, H. E., *Kant's Transcendental Idealism*. New Haven 1993.

______, *Kant's Theory of Freedom*. Cambridge/England 1990.

______, "The Gulf between Nature and Freedom and Nature's Guarantee of Perpetual Peace". 수록: *Proceedings of the Eighth International Kant Congress, Memphis 1995*. Hg. von H. Robinson, Milwaukee 1995, Bd. I, 37~49.

______, "Causality and Causal Law in Kant: A Critique of Michael

Friedman". 수록: *Idealism and Freedom*. Cambridge/England 1996, 80~91.

Alphéus, Karl, "Was ist der Mensch? (Nach Kant und Heidegger)". 수록: *Kant-Studien*(=*KS*) 59, 1968, 187~198.

Amelang, M. & D. Bartussek, *Differentielle Psychologie und Persönlichkeitsforschung*. Stuttgart 1981 · [4]1997.

Ameriks, K., "Kant on Science and Common Knowledge". 수록: *Kant and the Sciences*. Hg. von E. Watkins, New York 2001, 31~49.

______, "Kant's Notion of Systemic Philosophy". 수록: *Archithektonik und System in der Philosophie Kants*. Hg. von H. F. Fulda & J. Stolzenberg, Hamburg 2001, 73~91.

Angehrn, E., "Kant und die gegenwärtige Geschichtsphilosophie". 수록: *Warum Kant heute?* Hg. von D. H. Heidemann & K. Engelhard, Berlin 2004, 328~351.

Ayer, A. J., "Man as a Subject for Science". 수록: *Metaphysics and Common sense*. London 1969, 219~239.

Baum, M., "Systemform und Selbsterkenntnis der Vernunft bei Kant". 수록: *Architektonik und System in der Philosophie Kants*. Hg. von H. F. Fulda & J. Stolzenberg. Hamburg 2001, 25~40.

Baum, R., S. Neumeister & G. Hornig, "Perfektibilität. I, II". 게재: *Historisches Wörterbuch der Philosophie*. Hg. von J. Ritter & K. Gründer, Darmtadt. Bd. VII, 238~244.

Beck, L. W., *A Commentary on Kant's Critique of Practical Reason*. Chicago 1960.

______, *Early German Philosophy*. Cambridge/MA 1969.

______, *The Actor and the Spectator*. New Haven 1975.

______, *Essay on Hume and Kant*. New Haven 1978.

Beckermann, A.(Hg.), *Analytische Handlungtheorie*. Bd. 2: *Handlungserklärungen*. Frankfurt a. M. 1977.

______, *Descartes' metaphysischer Beweis für den Dualismus*. Freiburg 1986.

______, *Analytische Einführung in die Philosophie des Geistes*. Berlin 1999 · [2]2001.

Bellu, Niculae, "Sensul, unei antropologii filosofice la Kant". 수록: *Revista de Filozofie* (Bukarest) *21*, 1974, 730~742.

Berlin, I., "Herder and the Enlightenment". 수록: *The Proper Study of Mankind. An Anthology of Essays*. Ed. by H. Hardy & R. Hausheer, New York 1997, 359~435.

Bezverchij, V. N., "I. Kants anthropologische Ansichten". 〔Kapitel 1 aus dem Autoreferat: Anthropologische Ansichten der deutschen Philosophen am Ende des XVIII. Jahrhunderts.〕 수록: Autoreferat der Dissertation zur Erlangung des akademischen Grades eines Kandidaten der philosophischen Wissenschaften, Leningrader Zdanov-Universität, Leningrad 1967, 18 S.

Bittner, R., "Maximen". 수록: *Akten des 4. Internationalen Kant-Kongresses Mainz. 6.-10. April 1974*. Hg. von G. Funke. Berlin. Teil II-2, 485~498.

______, "Anthropologie-das Projekt und seine Aussichten". 수록: *Wahrnehmen und Handeln: Perpektiven einer Literaturanthropologie*. Hg. von W. Braungart, K. Ridder & F. Apel, Bielefeld 2004, 329~336.

Blackwell, R. J., "Christian Wolff's Doctrine of the Soul". 수록: *Jour-*

nal of the History of Ideas 22, 339~354.

Blanke, H. W. & D. Fleischer(Hg.), *Theoretiker der deutschen Aufklärungshistorie*. 2 Bde., Stuttgart-Bad Cannstatt 1990.

Bloor, D., *Knowledge and Social Imagery*. London 1976.

Boring, E. G., *A History of Experimental Psychology*. New York 1929.

Brandt, Reinhard, "Kant als Metaphysiker". 수록: *Der Begriff des Politischen*. Hg. von V. Gerhardt. Stuttgart 1990, 57~94.

______, "Ausgewählte Probleme der Kantischen Anthropologie". 수록: *Der ganze Mensch. Anthropologie und Literatur im 18. Jahrhundert*. Hg. von H.-J. Schings, Stuttgart 1994, 14~32.

______, "Vernunft bei Kant". 수록: *Vernunftbegriffe in der Moderne*. Hg. von H. F. Fulda & R.-P. Horstmann, Stuttgart 1994, 175~183.

______, *Kritischer Kommentar zu Kants 〉Anthropologie in pragmatischer Hinsicht〈*. Hamburg 1999.

______, "Immanuel Kant: 'Über die Heilung des Körpers, soweit sie Sache der Philosophen ist'". 수록: *KS* 90, (1999), 354~366.

______, "Die Leitidee der Kantischen Anthropologie und die Bestimmung des Menschen". 수록: *Erfahrung und Urteilskraft*. Hg. von R. Enskat, Würzburg 2000, 27~40.

______, "The Guiding Idea of Kant's Anthropology and the Vocation of the Human Being". 수록: *Essay on Kant's Anthropology*. Ed. by B. Jacobs & P. Kain, Cambridge/England 2003, 85~104.

______, "Nochmals: Kants Philosophie der Klugheit". 수록: *Eredita Kantiane (1804-2004). Questioni emergenti e problemi irrisolti*. Hg. von C. Ferrini. Neapel 2004, 357~388.

______, *Die Bestimmung des Menschen bei Kant*, Hamburg 2007.

Brandt, Reinhard & W. Stark, *Zustand und Zukunft der Akademie-Ausgabe von Immanuel Kants Gesammelten Schriften*. Berlin 2000.

Brandtstäder, J., "Gedanken zu einem psychologischen Modell optimaler Entwicklung". 수록: *Zeitschrift für Klinische Psychologie und Psychotherapie* 28, 1980, 209~222.

______, "Apriorische Elemente in psychologischen Forschungsprogrammen". 수록: *Zeitschrift für Sozialpsychologie* 13, 1982, 267~277.

______, "Apriorische Elemente in psychologischen Forschungsprogrammen: Weiterführende Argumente und Beispiele". 수록: *Zeitschrift für Sozialpsychologie* 15, 1984, 151~158.

______, "Struktur und Erfahrung in der psychologischen Forschung: Handlungs- und entwicklungstheoretische Aspekte". 수록: *Ethik und Empirie,* Hg. von U. Gähde & L. Eckensberger, Frankfurt a. M. 1993, 244~267.

______, "Action Perspectives on Human Development". 수록: *Theoretical Models of Human Development*. Ed. by R. M. Lerner. New York 1998, 807~863.

______, "Causality, Intentionality, and the Causation of Intentions: The Problematic Boundary". 수록: *Psychology's Territories: Historical and Contemporary Perspectives from Different Disciplines*. Ed. by M. G. Ash & T. Sturm, Mahwah 2007, 51~66.

Brandtstädter, J & R. M. Lerner(Ed.), *Action and Self-Development: Theory and Research Through the Life-Span*. Thousand Oaks 1999.

Brandstädter, J. & T. Sturm, "Apriorität, Erfahrung und das Projekt der Psychologie". 수록: *Zeitschrift für Sozialpsychologie* 35, 2004, 15~32.

Brennan, J. F., *History and System of Psychology*. Englewood Cliffs 1982.

Brittain, G. J., *Kant's Theory of Science*. Princeton 1982.

______, "Kant and the Quantum Theory". 수록: *Kant and Contemporary Epistemology*. Ed. by Ü. Parrini, Dordrecht 1994, 131~155.

Bruno, F. J., *The Story of Psychology*. New York 1972.

Buchner, E. F., *A Study of Kant's Psychology with Reference to the Critical Philosophy*. New York 1897.

Carl, W., *Der schweigende Kant*. Göttingen 1989.

Clark, W., "The Death of Metaphysics in the Enlightened Prussia". 수록: *The Sciences in Enlightened Europe*. Ed. by W. Clark, J. Golinski & S. Schaffer, Chicago 1999, 423~473.

Cohen, H., *Kants Theorie der Erfahrung*. Berlin [2]1885.

Davidson, D., *Essay on Action and Events*. Oxford 1980.

______, "Rational Animals". 수록: *Dialectica* 36, 1982, 317~327.

Dessoir, Max, "Kant und die Psychologie", 수록: *KS* 29, 1924, 98~120.

______, *Geschichte der neueren deutschen Psychologie*. Berlin [2]1902 (복쇄: Amsterdam 1964).

______, "Kant und die Psychologie". 수록: *KS* 29, 98~120.

Dray, W. H., *Laws and Explanation in History*. Oxford 1957.

Ebstein, E., "Eine vergessene Pathographie von Marcus Herz über Karl Philipp Moritz aus dem Jahre 1798". 수록: *Zeitschrift für die gesamte Neurologie und Psychiatrie* 117, 1928, 513~515.

Egan, F., "The Moon Illusion". 수록: *Philosophy of Science* 65, 1998, 604~623.

Eschke, Hans-Günter, "Immanuel Kants ≫Anthropologie in pragmatischer Hinsicht≪ und die philosophische Anthropologie", 수록: *Wissenschaftliche Zeitschrift der Friedrich-Schiller-Universität*. 24. Jg. Heft 2/1975. Gesellschafts und Sprachwissenschaftliche Reihe. Immanuel Kant. Beiträge zum Verständnis seiner Philosophie in unserer Zeit, 221~227.

Euler, W., "Die Suche nach dem 'Seelenorgan'. Kants philosophische Analyse einer anatomischen Entdeckung". 수록: *KS* 93, 2002, 455~480.

Eze, E. C., "The Color of Reason: The Idea of 'Race' in Kant's Anthropology". 수록: *Anthropology and the German Enlightenment*. Ed. by M. Faull. Lewisburg 1995, 200~241.

Fackenheim, E. F., "Kant's Concept of History". 수록: *KS* 48, 1956/57, 381~398.

Fancher, R. E., *Pioneers of Psychology*. New York 1979.

Feest, U., "Die Konstruktion von Bewußtsein: Eine psychologiehistorische Fallstudie". 수록: *Wissen und soziale Konstruktion*. Hg. von C. Zittel. Berlin 2002, 129~153.

Feyerabend, P., *Wider den Methodenzwang*. Frankfurt a. M. 1976 · [2]1983

Firla, M., *Untersuchungen zum Verhältnis von Anthropologie und Moralphilosophie bei Kant*. Frankfurt a. M. 1981.

______, "Kants Thesen vom 'Nationalcharakter' der Afrikaner, seine Quellen und der nicht vorhandene 'Zeitgeist'". 수록: *Mitteilun-*

gen des Instituts für Wissenschaft und Kunst 52, 1997, 7~17.

Flanagan, O., *The Science of the Mind*. Cambridge/MA 1984 · [2]1994.

Forschner, M., "Reine Morallehre und Anthropologie. Kritische Überlegungen zum Begriff eines a priori gültigen praktischen Gesetzes bei Kant". 수록: *Neue Hefte für Philosophie* 22, 25~44.

Fox, C., "Defining Eighteenth-Century Psychology". 수록: *Psychology and Literature in the Eighteenth Century*. Ed. by C. Fox. New York 1987, 1~22.

French, S. G., "Kant's Constitutive-Regulative Distinction". 수록: *The Monist* 51, 1967, 623~637.

Friedman, Michael, "Regulative and Constitutive". 수록: *Southern Journal of Philosophy* 30, 1991, 73~102.

______, *Kant and the Exact Sciences*. Cambridge/MA 1992.

______, "Causal Laws and the Foundations of Natural Science". 수록: *The Cambridge Companion to Kant*. Ed. by P. Guyer. Cambridge/England 1992, 161~199.

Frierson, P., *Kant on Freedom and Moral Anthropology*. Cambridge/England 2003.

Funke, Gerhard, "Kants Frage nach dem Menschen". Vortrag vor der Gesellschaft der Freunde Kants am 5. April 1974 in Mainz, 수록: Der Göttinger Arbeitskreis. Veröffentlichung Nr. 417, 1974, 3~19.

Galston, W. A., *Kant and the Problem of History*. Chicago 1975.

Gethmann, C. F., "Methode, analytische/synthetische". 게재: *Historisches Wörterbuch der Philosophie*. Hg. von J. Ritter & K. Gründer. Darmstadt 1980, Bd. V, Sp. 1332~1336.

Gigerenzer, G., *Adaptive Thinker: Rationality in the Real World*.

New York 2000.

Gigerenzer, G. et al., *The Empire of Chance: How Probability Changed Science and Everyday Life*. Cambridge/England 1989.

Goldstein, E. B., *Sensation and Perception*. Pacific Grove 1996.

Gouaux, C., "Kant's View on the Nature of Empirical Psychology". 수록: *Journal of the History of the Behavioral Sciences* 8, 1972, 237~242.

Gundlach, H., "Reine Psychologie, Angewandte Psychologie und die Institutionalisierung der Psychologie". 수록: *Zeitschrift für Psychologie* 212 (Themenheft: *Die Psychologie in praktischen Kontexten*, Hg. von M. G. Ash & T. Sturm), 2004, 183~199.

Guyer, P., *Kant and the Claims of Knowledge*. Cambridge/England 1987.

Hacking, I., *The Emergence of Probability*. Cambridge/England 1975.

Haddon, A. C., *History of Anthropology*. London 1910.

Hagner, M., "Aufklärung über das Menschenhirn. Neue Wege in der Neuroanatomie im späten 18. Jahrhundert". 수록: *Der ganze Mensch*. Hg. von H.-J. Schlings. Stuttgart 1994, 145~161.

______, "Zur Geschichte und Vorgeschichte der Neuropsychologie". 수록: *Grundlagen der Neuropsychologie (= Enzyklopädie der Psychologie, Themenbereich C: Theorie und Forschung. Serie I: Biologische Psychologie, Bd. 1)*. Hg. von H. Markowitsch. Göttingen 1996, 1~201.

______, *Homo cerebralis: Der Wandel vom Seelenorgan zum Gehirn*. Berlin 1997.

Hahn, M., "Geschichte, pragmatische". 게재: *Historisches Wörter-*

buch der Philosophie. Hg. von J. Ritter & K. Gründer, Darmstadt 1974. Bd. III, Sp. 401f.

Hankins, T. L., *Science and the Enlightment*. Cambridge 1985.

Harman, G., "Moral Philosophy Meets Social Psychology: Virtue Ethics and the Fundamental Attribution Error". 수록: *Proceedings of the Aristotelian Society* 99, 1998/99, 315~331.

Hatfield, G., *The National and the Normative: Theories of Spatial Perception from Kant to Helmholtz*. Cambridge/MA 1990.

______, "Empirical, Rational, and Transcendental Psychology: Psychology as Science and as Philosophy". 수록: *The Cambridge Companion to Kant*. Ed. by P. Guyer. Cambridge/England 1992, 200~227.

______, "Psychology as a National Science in the Eighteenth Century". 수록: *Revue de Synthese* 115, 1994, 375~391.

______, "Remarking the Science of the Mind". 수록: *Inverting Human Science*. Ed. by C. Fox, R. Porter & R. Wokler. Berkeley 1995, 184~231.

______, "Wundt and Psychology as Science". 수록: *Perspective on Science* 5, 1997, 349~382.

______, "Kant and Empirical Psychology in the 18th Century". 수록: *Psychological Science* 9, 1998, 423~428.

______, "Introspective Evidence in Psychology". 수록: *Scientific Evidence: Philosophical Theories & Applicaions*. Ed. by P. Achinstein, Baltimore 2005, 259~286.

Hearnshaw, L. S., *The Shaping of Modern Psychology*. London 1987.

Hegler, Alfred, *Die Psychologie in Kants Ethik*. Freiburg 1891.

Heimsoeth, H., "Freiheit und Charakter". 수록: *Kant: Zur Deu-*

tung seiner Theorie vom Erkennen und Handeln. Hg. von G. Prauss. Köln 1973, 292~309.

Heintel, P. & T. Macho, "Maxime, Charakter, Identität, Bemerkungen zu Problemen Kants und der zeitgenössischen Ethik". 수록: *Logik, Ethik und Sprache. Festschrift für Rudolf Freundlich*. Hg. von Kurt Weinke, Wien 1981, 61~71.

Hempel, C. G., "Rational Action". 수록: *Proceeding and Addresses of the APA* 35, 1961/62, 5~23.

Hershenson, M.(Ed.), *The Moon Illusion*. Hillsdale, NJ 1989.

Heßbrüggen-Walter, S., "Nur suchen, nicht finden: Kant, Tetens und die Grundkraft der Seele". 수록: *Akten des IX. Internationalen Kant-Kongresses*. Hg. von R.-P. Horstmann & V. Gerhardt, Berlin 2001, Bd. 4, 369~374.

______, *Die Seele und ihre Vermögen. Kants Metaphysik des Mentalen in der Kritik der reinen Vernunft*. Paderborn 2004.

Hinske, Norbert, "Kants Idee der Anthropologie". 수록: *Die Frage nach dem Menschen. Aufriß einer philosophischen Anthropologie*. Festschrift für Max Müller zum 60. Geburtstag. Hrsg. v. Heinrich Rombach. Freiburg 1966, 410~427.

______, "Das stillschweigende Gespräch. Prinzipien der Anthropologie und Geschichtsphilosophie bei Mendelssohn und Kant". 수록: *Moses Mendelssohn und die Kreise seiner Wirksamkeit*. Hg. von M. Albrecht, E. Engel & N. Hinske. Tübingen 1994, 135~156.

______, "Wolffs emprische Psychologie und Kants pragmatische Anthropologie. Zur Diskussion über die Anfänge der Anthropologie im 18. Jahrhundert". 수록: *Aufklärung* 11, 1999, 97~107.

Holzhey, H., "Populärphilosophie". 게재: *Historisches Wörterbuch der Philosophie*. Hg. von J. Ritter. Basel 1989, Bd. VII, Sp. 1093~1100.

Horning, G., "Perfektibilität. Eine Untersuchung zur Geschichte und Bedeutung dieses Begriffs in der deutschspracheigen Literatur". 수록: *Archiv für Begriffsgeschichte* 24, 1980, 221~257.

Hothersall, D., *History of Psychology*. New York [2]1990.

Hudson, H., *Kant's Compatibilism*. Ithaca 1994.

Jacobs, B., "Kantian Character and the Problem of a Science of Humanity". 수록: *Essays on Kant's Anthropology*. Ed. by B. Jacobs & P. Kain, Cambridge/England 2003, 105~134.

Jacobs, B. & P. Kain(Ed.), *Essay on Kant's Anthropology*. Cambridge/England 2003.

Kain, P., "Prudential Reason in Kant's Anthropology". 수록: *Essay on Kant's Anthropology*. Ed. by B. Jacobs & P. Kain. Cambridge/England 2003, 230~265.

Kaiser-El-Safti, M., *Die Idee der wissenschaftlichen Psychologie. Immanuel Kants kritische Einwände und ihre konstruktive Widerlegung*. Würzburg 2001.

Kaulbach, Friedrich, "Weltorientierung, Weltkenntnis und pragmatische Vernunft bei Kant". 수록: *Kritik und Metaphysik. Studien*. Hrsg. v. Friedrich Kaulbach und Joachim Ritter. Heinz Heimsoeth zum 80. Geburtstag. Berlin 1966, 60~75.

Kirschke, Siegfried, "Über Immanuel Kants Beitrag zur Herausbildung der naturwissenschaftlichen Anthropologie". 수록: *Wissenschaftliche Zeitschrift. Martin-Luther-Universität Halle-Wittenberg*. Gesellschafts- und Sprachwissenschaftliche Reihe XXIV,

1975, 53~57.

Kim, S. B., *Die Entstehung der Kantischen Anthropologie und ihre Beziehung zur empirischen Psychologie der Wolffschen Schule*. Frankfurt a. M. 1995.

Kitcher, Patricia, *Kant's Transcendental Psychology*. Oxford 1990.

Kitscher, Philip, "Kant's Philosophy of Science". 수록: *Self and Nature in Kant's Philosophy*. Hg. von A. W. Wood. Ithaca 1984, 185~215.

______, "Aprioistic Yearning: Michael Friedman, Kant and the Exact Sciences". 수록: *Erkenntnis* 44, 1996, 397~416.

Klein, D. B., *A History of Scientific Psychology*. New York 1970.

Kelingeld, P., *Fortschritt und Vernunft: Zur Geschichtsphilosophie Kants*. Würzburg 1995.

Klemme, H., *Kants Philosophie des Subjekts*. Hamburg 1996.

Korčemkin, S., "Das Problem des Menschen in der Philosophie Kants". 수록: *Problemy filosofii sociologii*, Sverdlovsk 1970, 100~104.

Krauss, W., *Zur Anthropologie des 18. Jahrhunderts*. Neu hg. von H. Kortum & C. Gohrisch. Frankfurt a. M. 1987.

Krüger, G., *Philosophie und Ethik in der Kantischen Kritik*. Tübingen 1931.

Kuderowicz, Zbigniew, "Kants Rolle in der Entwicklung in der philosophischen Anthropologie". 수록: *Revolution der Denkart oder Denkart der Revolution. Beiträge zur Philosophie Immanuel Kants*. Hg. v. M. Buhr und T. I. Oiserman, Berlin 1976, 248~250.

Kuehn, Manfred, "Introduction". 수록: *Immanuel Kant: Anthropo-*

logy from a Pragmatic Point of View. Ed. by R. Louden. Cambridge/England 2006, vii–xxix.

Kühne-Bertram, G., "Aspekte der Geschichte und der Bedeutungen des Begriffs 'pragmatisch' in den philosophischen Wissenschaften des ausgehenden 18. und 19. Jahrhundert". 수록: *Archive für Begriffsgeschichte* 27, 1983, 158~186.

______, "Pragmatisch". 게재: *Historisches Wörterbuch der Philosophie*. Hg. von J. Ritter & K. Gründer. Basel 1989. Bd. VII, Sp. 1241~1244.

Kupperman, J., *Character*. New York 1991.

Laehr, H., *Die Literatur der Psychiatrie, Psyologie und Neurologie* 1459–1799. 1990

Landmann, Michael, *De homine. Der Mensch im Spiegel seines Gedankens*. Unter Mitarbeit von Gudrun Diem, Peter Lutz Lehmann, Peter Christian Ludz, Elfriede Tielsch u.a., Freiburg·München 1962, 277ff.

Leahey, T. H., *A History of Psychology*. Englewood Cliffs 1980·⁵2000.

Leary, D. E., "Immanuel Kant and the Development of Modern Psychology". 수록: *The Problematic Science: Psychology in the Ninteenth Century*. Ed. by W. R. Woodward & M. G. Ash, New York 1982, 17~42.

Lepenies, W., "Probleme einer historischen Anthropologie". 수록: *Historische Sozialwissenschaft*. Hg. von R. Rürup. Göttingen 1977, 126~159.

Linden, M., *Untersuchungen zum Anthropologiebegriff des 18. Jahrhunderts*. Bern 1976.

Lindenberger, U. & P. B. Baltes, "Die Entwicklungspsychologie der Lebensspanne(Lifespan-psychology): Johann Nicolaus Tetens(1736-1807) zu Ehren". 수록: *Zeitschrift für Psychologie* 207, 1999, 299~323.

Linden, Mareta, *Untersuchungen zum Anthropologiebegriff des 18. Jahrhunderts*. Bern · Frankfurt 1976.

Lipton, P., *Inference to the Best Explanation*. London 1991.

Littmann, R. A., "Social and Intellectual Origins of Experimental Psychology". 수록: *The First Century of Experimental Psychology*. Ed. by E. Hearst, Hillsdale 1979, 39~86.

Louden, R. B., *Kant's Impure Ethics*. New York 2000.

______, "The Sceond Part of Morals". 수록: *Essay on Kant's Anthropology*. ed. by B. Jacobs & P. Kain, Cambridge/England 2003, 61~84.

Löwith, K., *Weltgeschichte und Heilsgeschehen. Die theologischen Voraussetzungen der Geschichtsphilosophie*. Stuttgart 1953.

Makkreel, R. A., "Kant on the Scientific Status of Psychology, Anthropology and History". 수록: *Kant and the Science*. Ed. by E. Watkins, New York 2001, 185~291.

Manchester, P., "Kant's Conception of Architectonic in its Historical Context". 수록: *Journal of the History of Philosophy* 41, 2003, 187~207.

Marquard, O., "Zur Geschichte des Begriffs 'Anthropologie' seit dem Ende des achtzehnten Jahrhunderts". 수록: *Collegium Philosophicum. Studien, Joachim Ritter zum 60. Geburtstag*. Basel 1965, 209~239.

______, "Anthropologie". 게재: *Historisches Wörterbuch der philo-*

sophie. Hg. von Joachim Ritter. Darmstadt 1971. Bd. I, 361~374.

McDnough, R., "Kant's Argument against the Possibility of Cognitive Science". 수록: *Proceedings of the Eighth International Kant Congress. Memphis 1995*. Ed. by H. Robinson. Bd. II-1. Milwaukee 1995, 37~45.

______, "Kant's 'Historicist' Alternative to Cognitive Science". 수록: *Southern Journal of Philosophy* 22, 1995, 203~219.

McIntyre, J. L., "Personal Identity and the Passions". 수록: *Journal of the History of Philosophy* 27, 1989, 545~557.

______, "Character: A Humean Account". 수록: *History of Philosophy Quartely* 7, 1990, 193~206.

McLaughlin, P., "Soemmering und Kant: Über das Organ der Seele und den Streit der Fakultäten". 수록: *Samuel Thomas Soemmering und die Gelehrten der Goethezeit*. Hg. bon G. Mann & F. Dumont, Stuttgart 1985, 191~201.

______, "Naming Biology". 수록: *Journal of the History of Biology* 35, 2002, 1~4.

Meerbote, R., "Wille and Willkür in Kant's Theory of Action". 수록: *Interpreting Kant*. Ed. by M. S. Gram, Iowa 1982, 69~84.

______, "Kant on Freedom and The Rational and Morally Good Will". 수록: *Self and Nature in Kant's Philosophy*. Ed. by A. W. Wood. Ithaca 1984, 57~72.

______, "Kant on the Nondeterminate Character of Human Actions". 수록: *Kant on Causality, Freedom, and Objectivity*. Ed. by William A. Harper and Ralf Meerbore. Minnesota 1984, 138~163.

______, "Kant's Functionalism". 수록: *Historical Foundations of Cognitive Science*. Ed. by J. C. Smith. Dordrecht 1989, 161~187.

Menzer, P., *Kants Lehre von der Entwicklung in Natur und Geschichte*. Berlin 1911.

Mengüsoglu, T., "Der Begriff des Menschen bei Kant", 수록: *Kritik und Metaphysik. Studien*. Hrsg. v. F. Kaulbach und J. Ritter. Heinz Heimsoeth zum 80. Geburtstag. Berlin 1966, 106~119.

Meyer, J. B., *Kant's Ansicht über die Psychologie als Wissenschaft. Einladungsschaft zum Amtsantritt der ordentlichen Professur der Philosophie an der Rheinischen Friedrich-Wilhelm-Universität am 9. Januar 1869*. Bonn 1869.

______, *Kants Psychologie*. Berlin 1879.

Michell, J., *Measurement in Psychology: A Critical History of a Methodological Concept*. Cambridge 1999.

Mischel, T., "Kant and the Possibility of a Science of Psychology". 수록: *The Monist* 51, 1967, 599~622.

Mohr, G., *Das sinnliche Ich: Innerer Sinn und Bewusstsein bei Kant*. Würzburg 1991.

Moravia, S., *Beobachtende Vernunft. Philosophie und Anthropologie in der Aufklärung*. Frankfurt a. M. 1977.

______, "The Enlightenment and the Science of Man". 수록: *History of Science* 18, 1980, 247~268.

Muhlack, U., *Geschichtswissenschaft im Humanismus und in der Aufklärung*. München 1991.

Munzel, G. F., *Kant's Conception of Moral Character: The "Critical" Link of Morality, Anthropology, and Reflective Judgment*. Chicago 1999.

Nayak, A. C. & E. Sotnak, "Kant on the Impossibility of the 'Soft Sciences'". 수록: *Philosophy and Phenomenological Research*

55, 1995, 133~151.

Neiman, S., *The Unity of Reason*. New York 1994.

Neukirchen, Aloys, *Das Verhältnis der Anthropologie Kants zu seiner Psychologie*(Diss. München). Bonn 1914.

Nisbet, H. B., "Herders anthropologische Anschauungen in den Ideen zur Philosophie der Geschichte der Menschheit". 수록: *Anthropologie und Literatur um 1800*. Hg. von J. Barkhoff & E. Sagarra, München 1992, 1~23.

Paton, H. J., *Kant on Friendship*. Oxford 1956.

Patzig, G., *Ethik ohne Metaphysik*. Göttingen 1983.

Pauen, M., "Zur Rolle des Individuums in Kants Geschichtsphilosophie". 수록: *Akten des IX. Internationalen Kant-Kongresses*. Hg. von R.-P. Horstmann & V. Gerhardt, Berlin 2001. Bd. 4, 35~43.

Pervin, L. A., *The Science of Personality*. New York 1996.

Pfotenhauer, H., *Literatische Anthropologie*. Stuttgart 1987.

Pieper, A., "Ethik als Verhältnis von Moralphilosophie und Anthropologie". 수록: *KS* 69, 1978, 314~329.

Plaaß, P., *Kants Theorie der Naturwissenschaft*. Göttingen 1965.

Pollok, K., *Kants ≫Metaphysische Anfangsgründe der Naturwissenschaft≪*. Hamburg 2001.

Pongrats, L. J., *Problemgeschichte der Psychologie*. München 1966.

Poser, H., "Observatio, Beobachtung". 게재: *Historisches Wörterbuch der Philosophie*. Hg. von J. Ritter & K. Gründer, Basel 1984. Bd. VI, Sp. 1072~1081.

Pozzo, R., "The Nature of Kant's Anthropology Lectures at Königsberg". 수록: *Akten des IX. Internationalen Kant-Kongresses*.

Hg. von R.-P. Horstmann & V. Gerhardt, Berlin 2001. Bd. 4, 416~423.

Ramul, K., "The Problem of Measurement in the Psychology of the Eighteenth Century". 수록: *American Psychologist* 15, 1960, 256~265.

Rauche, G. A., "Das Menschenbild Kants", 수록: *Akten des 4. Internationalen Kant-Kongresses Mainz. 6.-10. April 1974.* Teil II. Hrsg. v. Gerhard Funke, Berlin · New York 1974, 955~965.

Reill, P. H., *The German Enlightenment and the Rise of Historicism*. Berkeley 1975.

______, "Die Geschichtswissenschaft um die Mitte des 18. Jahrhunderts". 수록: *Wissenschaften im Zeitalter der Aufklärung*. Hg. von R. Vierhaus. Göttingen 1985, 163~193.

Richards, R. J., "Christian Wolff's Prolegomena to Empirical and Rational Psychology: Translation and Commentary". 수록: *Proceedings of the American Philosophical Society* 124, 1980, 227~239.

Riedel, M., "Geschichte als Aufklärung. Kants Geschichtsphilosophie und die Grundlagenkrise der Historiographie". 수록: *Neue Rundschau* 84, 1973, 289~308.

Rotenstreich, Nathan, "Anthropology and Sensibility", 수록: *Revue Internationale de Philosophie* 26, 1972, 336~344.

Rumsey, J. P., "The Development of Character in Kantian Moral Theory". 수록: *Journal of the History of Philosophy* 27, 1989, 247~265.

______, "Agency, Human Nature and Character in Kantian Theory". 수록: *Journal of Value Inquiry* 24, 1990, 109~121.

Satura, Vladimir, *Kants Erkenntnispsychologie in den Nachschriften seiner Vorlesungen über empirische Psychologie*. Bonn 1971.

Scheerer, E., "Psychologie". 수록: *Historisches Wörterbuch der Philosophie*. Hg. von J. Ritter & K. Gründer, Basel 1989, Bd. VII, Sp. 1599~1653.

Schings, H.-J., "Der anthropologische Roman. Seine Entstehung und Krise im Zeitalter der Spätaufklärung". 수록: *Deutschlands kulturelle Entfaltung. Die Neubestimmung des Menschen*. Hg. von B. Fabian, W. Schmidt-Biggemann & R. Vierhaus. München 1980, 247~275.

______(Hg.), *Der ganze Mensch. Anthropologie und Literatur im 18. Jahrhundert*. Stuttgart 1994.

Schlüter, H., "Präformation". 수록: *Historisches Wörterbuch der Philosophie*. Hg. von J. Ritter & K. Gründer. Basel 1989. Bd. VII, Sp. 1233~1234.

Schmidt, C., "The Anthropological Dimension of Kant's Metaphysics of Morals". 수록: *KS* 96, 2005, 66~84.

______, "Kant's Transcendental, Empirical, Pragmatic, and Moral Anthropology". 수록: *KS* 98, 2007, 156~182.

Schönrich, G., "Kant und die vermeintlich Unmöglichkeit einer wissenschaftlichen Psychologie". 수록: *Psychologie und Geschichte* 2, 1991, 130~137.

Schwartländer, Johannes, *Der Mensch ist Person. Kants Lehre vom Menschen*. Stuttgart 1968.

______, "Aspekte einer kritischen Verstehenslehre. — Reflexionen zu Kants anthropologischer Philosophie", 수록: *Verstehen und Vertrauen. O. F. Bollnow zum 65. Geburtstag*. In Verbindung mit Michael Landmann und Werner Loch hrsg. von Johannes Schwartländer, Stuttgart · Berlin · Köln · Mainz 1968, 179~198.

Simmermacher, Volker, *Kants Kritik der reinen Vernunft als Grundlegung einer Anthropologia transcendentalis*.(Diss.) Heidelberg 1951.

Sombart, W., "Beiträge zur Geschichte der wissenschaftlichen Anthropologie". 수록: *Sitzungsberichte der Preußischen Akademie der Wissenschaften. Philologisch-Historische Klasse* 13, 1938, 96~130.

Sprung, Lothar, "Immanuel Kant in der Geschichte der Psychologie — Aspekte seines Beitrages in der Entwicklung zur Einzelwissenschaft", 수록: *Wissenschaftliche Zeitschrift der Humboldt-Universität zu Berlin*. Gesellschafts- und Sprachwissenschaftliche Reihe. XXIV, 1975, 185~189.

______, "Immanuel Kant in der Geschichte der Psychologie". 수록: *Zur Geschichte der Psychologie*. Hg. von G. Eckardt. Berlin 1979, 33~41.

Stark, W., "Historical Notes and Interpretive Questions about Kant's Lectures on Anthropology". 수록: *Essays on Kant's Anthropology*. Ed. by B. Jacobs & P. Kain, Cambridge/England 2003, 15~37.

______(Hg.), *Vorlesung zur Moralphilosophie*. Berlin 2004.

Stocking, G. W., "Paradigmatic Traditions in the History of Anthropology". 수록: *Companion to the History of Modern Science*. Ed. by R. C. Colby u. a., London 1986, 712~727.

Strawson, P., *The Bounds of Sense*. London 1966.

Stroeker, Elisabeth, "Zur gegenwärtigen Situation der Anthropologie", 수록: *KS* 51, 1959/60, 461~479.

Sturm, T., "Eine Frage des Charakters: Kant über die empirische Erklärung freier Handlungen." 수록: *Kant und die Berliner Aufklärung. Akten des IX. Internationalen Kant-Kongresses*. Hg. von V. Gerhardt, R.-P. Horstmann & R. Schumacher. Berlin: Walter de Gruyter 2001, Bd. 4, 440~449.

______, "How Not to Investigate the Human Mind: Kant on the Impossibility of Empirical Psychology". 수록: *Kant and the Sciences*. Ed. by Eric Watkins. New York: Oxford University Press 2001, 163~184.

______, "Is there a Problem with Mathematical Psychology in Eighteenth Century? A Fresh Look at Kant's Old Argument". 수록: *Journal of the History of the Behavioral Sciences* 42, 2006, 353~377.

______, "Why Did Kant Reject Physiological Explanations within His Pragmatic Anthropology?" 수록: *Studies in History and Philosophy of Science*. 2008.

______, *Kant und die Wissenschaften vom Menschen*, Paderborn 2009.

Sturma, D., "Was ist der Mensch? Kants vierte Frage und der Übergang von der philosophischen Anthropologie zur Philosophie der Person." 수록: *Warum Kant heute?* Hg. von D. H. Heidemann & K. Engelhard, Berlin 2003, 264~285.

Sullivan, R. J., "The Influence of Kant's Anthropology on His Moral Theory". 수록: *Review of Metaphysics* 49, 1995, 77~94.

Thiel, U., "Varieties of Inner Sense. Two Pre-Kantian Theories". 수록: *Archiv für Geschichte der Philosophie* 79, 1997, 58~79.

Thom, Martina, "Philosophie als Menschenkenntnis. Zur Entstehung und Wertung des philosophischen Systems I. Kants", 수록: *Wissenschaftliche Zeitschrift Leipzig*. Gesellschafts- und Sprachwissenschaftliche Reihe 23, 1974, Heft 3: Immanuel Kant(1724~1804), 131~153.

Timmermann, J., *Sittengesetz und Freiheit: Untersuchungen zu Kants Theorie des freien Willens*. Berlin 2003.

Van de Pitte, Frederick P., *Kant as Philosophical Anthropologist*. The Hague 1971.

Vidal, F., "Psychology in the 18th Century: A View from Encyclopedias". 수록: *History of the Human Sciences* 6, 1993, 89~119.

Wade, N. J., *A Natural History of Vision*. Cambridge/MA 1998.

Wartenberg, T. E., "Reason and the Practice of Science". 수록: *The Cambridge Companion to Kant*. Ed. by P. Guyer. Cambridge/England 1992, 228~248.

Webber, J., "Virtue, Character, and Situation". 수록: *Journal of Moral Philosophy* 3, 2006, 193~213.

Westphal, K., "Kant's Critique of Determinism in Empirical Psychology". 수록: *Proceedings of the Eighth International Kant Congress. Memphis 1995*. Ed. by H. Robinson. Bd. II, Teil 1. Milwaukee 1995, 357~370.

Willaschek, M., *Praktische Vernunft*. Stuttgart 1992.

Wilson, H. L., "A Gap in American Kant Scholarship: Pragmatic Anthropology as the Application of Kantian Moral Philosophy". 수록: *Akten des 7. Internationalen Kant-Kongresses.*, Hg. von G. Funke, Bonn 1991, Bd. II-2, 403~419.

______, "Kant's Integration of Morality and Anthropology". 수록: *KS*

88, 1997, 87~104.

______, *Kant's Pragmatic Anthropology: Its Origin, Meaning, and Critical Significance*. Albany, NY 2006.

Witte, W., "Psychometrie". 게재: *Historisches Wörterbuch der Philosophie*. Hg. von J. Ritter & K. Gründer, Basel 1989, Bd. VII, Sp. 1678~1681.

Wokler, R., "Anthropology and Conjectural History in the Enlightenment". 수록: *Inventing Human Science*. Ed. by C. Fox, R. Porter & R. Wokler, Berkeley 1995, 31~52.

Wolandt, G., "Kants Anthropologie und die Begründung der Geisteswissenschaften". 수록: *Kant. Analysen – Probleme – Kritik*. Hg. von H. Oberer & G. Seel. Würzburg 1988, 357~378.

Wood, A. W., "Unsocial Sociability: The Anthropological Basis of Kant's Ethics". 수록: *Philosophical Topics* 19, 1991, 325~351.

______, *Kant's Ethical Thought*. Cambridge 1999.

______, "Practical Anthropology". 수록: *Akten des IX. Internationalen Kant-Kongresses*. Hg. von R.-P. Horstmann & V. Gerhardt. Berlin 2001. Bd. 4, 458~475.

______, "Kant and the Problem of Human Nature". 수록: *Essays on Kant's Anthropology*. Ed. by B. Jacobs & P. Kain. Cambridge/England 2003, 38~59.

Zammito, J. H., *Kant, Herder and the Birth of Anthropology*. Chicago 2001.

Zöller, G., "Die Bestimmung des Menschen bei Mendelssohn und Kant". 수록: *Akten des IX. Internationalen Kant-Kongresses*. Hg. von R.-P. Horstmann & V. Gerhardt, Berlin 2001. Bd. 5, 476~489.

제 2 부

『실용적 관점에서의 인간학』 역주

역주의 원칙

1. 『실용적 관점에서의 인간학』의 번역 대본은 칸트의 원본 제1판(=A. 1798)과 제2판(=B. 1800)이며, 베를린 학술원판 전집 제7권(Berlin 1907. Akademie-Ausgabe Bd. VII, S. 117~333+354~417)과 W. Weischedel 판 전집 제6권(Wiesbaden 1964. S. 395~690), 그리고 Reinhard Brandt 판(Felix Meiner Verlag/Hamburg 2000 〔PhB 490〕)을 대조 참고한다. 칸트 원본 제1판〔A〕과 제2판〔B〕 사이에 어긋나는 부분은 글자체를 성경체로 바꿔 표시하되, 그 상위점이 한국어로 옮겼을 때 무의미해지는 경우에는 굳이 밝히지 않는다.
2. 원문과 번역문의 대조 편의를 위해 본서는 칸트의 원본 제1판을 'A'로, 제2판을 'B'로, 베를린 학술원판 제7권을 'VII'로 표시한 후 이어서 면수를 밝힌다. 다만, 독일어와 한국어의 어순이 다른 경우가 많으므로 원문과 번역문의 면수에 약간의 차이가 있음은 양해한다.
3. 번역은 학술적 엄밀성을 염두에 두어 직역을 원칙으로 삼고, 가능한 한 원문의 문체, 어투, 문단 나누기 등도 보존하여, 칸트의 글쓰기 스타일을 그대로 보이도록 한다. 현대적 글쓰기에 맞지 않은 부분이나 문단들이라도 의미 전달이 아주 어렵지 않은 경우라면 그대로 둔다.
4. 독일어는 철저히 한글로 옮겨 쓰되, 필요한 경우에는 한글에 이어 〔 〕 안에 한자어를 병기한다. 그러나 원문이 라틴어나 그리스어일 경우에 그에 상응하는 한자말이 있을 때는 한자를 노출시켜 쓴다. 그 대신에, 한자를 노출시켜 쓴 개념어의 경우 있을 수 있는 오해를 방지하기 위해서 번역문 말미에 붙인 〈개념어 찾아보기〉 표제어에는 한글을 병기한다.
5. 칸트의 다른 저작 또는 다른 구절을 한국어로 옮길 때를 고려하여, 다소 어색

함이 있다 하더라도, 칸트의 동일한 용어에는 되도록 동일한 한국어를 대응시킨다. 용어가 아닌 보통 낱말들에도 가능하면 하나의 번역어를 대응시키지만, 이런 낱말들의 경우에는 문맥에 따라 유사한 여러 번역어들을 적절히 바꿔 쓰고, 또한 풀어쓰기도 한다. (※ 〔유사어 및 상관어 대응 번역어 표〕 참조)

6. 유사한 또는 동일한 뜻을 가진 낱말이라 하더라도 칸트 자신이 번갈아 가면서 쓰는 말은 가능한 한 한국어로도 번갈아 쓴다.(※ 〔유사어 및 상관어 대응 번역어 표〕 참조)
7. 번역 본문에서는 한글과 한자만을 쓰며, 굳이 서양말 원어를 밝힐 필요가 있을 때는 각주에 적는다. 그러나 각주 설명문에는 원어를 자유롭게 섞어 쓴다.
8. 대명사의 번역에서는 지시하는 명사가 명백할 때는 한국어의 문맥상 필요할 경우에 본래의 명사를 반복하여 써주되, 이미 해석이 개입할 여지가 있을 때는 '그것'·'이것'·'저것' 등이라고 그대로 옮겨 쓰고, 역자의 해석은 각주에 밝힌다.
9. 직역이 어려워 불가피하게 원문에 없는 말을 끼워 넣어야 할 대목에서는 끼워 넣는 말은 〔 〕 안에 쓴다. 또한 하나의 번역어로는 의미 전달이 어렵거나 오해의 가능성이 있을 경우에도 그 대안이 되는 말을 〔 〕 안에 쓴다. 그러나 이중 삼중의 번역어 통용이 불가피 또는 무난하다고 생각되는 곳에서는 해당 역어를 기호 '/'를 사이에 두고 함께 쓴다.
10. 한국어 표현으로는 다소 생소하더라도 원문의 표현 방식과 다른 맥락에서의 표현의 일관성을 위하여 독일어 어법에 맞춰 번역하되, 한국어문만으로 오해될 우려가 클 경우에는 〔 〕 안에 자연스러운 한국어 표현을 병기한다.
11. 칸트가 인용하는 인물이나 사건이나 지명이 비교적 널리 알려져 있지 않은 경우에는 그에 대해 각주를 붙여 해설한다.
12. 칸트의 다른 저술이나 철학 고전들과 연관시켜 이해해야 할 대목은 각주를 붙여 해설한다. 단, 칸트 원저술들을 인용함에서 칸트 주요 저술은 원본 중 대표 판본에서 하되 초판은 'A', 재판은 'B'식으로 표기하고, 여타의 것은 베를린 학술원판에서 하되, 제목은 한국어 또는 약어로 쓰고 원저술명은 해제의 끝에 모

아서 밝힌다.(※ 〈해제와 역주에서 한국어 제목을 사용한 칸트 원논저 제목〔약호〕, 이를 수록한 베를린 학술원판 전집〔AA〕 권수(와 인용 역본)〉 참조)

13. 칸트 원문에 문법적으로 문제가 있는 곳은 여러 편집자의 판본들과도 비교하여 각주에서 역자의 의견을 제시한다.
14. (제목 전체가 격자〔隔字〕체일 경우는 제외하고) 원문의 격자체 낱말은 진하게 쓰며, 원문 본문 중 한 포인트 더 크게 써 강조한 낱말은 돋움체로, 인명이나 학파 명칭은 그래픽체로 구별하여 쓴다.
15. 칸트 자신이 '※' 표시로써 주석을 덧붙임을 감안하여, 역자의 주해는 아라비아 숫자로 번호 붙인 각주를 통해 제공한다.

※ 유사어 및 상관어 대응 번역어 표

ableiten

ableiten: 도출하다/끌어내다, Ableitung: 도출, Deduktion: 연역, abziehen: 추출하다

Absicht

Absicht: 의도/관점/견지, Rücksicht: 고려/견지, Hinsicht: 관점/돌아봄/참작, Vorsatz: 고의/결의, Entschluß: 결심/결정

absolut

absolut: 절대적(으로), schlechthin/schlechterdings: 단적으로/절대로

abstrahieren

abstrahieren: 추상하다/사상〔捨象〕하다, absehen: 도외시하다/눈을 돌리다

Achtung

Achtung(observatio/reverentia): 존경(尊敬/敬畏), Hochachtung: 존경/경의, Respekt: 존경/존경심/경의, Ehrfurcht: 외경, Hochschätzung: 존중, Schätzung: 평가/존중, Ehre: 명예/영광/경의/숭배, Verehrung(reverentia): 숭배(崇拜)/경외(敬畏)/경배/흠숭/존숭/공경/경의를 표함, Ehrerbietung: 숭경, Anbetung: 경배

Affinität

Affinität: 근친(성), Verwandtschaft: 친족성/근친(성)

affizieren

affizieren: 촉발하다/영향을 끼치다, Affektion: 촉발/자극/애착/애호, Affekt: 정동〔情動〕/격정/흥분/촉발/정서/감격/정감, affektionell: 격정적/정동

적/촉발된/정서적/정감적, (affektieren: ~인 체하다/허세부리다, Affektation: 내숭/허세/허식), ※anreizen: 자극하다

ähnlich

ähnlich: 비슷한/유사한, analogisch: 유비적/유추적

also

also: 그러므로, folglich: 따라서, mithin: 그러니까, demnach: 그 때문에, daher: 그래서, daraus: 그로부터

anfangen

anfangen: 시작하다, Anfang: 시작/시초/기초, anheben: 개시하다/출발하다

angemessen

angemessen: 알맞은/적절한/부합하는, füglich: 걸맞은/어울리는

angenehm

angenehm: 쾌적한/편안한, unangenehm: 불쾌적한/불편한/불유쾌한, Annehmlichkeit: 쾌적함/편안함, behaglich: 편안한/유쾌한, Gemächlichkeit: 안락함

anhängend

anhängend: 부수적, adhärierend: 부착적

Ankündigung

Ankündigung: 통고/선포/공지/알림, Kundmachung: 공포/알림

Anmut

Anmut: 우미(優美), Eleganz: 우아

Anreizen

anreizen: 자극하다, Reiz: 자극/매력, stimulus: 刺戟, rühren: 건드리다/손대다/마음을 움직이다, Rühren: 감동, Rührung: 감동, berühren: 건드리다/접촉하다, Begeisterung: 감격

Apprehension

Apprehension(apprehensio): 포착(捕捉)/점취(占取), Auffassung(apprehensio): 포착(捕捉: 직관/상상력의 작용으로서)/파악(把握: 지성의 작용으로서), Erfassen: 파악, Begreifen: (개념적) 파악/개념화/이해

a priori

a priori: 선험적, a posteriori: 후험적, angeboren(innatus): 선천적(本有的)/생득적/생래적/천성적/타고난, anerschaffen: 타고난/천부의

arrogantia

arrogantia: 自滿/自慢, Eigendünkel: 자만〔自慢〕

Ästhetik

Ästhetik: 감성학/미감학/미학, ästhetisch: 감성(학)적/미감적/미학적

aufheben

aufheben: 지양하다/폐기하다/폐지하다, ausrotten: 근절하다/섬멸하다, vertilgen: 말살하다/절멸하다, vernichten: 무효로 하다/폐기하다/파기하다/섬멸하다/없애다

Aufrichtigkeit

Aufrichtigkeit: 정직성〔함〕, Ehrlichkeit: 솔직성〔함〕/정직성/진실성, Redlichkeit: 진정성, Wahrhaftigkeit: 진실성〔함〕, Rechtschaffenheit: 성실성〔함〕, Freimütigkeit: 공명솔직〔함〕/숨김없음, Offenheit: 솔직/개방/공명정대/공공연성, Offenherzigkeit: 솔직담백성〔함〕

Bedeutung

Bedeutung: 의미, Sinn: 의의

Bedingung

Bedingung: 조건, bedingt: 조건 지어진/조건적, das Bedingte: 조건 지어진 것/조건적인 것, das Unbedingte: 무조건자〔/무조건적인 것〕

Begehrung

Begehrung/Begehren(appetitus): 욕구(欲求), Begierde(appetitio): 욕망(慾望)/욕구, Begier: 욕망, Bedürfnis: 필요/필요욕구/요구, Verlangen: 요구/갈망/열망/바람/요망, Konkupiszenz(concupiscentia): 욕정(欲情),

Gelüst(en): 갈망/정욕, cupiditas: 慾望, libido: 情欲

begreifen

begreifen: (개념적으로) 파악하다/개념화하다/포괄하다/(포괄적으로) 이해하다/해득하다, Begriff: 개념/이해, 〔Un〕begreiflichkeit: 이해〔불〕가능성/해득〔불〕가능성, verstehen: 이해하다, fassen: 파악하다/이해하다, Verstandesvermögen: 지성능력, Fassungskraft: 이해력

Beispiel

Beispiel: 예/실례/사례/본보기, zum Beispiel: 예를 들어, z. B.: 예컨대, beispielsweise: 예를 들어, e. g.: 例컨대

Beistimmung

Beistimmung: 찬동/동의, ※Einstimmung: 일치/찬동, Stimme: 동의, Beifall: 찬동, Beitritt: 찬성/가입

bemerken

bemerken: 주목하다/인지하다/주의하다, aufmerken: 주시하다/주의하다, anmerken: 적어 두다/주해하다, merken: 표시하다/알아채다/유의하다

beobachten

beobachten: 준수하다/지키다/관찰하다, Beobachtung: 관찰/준수, befolgen: 따르다/준수하다, Befolgung: 추종/준수

Bereich

Bereich: 영역, Gebiet: 구역, Sphäre: 권역, Kreis: 권역, Feld: 분야, Fach: 분과/전문분야, Umfang: 범위, Region: 지역/지방/영역, territorium: 領土, ditio: 領域

Besitz

Besitz(possessio): 점유(占有), Besitznehmung(apprehensio): 점유취득(占取), ※Eigentum: 소유(물/권), ※Haben: 소유〔가지다〕/자산, Zueignung(appropriatio): 전유〔영득〕(專有), Bemächtigung(occupatio): 선점(先占)/점령(占領)

besonder

besonder: 특수한/개개의, partikular: 특별한/개별적/국부적, spezifisch: 종적/종별적/특종의

Bestimmung

Bestimmung: 규정/사명/본분/본령, bestimmen: 규정하다/결정하다/확정하다, bestimmt: 규정된(/적)/일정한/확정된(/적)/명확한/한정된, unbestimmt: 무규정적/막연한/무한정한

Bewegung

Bewegung: 운동/동요/움직임, Motion: 동작/운동/움직임

Bewegungsgrund

Bewegungsgrund/Beweggrund: 동인, Bewegursache: (운)동인

Beweis

Beweis: 증명/증거, Beweistum: 증거, Demonstration: 입증/실연/시위

Bibel

Bibel: 성경, (Heilige) Schrift: 성서, ※Schrift: 저술, heiliges Buch: 성경책

Bild

Bild: 상/도상(圖像)/형태/그림/사진, Schema: 도식(圖式), Figur: 형상(形象)/도형, Gestalt: 형태, Urbild: 원형/원상, Vorbild: 전형/모범/원형

Boden

Boden: 지반/토대/기반/토지/지역/영토/땅, Erde: 흙/땅/토양/지구/지상, Land: 땅/육지/토지/지방/지역/나라, Horizont: 지평

böse

böse: 악한, das Böse: 악, malum: 惡/害惡/禍, Übel: 화/악/해악/재해/재화(災禍)/나쁜 것/병환/질환, boshaft: 사악한, bösartig: 악의적/음흉한, böslich: 악의적/음흉한, schlecht: 나쁜, arg: 못된/악질적인, tückisch: 간악한/간계의, Arglist: 간계

Buch

Buch: 책/서/저서, Schrift: 저술, Werk: 저작/작품/소행, Abhandlung: 논고/논문

Bund

Bund: 연맹, Bündnis: 동맹, foedus: 同盟, Föderation: 동맹/연방, Koalition: 연립, Verein: 연합/협회, Assoziation: 연합, Verbund: 연맹

Bürger

Bürger: 시민, Mitbürger: 동료시민/공동시민, Staatsbürger(cives): 국가시민(市民)/국민, Volk(populus): 민족(人民)/국민/족속, Stammvolk(gens): 민족(民族), Nation(gens): 국민(都市民)/민족

darstellen

darstellen: 현시하다/그려내다/서술하다, Darstellung(exhibitio): 현시(現示/展示)/그려냄/서술, darlegen: 명시하다, dartun: 밝히다

Denken

Denken: 사고(작용), denken: (범주적으로) 사고하다/(일반적으로) 생각하다, Denkart: 사고방식/신념/견해, Gedanke: 사유(물)/사상〔思想〕/사고내용/상념/생각, Denkung: 사고/사유, Denkungsart: 사유방식〔성향〕, Sinnesart: 성미/기질

Ding

Ding: 사물/일/것, Sache: 물건/사상〔事象〕/사안/실질내용/일, ※Wesen: 존재자〔것/자〕/본질

Ding an sich

Ding an sich: 사물 자체, Ding an sich selbst: 사물 그 자체

Disziplin

Disziplin: 훈육, Zucht: 훈도

Dogma

Dogma: 교의/교조, dogmatisch: 교의적/교조(주의)적, Lehre: 교리/학설/이론/가르침, Doktrin: 교설, ※eigenmächtig: 독단적

Dreistigkeit

Dreistigkeit: 호기〔豪氣〕, Dummdreistigkeit: 뻔뻔함/방자(함), Unverschämtheit: 몰염치/후안무치

Dummheit

Dummheit(stupiditas): 우둔(愚鈍)〔함〕/천치(天痴), Dummkopf/Idiot: 바보/천치, stumpf: 둔(감)한/무딘, hebes: 鈍한, obtusus: 鈍感한, Albernheit: 우직〔함〕, Tor: 멍청이, Narr: 얼간이, Pinsel: 멍텅구리, Blödsinn: 저능/백치, Geck: 바보건달

Ehe

Ehe: 혼인, Heirat: 결혼, Trauung: 혼례

eigen

eigen: 자신의/고유한, eigentlich: 본래의/원래의, Eigenschaft: 속성/특성, Eigentum: 소유, eigentümlich: 특유의〔/한〕/고유의/소유의, Eigentümlichkeit: 특유성/고유성, eigenmächtig: 독단적, Beschafenheit: 성질, ※Attribut: (본질)속성/상징속성

Eigensinn

Eigensinn: 아집/편집〔偏執〕

Einbildung

Einbildung: 상상, Bildung: 형성/교양/교육, Phantasie: 공상, Phantasma: 환상

Einleitung

Einleitung: 서론, Vorrede: 머리말, Prolegomenon/-mena: 서설, Prolog: 서문, Vorerinnerung: 서언, Vorbemerkung: 일러두기

einseitig

einseitig: 일방적/일면적/한쪽의, doppelseitig: 쌍방적/양면적/양쪽의, beiderseitig: 양쪽의/양편의/쌍방적, allseitig: 전방적/전면적, wechselseitig: 교호적/상호적, beide: 양자의/둘의/양편의, beide Teile: 양편/양쪽,

gegeneinander: 상호적으로

Einwurf

Einwurf: 반론, Widerlegung: 반박

Einzelne(das)

das Einzelne: 개별자, Individuum: 개체/개인

Empfindung

Empfindung: 감각/느낌, Empfindlichkeit: 예민/민감, Empfindsamkeit: 다감함/감수성, Empfindelei: 민감함/감상주의

entsprechen

entsprechen: 상응하다, korrespondieren: 대응하다

entstehen

entstehen: 발생하다, entspringen: 생기다, geschehen: 일어나다, hervorgehen: 생겨나(오)다, stattfinden/statthaben: 있다/발생하다/행해지다

Erörterung

Erörterung(expositio): 해설(解說), Exposition: 해설, Aufklärung: 해명, Erläuterung: 해명/설명, Erklärung: 설명/언명/공언/성명(서)/표시, Explikation: 해석/석명(釋明), Deklaration: 선언/천명/(의사)표시, Aufschluß: 해결/해명, Auslegung: 해석/주해, Ausdeutung: 설명/해석, Deutung: 해석/설명

Erscheinung

Erscheinung: 현상, Phaenomenon(phaenomenon): 현상체(現象體), Sinneswesen: 감성존재자, Sinnenwelt(mundus sensibilis): 감성〔각〕세계(感性〔覺〕世界)

erzeugen

zeugen: 낳다/출산하다, Zeugung: 낳기/생식/출산, erzeugen: 산출하다/낳다/출산하다, Erzeugung: 산출/출산/출생/생산, hervorbringen: 만들어내다/산출하다/낳다/실현하다

Fall

Fall: 낙하/추락/경우, Abfall: 퇴락, Verfall: 타락

Feierlichkeit

Feierlichkeit: 장엄/엄숙/예식/의례〔儀禮〕/화려, Gebräuche: 의식〔儀式〕/풍속/관례, Förmlichkeit: 격식/의례〔儀禮〕, Zeremonie: 예식/격식

Feigheit

Feigheit: 비겁, niederträchtig: 비루한/비열한, ※gemein: 비열한/비루한, Schüchternheit: 소심(함), Blödigkeit: 수줍음

finden

finden: 발견하다, treffen: 만나다, antreffen: 마주치다, betreffen: 관련되〔하〕다/마주치다, Zusammentreffen: 함께 만남/일치

Form

Form: 형식, Formel: 정식〔定式〕, (Zahlformel: 수식〔數式〕), Figur: 형상〔形象〕/도형, Gestalt: 형태, ※Förmlichkeit: 격식/의례〔儀禮〕

Folge

Folge: 잇따름/계기〔繼起〕/후속〔後續〕/결과/결론, folgen: 후속하다/뒤따르다/뒤잇다/잇따르다/결론으로 나오다, sukzessiv: 순차적/점차적/연이은, Sukzession: 연이음, Kontinuum: 연속체, Kontinuität: 연속성, kontinuierlich: 연속적, Fortsetzung: 계속

Frage

Frage: 물음, Problem: 문제, Problematik: 문제성

Freude

Freude: 환희/유쾌/기쁨, freudig: 유쾌한/기쁜, Frohsein: 기쁨, froh: 기쁜/즐거운, Fröhlichkeit: 환희/유쾌/명랑, fröhlich: 기쁜/유쾌한/쾌활한/명랑한, erfreulich: 즐거운, Lustigkeit: 쾌활(함)

Furcht

Furcht: 두려움/공포, Furchtsamkeit: 겁약(성)/소심(함), Furchtlosigkeit: 대담(성), Schreck: 경악/놀람, Schrecken: 겁먹음/경악/전율, Erschrecken: 겁

먹음/경악/놀람, Erschrockenheit: 깜짝 놀람/겁 많음, Grauen: 전율/공포, Grausen: 전율, Gäuseln: 소름 돋음, Greuel: 공포/소름끼침, Entsetzen: 공황(恐慌), Schauer: 경외감, Schauern: 오싹함/오한

Gang

Gang: 보행, Schritt: 행보/(발)걸음, Fortgang: 전진/진전, Rückgang: 후퇴/배진, Fortschritt: 진보

gefallen

gefallen: 적의(適意)하다/마음에 들다, Gefälligkeit: 호의, Mißfallen: 부적의(不適意)/불만, mißfallen: 적의하지 않다/부적의(不適意)하다/마음에 들지 않다, Wohlgefallen(complacentia): 흡족(洽足)/적의함(=Wohlgefälligkeit), ※Komplazenz: 흐뭇함

Gehorchen

Gehorchen: 순종, Gehorsam: 복종, Unterwerfung: 복속/굴종/정복, Ergebung: 순응

gehören

gehören: 속하다/의속(依屬)하다/요구된다, angehören: 소속되다, zukommen: 귀속되다

gemäß

gemäß: 맞춰서/(알)맞게/적합하게/의(거)해서/준거해서, nach: 따라서, vermittelst: 매개로/의해, vermöge: 덕분에/의해서

gemein

gemein: 보통의/평범한/공통의/공동의/상호적/일상의/비열한/비루한, gemeiniglich: 보통, gewöhnlich: 보통의/흔한/통상적으로, alltäglich: 일상적(으로), alltägig: 일상적/매일의

Gemeinschaft

Gemeinschaft: 상호성/공통성/공동체/공동생활/공유, gemeines Wesen: 공동체, Gesellschaft: 사회, Gemeinde: 기초단체/교구/회중(會衆)/교단

Gemüt

Gemüt(animus): 마음(心)/심성(心性), Gemütsart(indoles): 성품(性品)/성정(性情), Gemütsanlage: 마음의 소질/기질, Gemütsfassung: 마음자세/마음의 자제, Gemütsstimmung: 심정/기분, Gesinnung: 마음씨, Herzensgesinnung: 진정한 마음씨, Herz: 심/진심/심정/심성/마음/가슴/심장, Seele(anima): 영혼(靈魂)/마음/심성, Geist(spiritus/mens): 정신(精神)/정령/성령/영(靈), ※Sinnesänderung: 심성의 변화/회심〔回心〕, Herzensänderung: 개심〔改心〕

Genie

Genie: 천재, Kopf: 수재/머리/두뇌/인사, Talent: 재능, Gabe: (천부적) 재능/재질/천품, begabt: 천품의/품수〔稟受〕한

Genuß

Genuß: 향수〔享受〕/향유/향락, genießen: 즐기다/향유하다

Gerechtigkeit

Gerechtigkeit: 정의/정의로움, Rechtfertigung: 의〔로움〕/의롭게 됨〔의로워짐〕/정당화/변호, gerecht(iustium): 정의(正義)로운, ungerecht(iniustium): 부정의(不正義)한

Geschäft

Geschäft: 과업/일/실제 업무, Beschäftigung: 일/용무, Angelegenheit: 업무/소관사/관심사/사안, Aufgabe: 과제

Gesetz

Gesetz: 법칙/법/법률/율법, Regel: 규칙, regulativ: 규제적, Maxime: 준칙, Konstitution: 헌법/기본체제/기본구성, Grundgesetz: 기본법/근본법칙, Verfassung: (기본)체제/헌법, Grundsatz: 원칙, Satz: 명제, Satzung: 종규〔宗規〕/율법, Statut: 법규, statutarisch: 법규적/규약적/제정법〔制定法〕적, Verordnung: 법령, ※Recht: 법/권리/정당/옳음

Geschmack

Geschmack: 취미/미각/맛, Schmack: 맛/취미

gesetzgebend

gesetzgebend: 법칙수립적/입법적, legislativ: 입법적

Gespräch

Gespräch: 대화, Unterredung: 담화, Konversation: 회화, Unterhaltung: 환담/오락

Gewohnheit

Gewohnheit: 습관/관습/풍습, Gewohntwerden(consuetudo): 익숙/습관(習慣), Angewohnheit(assuetudo): 상습(常習)/습관(習慣), Fertigkeit: 습성/숙련, habitus: 習性, habituell: 습성적

Gleichgültigkeit

Gleichgültigkeit: 무관심/아무래도 좋음, Indifferenz: 무차별, ohne Interesse: (이해)관심 없이, Interesse: 이해관심/관심/이해관계, adiaphora: 無關無見

Glückseligkeit

Glückseligkeit: 행복, Glück: 행(복)/행운, Seligkeit: 정복〔淨福〕

Gottseligkeit

Gottseligkeit: 경건, Frömmigkeit: 독실(함)/경건함

Grenze

Grenze: 한계, Schranke: 경계/제한, Einschränkung: 제한(하기)

Grund

Grund: 기초/근거, Grundlage: 토대, Grundlegung: 정초〔定礎〕, Basis: 기반/토대, Anfangsgründe: 기초원리, zum Grunde legen: 기초/근거에 놓다〔두다〕, unterlegen: 근저에 놓다〔두다〕, Fundament: 토대/기저, ※Boden: 지반/토대/기반/지역/영토/땅

gründen

gründen: 건설하다/(sich)기초하다, errichten: 건립하다/설치하다, stiften: 설립하다/창설하다/세우다

gut

gut: 선한/좋은, das Gute: 선/좋음, bonum: 善/福, gutartig: 선량한, gütig: 온화한/관대한, gutmütig: 선량한/선의의

Habe

Habe: 소유물/재산, Habe und Gut: 소유재산, Haben: 소유〔가지다〕/(총)자산/대변, Inhabung(detentio): 소지(所持), ※Vermögen: 재산/재산력, vermögend: 재산력 있는/재산이 많은

Handlung

Handlung: 행위〔사람의 경우〕/작동〔사물의 경우〕/작용/행위작용/행사, Tat: 행실/행동/업적/실적/사실, Tatsache: 사실, factum: 行實/事實, Tun: 행함/행동/일/짓, Tun und Lassen: 행동거지/행위, Tätigkeit: 활동, Akt/Aktus: 작용/행동/행위/활동/동작, Wirkung: 결과/작용결과/작용/효과, Verhalten: 처신/태도, Benehmen: 행동거지, Lebenswandel: 품행, Betragen: 거동/행동, Gebärde: 거동, Konduite: 범절, Anstand: 몸가짐/자세, ※Werk: 소행/작품/저작

Hilfe

Hilfe: 도움, Beihilfe: 보조/도움, Beistand: 원조/보좌, Mitwirkung: 협력/협조, Vorschub: 후원, Beitritt: 가입/협조

Hochmut

Hochmut: 거만, Übermut: 오만

immer

immer: 언제나, jederzeit: 항상, immerdar: 줄곧, stets: 늘, auf immer: 영구히, ewig: 영원한〔히〕, immerwährend: 영구한/영속적인

Imperativ

Imperativ(imperativus): 명령(命令), Gebot: 지시명령/계명, gebieten: 지시명령하다, dictamen: 命法, Geheiß: 분부/지시, befehlen: 명령하다, befehligen: 지휘하다, Observanz: 계율/준봉〔遵奉〕, ※Vorschrift: 지시규정/지정/

규정〔規程〕/규율/훈계/지침/훈령

intellektuell

intellektuell: 지성적, Intellekt: 지성, Intellektualität: 지성성, intelligibel: 예지적, intelligent: 지적인, Intelligenz: 지적 존재자/예지자, Noumenon〔noumenon〕: 예지체〔叡智體〕, Verstandeswesen: 지성존재자/오성존재자, Verstandeswelt(mundus intelligibilis): 예지〔/오성〕세계(叡智〔/悟性〕世界), Gedankenwesen: 사유물, Gedankending: 사유물

Irrtum

Irrtum: 착오, Täuschung: 착각/기만

Kanon

Kanon: 규준〔規準〕, Richtschnur: 먹줄/기준/표준, Richtmaß: 표준(척도), Maß: 도량/척도, Maßstab: 자〔準矩〕/척도, Norm(norma): 규범(規範)

klar

klar: 명료한/명백한, deutlich: 분명한, dunkel: 애매한/불명료한/흐릿한/어슴푸레, verworren: 모호한/혼란한, zweideutig: 다의적/이의〔二義〕적/애매한/애매모호한, doppelsinnig: 이의〔二義〕적/애매한/애매모호한, aequivocus: 曖昧한/多義的/二義的, evident: 명백한/자명한, offenbar: 분명히/명백히, augenscheinlich: 자명한/명백히, einleuchtend: 명료한, klärlich: 뚜렷이, apodiktisch: 명증적, bestimmt: 규정된/명확한, hell: 명석한/총명한/맑은/밝은

Körper

Körper: 물체/신체, Leib: 몸/육체, Fleisch: 육〔肉〕/살

Kraft

Kraft: 힘/력/능력/실현력, Vermögen: 능력/가능력/재산, Fähigkeit: (능)력/할 수 있음/유능(함)/성능/역량, Macht: 지배력/권력/권능/위력/세력/힘, Gewalt: 권력/강제력/통제력/지배력/지배권/통치력/폭력, Gewalttätigkeit: 폭력/폭행, Stärke: 강함/힘셈/장점, Befugnis: 권한/권능, potentia: 支配力/

力量, potestas: 權力/能力

Krieg

Krieg: 전쟁, Kampf: 투쟁/전투/싸움, Streit: 항쟁/싸움/다툼/논쟁, Streitigkeit: 싸움거리/다툼거리/쟁점/쟁론/분쟁, Zwist: 분쟁, Fehde: 반목, Befehdung: 반목/공격, Anfechtung: 시련/유혹/불복/공격, Mißhelligkeit: 불화/알력, Zwietracht: 불화, Händel: 분규, Zank: 언쟁/말싸움/쟁투/불화

Kultur

Kultur: 배양/개발/문화/교화/개화, kultivieren: 배양하다/개발하다/교화하다/개화하다, ※gesittet: 개명된

Kunst

Kunst: 기예/예술/기술, künstlich: 기예적/예술적/기교적, kunstreich: 정교한, Technik: 기술, technisch: 기술적인, Technizism: 기교성/기교주의

lachen

lachen: 웃다, lächeln: 미소짓다, belachen: 큰 소리로 웃다/홍소하다, belächeln: 홍소를 띠다, auslachen: 조소하다, hohnlachen: 비웃다/코웃음치다

Legalität

Legalität(legalitas): 합법성(合法性), Gesetzmäßigkeit: 합법칙성, gesetzmäßig: 합법칙적/합법적, Rechtmäßigkeit: 적법성/합당성/권리 있음, rechtmäßig: 적법한/합당한/권리 있는, Legitimität(legitimitas): 정당성(正當性)

Lohn

Lohn(merces): 보수(報酬)/임금(賃金)/노임(勞賃), Belohnung(praemium): 상(賞給), Vergeltung(remuneratio/repensio): 보답(報償/報酬), brabeuta: 施賞(者)

mannigfaltig

mannigfaltig: 잡다한/다양한, Mannigfaltigkeit: 잡다성/다양성, Varietät: 다양성/다종성, Einfalt: 간단/간결/소박함/단순, einfach: 단순한, einerlei: 한가지로/일양적

Materie

Materie: 질료, Stoff: 재료/소재

Mechanismus

Mechanismus: 기계성/기제〔機制〕/기계조직, Mechanik: 역학/기계학/기계조직, mechanisch: 역학적/기계적, Maschinenwesen: 기계체제

Mensch

Mensch: 인간/사람, man: 사람(들), Mann: 인사/남자/남편/어른

Menschenscheu

Menschenscheu: 인간기피, Misanthropie: 인간혐오, Anthropophobie: 대인공포증, Philanthrop: 박애(주의)자

Merkmal

Merkmal(nota): 징표(徵標), Merkzeichen: 표징, Zeichen: 표시/기호, Kennzeichen: 표지〔標識〕, Symbol: 상징, Attribut: (본질)속성/상징속성

Moral

Moral: 도덕/도덕학, moralisch: 도덕적, Moralität: 도덕(성), Sitte: 습속/관습, Sitten: 윤리/예의/예절/습속/풍속/행적, sittlich: 윤리적, Sittlichkeit: 윤리(성), Sittsamkeit(pudicitia): 정숙(貞淑), gesittet: 예의 바른/개화된/교양 있는/품위 있는/개명된, Ethik: 윤리학, ethisch: 윤리(학)적, Anstand: 예절, Wohlanständigkeit: 예의범절/예절 바름

Muster

Muster: 범형/범례/전형, musterhaft: 범형적/범례적/전형적, Typus: 범형, Typik: 범형론, exemplarisch: 본보기의/견본적, Probe: 견본/맛보기, schulgerecht: 모범적, ※Beispiel: 예/실례/사례/본보기

Natur

Natur: 자연/본성/자연본성, Welt: 세계/세상, physisch: 자연적/물리적

nämlich

nämlich: 곧, das ist: 다시 말하면, d. i.: 다시 말해, secundum quid: 卽

nehmen

nehmen: 취하다, annehmen: 상정하다/채택하다/받아들이다/납득하다, aufnehmen: 채용하다

Neigung

Neigung: 경향성/경향, Zuneigung: 애착, Hang(propensio): 성벽(性癖), Tendenz: 경향/추세/동향

nennen

nennen: 부르다, heißen: 일컫다, benennen: 명명하다, bezeichnen: 이름 붙이다/표시하다

notwendig

notwendig: 필연적, notwendigerweise: 반드시, nötig: 필수적/필요한, unausbleiblich: 불가불, unentbehrlich: 불가결한, unerläßlich: 필요불가결한, unvermeidlich: 불가피하게, unumgänglich: 불가피하게

nun

nun: 이제/그런데/무릇, jetzt: 지금/이제

nur

nur: 오직/다만/오로지/단지, bloß: 순전히/한낱/한갓, allein: 오로지, lediglich: 단지/단적으로

Objekt

Objekt: 객관〔아주 드물게 객체〕, Gegenstand: 대상

Ordnung

Ordnung: 순서/질서, Anordnung: 정돈/정치〔定置〕/배치/서열/질서(규정)/조치/법령(체제), ※Verordnung: 법령/규정

Original

Original: 원본, original: 원본적/독창적, originell: 본원적/독창적, originär: 완전히 새로운/독자적인, erfinderisch: 독창적

Pathos

Pathos: 정념, Pathologie: 병리학, pathologisch: 정념적/병리학적, Apathie(apatheia): 무정념(無情念), Leidenschaft: 열정/정열/욕정/정념/수난, passio: 熱情/情念/受難/受動, ※Konkupiszenz(concupiscentia): 욕정(欲情), ※Affekt: 정동/격정/정감

Pflicht

Pflicht(officium): 의무(義務), Verpflichtung: 의무〔를〕 짐/의무지움/책임, Verbindlichkeit(obligatio): 책무(責務)/구속성/구속력, Obligation: 책무/임무, Obliegenheit: 임무, Verantwortung: 책임, ※Schuld: 채무/탓/책임, ※Schuldigkeit: 책임/채무

Position

Position: 설정, Setzen: 정립

Prädikat

Prädikat: 술어, Prädikament: 주〔主〕술어, Prädikabilie: 준술어

Problem

Problem: 문제, Problematik: 문제성, problematisch: 미정〔未定〕적/문제(성) 있는/문제〔問題〕적, Frage: 물음/문제, Quästion: 질문, wahrscheinlich: 개연적, Wahrscheinlichkeit: 개연성/확률, probabel: 개연적〔蓋然的〕, Probabilität: 개연성/확률, Probabilismus: 개연론/개연주의

Qualität

Qualität(qualitas): 질(質), Eigenschaft: 속성/특성, Beschaffenheit: 성질

Quantität

Quantität(quantitas): 양(量), Größe: 크기, Quantum(quantum): 양적(量的)인 것, Menge: 분량/많음, Masse: 총량/다량

Ratschlag

Ratschlag: 충고, Ratgebung: 충언

Realität

Realität: 실재(성)/실질(성)/실질실재(성), Wirklichkeit: 현실(성), realisieren:

실재화하다, verwirklichen: 현실화하다/실현하다

Recht

Recht: 법/권리/정당함/옳음, recht(rectum): 올바른(正)/법적/정당한/옳은, unrecht(minus rectum): 그른(不正)/불법적/부당한, rechtlich: 법적인, ※rechtmäßig: 적법한/합당한/권리 있는

rein

rein: 순수한, ※bloß: 순전한, einfach: 단순한, lauter: 순정〔純正〕한/숫제, echt: 진정한/진짜의

Rezeptivität

Rezeptivität: 수용성, Empfänglichkeit: 감수성/수취(가능)성/수취력/수용성/얻을 수 있음/받을 수 있음, Affektibilität: 감응성, Einnehmung: 수득/복용

schaffen

schaffen: 창조하다, erschaffen: 조물하다/창작하다, schöpfen: 창조하다, Schaffer: 창조자, Schöpfer: 창조주, Erschaffer: 조물주, Urheber: 창시자

Schein

Schein: 가상/모습/외관/그럴듯함, Aussehen: 외관/외양, Anstrich: 외모/외양

Schema

Schema: 도식〔圖式〕, Bild: 도상〔圖像〕/상〔像〕/형상〔形像〕/그림, Figur: 도형〔圖形〕/모양/모습/형상〔形象〕, Gestalt: 형태

Schöne(das)

Schöne(das): 미적인 것/아름다운 것, Schönheit: 미/아름다움, ※ästhetisch: 감성(학)적/미감적/미학적

Schuld

Schuld: 빚/채무/죄과/탓/책임, Schuldigkeit(debitum): 책임(責任)/채무(債務), Unschuld: 무죄/순결무구, Verschuldung(demeritum): 부채(負債)/죄책(罪責)

Schüler

Schüler: 학생, Jünger: 제자, Lehrjünger: 문하생, Lehrling: 학도/도제, Zögling: 사생/생도/유아

Sein

Sein: 존재/임〔함〕/있음, Dasein: 현존(재), Existenz: 실존(재)/생존, Wesen: 존재자〔것/자〕/본질

Selbstliebe

Selbstliebe: 자기사랑, philautia: 自愛, Eigenliebe: 사애〔私愛〕

selbstsüchtig

selbstsüchtig: 이기적, eigennützig: 사리〔私利〕적, uneigennützig: 공평무사한

sich

an sich: 자체(적으)로, an sich selbst: 그 자체(적으)로, für sich: 그것 자체(적으)로/독자적으로

Sinn

Sinn: 감(각기)관/감각기능/감각/심성, sinnlich: 감성적/감각적, Sinnlichkeit: 감성, sensibel: 감수적/감성적/감각적, sensibilitas: 感受性, sensitiv: 감수적/감각적, Gefühl: 감정, Sensation: 선정〔煽情〕감각, ※Empfindung: 감각/느낌, Leichtsinn: 경박/경솔, Tiefsinn: 심오/침울, Frohsinn: 쾌활/명랑, Schwachsinn: (정신)박약

Sitz

Sitz(sedes): 점거(占據)/점거지(占據地)/거점(據點)/자리/본거지/거처/좌석, Wohnsitz: 거주지, Niederlassung: 거주, Ansiedlung(incolatus): 정주(定住), Lagerstätte: 거소/침소

Sklave

Sklave: 노예, servus: 奴隷, Leibeigene: 농노/예속자, Leibeigenschaft: 농노신분/노예신분(자)/예속(관계), Grunduntertan: 농노, Gutsuntertan: 농노, glebae adscriptus: 田畓名簿者/農奴, Diener: 하인/종/사환/노복, Dienerschaft: 하인신분(자)/예속자/예속(관계), Gesinde: 종복/가복/하인, Domestik: 노복/머슴, famulatus: 隷屬者, famulatus domesticus: 家內 奴僕/家僕, subiectus: 家僕, subiectus domesticus: 家僕, Hausgenosse: 가인〔家人〕/가솔, Untertan: 신민/신하/가속

Spiel

Spiel: 유희/놀이/흥/노름/작동/움직임, verspielen: 노름에서 잃다

sogenannt

sogenannt: 이른바, vermeintlich: 소위, angeblich: 세칭〔世稱〕/자칭, vorgeblich: 소위/사칭적

Spontaneität

Spontaneität: 자발성, Selbsttätigkeit: 자기활동성

Strafe

Strafe: 형벌/처벌/징벌/벌, Strafwürdigkeit: 형벌성〔형벌을 받을 만함〕, Strafbarkeit: 가벌성〔형벌을 받을 수 있음〕, reatus: 罪過/違反, culpa: 過失/欠缺, dolus: 犯罪, poena: 罰/刑罰/處罰/補贖, punitio: 處罰/懲罰

streng

streng: 엄격한, strikt: 엄밀한

Substanz

Substanz(substantia): 실체(實體), Subsistenz: 자존〔自存〕성/자존체, bleiben: (불변)존속하다/머무르다, bleibend: (불변)존속적〔/하는〕, bestehen: 상존하다, beständig: 항존적, Dauer: 지속, beharrlich: 고정(불변)적, Beharrlichkeit: 고정(불변)성

Sünde

Sünde: 죄/죄악, ※peccatum: 罪/罪惡, Sündenschuld: 죄책, Sühne: 속죄/보속/보상/처벌, Entsündigung: 정죄〔淨罪〕, Genugtuung: 속죄/보상/명예회복, Erlösung: 구원/구제, Versöhnung: 화해, Expiation: 속죄/보상/죄 갚음, Büßung: 참회/속죄/죗값을 치름, bereuen: 회개하다/후회하다,

Pönitenz: 고행

Synthesis

Synthesis: 종합, Einheit: 통일(성)/단일(성)/하나, ※Vereinigung: 합일/통합/통일/하나 됨/결사

Tapferkeit

Tapferkeit(fortitudo): 용기(勇氣)/용감함/굳셈, Mut: 의기/용기, mutig: 의기로운/용맹한, brav: 용감한/씩씩한, Herzhaftigkeit: 담대함〔성〕, Unerschrockenheit: 대담성〔함〕, ※Erschrockenheit: 깜짝 놀람/겁 많음

Temperament

Temperament: 기질/성미, Disposition: 성향/기질, Prädisposition(praedispositio): 성향(性向), ※Sinnesart: 성미/기질, ※Denkungsart: 사유방식〔성향〕

transzendental

transzendental: 초월적〔아주 드물게 초험적/초월론적〕, transzendent: 초험적/초재적, immanent: 내재적, überschwenglich: 초절적/과도한, überfliegend: 비월적〔飛越的〕, Transzendenz: 초월

trennen

trennen: 분리하다, abtrennen: 분리시키다, absondern: 떼어내다/격리하다/분류하다/분별하다, isolieren: 격리하다/고립시키다

Trieb

Trieb: 추동〔推動〕/충동/본능, Antrieb: 충동, Instinkt: 본능, Triebfeder: (내적) 동기, Motiv: 동기

Trug

Trug: 속임(수)/기만, Betrug(fraus): 기만(欺瞞)/사기, ※Täuschung(illusio): 착각(錯覺)/속임/기만/사기, Illusion: 착각/환각/환상, Blendwerk(praestigiae): 환영(幻影)/현혹/기만, Augenverblendnis(fascinatio): 현혹(眩惑)/미혹, Vorspiegelung: 현혹/꾸며 댐, Hirngespinst: 환영〔幻影〕, Erschleichung: 사취/슬쩍 손에 넣음/슬며시 끼어듦, Subreption: 절취, Defraudation(defraudatio): 편취(騙取)

Tugend

Tugend: 덕/미덕, Laster: 패악/악덕, Untugend: 부덕, virtus: 德, vitium: 悖惡/缺陷/缺點, peccatum: 罪/罪惡, Verdienst(meritum): 공적(功德), ※malum: 惡/害惡/禍

Übereinstimmung

Übereinstimmung: 합치, Einstimmung: 일치/찬동, Stimmung: 조율/정조(情調)/기분/분위기/기조, Zusammenstimmung: 부합/합치/화합, Verstimmung: 부조화/엇나감, Übereinkommen: 일치, Angemessenheit: (알)맞음/적합/부합, Harmonie: 조화, Einhelligkeit: 일치/이구동성, Verträglichkeit: 화합/조화, Entsprechung: 상응/대응, Konformität: 합치/동일형식성, Kongurenz: 합동/합치, korrespondieren: 대응하다, adaequat: 일치하는/부합하는/대응하는/부응하는/충전한

Übergang

Übergang: 이행(移行), Überschritt: 이월/넘어감, Überschreiten: 넘어감/위반, ※Transzendenz: 초월

überhaupt

überhaupt: 일반적으로/도대체, überall: 어디서나/도무지, denn: 대관절/무릇

Überzeugung

Überzeugung: 확신, Überredung: 신조/설득/권유, Bekenntnis: 신조/고백

Unterschied

Unterschied: 차이/차별/구별, Unterscheidung: 구별, Verschiedenheit: 상이(성)/서로 다름, unterscheiden: 구별하다/판별하다

Ursprung

Ursprung: 근원/기원, ursprünglich: 원래/근원적으로, Quelle: 원천, Ursache: 원인/이유, Kausaltät: 원인(성)/인과성, Grund: 기초/근거/이유

Urteil

Urteil: 판단/판결, Beurteilung: 판정/평가/비평/가치판단/판단, richten: 바로잡다/재판하다/심판하다

Veränderung

Veränderung: 변화, Abänderung: 변이〔變移〕/변경/수정/개혁, Änderung: 변경, Umänderung: 변혁, Wechsel: 바뀜/변전〔變轉〕/교체, Abwechselung: 교체, Wandeln: 변모/전변〔轉變〕, Umwandlung: 전환/변이, Verwandlung: 변환, Umwälzung: 변혁/전복, Reform: 개혁, Revolution: 혁명

Verbindung

Verbindung(conjunctio): 결합(結合)/관련/구속/결사〔結社〕, Verknüpfung(nexus): 연결(連結)/결부, Anknüpfung: 결부/연결/유대, Knüpfung: 결부/매듭짓기

Verbrechen

Verbrechen: 범죄, Übertretung: 위반/범법, Vergehen: 범행/위반/소멸, Verletzung: 침해/훼손/위반

verderben

verderben: 부패하다/타락하다/썩다, Verderbnis: 부패, Verderbheit(corruptio): 부패성(腐敗性)

Vereinigung

Vereinigung: 통합〔체〕/통일〔체〕/합일/조화/규합/결사, Vereinbarung: 합의/협정/합일/화합, Vereinbarkeit: 합의가능성/화합가능성

Vergnügen

Vergnügen: 즐거움/쾌락/기뻐함, Unterhaltung: 즐거움/오락, Kurzweil: 재미있음/즐거움, Wo〔h〕llust: 희열/환락/쾌락/음탕, Komplazenz: 흐뭇함, Ergötzlichkeit: 오락/열락/흥겨움/기쁨을 누림, ergötzen: 기쁨을 누리다/흥겨워하다/즐거워하다, ergötzend: 흥겨운/즐겁게 하는

Verhältnis

Verhältnis: 관계, Beziehung: 관계(맺음), Relation: 관계

Verstand

Verstand: 지성〔아주 드물게 오성〕, verständig: 지성적/오성적, Unverstand: 비지성/무지/어리석음, ※intellektuell: 지성적, intelligibel: 예지〔叡智〕적, Intellektualität: 지성성

vollkommen

vollkommen: 완전한, vollständig: 완벽한, völlig: 온전히, vollendet: 완결된/완성된, ganz/gänzlich: 전적으로

Vorschrift

Vorschrift: 지시규정/지정/규정〔規程〕/규율/훈계/지침/훈령, vorschreiben: 지시규정하다/지정하다

Wahl

Wahl: 선택/선거, wählen: 선택하다, Auswahl: 선정/선발, auswählen: 선정하다/선발하다

Wahn

Wahn: 망상/광기/조증〔躁症〕, Wahnsinn: 광기/망상, Schwärmerei: 광신/열광, Verrückung: 전위〔轉位〕/착란/미침/광〔狂〕/광기, Störung: 착란, Raserei: 광란, Tollheit: 미친 짓/미친 것/광기

wahr

wahr: 참인〔된〕/진리의, Wahrheit: 진리/참임, wahrhaftig: 진실한, Wahrhaftigkeit: 진실성

weil

weil: 왜냐하면(~ 때문이다), denn: 왜냐하면(~ 때문이다)/무릇(~ 말이다), da: ~이므로/~이기 때문에

Wette

Wette: 내기/시합, Wetteifer: 겨루기/경쟁(심), Wettstreit: 경합, Nebenbuhlerei: 경쟁심

Widerspruch

Widerspruch: 모순, Widerstreit: 상충, Widerspiel: 대항(자), Widerstand: 저항

wild

wild: 미개한/야만적, barbarisch: 야만적, roh: 조야한/날 것의

Wille

Wille: 의지, Wollen: 의욕(함), Willkür(arbitrium): 의사(意思)/자의(恣意), willkürlich: 자의적인/의사에 따른/의사대로/수의적(隨意的), unwillkürlich: 본의 아닌/의사 없이/비자의적인/비수의적, Willensmeinung: 의향, beliebig: 임의적, Unwille: 억지/본의 아님/불쾌, unwillig: 억지로/마지못해, Widerwille: 꺼림/반감, freiwillig: 자유의지로/자원해서/자의(自意)적인/자발적

Wirkung

Wirkung: 작용결과/결과, Folge: 결과, Erfolg: 성과, Ausgang: 결말

Wissen

Wissen: 앎/지(知)/지식, Wissenschaft: 학문/학(學)/지식, Erkenntnis: 인식, Kenntnis: 지식/인지/앎

Wohl

Wohl: 복/복리/안녕/편안/평안/건전, Wohlsein: 복됨/평안함/안녕함/건강/잘함, Wohlleben: 유족(裕足)한 삶/풍족한 생활, Wohlbefinden: 안녕/평안/유쾌, Wohlbehagen: 유쾌(함), Wohlergehen: 번영/편안/평안, Wohlfahrt: 복지, Wohlstand: 유복, Wohlwollen: 호의/친절, Wohltun: 친절(함)/선행, Wohltat: 선행/자선/은혜, Wohltätigkeit: 자선/선행/자비/자애/선량함/인자, benignitas: 仁慈/慈愛, Wohlverhalten: 훌륭한(방정한) 처신

Wunder

Wunder: 놀라움/기적, Bewunderung: 경탄, Verwunderung: 감탄, Erstauen: 경이, Ehrfurcht: 외경, Schauer: 경외

Würde

Würde: 존엄(성)/품위, Würdigkeit: 품격〔자격〕/품위, würdig: 품격 있는, Majestät: 위엄, Ansehen: 위신/위엄, Qualifikation: 자격, qualifiziert: 자격 있는/본격적인

zart

zart: 섬세한, zärtlich: 부드러운/민감한

Zufriedenheit

Zufriedenheit(acquiescentia): 만족(滿足/平靜), unzufrieden: 불만족한〔스러운〕, Befriedigung: 충족, ※Wohlgefallen(complacentia): 흡족(洽足), ※Erfüllung: 충만/충족/이행〔履行〕

Zusammenfassung

Zusammenfassung(comprehensio): 총괄(總括)/요약/개괄, Zusammennehmung: 통괄/총괄, Zusammensetzung(compositio): 합성(合成)/구성(構成), Zusammengesetztes(compositum): 합성된 것/합성체(合成體)/복합체(複合體), Zusammenhang: 연관(성)/맥락, Zusammenhalt: 결부/결속/응집, Zusammenkommen: 모임, Zusammenstellung: 모음/편성, Zusammenfügung: 접합

Zwang

Zwang: 강제, Nötigung: 강요

Zweck

Endzweck: 궁극목적, letzter Zweck: 최종 목적, Ziel: 목표, Ende: 종점/끝/종말

『실용적 관점에서의 인간학』 역주

Anthropologie

in

pragmatischer Hinsicht

abgefaßt

von

Immanuel Kant.

Königsberg
bey Friedrich Nicolovius
1798.

Anthropologie

in

pragmatischer Hinsicht

abgefaßt

von

Immanuel Kant.

Zweyte verbesserte Auflage.

Königsberg
bey Friedrich Nicolovius
1800.

차례

실용적 관점에서의
인간학

임마누엘 칸트 저

개정 제2판[1)]

쾨니히스베르크,

프리드리히 니콜로비우스 사

1800[2)]

1) 제2판(=B)에 추가.
2) 제1판(=A): 1798.

머리말 BAIII VII119

인간은 문화의 모든 진보에서 자기 학습을 하거니와, 이 진보들은 이렇게 얻은 지식과 숙련성을 세계를 위해 사용하려는 목표를 가지고 있다. 그런데 인간이 저러한 지식과 숙련성을 적용할 수 있는, 이 세계에서 가장 중요한 대상은 **인간**이다. 왜냐하면 인간은 그 자신의 최종 목적이기 때문이다. — 그러므로 종〔種〕적으로 이성을 갖춘〔稟受한〕 지상존재자 BAIV
인 인간을 인식함은, 인간이 단지 지상의 피조물의 일부를 이룰 뿐임에도 불구하고, 특별히 **세계지**〔世界知〕라고 불릴 만하다.

체계적으로 작성된 인간에 대한 지식 이론(인간학)은 **생리학**〔**자연학**〕**적**[3] 관점의 것이거나, **실용적** 관점의 것일 수 있다. — 생리학적 인간지〔人間知〕는 **자연**〔**본성**〕이 인간에서 무엇을 이루는지에 대한 탐구함을 향해 있고, 실용적 인간지는 자유로운 행위자로서 인간이 그 자신에서 무엇을 이루며, 또는 이룰 수 있고 이루어야만 하는가에 향해 있다. — 예컨대 기억능력이 의거함 직한 자연원인들을 천착하는 자는 감수〔感受〕한 감각 BAV
들이 뒤에 남겨놓은, 뇌수에 남아 있는 인상들의 흔적들을 (**데카르트**[4])를

3) 원어: physiologisch. 칸트에서 '생리학(Physiologie)'이란 '자연학'을 말하며, 이 자연학이 다시금 '물체론'과 '영혼론〔심리학〕'으로 나뉘기도 하는바(*KrV*, A381 참조), 그래서 '생리학'은 경우에 따라서 '(경험)심리학'으로 이해해야 한다.

따라) 이리저리 추론해서 짜 맞춰볼 수 있으되, 그때 그는, 그가 자기의 표상들의 이 유희에서 한갓된 구경꾼일 뿐이며, 자연에 모든 것을 맡길 수밖에 없음을 토로하지 않을 수 없다. 그는 두뇌 신경 및 섬유에 대해 알지 못하고, 그것들을 그의 의도대로 조작할 줄도 모르며, 그러니까 이런 것에 관해 이론적으로 이리저리 짜 맞추는 것은 순전히 헛일일 것이니 말이다. ― ― 그러나 만약 그가 기억에 방해가 되거나 촉진에 도움이 되었던 것에 관한 지각들을 기억을 확장하거나 기민하게 하는 데에 이용
BAVI 하고, 이를 위해 인간에 대한 지식을 사용한다면, 이것은 **실용적** 견지에서의 인간학의 일부를 이룰 것이다. 이것이 바로 우리가 여기서 하고 있는 일이다.

VII120 그러한 인간학은 **학습**에 뒤따라올 **세계지**로 여겨지거니와, 그것이 세계 내의 **사물들**, 예컨대 서로 다른 지역과 기후 아래에 있는 동물, 식물, 광물들에 대한 광범위한 인식을 함유한다면 원래는 아직 **실용적**이라고 불리지 않지만, 오히려 **세계시민**으로서의 인간에 대한 인식을 함유한다면 그렇게 불린다. ― 그래서 자연의 유희에 속하는 산물인 인종들에 대
BAVII 한 지식조차도 아직 실용적 세계지의 하나로 치부되지 않고, 단지 이론적 세계지에 속하는 것으로 치부된다.

더욱이 세계를 **안다**는 표현과 세계를 **갖는다**는 표현은 그 의미하는 바에서 아주 차이가 크다. 전자는 단지 그가 구경했던 유희를 **이해한다**는 것이고, 후자는 **함께 유희**했다는 것이니 말이다. ― 그러나 이른바 **큰** 세상, 즉 상류 계층을 판정하는 데 인간학자는 매우 불리한 입장에 있다. 왜냐하면 상류 계층의 사람들은 그들 상호 간에는 너무 가까이 있고, 다른 이들과는 너무 멀리 있기 때문이다.

여행은, 설령 단지 여행기를 읽는 것일 뿐이라 할지라도, 인간학을 그
BAVIII 외연에서 확장하는 수단의 하나이다. 그러나 사람들이 그들의 인간지를

---

4) Descartes, *Les Passions de l'Ame*(1649), Art. XLII 참조. 여기서 데카르트는 영혼이 회상하고 싶은 것을 기억에서 찾아내는 과정을 뇌의 생리학적 작용으로 설명한다.

그 외연에서 확장하기 위해 밖〔외국〕에서 무엇을 구해야만 하는지를 알고자 한다면, 그보다 먼저 집안〔고향〕에서 자기 도시와 지역의 동료들과의 교제※를 통해 인간지를 얻었어야만 한다. (이미 인간지를 전제하는) 그러한 계획이 없으면 세계시민은 그의 인간학에 관해 언제나 매우 제한적인 채로 머물 것이다. 이때 **일반지식**은 언제나 **국부**〔局部〕**지식**에 선행한다. 만약 일반지식이 철학에 의해 정리되고 지도된다면 말이다. 무릇 이러한 일반지식 없이는 얻어진 모든 인식은 단편적인 무더기에 불과한 것으로서 아무런 학문도 제공하지 못한다. BAIX

* * *

※ 나라의 중심으로서 그곳에 그 나라 정부의 지방기관들이 있고, (학문들의 개화를 위한) 대학을 가지고 있으며, 게다가 해상무역을 위한 위치를 점하고 있어서, 강을 통해 내륙과도 그리고 인접해 있는 상이한 언어와 풍습을 가진 여러 지역들과도 교역하기에 유리한 하나의 큰 도시, — 가령 프레겔 강가의 **쾨니히스베르크**[5]와 같은 도시는 이미 인간지뿐만 아니라 세계지를 확장하는 데 적합한 곳으로 간주될 수 있다. 이러한 곳에서는 여행을 하지 않고서도 그러한 지식을 얻을 수 있는 것이다.

5) Königsberg. 이곳에서 태어난 대공 Friedrich III(1657~1713)가 이곳에서 Friedrich I 왕(재위: 1701~1713)으로 즉위했다. 그로써 장차 독일 통일 제국을 이루게 되는 프로이센 왕국의 중심 도시 쾨니히스베르크는 13세기에 독일 기사단이 세운 도시로 칸트가 대학 강사로 출발한 1755년에 건립 500주년 기념행사를 매우 "호화롭게" 거행했다.(B. Dörflinger / J. J. Fehr / R. Malter(Hs.), *Königsberg 1724–1804*, S. 197 참조) 칸트가 이 책을 낼 무렵(1800)에 도시는 주민 수가 6만 명(당시 프로이센의 수도 Berlin은 17만 명, 또 다른 대도시인 Köln과 Frankfurt/M.은 5만 명, München은 3만 명) 정도였지만,(*Königsberg 1724–1804*, S. 363 참조) 동해의 중심 해상무역항으로 영국, 스페인, 노르웨이, 아메리카 등지뿐만 아니라 아프리카의 상선도 드나들었다. 또한 1544년에 개교한 대학(Albertus-Universität Königsberg)은 칸트 당시 교수 수 30~40명(*Königsberg 1724–1804*, S. 332 참조), 학생 수 800명을 넘지 않는 정도(*Königsberg 1724–1804*, S. 363 참조)의 그다지 큰 규모의 대학은 아니었지만, 각지에서 온 적어도 9개의 서로 다른 모국어를 사용하는 인사들이 모인 당대 최신 학문의 전당이었다. 칸트는 80 평생을 쾨니히스베르크 주변에서 지냈지만, 자신이 자부하고 있듯이 국제 도시, 국제적인 대학에서 교수 활동을 했다 하겠다.

그러나 이러한 학문에 철저하게 이르려는 모든 시도들은 인간의 자연본성 자신에 부착해 있는 중대한 난점들과 부딪친다.

VII121 1. 인간은, 사람들이 자기를 관찰하고 탐구하고자 한다는 것을 알아채
면, 당황스러운(어색한) 모습을 나타내고, 그런 경우 있는 그대로 자기를
BAX 보여**줄 수** 없거나, 아니면 그는 자신을 **위장**하고, 그런 경우 있는 그대로
알려지고 **싫어 하지** 않는다.

2. 인간은 설령 단지 자기 자신만을 탐구하고자 한다 해도, 특히 정동[6] 〔격정〕의 상태에서는, 그런 상태는 통상 **위장**을 허용하지 않기 때문에, 위험스러운 상황에 놓이게 된다. 곧, 동기들이 활동 중일 때는 그는 자신을 관찰하지 못하고, 그가 자신을 관찰할 **때는**[7] 동기들은 멈추어 있는 것이다.

3. 장소와 시간 사정은, 만약 이것들이 지속적이면, **습관들**을 낳는데,
습관들은 사람들이 말하는 바처럼 또 하나의 자연본성으로서, 인간이 자
BAXI 신을 무엇으로 여겨야 할 것인가 하는 자기 자신에 관한 판단을 어렵게 만
들고, 오히려 더욱이나 그가 교제하고 있는 타인에게 어떻게 이해되어야
할 것인가 하는 판단을 어렵게 만든다. 무릇 인간이 운명적으로 놓이게 된
위치의, 또는 그가 모험가로서 스스로 그 자신을 세워놓은 위치의 변화는
인간학을 격식을 갖춘 학문의 지위에 올려놓는 것을 매우 어렵게 만든다.

끝으로 인간학을 위한 원자료는 없지만, 그러나 보조 수단들은 있다.
세계사, 전기, 그 밖에 연극, 소설 등이 그러한 것이다. 무릇 뒤의 두 가
지 것들의 근저에는[8] 본래 경험과 진리가 놓이지 않고, 한낱 허구가 놓이
BAXII 며, 마치 몽상에서처럼 인물들과 인간이 처하는 상황들을 과장하는 일이

6) 원어: Affekt. 칸트 인간학에서 'Affekt'는 많은 경우 '격정(激情)'으로 옮기는 것이 좋을 것이나 '정서' / '감정'으로 옮기는 편이 좋은 경우도 있고 하여 부득이 심리학계에서 사용하는 '정동(情動)'이라는 말을 함께 쓴다. 이 말의 칸트적 정의는 아래 §71〔A판: §64, AA: §74〕 이하 참조.

7) A판: "그러나 그가 자신을 관찰하게 되면,."

8) AA에 따라 읽음. 칸트 원문대로 읽으면 "뒤의 것들의 경우에는 그 근저에."

허용되어 있고, 그러므로 이것들은 인간지를 위해 아무것도 가르쳐주지 않는 것으로 보이기는 하지만, 그럼에도 저러한 인물들은, 가령 어떤 리처드슨[9]이나 어떤 몰리에르[10]가 그 모습을 보여준 바와 같이, 그 **특징들**을 인간의 실제적인 행동거지의 관찰에서 취한 것이 틀림없다. 왜냐하면 그 특징들은 그 정도에서는 과장된 것이지만, 그러나 그 질에서는 인간의 자연본성과 합치하는 것이 틀림없으니 말이다.

체계적으로 기획되고 그러면서도 또한 실용적 관점에서 (독자 누구나가 찾아낼 수 있는 사례들과 연관 지음으로써) 대중적으로 작성된 인간학은
독자〔讀者〕 공중〔公衆〕을 위해서는 다음과 같은 이점을 갖는다. 즉 인간의 BAXIII
이런저런, 실천적인 것과 연관하여 관찰된 속성이 그 아래 배열될 수 있
는 제목들의 완벽성을 통해, 모든 특수한 것들도 인간학의 전문 분야에 VII122
넣기 위해 하나의 고유한 주제로 만들 계기들과 요구들이 독자 공중에게 주어진다는 것, 이렇게 함으로써 인간학에서의 작업들이 저절로 이 연구의 애호가들 사이에 확산되고, 계획의 통일성에 의해 점차로 하나의 전체로 통합되어간다는 것, 그렇게 해서 이 공익적인 학문의 성장이 촉진되고 가속화된다는 이점 말이다.※

※ 내가 당초에는 자발적으로 맡았으나 나중에는 나의 교수 직무가 된 **순수 철
학**의 과업들 중에서 나는 30여 년간 **세계지**를 목적으로 삼은 두 강의를, 곧 BAXIV
(겨울 학기에는) **인간학**[11] 강의와 (여름 학기에는) **자연지리학**[12] 강의를 해왔

---

9) 아마도 영국 근대소설의 창시자격인 Samuel Richardson(1689~1761)의 작품 『파멜라』, 『클라리사 할로』 등에 등장하는 어떤 인물을 지칭하는 듯하다.

10) 프랑스 극작가 Molière(1622~1673)의 작품 『타르뛰프』, 『동 쥐앙』, 『세리멘』 등에 등장하는 어떤 인물을 지칭하는 듯하다.

11) 칸트의 〈인간학 강의〉는 1772/73년 겨울 학기에 처음으로 개설되어, 1795/96년 겨울 학기까지 지속되었다.

12) 1755년 겨울 학기부터 사강사로 대학 강단에 선 칸트는 〈자연지리학 강의〉를 아마도 1756년 여름 학기부터(AA IX, 509 참조), 확실하게는 1757년 여름 학기부터 시작하였다. 이 강의는 1796년까지 계속되었다. 또한 이 자연지리학 강의는 1772/73년 겨울 학기에 인간학 강의가 시작되기 이전까지는 겨울 학기에도 자주 개설되었다.

다. 이 강의들은 대중적인 것들로서 다른 계층의 사람들도 참석하여 자리를 함께하였다. 이것은 그 가운데서 첫 번째 것의 강의 교본이다. 그러나 두 번째 것의 교본을, 내가 교안으로 사용했던, 그렇지만 나 외에 어느 누구도 읽을 수 없는 초고를 가지고서 만들어낸다는 것은 지금의 나로서는 내 나이로 보아 거의 가능할 것 같지가 않다.[13)]

13) 그럼에도 『임마누엘 칸트의 자연지리학』은 칸트의 의뢰에 따라 그의 생전에(Königsberg 1802) 제자이자 친구인 Friedrich Theodor Rink에 의해 편찬되어 출간되었다. 수록: AA IX, 151~436.

목차

14) 본문에는(BA10=VII131) "자의적(恣意的)"이라 쓰여 있다.

인간학
제1편 BA1 VII125

인간학적 교수론

인간의 내면과 외면을 인식하는 방식에 대하여

[1]제1권 인식능력에 대하여

BA3 VII127

[2]자기 자신의 의식에 대하여

§1. 인간이 자기의 표상 안에 '나'를 가질 수 있다는 사실은 그를 지상의 여타의 모든 생물들 위로 무한히 높이 세운다. 그로 인해 인간은 하나의 **인격**이며, 그에게 닥치는 모든 변화에도 불구하고 의식의 통일성에 의해 하나의 동일한 인격이다. 다시 말해 인간은 사람들이 임의대로 처분할 수 있는, 이성 없는 동물들과 같은 그러한, **물건들**과는 지위와 존엄성에서 전적으로 구별되는 존재자이다.[3] 인간은 아직 '나'를 말할 수 없을 때조차도 그러하다. 왜냐하면 인간은 그러한 때에도 '나'를 생각 BA4
속에는 가지고 있기 때문이다. 그것은 1인칭으로 이야기할 때 모든 말들이, 설령 특별한 낱말을 가지고서 '나임'을 표현하지 않을지라도, 나를 생각하지 않을 수 없는 것과 같다. 무릇 이러한 (곧 사고하는) 능력이 **지성**이다.

---

1) A판: "제1편 제1권."

2) A판: "제1절 자기 자신[……]"

3) '물건'은 가격을 갖고, 가격을 갖는 한 같은 가격을 갖는 다른 것으로 대체될 수 있는 것이다. 반면에 인격은 "모든 가격을 뛰어 넘는" 것으로, 따라서 무엇과도 "같은 가격을 갖기를 허용하지 않는 것"이며, 이런 의미에서 "존엄성을 갖는다"(*GMS*, B77=IV434).

그런데 유의할 만한 것은, 이미 제법 잘 말할 줄 아는 어린아이가 상당히 늦게야 (아마도 1년이나 그 후에야) 비로소 '**나**'로써 이야기하기를 시작하고, 그러는 동안에는 자신을 ('카알은 먹고 싶다', '카알은 가고 싶다' 등등) 3인칭으로 말한다는 사실과, 그 어린아이가 '나'로써 말하기 시작했을 때, 그에게는 말하자면 한 줄기 빛이 떠오른 것처럼 보이며, 그날 이후로 그 어린아이는 결코 더 이상 저 3인칭 화법으로 되돌아가지 않는다는 사실이다. — 이전에는 어린아이가 한갓 자신을 **느꼈다**면, 이제는 자신을 **사고한다**. — 이 현상을 설명하는 일이 인간학자에게는 상당히 어려울지도 모르겠다.

어린아이가 생후 3개월까지는 울음도 웃음도 표출하지 않는다는 것은 주목할 바이거니와, 이 점은 사뭇 이성의 징후까지를 보이는, 모욕과 부당행위[4]에 대한 어떤 표상들의 발달에 의거하고 있는 것처럼 보인다. — 어린아이가 이 시기에 자기 앞에 놓여 있는 반짝거리는 대상들을 눈으로
VII128 따라잡기 시작하는 것은 **지각들**(감각표상의 포착)에서 출발해서 그것들을 감관대상들의 **인식**, 다시 말해 **경험**으로 확장해가기 위한 전진의 소박한 단초이다.

BA5 더 나아가서, 어린아이가 말하기를 시도할 무렵 더듬거리며 말하는 것은 그 어린아이를 어머니나 보모들에게 사랑스럽고 호감을 갖게[5] 만들어, 이들로 하여금 그 어린아이를 끊임없이 안아주고 입 맞춰주도록 하고, 또한 그의 소망과 의지를 모두 충족시켜줌으로써 그 아이를 작은 지휘관으로 잘못 키우게도 하며, 그가 인간으로 발달해가는 이 시기에 이 피조물의 이러한 사랑스러움은 틀림없이 그의 아직까지 결함투성이인,

---

4) 원문: 'Unrechttun.' 이를 'Wohltun〔친절〕'으로 고쳐 읽어야 한다고 보는 이도 있다. 그러면 앞의 "울음"에는 "모욕"이, "웃음"에는 "친절"이 대응하겠다.

5) A판: "사랑스럽게."

그러나 무엇을 숨기거나 아무런 악의가 없는 표현들의 순진무구함과 솔직담백함을 한편으로는 보증해주고, 다른 한편으로는 아양 떨면서 타인의 의사에 자신을 전적으로 맡기는 이 피조물에 대해 친절하게 대하는 보모들의 자연스러운 성벽을 보증해준다. 무릇 어린아이에게는 모든 시간 중에서도 가장 행복한 시간인 한때의 놀이 시간이 허용되고, 그 옆에서 양육자 자신도 흡사 어린아이가 됨으로써 이 쾌적함을 다시 한 번 향유하게 되기 때문이다.

그러나 유년 시절의 **기억**은 저러한 시기까지는 훨씬 미치지 못한다. 왜냐하면 그 시기는 경험들의 시기가 아니라, 객관의 개념 아래로[6] 통일되지 못한, 한낱 산만한 지각들의 시기이기 때문이다.

이기주의/자기〔중심〕주의[7]에 대하여

§2. 인간이 '나'로써 말하기를 시작한 그날부터 인간은 그의 사랑하는 자기를 그가 할 수 있는 곳에서는 어디서나 전면에 내세우고, 이기주의/자기〔중심〕주의는 멈추지 않고 전진한다. 만약 (그럴 경우에는 타인의 이기주의가 그에게 저항할 것이기 때문에) 그가 공공연하게는 그렇게 하지 않는다면, 역시 그럴듯한 자기부정과 거짓된 겸손으로써 타인의 판단에서 더 BA6
욱더 확실하게 우월한 가치를 얻기 위해서[8] 숨기는 것이다.

이기주의는 세 가지의 참월함을 함유할 수 있다. 지성의 참월함과 취미의 참월함, 그리고 실천적 관심의 참월함이 그것이다. 다시 말해 이기주의는 논리적이거나 미감적이거나 실천적일 수 있다.

---

6) B판 추가.

7) 원어: Egoism.

8) AA에 따라서 칸트 원문의 "und"를 "um"으로 고쳐 읽음.

논리적 이기주의자는 자기의 판단을 타인의 지성에서도 검사해보는 것을 불필요한 것으로 여긴다. 마치 그는 이러한 시금석(外的인 眞理의 標準)을 전혀 필요로 하지 않는 것인 양한다. 그러나 너무나 확실한 것은, 우리가 우리 판단의 진리성을 확실히 하기 위해서는 이러한 수단 없이 할 수가 없으며, 이것이 아마도 배움 있는 국민들이 **문필의 자유**를 그토록 절실하게 외치는 가장 중요한 근거일 것이다. 만약 이 자유가 거부된
VII129 다면, 우리는 동시에 우리 자신의 판단들의 옳음을 검사할 수단을 박탈당하고, 착오에 내맡겨지는 것이니 말이다. 정말이지 **수학**은 적어도 그 특유의 독재권에 의해 단정을 내릴 특권을 갖는다고 말하면 안 된다. 왜냐하면 측량술가〔기하학자〕의 판단들과 이 분야에 재능과 근면으로 헌신한 모든 다른 이들의 판단 사이에 지각된 전반적인 합치가 선행하지 않는다면, 수학 자신도 어디에서인가 착오에 빠지지 않을까 하는 우려에서 벗어나지 못할 것이기 때문이다. — 우리가 심지어는, 예컨대 종소리가 우리 귀에만 들린 것인지, 아니면 그것이 실제로 울리는 종의 소리를 들은 것인지를, 우리 자신의 감관들의 판단만을 신뢰하지 않고, 타인들에
BA7 게도 그들 또한 그렇게 생각하지 않는가 물어볼 필요를 느끼는 경우들도 있다. 그리고 비록 우리가 철학적 사유를 하는 데서는, 법률가들이 법 경험이 많은 이들의 판단에 호소하듯, 그와 똑같이 우리 자신의 판단들의 확증을 위해 **타인의 판단들에**[9] 호소해서는 안 되는 것임에도 불구하고, 아무런 지지자를 얻지 못한 저술가는 누구나 그가 공표한 의견이 중요한 것이건만 그 때문에 착오의 의혹을 받게 될 것이다.

바로 그렇기 때문에 일반적인 의견과 상충하는, 심지어는 분별 있는 이들과 상충하는 주장을 공중에게 펼치는 것은 하나의 **모험**이다. 이 비슷한 이기주의/자기〔중심〕주의를 **기론**〔奇論〕[10]이라고 일컫는다. 대담한

9) B판 추가.

10) 원어: Paradoxie. 이 말은 보통 '역설(逆說)' 내지 '배리(背理)'로 옮기나 이 경우에는 이

것은 무엇인가를 그것이 참이지 않을 위험을 무릅쓰고 감행하는 것이 아니라, 그것이 단지 소수에 의해서만 받아들여질 위험을 무릅쓰고 감행하는 것이다. — 기론을 애호함은 타인들의 모방자가 되고자 하지 않고, 오히려 **비범한** 사람으로 보이도록 하는 **논리적 아집**이지만, 그런 아집은 흔히 그를 비범한 사람 대신에 단지 **기이한 자**로 만든다. 그러나 사람은 누구나 자기 **자신의** 생각〔아집〕을 가지고 주장할 수밖에 없는 것(設令 모든 父親들이 그렇다고 말해도, 나는 그렇지 않다고 말한다. — **아벨라르두스**[11])이기 때문에, 만약 그 기론이 순전히 자신을 구별 짓고자 하는 허영에 기인해 있는 것이 아니라면, 기론이라는 비난이 나쁜 의미를 갖는 것은 아니다. — 기론적인 것에 대립되는 것은 평범한 의견 편에 서는 **통상적인** 것이다. 그러나 이것도 역시나 안전한 것은 아니고, 오히려 더 안전하지 못하기도 하다. 왜냐하면 통상적인 것은 안심을 시키기는 하지만, 그 반면에 기론적인 것은 마음에 주의와 탐구를 일깨우고, 이는 종종 발견으로 이끌기 때문이다.

미감적 이기주의자는, 타인들이 그의 시나 그림, 음악 등과 같은 것을 악평하고, 비난하고, 심지어는 냉소하기까지 한다 해도, 자기 자신의 **취
미**에 이미 충분해 하는 자이다. 무릇 만약 그가 자기 판단만으로써 자신 BA8
을 고립시키고, 스스로 자신에게 박수를 쳐서, 예술미의 시금석을 단지 VII130

렇게 옮기는 것이 문맥에 맞겠다.

11) Petrus Abaelardus(1079~1142). 중세 프랑스의 철학자. 프랑스 이름은 피에르 아벨라르(Pierre Abélard)이다. 파리에서 신학과 논리학 및 변증학을 가르쳤고, 초기 스콜라 철학에서 이성주의를 대표했으며, 보편자 논쟁에서는 개념주의를 표방했다. 보편자는 사물에 앞서 있는 것(실재론)도 아니고, 사물 뒤에 있는 것(명목론)도 아니며, 순전히 개별 사물들의 추상으로서 지성 안에 있다(개념론)고 보았다. 예컨대 '장미'라는 명칭은 세상에 장미가 더 이상 없으면, 아무런 대상과 관계를 갖지는 못하되, 그 의미는 간직한다. 그러니까 '장미'라는 말은 실재하는 사물은 아니지만, 그렇다고 순전히 상상력이 지어낸 것도 아닌 것이다. 오히려 '장미'의 의미는 사물 안에 있다고 보아야 한다는 것이다. 대표적 저술로는 『'예'와 '아니오'(*Sic et non*)』가 있다.

자기 안에서만 찾는다면, 그는 더 좋은 것으로의 진보를 스스로 단념하는 것이다.

끝으로 **도덕적** 이기주의자란 모든 목적들을 자기 자신에게 국한시키고, 그에게 유용한 것 외에는 어디에서도 유용성을 보지 않으며, 또한 행복주의자로서 의무의 표상이 아니라 한낱 유용성과 자기 자신의 행복에만 그의 의지의 최상의 규정근거를 두는 자이다. 무릇 타인들 각자는 행복으로 여기는 것에 대해 각기 다른 개념들을 가지기 때문에, 철두철미 보편적으로 타당한 원리이지 않으면 안 되는 진정한 의무 개념의 시금석을 아예 갖지 못하게끔[12] 하는 것이 바로 이 이기주의이다. — 그래서 모든 행복주의자는 실천적 이기주의자들이다.

이기주의에는 오직 **복수주의/다수주의**[13]만이 대립될 수 있다. 다시 말해, 자신을 전체 세계를 자기 안에 포괄하는 자로 보고 처신하는 것이 아니라, 순전히 한 사람의 세계시민으로 보고 처신하는 사고방식〔성향〕 말이다. — 이런 정도의 것이 인간학에 속하는 것이다. 왜냐하면 형이상학적 개념들에 따른 〔이기주의와 복수주의의〕 구별에 관해 말할 것 같으면, 그것은 전적으로 여기서 다루어야 할 학문 분야 밖에 있는 것이기 때문이다. 곧 만약에 과연 사고하는 존재자로서 내가 나의 현존 외에 또한 (세계라고 불리는) 나와 공동의 관계에 있는 다른 존재자들 전체의 현존을 상정할 이유를 가지는가 하는 물음이 있다면, 그것은 인간학적인 것이 아니라, 순전히 형이상학적인 것이다.

---

12) A판: "못하게."

13) 원어: Pluralism. Monism(일원론), Dualism(이원론)과 대립 개념으로 사용될 때는 '다원주의〔론〕'로 옮기는 것이 좋을 것이나, 여기서처럼 '이기주의/자기〔중심〕주의(Egoism)'의 대립어로 사용될 때는 이렇게 '복수주의(複數主義)' 또는 '다수주의(多數主義)'라고 옮기는 것이 차라리 무난할 것 같다.

주해 BA9

이기주의/자기〔중심〕적 언어의 격식에 관하여

요즈음 국민을 향한 국가원수의 언어는 통상 복수형이다.(신의 은총에 의한 '우리' 아무개는 운운.) 의문이 드는 것은, 과연 이 경우 그 의미가 오히려 이기적이지 않은지, 다시 말해 특유의 독재권을 보이는 것으로, 스페인의 왕이 '나, 짐〔朕〕은'이라고 말하는 것과 똑같은 것을 의미하는 것이지나 않은지 하는 것이다. 그럼에도 최고 권위자의 저러한 격식은 근원적으로는 **겸양**(우리, 즉 왕과 그의 자문회의 내지 의회)을 나타내는 것으로 보인다. — 그런데 옛적의 고전적인 언어에서 **'너'**[14]라고, 그러니까 **단수로**[15] 표현되었던 교호적인 호칭이 여러 민족들, 특히 게르만 민족들에 의해 **복수로 '너희'**라고 **표현된**[16] 것은 어떻게 해서 생긴 일일까? 여기에 독일인들은 함께 말을 나누고 있는 인격〔인칭〕에 대한 더 큰 우대를 나타내는 두 표현, 곧 **'그'**와 **'그들'**[17]이라는 표현 — 이것은 전혀 호칭이 아니고, 한 사람이든 여러 사람이든[18] 부재자에 대한 이야기 방식이다 — 을 고안해 냈다. 결국[19] 이것은 호칭되는 자 아래에 자신을 두고, 타인들을 자기 위에 두는 것처럼 보이게 하려는 모든 부조리함을, 그 인격〔인칭〕 대신에 호칭되는 자의 신분의 질의 추상체(즉 폐하, 전하, 각하, 존하 등등)를 사용하는 데까지 이르러[20] 끝난다. — 추측건대 이 모든 것은 봉건제도의 산물로서, 이 제도에 따라, 왕의 존엄으로부터 시작해서 모든 상하위 위계의 VII131

14) A판: "나와 너."

15) 원어: unitarisch.

16) A판: "'너희'와 '당신들'로 변경됨."

17) A판: "후자들은 호칭된 자의 비하를 완화하기 위해 숙고된 중도적인 표현, 곧 '그'."

18) B판 추가.

19) A판: "그리고 결국."

20) A판: "데서."

B10 신분을 거쳐 인간의 존엄성이 아예 그치는, 한갓된 인간일 뿐인 신분에,
A10 다시 말해 오로지 상위자로부터 '**너**'라고 호칭되는 농노나 아직 자기 자신의 의지를 가지는 것이 허용되지 않는 어린아이의 신분에 이르기[21]까지 — 고위자에게는 그에 걸맞은 존경의 **정도**가 실로 소홀해지지 않도록 배려[22]되었다.

자기의 표상들에 대한 자의적 의식에 대하여

§3. 자기의 표상들을 의식하려는 노력은[23] 내가 의식하는 표상들을 **주시**(注意[24])하거나 그것들에서 **눈을 뗀다**(抽象한다)는 것이다. — 후자는 전자의 한갓된 중지와 소홀히 함(무릇 이런 것은 산만함, 分散이겠다)이 아니라, 내가 의식하고 있는 어떤 표상이 **하나의** 의식[25] 안에서 다른 표상들과 결합하는 것을 저지하는, 인식능력의 실제 작용이다. — 그래서 사람들은, **무엇인가를** 추상한다(격리한다)고 말하지 않고, **무엇인가에서**, 다시 말해 나의 표상의 대상의 어떤 규정에서, 추상한다[눈을 뗀다][26]고 말한다. 그리고 이러한 추상을 통해 이 표상은 하나의 개념이라는 보편성을 얻고,

21) B판 추가.

22) B판 추가.

23) A판: "자기 자신에 대한 이러한 처리방식은."

24) 원어: attentio.

25) 곧 하나의 통일 의식.

26) 칸트는 "etwas abstrahieren(abstrahere aliquid)"과 "von etwas abstrahieren(abstrahere ab aliquo)"의 차이를 들어 자신의 생각을 펴고 있는데, 이 독일어(라틴어) 구문의 차이를 한국어로 보이려고 하면 독일어 'abstrahieren'과 그에 대응하는 한국어 '추상하다'의 쓰임새가 서로 맞지 않아서 이처럼 후자 관련 표현이 한국어법에 맞지 않게 된다. 그렇다고 라틴어 외래어인 'abstrahieren'(추상하다, 도외시하다) 대신에 똑같은 의미의 순 독일어 'absehen'(눈을 떼다)을 넣어 읽으면, 이번에는 전자 관련 표현이 '무엇인가를 눈을 떼다'가 되어 역시 한국어법에 맞지 않게 된다. 어족이 판이한 두 언어를 바꿔 옮기는 데는 흔히 크고 작은 마찰이 있다. 그만큼 보편 학문으로서 '인간학'의 길은 평탄하지 않다 하겠다.

그렇게 해서 지성 안에 채용되는 것이다.[27]

어떤 표상이 감관을 통해 인간에게 닥쳐와도 그것에서 추상할〔눈을 뗄〕
수 있다는 것은 그것에 주의하는 것보다 훨씬 더 큰 능력이다. 왜냐하면
그것은 사고능력의 자유이며, **자기의 표상들의 상태를 자기의 통제력 안
에 두는** 마음의 자주권(自制之心[28])이니 말이다. — 무릇 이러한 점을 고려
할 때 **추상능력**은 감관의 표상들에 관한 한 주의능력보다 훨씬 더 어려 BA11
운 것이나, 더욱더 중요한 것이다.

많은 사람들은 추상할〔눈을 뗄〕 수 없기 때문에 불행하다. 구혼자는 그
가 자기 애인의 얼굴에 있는 무사마귀나 이가 빠진 것을 무시할 수만 있 VII132
었어도 좋은 결혼을 할 수 있을 터이다. 그러나 타인의 결점에 본의는 아
니라 하더라도 주의를 쏟는 것은 우리 주의능력의 특별히 나쁜 버릇이
다. 즉 바로 마주보고 있는 이의 상의에 단추가 떨어져 있는 것, 또는 이
가 빠져 있는 것, 또는 습관적으로 잘못 말하는 것을 주시하고, 그럼으로
써 타인을 당혹하게 하여 그 자신이 또한 교제에서의 흥을 깨뜨리는 짓
말이다. — 중요한 점이 좋으면, 타인들의 나쁜 점, 정말이지 우리 자신
의 행운 상태의 나쁜 점은 **무시하는** 것이 마땅할 뿐만 아니라 현명하게
행동하는 것이다. 그러나 이러한 추상하는〔눈을 떼는〕 능력은 연습을 통
해서만 얻어질 수 있는 마음[29]의 강함이다.

27) 칸트 『논리학』, §6, 주 2(IX, 95) 참조. "공통 징표에 의한 표상"인 '개념'은 "지성의 세 논리적 조작" 곧 "비교"와 "반성"과 "추상" 작용의 산물이다. 여기서 '추상'이란 '무엇을 추출한다'라기보다는 '무엇을 도외시한다'는 뜻이다.

28) 원어: animus sui compos. *MS*, *TL*, A50=VI407 참조.

29) 칸트 手稿에 따르면 "영혼." AA VII, 371 참조.

자기 자신의 관찰에 대하여

§4. 주목(着心[30])은 아직 자기 자신에 대한 **관찰**(觀察)이 아니다. 후자는 우리 자신에 대한 지각들의 방법적 모음으로서, **자기 자신에 대한 관찰자의 일기**를 위한 소재를 제공하고, 쉽사리 광신과 망상으로 이끈다.

자기 자신에 대한 주시(注意)는 사람들과 관계할 때 필요한 것이기는
BA12 하지만, 교제함에서 눈에 띄게 해서는 안 된다. 왜냐하면 그럴 경우 그것은 **난처하게**(당혹하게)[31] 만들거나 **인 체하게**(억지로 꾸미게) 만들기 때문이다. 이 두 가지에 반대되는 것은 **자연스러움**(거리낌 없는 태도)이다. 즉 자신의 몸가짐이 타인들에게서 불리하게 평가받지 않을 것이라는 자기 자신에 대한 신뢰이다. 자기가 마치 거울 앞에 서 있는 자신을 판정하려는 것처럼 생각하는 자, 또는 마치 자기 말을 (그저 타인이 듣는 것이 아니라) 자기가 듣는 것처럼 그렇게 말하는 자는 일종의 배우이다. 그는 **연출**[32]하려는 것이며, 자기 자신의 인격의 가상을 꾸며내는 것이다. 그로 인해서, 만약 사람들이 그가 이렇게 애쓰는 것을 지각하면, 그는 타인들의 판단에서 손해를 본다. 왜냐하면 그렇게 애쓰는 것은 속이려는 의도가 아닌가 하는 의혹을 불러일으키기 때문이다. — 그런 어떠한 의혹도 유발하지 않는 범절로 자신을 표출하는 숨김없는 태도를 사람들은 **자연스러운** 행동이라고 부른다. (그렇다고 해서 이러한 행동이 모든 미적 기예나 취미-도야를 배제하는 것은 아니다.)[33] 그러한 행동은 표현된 그 순전한 **진실성**만으로도 적의하다. 그런데 동시에 **순진함**에서, 다시 말해 이미 상례화한 위장술이 없는 데서 오는 솔직담백함이 말에서 엿보이는 경우에는, 그것은 **순박함**이라고 일컬어진다.

---

30) 원어: animadvertere.

31) 칸트 手稿: "**난처하게**〔(강제당하게)〕(당혹하게)."

32) 원어: repräsentieren.

33) A판: "비록 그렇다고 해도 이러한 행동이 미적 기예나 취미-도야 없이도 있을 수 있는 것은 아니지만 말이다."

혼기가 찬 처녀나 도회적 범절을 모르는 시골 사람이 자기 생각을 밝힐 때의 솔직한 방식은 (거짓을 꾸미는 기술을 모르는) 순진무구함으로 인해 이미 이러한 기술에 숙달하여 영악하게 된 이들에게는 유쾌한 웃음을 짓게 한다. 그것은 경멸에서 오는 **조소**가 아니다. 무릇 이런 경우 사람들은 마음속으로 그러한 순정성과 정직성을 존경하기 때문이다. 오히려 그것은 **거짓을 꾸미는 기술**에 미숙한 것에 대한 선의의 애정 어린 웃음 지음이다. 거짓을 꾸미는 기술은 우리의 이미 부패한 인간본성에 기초한 것이기는 하지만 악한 것으로, 웃음을 짓기보다는 오히려 탄식해야 마땅한 것이겠다. 사람들이 이러한 기술을 아직 부패하지 않은 자연본성의 이념과 견주어본다면 말이다.※ 그것은 마치 구름 덮인 하늘이 햇살을 통과시키기 위해 어느 한 곳에서 잠시 열리다가, 이기심이라는 약한 두더지 눈을 보호하기 위해 금방 다시 닫힐 때와 같은 순간적인 기쁨이다. VII133 BA13

그러나 이 조항[37]의 본래 의도는 곧 자기의 사상 및 감정의 **비자의적인** 경과의 내적인 역사에 대한 탐색과 말하자면 짐짓 꾸민 듯한 작성에 철저히 관여하지 말라는 위에서의 **경고**이다. 이러한 경고가 생긴 것은, 그런 일이 참칭된 고차원의 영감이라는 두뇌 혼란 속에서 그리고 우리와는 무관하게, 누구도 영문을 모른 채, 우리에게 영향을 미친 힘들에 기대어, 광명주의[38]나 공포주의에 빠지는 첩경이기 때문이다. 왜냐하면 이런

※ 이 점에서 사람들은 저 유명한 **페르시우스**[34]의 시구[35]를 다음과 같이 개작할 수도 있겠다. — 그들은 自然本性을 보면서 버려진 自然本性을 恨歎하누나.[36]

34) Aulus Persius Flaccus(34~62). 주로 스토아주의적 삶의 지혜를 읊은 고대 로마의 시인. 대표작으로는 『풍자(*Saturae*)』 6편이 있다.

35) 페르시우스의 『풍자』 III, 38: "그들은 덕을 보면서 버려진 덕에 어쩔 줄 몰라 하누나(virtutem videant intabescantque relicta)."

36) 원문: Naturam videant ingemiscantque relicta.

37) 곧 §4.

38) 칸트 당대 '광명주의(Illuminatism)' 내지 '광명단/광명회(Illuminatenorden: illuminati)'는 Adam Weishaupt(1748~1830)의 주도로 계몽과 윤리적 개선을 통해 인간의 인간

경우 우리는 우리 자신이 우리 안에 집어넣었던 것을 발견했다고 부지불식간에 참칭하는 것이기 때문이다. **부리뇽**[39] 같은 사람이 과대망상적인 생각들을 가지고서, 또는 **파스칼**[40] 같은 사람이 두렵고 불안한 생각들을 가지고서[41] 그리하듯이 말이다. 이런 생각에는 다른 데서는 탁월한 재사인 **알브레히트 할러**[42]조차도 빠졌다. **할러**는 자신의 영혼 상태에 대한, 비록 중간중간 끊기기는 했지만, 오랫동안 썼던 일기에서 종내는 유명한
BA14 신학자이자 자기의 예전 대학 동료인 **레쓰**[43] 박사에게, 과연 그가 그의 신학의 방대한 보고〔寶庫〕 안에서 그의 불안해하는 영혼을 위한 위안을 만날 수는 없는 것인지 묻기에 이르렀다.[44]

만약 내가 그 활동들을 불러낸다면, 내 안의 표상력의 여러 가지 활동들을 관찰하는 것은 숙고할 만한 충분한 가치가 있으며, 논리학과 형이상학을 위해 필요하고도 유익한 것이다. — 그러나 **부르지 않아도** 저절

에 대한 지배를 종식시킨다는 기치 아래 1776년 5월 1일 독일 Ingolstadt에서 창립되어, 짧은 기간 동안에 다수의 추종자를 가졌으나 수많은 신비적 요소와 이론들이 혼효된 데다가 반정부적 내지 반기독교적(특히 반가톨릭적) 활동을 비밀리에 확대해갔기 때문에 1785년 Bayern에서 금지되었고, 그 후 세력이 약화 소멸되었다. 그러나 신비적 교조주의 풍조를 칸트는 기회 있을 때마다 경계했다. 『이성의 한계 안에서의 종교』, B64=VI53 · B143=VI102; 『윤리형이상학』, 「법이론」, A186=B216=VI325 등 참조.

39) Antoinette Bourignon(1616~1680). 벨기에의 신비주의 여성 신지학자로, 생전과 사후에 19권으로 편찬된 방대한 저술을 남겼으며, 광신주의, 경건주의 종파에 지대한 영향을 미쳤다. 말년에 마녀로 기소되어 쫓겨 다니다가 죽었다.

40) Blaise Pascal(1623~1662). 프랑스의 수학자, 물리학자, 문필가, 가톨릭 철학자. 『팡세(*Pensées sur la religion et autres sujets*)』(1670)를 비롯하여 그가 남긴 많은 저술들은 근대 철학의 주요한 형성요소가 되었다.

41) B판 추가.

42) Albrecht von Haller(1708~1777). 스위스 태생의 의사, 식물학자, 문필가, 시인. 그는 5만 쪽에 달하는 분량의 저술을 남겼으며, 칸트는 그의 시구를 곳곳에서 인용하고 있다. 『이성의 한계 안에서의 종교』, B81=VI65 참조.

43) Gottfried Leß(1736~1797). 독일 루터 신교 신학자. 괴팅겐 대학의 철학교수.

44) A. v. Haller, *Tagebuch seiner Beobachtungen über Schriftsteller und über sich selbst*, 2 Teile, J. G. Heinzmann 편, Bern 1787, S. 219 이하 참조.

로 마음 안으로 들어온 것 — 이런 것은 의도한 바 없이 지어내는 상상력 의 유희에 의해서 일어나거니와 — 과 같이, 그러한 활동들을 엿보려 하는 것은, 그런 경우에는 사고의 원리들이 (응당 그러해야 하듯이) 선행한 것이 아니고, 오히려 뒤따르는 것이기 때문에, 인식능력 내의 자연적 질서의 전도이며, 그것은 이미 마음의 병(우울증)이거나 아니면 그런 병을 가지고서 정신병원에 가게 될 것이다. **내적 경험들**에 대해(즉 은총에 대해, 시련들에 대해) 많은 것을 이야기할 줄 아는 자는 자기 자신의 탐구를 위한[45] 발견 여행에서 언제나 단지 안티키라[46]에 먼저 상륙할 수 있을지도 모른다. 왜냐하면 저러한 내적 경험들[47]의 사정은, 그 안에서 대상들이 서로 곁에 그리고 항존적으로 고정되어 현상하는[48] 공간상의 대상들에 대한, **외적** 경험들과는 다르기 때문이다. 내감은 자기의 규정들의 관계들을 단지 시간상에서만, 그러니까 흐름에서만 보거니와, 이에서는 경험을 위해서 필요한 관찰의 지속성이 생기지가 않는다.※ VII134

※ 만약 우리가 그를 통해 **개념**(사상)이 가능하게 되는 내적 행위(자발성), 즉 **반성**을, 그리고 그를 통해 하나의 **지각**(知覺), 다시 말해 경험적 **직관**이 가능하게 되는 감수성(수용성), 즉 포착을 표상하되 이 두 활동을 의식적으로 표상한다면, 자기 자신의 의식(統覺)은 반성의 의식과 포착의 의식으로 구분될 수 있다. 전자는 지성 의식이고, 후자는 내감〔내적 감관〕이다. 전자는 **순수** 통각이고, 후자는 **경험적** 통각이다. 전자를 내**감**이라고 부르는 것은 잘못된 일이다. — 심리학에서 우리는 우리의 내감의 표상들에 따라서 우리 자신을 탐구한다. 그러나 논리학에서는 지성적 의식이 제공하는 것에 따라서 탐구한다. — 무릇 여기에서 우리에게는 (이런 일은 모순일 터이되) '나'가 이중적인 것 BA15

45) A판: "자신을 탐구하는."

46) Anticira(Άντικυρα): 고대 그리스의 코린트 만에 있던 해안 도시. 이 도시에서 볼 수 있는 식물 '크리스마스 로즈(Helleborus niger)'가 정신병 치료에 특효가 있다고 알려졌었다.

47) B판 추가.

48) A판: "경험들을 제공하는."

BA15 VII135 ## 우리가 의식하지 않고서도 가지고 있는 표상들에 대하여

§5. '표상들을 가지고 있고, 그러면서도 그것들을 의식하지 않는다.'는 것에는[50] 모순이 있는 것처럼 보인다. 우리가 그것들을 의식하고 있지 않다면, 우리가 그것을 가지고 있음을 대체 우리가 어떻게 알 수 있는가? 이러한 반론을 **로크**는 일찍이 제기했는데, 그 때문에 그는 그러한 유의 표
BA16 상들을 거부하기도 했다.[51] — 그러나 우리는 비록 우리가 직접적으로 의식하고 있지 않다고 해도, 우리가 어떤 표상을 가지고 있음을 **간접적으로** 의식할 수 있다. — 그와 같은 표상들을 일컬어 **애매한**〔**불명료한**〕 표상들이라고 하며, 여타의 표상들은 **명료한** 것이다. 그리고 이 표상들의 명료성이 그 표상 전체의 부분 표상들 및 그 부분 표상들의 결합에까지 긍〔亘〕하면, 그것이 사고의 것이든 직관의 것이든 **분명한** 표상들이다.[52]

으로 보인다. 즉 1) (논리학에서의) 사고의 **주체**로서 '나'. 이 '나'는 순수 통각(즉 순전히 반성하는 나)을 의미하며, 이것에 대해서는 전혀 아무런 것도 말할 수 없고, 그것은 하나의 전적으로 단순한 표상이다. 2) 지각의, 그러니까 내감의 **객체**로서의 '나'. 그것은 하나의 내적 **경험**[49]을 가능하게 하는 잡다한 규정들을 함유하고 있는 것이다.

과연, 사람들의 마음의 (즉 그것의 기억들이나 그것에 의해서 채택된 원칙들의) 상이한 내적 변화들에서 만약 그 사람이 이러한 변화를 의식하고 있다면, 그래도 그를 (영혼의 면에서) **동일한 자**라고 말할 수 있는지라는 물음은 이치
BA16 에 닿지 않는 물음이다. 왜냐하면 그는 이러한 변화들을, 그가 자신을 상이한 상태들에서 동일한 **주체**로 표상함으로써만, 의식할 수 있으며, 인간의 '나'는 (표상방식의) 형식의 면에서는 이중적이지만, 그러나 질료(즉 내용) 면에서는 이중적이지 않으니 말이다.

---

49) AA에 따라 진하게 쓰기〔강조〕.

50) A판: "이에는."

51) Locke, *An Essay concerning Human Understanding*, Bk. I; Bk. 2, ch. 1 참조. 이 같은 생각에서 로크는 일체의 본유 개념 및 원리, 선험적 개념들을 부인하고, 이른바 감각경험론을 주창했다. 이 같은 마음 '백지(tabula rasa)'론에 대한 이견은 Leibniz, *Nouveaux essais sur l'entendement humain*, liv. II, ch. 1 참조.

내가 나와는 멀리 떨어져 있는 초원에서 어떤 사람을 보고 있음을 의식할 때, 비록 나는 그의 눈, 코, 입 등을 보고 있음을 의식하지 않고 있다 해도, 실로 나는 그저 '저것은 사람이다.'라고 **단정한다**. 무릇 내가 머리의 이 부분들을 (그리고 또한 그 사람의 다른 부분들도) 지각하고 있음을 의식하지 못하기 때문에, 그 사람의 표상을 나의 직관 중에 전혀 **가지고** 있지 않다고 주장하고자 한다면, 나는 또한, 내가 어떤 사람을 보고 있다고 말할 수도 없을 것이다. 왜냐하면 이들 부분 표상들로 (머리 또는 사람의) 전체 표상이 합성되어 있는 것이니 말이다.

우리가 그것들을 가지고 있다는 것을 의심할 것 없이 단정할 수 있음에도, 우리가 의식하지 못하는 감관직관들과 감각들, 다시 말해 인간에게 (그리고 또한 동물들에게 있는) **애매한〔불명료한〕** 표상들의 분야는 헤아릴 수 없을 정도이지만, 그에 반해 명료한 표상들은 의식에 드러나 있는 이러한 표상들의 단지 무한히 갯수가 적은 점들만을 함유한다는 것, 말 BA17
하자면 우리 마음이라는 커다란 **지도** 위에서 단지 소수의 위치들만에 빛이 **비춰지고** 있다는 것은 우리에게 우리 자신의 존재에 관한 경탄을 불러일으킬 수 있다. 왜냐하면 한 고위의 권능자가 "빛이 있어라!"라고 외치기만 하면, 아무것도 손대지 않고서도 (예컨대 우리가 어떤 저작자를 그가 기억하고 있는 모든 것과 함께 취해보면) 말하자면 절반의 세계가 그의 눈앞에 놓여 있을 터이니 말이다. (가령 달에 대해) 망원경을 또는 (섬모충류

52) 칸트는 여기서 표상을 '명료한(klar)'·'애매한〔불명료한〕(dunkel)' 표상으로 구분하고, 명료한 표상을 다시금 '분명한(deutlich)'·'불분명한(undeutlich)' 표상으로 구분하고 있다. '명료한(clara)' 그리고 동시에 '분명한(distinta)' 지각(perceptio)에 관해서는 Descartes(*Principia philosophiae*, I, §45~§47)를, 또 인식(cognitio)을 '명료한(clara)'·'애매한〔불명료한〕(obscura)' 인식으로, 다시금 명료한 인식을 '분명한(distinta)'·'모호한(confusa/verworren)' 표상으로 구분하는 방식에 대해서는 Leibniz("Meditationes de cognitione, veritate et ideis") 참조. 이러한 구분 방식에서 칸트는 라이프니츠-볼프 학파가 지성적 표상을 '분명한' 것으로, 반면에 감각적 표상을 '모호한' 표상으로 간주한 것에 대해 반대하고 있다.

에 대해) 현미경을 갖춘 눈이 발견하는 모든 것은 우리의 육안을 통해 보이는 것이다. 왜냐하면 이러한 광학적 수단들은 저러한 인공적 도구 없
VII136 이 망막에 그려지는 것보다 정말이지 더 많은 광선과 그를 통해 산출된 더 많은 상들을 눈에 가지고 오는 것이 아니고, 단지 그것들을 더 크게 확대하여 우리가 그것들을 의식하도록 하는 것일 뿐이기 때문이다. — 음악가가 어떤 환상곡을 열 손가락과 두 발을 가지고서 오르간으로 연주를 하면서, 그렇게 그의 옆에 서 있는 사람과 이야기를 나눈다면, 똑같은 것이 듣기 감각에도 타당하다. 그때 그 잠깐 사이에 수많은 표상들이 그의 영혼 속에서 불러일으켜지거니와, 화음에 맞지 않은 단 한 번의 손가락놀림이라도 곧바로 불협화음으로 들릴 터이므로, 그 각각의 표상들을 선택하는 데는 더더욱이나 적절성에 관한 특별한 판단을 필요로 할 터이다. 그렇게 해서 전곡이, 그 자유롭게 환상적으로 연주한 음악가가, 어쩌면 다시는 아무리 노력해도 그토록 잘 해낼 것을 기대하지 못할, 그에 의해 성공적으로 시연된 많은 소절을 악보에 담아 두려고 자주 소망한 대로 마쳐질 것이다.

BA18 이렇듯 **애매한(불명료한)** 표상들의 분야가 인간에게서는 가장 크다. — 그러나 이 분야는 인간을 단지 그의 수동적인 부분에서, 감각들의 유희로서만 지각되도록 하기 때문에, 이러한 애매한(불명료한) 표상들에 대한 이론은 단지 생리학적인 인간학에 속할 뿐으로, 여기서의 본래적인 관심사인 실용적 인간학에 속하는 것은 아니다.

곧 우리는 흔히 애매한(불명료한) 표상들을 가지고서 유희하며, 그때 상상력에서 애호되는 또는 애호되지 않는 대상들을 능가하는 데에 흥미를 갖는다. 그러나 더 흔히는 우리 자신이 애매한(불명료한) 표상들의 유희거리가 되며, 우리 지성은 그러한 애매한(불명료한) 표상들을 착각으로 인정을 하면서도 그것들의 영향력이 그로 하여금 빠지게 하는 부조리에

서 벗어나지 못한다.

성적인 사랑(性愛)의 경우도, 그것이 본래 호의가 아니라, 오히려 그 대상의 향유를 의도하는 한에서 사정은 마찬가지다. 애호되지만 그러나 인간을 보통의 동물류와 아주 가까운 친족으로 보이게 만들어, 그로 인해 부끄러움이 요구되고, 상류사회의 표현들이 웃음을 자아낼 만큼 충분히 속이 보이면서도 노골적으로 드러나지는 않게 하는 것 위에 섬세한 베일을 치는, 얼마나 많은 기지가 예부터 사라지지 않고 있는가. — 여기서 상상력은 기꺼이 불명료한 가운데서 어슬렁거릴 수도 있으며, **견유주의**를 피하기 위해 사람들이 우스꽝스런 **결벽주의**에 빠지는 위험에 처하지 않으려면, 언제나 비상한 기술이 필요하다.

다른 한편 우리는 또한 충분히 자주, 설령 **지성**이 그를 비춘다 해도 사 BA19
라지려 하지 않는, 애매한(불명료한) 표상들의 유희거리가 된다. 무덤을 VII137
자기 정원 안에 둘 것인가 또는 그늘진 나무 아래 둘 것인가, 아니면 들판에 둘 것인가 또는 건조한 땅에 둘 것인가는 죽는 자에게는 비록 전자의 경우라 해서 그가 아름다운 전망을 기대할 수 있는 것도 아니고, 후자라고 해서 습기로 인한 감기들 걱정을 해야 하는 이유를 갖는 것이 아니라 해도, 흔히는 중요한 사안이다.

옷이 날개라는 말은 분별 있는 사람에게도 어느 정도는 타당하다. 심지어 러시아 속담에는 "사람들은 손님을 그 옷에 따라 맞고, 그 지성에 따라 배웅한다."는 말까지 있다. 그러나 지성은 옷을 잘 차려 입은 인사가 어떤 중요한 자라는 애매한(불명료한) 인상을 막을 수는 없어도, 어쨌거나 잠정적으로 그에게 내려진 판단을 나중에 정정하려는 기도를 할 수 있다.

심지어는 심오하고 투철한 듯이 보이기 위해 꾸며진 애매성이 이용되기도 하며, 그렇게 해서 흔히 원한 바 성공을 얻기도 한다. 그것은 가령 **여명** 속에서 또는 안개 속에서 보이는 대상들은 있는 대로보다 언제나
BA20 더 크게 보이는 것과 같다.※ '스코티손'[53](즉 '애매하게 만들라!')은 모든 신비가들의 표어로서, 작위적인 애매성을 통해 지혜의 보물을 찾으려는 자를 유혹하기 위한 것이다. — 그러나 일반적으로 저술 안에 있는 어느 정도의 수수께끼는 독자에게 환영받지 못하는 것이 아니다. 왜냐하면 독자에게는 그 애매한 것을 명료한 개념으로 해결해냄으로써 자기 자신의 명민함이 느껴지기 때문이다.

자기의 표상들의 의식에서 분명성과 불분명성에 대하여

§6. 한 대상을 다른 대상들과 **구별**하기에 충분한, 자기의 표상들에 대
VII138 한 의식이 **명료성**이다. 그러나 그것을 통해 표상들의 **합성** 또한 명료해지는 의식은 **분명성**이라 일컫는다. 이 후자만이 표상들의 총계가 **인식**이 되게끔 만든다. 그러면 이 인식에서, 의식적인 합성은 어느 것이나 의식의 통일을, 따라서 그 합성을 위한 규칙을 전제하기 때문에, 이 잡다한

※ 그에 반해 **일광** 아래서 보면, 주위에 있는 대상들보다 더 밝은 것이 또한 더 커 보인다. 예컨대 흰 양말이 검은 양말보다 통이 더 넓어 보인다. 또 밤중에
BA20 높은 산에서 지펴진 불은 그것을 측정하여 볼 때보다 더 큰 것처럼 보인다. — 아마도 이로부터 지평선 가까이에 있는 달의 형태가 더 크게 보이고, 서로 떨어져 있는 별들 사이의 거리가 외견상으로는 더 멀어 보이는 것이 설명될 수 있겠다. 왜냐하면 이 두 경우에서 빛을 발하는 대상들은 하늘 높은 곳에서보다 지평선 가까이에서 더 어두운 대기층을 통해 보여서 나타나는 것이고, 불명료한〔어두운〕 것은 주위에 있는 빛으로 인해 더 작은 것으로 판정되기 때문이다. 그러므로 사격에서도 중앙에 흰 원을 가진 검은 표적지가 그 반대의 것보다 적중에 더 유리할 것이다.

53) 원어: Scotison. (=σκότισον). 이 말의 출처에 관해서는 칸트 Refl 1482: AA XV, 668 참조.

것 안의 **질서**가 생각된다. — 사람들은 이 분명한 표상에 **혼란한**〔모호한〕
표상(模糊한 知覺)을 대립시킬 수는 없고, 한낱 **불분명한**(但只 明瞭하기만 BA21
한) 표상을 대립시키지 않으면 안 된다. 혼란한〔모호한〕 것은 합성된 것일
수밖에 없다. 왜냐하면 단순한 것에서는 질서도 **혼란**도 없기 때문이다.
그러므로 혼란은 불분명성의 **원인**이지, 그것의 **정의**〔定義〕가 아니다. —
인식은 어느 것이나 (그것을 위해서는 언제나 직관과 개념이 필요하기 때문에)
그와 같은 것인바, 모든 복합적 표상(複合的 知覺)에서 그 분명성은 부분
표상들이 합성된 **질서**에 의거해 있는 것이다. 그때 부분 표상들은 (한갓
된 형식과 관련하여) 상위 표상과 하위 표상(第一知覺과 第二知覺)으로 나누
는 순전히 논리적 구분이나 아니면 주요표상과 부수표상(主要知覺과 附隨
知覺)으로 나누는 **실재적** 구분을 야기한다. 그리고 이러한 질서에 의해서
인식은 분명해지는 것이다. — 주지하는바, **인식**의 능력 일반을 (낱말의
가장 보편적인 의미에서) **지성**이라고 일컫는다면, 이 지성이 대상의 **직관**
을 산출하기 위해서는 주어진 표상들의 **포착능력**(注意)을, 대상의 **개념**을
산출하기 위해서는 다수의 것에 공통인 것의 **분리능력**(抽象)을, 대상의
인식을 산출하기 위해서는 **성찰능력**(反省)을 함유하지 않으면 안 된다.[54)]

사람들은 이러한 능력들을 특출한 정도로 가진 이를 **수재**〔머리 (있는
자)〕라고 부르고, 아주 적게 받은 이를 — 이러한 이는 늘 타인의 이끎을
받아야 할 필요가 있기 때문에 — **둔재**〔꼬리털〕라고 부른다. 그러나 그것
을 사용함에 있어서 독창성〔원본성〕까지도 가지고 있는 (그리하여 그 덕분
에 보통은 남의 지도 아래 배우지 않으면 안 되는 것을 자기 자신에서 산출하는) BA22
이를 **천재**라고 부른다.

---

54) 이미 앞의 §3에서도 논의한 바 있듯이, 칸트는 다른 한편『논리학』에서는 개념 산출을 위한 "논리적 지성작용"을 비교(Kompation) · 반성(Reflexion) · 추상(Abstraktion)이라고 설명한다.(*Log*, §6: XX IX, 94 이하 참조)

배운 자로 보이고 싶어 하는 **이상**[55] 사람들이 그것을 마땅히 알고 있어야 했다면, 그가 알기 위해서 배워야만 할 것에 대해 아무것도 배우지 못한 이를 **무지한 자**라고 일컫는다. 무릇[56] 이러한 요구가 없다면 그는 위대한 천재일 수 있으니 말이다. 비록 많은 것을 배울 수 있다 해도, **스스로 생각할** 수 없는 이는 **고루한**(우매한) **자**〔머리〕라고 불린다. — 어떤 사람은 **박학**다식한 자(즉 그 자신이 배운 바대로 타인에게 가르치는 기계)이면
VII139 서도 자기의 역사적〔자료적〕 지식의 이성적 사용과 관련해서는 매우 **우매할** 수 있다. — 공개적 전달에서 자기가 배운 것을 처리하는 방식이 학교식의 강제를 (그러므로 자기 사고의 자유의 결여를) 노정하는 이는 **고지식한 자**〔**현학자**〕이다. 그렇다고 해도 그는 학자일 수도 있고 군인일 수도 있으며, 심지어는 궁정인일 수도 있을 것이다. 이런 이들 중에서는 고지식한 학자가 엄밀히 보아 그나마 가장 견딜 만하다. 사람들은 그래도 그에게서 무엇인가를 배울 수 있기 때문이다. **그 반면에**[57] 궁정인들의 격식에서의 면밀성(고지식함)은 쓸데없을 뿐만 아니라, 그러한 고지식한 자에게 불가피하게 붙어 다니는 자부심 때문에 게다가 우스꽝스럽게 되기까지 한다. 그러한 것은 **무지한 자**의 자부심이기 때문이다.

그러나 사교적인 **어조**로 말하고, 일반적으로 유행에 따르는 모습을 보이는 기술 또는 차라리 능란함은, 특히 학문과 관련이 되면, 그릇되게도 **대중성**〔**통속성**〕이라 불리어지나, 그것은 오히려 치장된 천박성이라고 **일**
BA23 **컬어야** 할[58] 것으로, 그것은 고루한 자의 많은 빈약성을 은폐한다. 그러나 오직 어린아이들만이 그로 인해 오도된다. "(**애디슨**[59]에서 퀘이커 교도

55) A판: "하기 때문에."
56) B판 추가.
57) A판: "그러나."
58) A판: "부를 수 있는."
59) Joseph Addison(1672~1719). 영국의 수필가, 시인, 극작가이자 정치인. 그는 Richard Steele(1672~1729)과 함께 몇 년간(1711~1714) 시사지 *The Spectator*를 발간하였는

가 마차 안에서 그의 옆에 앉아 지껄여대는 장교에게 말했던바) 너의 북은 너의 상징이다. 북이 비어 있으니, 북이 울린다."

인간을 그 인식능력(지성 일반)에 따라 판정하기 위해서, 사람들은 인간을 틀림없이 **보통감**(共通感)[60] — 이것이 물론 **범속한** 것(通俗感)[61]은 아니다 — 을 가진 자와 **학식**을 가진 자로 구분한다. 전자들은 적용하는 사례들에서(具體的으로) 규칙들에 정통한 자이고, 후자들은 그 자체로 그리고 적용에 앞서(抽象的으로) 규칙들에 정통한 자이다. — 사람들은 전자의 인식능력에 속하는 지성을 **건전한** 인간지성(良識[62])이라고, 후자의 인식능력에 속하는 지성을 **명석한 머리**(聰明한 稟性[63])라고 부른다. — 유의할 점은, 사람들은 전자를 보통 단지 실천적인 인식능력으로만 여기며, 그것을 개발 없이도 가질 수 있는 것으로 볼 뿐만 아니라, 만약 그 개발을 너무 많이 추구하면 심지어는 유해한 것으로 보고, 그래서 그것을 광신적으로까지 찬양하며, 마음 깊은 곳에 숨겨 있는 보고〔寶庫〕로 생각하면서, 때로는 그 발언을 신탁(소크라테스의 수호신)인 양, 꾸민 것 같은 학문이 시장에 내놓을 모든 것보다도 더 신뢰할 만하다고 공언한다는 사실이다. — 이상으로 확실한 것은, 어떤 문제의 해결이 지성의 보편적이고 선천적인 규칙들(이것들을 소유함을 타고난 지혜라고 부르는바)에 의거하는 것이라면, 꾸민 것 같은 인위적으로 세워진 원리들(배운 지혜)을 애써 찾 BA24 VII140

데, 이 칸트 인용문은 제132호(1711. 8. 1 자), 198면의 한 대목이다. 영어 원문은 "Thy drum is a type of thee, it soundeth because it is empty."

60) 원어: Gemeinsinn(sensus communis). 'Gemeinsinn'에서 'gemein'은 '범속한/보통의'라기보다는 '공통의/공동체적(gemeinschaftlich)'이라는 의미로 새겨야 할 것(*KU*, B157=V293 참조)이므로, 오히려 '공통감〔각〕'으로 이해해야 함에 대한 설명은 『판단력비판』, §21·§40 참조. 그러나 이 자리에서는 뒷말과의 연결성을 고려해 문자 그대로 '보통감'으로 옮긴다.

61) 원어: gemein(sensus vulgaris).

62) 원어: bon sens.

63) 원어: ingenium perspicax.

고 그것들에 따라 자기의 결론을 내리는 것은 그것을 마음의 어둠〔불명료한 마음〕 속에 놓여 있는 판단의 규정근거들의 결정에 아주 맡기는 것보다 더 불확실하다는 점이다. 이런 일을 사람들은 논리적 **촉감**[64]이라고 부를 수 있겠는데, 이런 경우에 성찰은 마음의 내부에서 일어나는 활동들을 의식함 없이도 대상을 여러 측면에서 그려보고 올바른 결과를 만들어낸다.

그렇다고 해도 건전한 지성〔상식〕은 자기의 이러한 특장을 단지 경험의 대상과 관련해서만 증명할 수 있을 뿐이다. 그것은 이러한 경험을 **통해서** 인식을 증대시키는 것뿐만 아니라, 이 (경험) 자체를 확대시키는 일이되, 사변적 견지에서가 아니라, 한낱 경험적-실천적 견지에서 그러한 것뿐이다. 무릇 사변적 견지에서는 선험적인 학문적 원리들이 필요하지만, 경험적-실천적 견지에서는 경험들, 다시 말해 시도와 성과를 통해 계속적으로 확증되는 판단들도 있을 수 있으니 말이다.

BA25

[65]지성과 대조되는 감성에 대하여

---

§7. 표상들의 상태와 관련하여 나의 마음은 **능동적**이며 **능력**(可能力)을 보여주든지 또는 **수동적**이며 **감수성**(受容性) 중에 있든지 한다. **인식**은 자신 안에 이 양자를 결합하여 함유하고 있다. 그리고 그러한 인식을 가지도록 하는 가능성이 **인식능력**이라는 명칭을 갖는데, 그 명칭은 그것의

64) 원어: Takt. (=tactus).

65) A판: "제2절
지성과 대조되는 …….”

가장 중요한 부분, 곧 표상들을 결합하거나 분리하는 마음의 활동에 대한 것이다.

그에 대해 마음이 수동적인 관계에 있는, 그러므로 그를 통해 주관이 **촉발되는**—무릇 주관은 스스로 자기를 촉발하기도 하고 어떤 객체에 의해 촉발되기도 하거니와—표상들은 **감성적** 인식능력에 속하며, 그러나 순전한 **행함**(즉 사고)만을 함유하는 표상들은 **지성적** 인식능력에 속한다. 전자는 **하위** 인식능력이라고도 불리며, 반면에 후자는 **상위** 인식능력이라고 불린다.※ 전자는 감각들의 내감의 **수동성**의 성격을 갖고, 후자 VII141 BA26
는 통각의 자발성의 성격을, 다시 말해 사고를 이루는 능동적 작용의 순수 의식의 자발성의 성격을 가지며, 논리학(즉 지성 규칙들의 체계)에 속한다. 이는 전자가 **심리학**(즉 자연법칙들 아래에서의 모든 내적 지각들의 총괄)에 속하면서 내적 경험을 정초하는 것과 마찬가지이다.

※ **감성**을 한낱 표상들의 불분명성에 세우고, 그 반면에 **지성성**[66]을 분명성에 세우는 것, 이와 함께 한낱 사고의 형식뿐만 아니라 내용에도 상관하는 의식의 **실재적**(심리학적) 차이 대신에 한낱 **형식적**(논리적) 차이를 세우는 것은 BA26
라이프니츠-볼프 학파의 큰 잘못이었다.[67] 곧 감성을 한낱 (부분표상들의 명료성의) **결여**에, 따라서 불분명성에 세우고, 그러나 지성표상의 성질은 분명성에 세운 것 말이다. 하나의 인식을 산출하기 위해서는 감성 역시 아주 적극 VII141
적인 것으로, 지성의 표상을 위한 불가결의 부가물이니 그렇다. — 그런데 **라이프니츠**는 본래 이 점에 잘못한 책임이 있었다. 왜냐하면 그는 **플라톤**학파를 추종하여 이데아라고 불리는 생득적인 순수한 지성적 직관들을 받아들였던바, 이것들은 인간의 마음 안에서 지금은 단지 불분명하게 마주칠 뿐이나, 이것들을 주의해서 분해하고 조사하기만 한다면, 그 덕분에 우리는 객체들을 있는 그 자체대로 인식한다는 것이었기 때문이다.

---

66) 원어: Intellektualität. 'intellectus(知性)'/'Intellekt(지성)'/'Verstand(지성)'과 구별하기 위해 이렇게 옮긴다.

67) 라이프니츠-볼프 학파의 인식능력 이론에 관해서는 바움가르텐의 '경험심리학(psychologia empirica)'(A. G. Baumgarten, *Metaphysica*, ^{4}1757, §§504~699, 수록: AA XV, 5~54) 참조.

주해. 표상의 대상은 내가 그것에 의해서 촉발되는 방식만을 함유하니, 이 대상은 나에 의해 오직 그것이 나에게 현상하는 대로만 인식될 수 있다. 그리고 모든 경험[68](즉 경험적[69] 인식)은, 외적 경험 못지않게 내적 경험 역시, 대상들을 (그 자체만으로 볼 때의) **있는/인** 바대로가 아니라, 우리에게 **현상하는** 바대로 인식하는 것이다. 왜냐하면 그때 관건이 되는 것은 한낱 표상의 객관의 성질뿐만이 아니라, 또한 주관의 성질 그리고 주관의 감수성〔수용성〕의 성질이기 때문이다. 주관의 감수성〔수용성〕의
BA27 방식은 감성적 직관이고, 그에 객관의 사고(객관에 대한 개념)가 뒤따르는 것이다. — 그런데 이 수용성의 형식적 성질은 다시금 감관에서 얻어올 수 있는 것이 아니라, (직관으로서) 선험적으로 주어져 있어야만 하는 것이다. 다시 말해 그것은 모든 경험적인 것(**감관감각**을 함유하는 것)이 제거되더라도 여전히 남는 감성적 직관이어야만 하는 것이다. 직관의 이 형식적인 것이 내적 경험들에서는 **시간**이다.

경험은 경험적 인식이되, (인식은 판단들에 의거하는 것이므로) 인식을 위해서는 성찰(反省), 그러니까 잡다한 표상을 그 잡다를 통일하는 규칙에 따라서 편성하는 의식, 다시 말해 활동[70], 다시 말해 개념과 (직관〔작용〕과는 구별되는) 사고〔작용〕 일반이 필요하기 때문에, 의식은 (논리적인 것으로서, 규칙을 수립하는 것이기 때문에, 앞장 서야 하는 것인) **논변적** 의식과 **직관적** 의식으로 구분되며, 전자(즉 마음작용의 순수 통각)는 단순한 것이다. 반성의 '나'는 자기 안에 아무런 잡다도 가지고 있지 않고, 모든 판단에서 언제나 동일한 것이다. 그것은 한낱 의식의 형식적 요소만을 함유하는 것이기 때문이다. 그 반면에 **내적 경험**은 의식의 질료적 요소와 경험적 내적
VII142 직관의 잡다를, 즉 **포착**의 '나'를 (따라서 경험적 통각을) 함유한다.

---

68) 원어: Erfahrung.

69) 원어: empirisch.

70) AA: "편성하는 활동의 의식."

사고하는 존재자로서 '나'는 감성존재자로서의 '나'와 동일한 주체이다. 그러나 내적 경험적 직관의 객체로서는, 다시 말해 내가 내적으로 감각들**에 의해**[71], 시간상에서, 그 감각들이 동시에 있든 잇따라 있든 간에, 촉발되는 한에서는, 나는 나를 사물 그 자체로서가 아니라 단지 나 자신에게 현상하는 대로만 인식할 따름이다. 왜냐하면 객체로서의 '나' 또한 지성개념이 아닌 (그러니까 순전한 자발성이 아닌) 시간조건에, 따라서 그와 관련하여 나의 표상능력이 수동적인 (그리고 수용성에 속하는) 조건에 의존되어 있기 때문이다. — 그래서 나는 나를 내적 경험에 의해 언제나 단지 내가 나에게 **현상하는** 대로 인식한다. 이때 이 명제는 흔히 악의적으로, 이 명제가, 내가 모종의 표상들과 감각들을 가지고 있다는 것이, 정말이지 도대체가 내가 실존한다는 것이 나에게 단지 그렇게 **보이는**(나에게 恰似 그처럼 보이는) 것이라고 말하고자 하는 것으로 곡해된다. — 이 가상〔그처럼 보임〕은 주관적 원인들에 의한 착오적인 판단의 근거인바, 그릇되게도 이것들이 객관적인 것으로 간주된다. 그러나 현상은 결코 판단이 아니고, 한낱 경험적 직관[72]으로서, 이 경험적 직관은 반성과 그 반성에서 생겨나온 지성개념을 통해 내적 경험이 되며, 또한 그로써 진리〔진상〕가 된다.[73] BA28

내감과 **통각**이라는 말은, 전자는 오로지 심리학적(응용적) 의식을, 후자는 한낱 논리적(순수한) 의식을 지시함에도 불구하고, 영혼연구가〔심리학자〕[74]들에 의해 보통은 동일한 의미를 갖는 것으로 받아들여지는데, 이

71) A판: "감각들과 함께."

72) 언필칭 '일차적 의미의 현상'이니, "경험적 직관의 무규정적 대상을 현상이라 일컫는다."(*KrV*, A20=B34)

73) 언필칭 '엄밀한 의미의 현상'이니, "범주들의 통일에 의해 대상들로 사고되는 현상들"(*KrV*, A248)은 가상이 아니라 '진상'이라는 의미에서 "진리"이다.

74) 원어: Seelenforscher. Seelenlehre/Psychologie/psychologia는 신칸트학파의 랑게(F. A. Lange, 1828~1875)의 규정 "영혼 없는 영혼론/마음 없는 심리학(Psychologie ohne Seele)"(Lange, *Geschichte des Materialismus und Kritik seiner Bedeutung in*

것이 이러한 착오들의 원인이다. 그러나 우리가 우리를 단지 전자[75]를 통해 **우리가 우리에게 현상하는 대로**만 인식할 수 있다는 사실은 이로부터 밝혀진다. 왜냐하면 전자의 인상들의 포착(捕捉)은 주관의 내적 직관의 형식적 조건, 곧 시간을 전제하는데, 이 시간은 지성개념이 아니고, 그러
BA29 므로 이러한 인간 영혼의 성질에 따라서 우리에게 내적 경험들이 주어지는, 한낱 주관적 조건으로서 타당한[76] 것이며, 그러므로 이 시간은 우리에게 객관 그 자체대로를 인식하게끔 해주는 것이 아니기 때문이다.

* * *

이 주해는 본래 인간학에 속하지는 않는다. 인간학에서는 지성법칙들에 따라서 통일된 현상들이 경험들인 것이다. 그리고 인간학에서는 사물들이 **감관들**과의 관계를 고려하지 않고서도 (그러니까 그 자체로) 있는, 사
VII143 물들의 표상방식에 대해서는 전혀 묻지 않는다. 왜냐하면 이러한 연구는 선험적 인식의 가능성을 다루는 형이상학에 속하기 때문이다. 그럼에도 이 문제와 관련하여 사변적인 자가 범할 위반을 방지하기 위한 정도만큼은 되돌아볼 필요가 있었다. — 무릇 내적 경험을 통한 인간의 지식은, 인간은 그에 따라서 대부분 타인들도 판정하기 때문에, 매우 중요한바, 그러면서도 또한 동시에 타인들을 올바르게 판정하는 것보다도 어쩌면 더 어려운 것이다. 자기 내면의 연구자는 순전히 관찰하는 대신에 쉽사리 많은 것을 자기의식 안으로 끌어**넣으니** 말이다. 그래서 자기 자신 안

---

der Gegenwart, Iselohn/Leipzig 1866, Bd. 2, S. 381)을 기준으로 그 이전의 것은 '영혼론'으로 그 이후의 것은 '심리학'으로 옮기는 것이 합당할 것 같다. 경우에 따라서는 'psychologia rationalis'는 '이성적 영혼론'으로, 반면에 'psychologia empirica'는 '경험적 심리학'으로 옮길 수도 있겠다. 칸트 『순수이성비판』, A334=B391 이하의 문맥에서도 이렇게 이해하는 것이 타당할 것이다.

75) 곧 내감.

76) A판: "조건인."

의 관찰된 **현상들**에서 출발하여 그 다음으로 인간의 본성에 관련한 특정한 명제들을 주장함으로, 다시 말해 **내적 경험**으로 전진해가는 것이 바람직하고 또한 필연적이기도 하다.

감성에 대한 변론 BA30

§8. **상위** 인식능력이라는 그 명칭이 이미 보여주고 있는 바이기도 하지만, 누구나 **지성**에 대해서는 존경을 표한다. 지성을 찬미하고자 하는 자는 덕을 찬양하는 저 연설가의 조소—"바보로다, 누가 일찍이 德을 非難했던가!"[77]—와 함께 내쫓길 터이다. 그러나 감성은 평판이 나쁘다. 사람들은 감성에 대해서는 많은 나쁜 점을 들어 타박한다. 예컨대, 1) 감성은 표상력을 **모호하게〔혼란스럽게〕 한다**; 2) 감성은 큰소리치거니와, 단지 지성의 **시녀**이어야 하는 것이면서도 **주인**인 양 완고하고 통제하기가 어렵다; 3) 감성은 **기만적**이기까지 한데, 사람들은 그에 관해서 충분히 경계할 수가 없다는 등. — 다른 한편 감성의 찬양자도 없는 것은 아니니, 특히 시인이나 취미 있는 사람들 가운데서 그러하다. 이들은 지성 개념의 **감성화**를 공적 있는 일로 칭송할 뿐만 아니라, 또한 바로 이 감성화라는 점에 그리고 개념들은 그토록 면밀 세심하게 그 구성분들로 분해되어서는 안 될 것이라는 점에 언어의 **함축성**(사상의 충만) 또는 **강조성**(역점)과 표상들의 **명료성**(의식의 명석성)을 놓고서, 지성의 건조함을 곧바로 빈곤성이라 선언한다.※ 그런데 우리는 여기서 찬송자를 필요로 하는 BA31
것은 아니고, 단지 탄핵자에 대항하는 변호인이 필요할 뿐이다.

※ 여기서는 단지 인식능력과 그러므로 (쾌 또는 불쾌의 감정이 아니라) 표상[78]

---

77) 원문: "stulte! quis unquam vituperavit." Refl 1192: AA XV, 526에서도 볼 수 있는데, Plutarch(45~125)에서 유래하는 말로 알려져 있다.

78) 칸트 手稿: "대상들의 표상."

감성의 **수동적** 요소, 이것은 우리가 아무래도 떼어낼 수 없는 것인바 사람들이 험구하는 모든 해악의 원인이다. 인간의 내적 완전함은 인간이 자기의 모든 능력의 사용을 자기의 **자유의사**에 복속시키기 위해서 자기의 통제력 안에 갖는 데서 성립한다. 그러나 이를 위해 필요한 것은, **지성**이 지배력을 갖되 (사고하지 않기 때문에 자체로는 비천한 것인) 감성을 약화시키지 않는 일이다. 왜냐하면 감성이 없이는 법칙수립적인 지성의 사용에서 가공될 수 있는 재료가 아무것도 주어질 수 없을 것이기 때문이다.

제1 탄핵에 대한
감성의 변호

§9. **감관들은 모호하게〔혼란스럽게〕 하지 않는다.** 주어진 잡다를 **포착**했으나, **아직 정리하지 못한** 자에 대해서 그가 잡다를 **모호하게 한다**고 타박할 수는 없다. 감관들의 지각들(의식적인 경험적 표상들)은 단지 내적 **현상들**이라고 일컬어질 수 있다. 이에 부가하여 현상들을 사고의 규칙 아래에서 결합하는 (잡다에 **질서**를 집어넣는) 지성은 비로소 이로써 경험적 인식, 다시 말해 **경험**을 만든다. 그러므로 지성이 먼저 감관표상들을
BA32 개념들에 따라 질서 지우지 않은 채 무모하게 판단하고서는, 나중에 가서 그 모호성〔혼란성〕에 대해 탄식하면서, 그것이 감성적 성질을 부여받

VII144 이 논제이므로, **감각**이란 개념(사고)과 구별되고, 또한 (공간·시간 표상의) 순수 직관과도 구별되는 감관표상(경험적 직관[79]) 이상을 의미하지 않을 것이다.

79) '경험적 직관'이란 위에서(BA28) 본 것처럼 (일차적 의미의) '현상'과 같은 의미로도 사용되고, 이 현상의 질료인 '감각'과 같은 의미로도 사용된다. 이런 경우는 현상의 형식인 공간·시간, 즉 '순수 직관'과 켤레 개념이라 하겠으나, 앞의 경우처럼 '현상'과 같은 의미로 사용될 때는 이를 포함하는 것으로, 이 (일차적 의미의) '현상(경험적 직관)'은 다시금 엄밀한 의미의 현상의 질료로서, 이 엄밀한 의미의 현상의 형식이 이른바 '범주', 다시 말해 '순수 지성개념'이다.(*KrV*, A19=B33 이하 참조)

은 인간의 자연본성 탓일 수밖에 없다고 한다면, 그것은 자기의 임무를 소홀히 한 지성에게 문제가 있는 것이다. 이러한 비난은 감성에 의해 외적 및 내적 표상들이 모호하게 된다는 근거 없는 탄식에도 해당된다.

물론 감성적 표상들은 지성의 표상들에 앞서서 오고, 다량으로 나타난다. 그러나 지성이 자기의 질서규정과 지성적 형식들을 가지고서 부가하여, 예컨대 개념을 위한 **함축적** 표현들, 감정을 위한 **강조적** 표현들 및 의지규정을 위한 **관심 있는** 표상들을 의식화한다면, 그 수확은 그만큼 더 풍성할 것이다. — 수사〔修辭〕와 시작〔詩作〕 예술에서 정신적 산물들이 불현듯 (다량으로) 나타내는 **풍부성**은 지성을 자주 곤혹〔혼란〕에 빠뜨리긴 VII145
한다.[80] 지성이 이 경우에 비록 애매한 가운데서도 실제로 행하는 반성의 모든 작용들을 분명히 하고 분해해야 한다면 말이다. 그러나 이때 감성에는 아무런 죄과가 없고, 오히려 지성에게 풍성한 재료를 제공한 공적이 있는 것이다. 그 반면에 지성의 추상적 개념들은 흔히는 단지 깜박거리는 빈약성들일 따름이다.

제2 탄핵에 대한 감성의 변호

§10. 감관들은 지성을 **다스리지 않는다**. 감관들은 오히려 지성에게 자신의 봉사를 처분하도록 자신을 제공한다. 감관들이 자기의 중요성, 즉 BA33
특히 사람들이 보통의 인간감각(共通感[81])이라고 부르는 것 안에서 감관들에 귀속하는 중요성이 오해되지 않게 하고자 하는 것이 지성을 지배하

80) 이 대목을 AA는 "**풍부성**은 지성을 그 이성적 사용에 관해 당혹하게 하고, 지성은 자주 곤혹〔혼란〕에 빠진다."고 고쳐 읽는다.

81) 이 'sensus communis'의 함의에 관해서는 앞의 BA23=VII139 그리고 『판단력비판』, B64=V238 이하 참조.

고자 하는 참월함으로 간주될 수 없다. 물론 지성에 의해 최종 판정이 내려지도록 하기 위해 사람들이 **격식을 갖춰** 지성의 법정으로 끌고 가지 않는 판단들이 있기는 하다. 그리하여 이러한 판단들은 직접적으로 감관에 의해 구술〔지시〕되는[82] 것처럼 보인다. 이른바 경구들이나 (**소크라테스**가 그 발언을 그의 수호신에게 돌렸던) 신탁에 따른 돌발적 발언들은 그와 같은 것을 함유한다. 곧 **그때에 전제되는** 것은[83], 당면한 경우에서 행함이 정당하고 현명한 것에 관한 **최초의** 판단이 보통은 역시 **올바른** 것이고, 곰곰이 생각함에 의해서는 단지 기교적으로 된다는 것이다. 그러나 그 판단들은 사실은 감관들로부터 오는 것이 아니고, (비록 애매한 것이기는 하지만) 지성의 숙고들로부터 오는 것이다. — 감관들은 그런 것에 대해 아무런 것도 요구주장하지 않으며, 평민과 같은 것이다. 이 평민은 천민(卑賤한 大衆)이 아니라면, 자기의 상관인 지성에게 기꺼이 복속하지만 그럼에도 예속되려 하지는 않는다. 그러나 모종의 판단들과 통찰들이 (지성을 매개로 해서가 아니라) 직접적으로 내감으로부터 튀어나오는 것으로, 이 내감이 독자적으로 지시명령하는 자로, 그리고 감각들이 판단들로 타당한 것으로 받아들여진다면, 그것은 광기와 근친 관계에 있는 진짜 **광신**이다.

VII146

제3 탄핵에 대응하는 감성의 변호[84]

[85]**감관들은 기만하지 않는다.** 이 명제는 사람들이 감관들에 대해서 하
BA34 는 가장 중요한, 그러나 또한 엄정히 생각하면 무실한 비난을 거부하는

82) 원어: diktiert.

83) B판 추가.

84) 원어: B판: Rechtfertigung; A판: Rechtfertigkeit.

85) 앞의 §9, §10의 조항 부여방식으로 볼 때 이 앞에 "§11"이 있어야 할 것 같으나, 칸트 원문에는 없다. 그런데 아래에(BA35) 다시 "§10"이 등장하는 것으로 보아, §번호 부여에

것이다. 그것은 바로 감관들이 언제나 올바르게 판단하기 때문이 아니고, 감관들은 아예 판단하지 않기 때문이다. 그 때문에 착오는 언제나 그 짐이 오직 지성에게 떨어지는 것이다. — 그럼에도 지성에게 **감관가상**(外觀, 外見)이 변호는 못해주어도 변명거리는 된다. 이런 감관가상에 의해[86] 사람들은 흔히 자기 표상방식의 주관적인 것을 객관적인 것으로 (즉 모서리를 보지 못하는 먼 곳의 탑을 둥근 것으로, 먼 데 부분의 바다가 더 높은 광선에 의해 해안보다도 더 높은 것(遠海)으로, 자욱한 기층을 통해 지평선에서 떠오르는 것이 보이는 보름달을, 동일한 각도에서 본다 해도, 하늘 높이 떠 있을 때보다 더 멀리 있는 것으로, 그러므로 또한 더 큰 것으로) 그래서 **현상**을 **경험**으로 간주하는 경우가 생긴다. 그로 인해 착오에 빠지는데, 그것은 감관들의 과오가 아니라 지성의 과오인 것이다.

* * *

논리학이 감성에 대해 하는 비난은, 사람들이 감성을 통해서 촉진되는 것과 같은 인식은 **피상적이다**(개성적이다, 개별적인 것에 국한되어 있다)라고 질책한다는 것이다. 그 반면에 보편적인 것에 상관하고 바로 그 때문에 추상에 순응해야만 하는 지성에는 **무미건조하다**는 질책이 적중한다. 그러나 대중성을 첫째로 요구하는 미감적〔미학적〕 취급은 이 두 결함을 피할 수 있는 길을 걷는다.

혼동이 있었던 것으로 보인다. AA는 이 자리에 "§11"을 넣고 그에 맞춰 이하 조항 번호를 바꿔 놓고 있다.

86) A판: "즉."

BA35 인식능력 일반과 관련한 '할 수 있다'에 대하여

§10〔a〕.[87] 앞 조항은 어떤 사람도 〔제어〕**할 수** 없는 것 중에 있는 가상능력에 대해 다루었던바, 이는 우리를 **가벼운** 것과 **무거운** 것(輕한 것과 重한 것)의 개념 해설로 나아가게 한다. 이 말들은 문자대로 하면 독일어[88]에서는 단지 물체적 성질과 물체적 힘을 의미하지만, 그러나 모종의 유
VII147 비에 의해서는, 라틴어[89]에서와 같이[90], **행할 수 있는**(容易한[91]) 것과 **비교적-행할 수 없는**(困難한[92]) 것을 의미할 것이다. 왜냐하면 거의-행할 수 없는 것도 그에 필요한 능력의 정도에 대해서 회의적인 주관에 의해서는 그 주관의 어떤 상황이나 관계에서 **주관적으로-행할 수 없는** 것으로 여겨지기 때문이다.

어떤 것을 하기 **쉬움**(對備性[93])과 그러한 행위들에서의 **숙련**(習性)이 혼동되어서는 안 된다. 전자는 "내가 의욕하면, 나는 할 수 있다."는 기계적 능력의 어떤 정도를 의미하고, 주관적 **가능성**을 표시하는 반면에, 후자는 주관적-실천적 **필연성**, 다시 말해 **습관성**, 그러니까 자기 능력을 자주 반복하여 사용함으로써 얻어진, "의무가 그것을 지시명령하기 때문에, 나는 그것을 의욕한다."는 의지의 어떤 정도를 의미한다. 그래서 **덕**에 대해서 덕이란 자유롭고 합당한 행위들에서의 **숙련**이라고 그런 식으로 설명할 수는 없다. 왜냐하면 그런 경우 덕이란 한낱 힘의 적용 기제일 따름이기 때문이다. 오히려 덕은 자기의 의무를 준수함에서의 **도덕적 강함**으

87) 원문은 "§10"인데 앞에(BA32=VII145) 이미 §10이 있으니, 이와 구별하기 위해서는 "§10a" 정도로 바꿔 읽는 것이 적합할 것 같다. AA: §12.

88) 곧 독일어 낱말 'leicht'와 'schwer'.

89) 곧 라틴어 낱말 'leve'와 'grave'.

90) B판 추가.

91) 원어: facile.

92) 원어: difficile.

93) 원어: promptitudo.

로서, 그것은 결코 습관이 되어서는 안 되고, 오히려 언제나 전적으로 새 BA36
롭게 그리고 근원적으로 사유방식〔성향〕으로부터 나와야 하는 것이다.

쉬운 것은 **어려운** 것과, 그러나 자주는 또한 **짐스러운** 것과 대립된다. 어떤 주관에게 어떤 것에 대해 행동하기 위한 힘의 적용 이상으로 그의 능력이 크게 넘침이 그의 안에 있는 그러한 것은 쉬운 것이다. 방문, 축하 그리고 조의를 표하는 의례적인 것보다 더 쉬운 일이 있을까? 그러나 업무가 많은 인사에게는 그런 것보다 더 힘든 일이 무엇일까? 누구나 진심으로 그런 것들에서 벗어나기를 원하지만, 그럼에도 그것이 관행에 저촉될까 우려하는, 교제상의 **번거로운 일들**(고역들)이 있다.

종교에 속하는 것으로 치부되지만, 그러나 본래 교회의 형식에 관계하는, 외면적인 의식〔儀式〕에는 얼마간의 번거로운 일들이 있지 않은가? 바로 그러한 아무것에도 쓸모없는 것에 그리고 예식과 계율, 참회와 (많으면 많을수록 좋은) 고행을 통해 말없이 인내하려는 순전한 복종에 경건함의 공적이 놓인다. 이러한 노역봉사[94]들은 **기계적으로 쉽**기는 하**지만**―그때 패악스런 경향성은 아무것도 희생될 필요가 없으므로―, 그러나 이성적인 자에게는 **도덕적으로** 매우 **힘들고** 짐스러운 일이 될 수밖에 없다. ― 그래서 민중의 위대한 도덕 교사가 "나의 계명들은 힘들지 않다."[95]고 말했을 때, 그를 통해서 그가 말하고자 했던 바는, 이 계명들은 그것들을 이행하기 위해서는 힘이 조금밖에 들지 않는다는 것이 아니
다. 왜냐하면 그것들은 사실은 순수한 진실한 마음씨를 요구하는 것들로 BA37
서 지시명령됨 직한 모든 것들 중에서도 가장 어려운 것이기 때문이다.

---

94) 거짓봉사로서의 노역봉사에 대한 단적인 칸트의 생각은『이성의 한계 안에서의 종교』, B277=VI180 참조.

95)『신약성서』,「요한 제1서」5, 3: "하느님에 대한 사랑은 바로 하느님의 계명들을 지키는 것입니다. 그분의 계명들은 힘들지 않습니다." 참조. 이 인용문과 풀이에 관련해서는『이성의 한계 안에서의 종교』, B276=VI179 참조.

VII148 그러나 그것들은 이성적인 자에게는 그럼에도, 유대교가 정초했던 것과 같은, 분망한 무위자〔無爲者〕("헛되이 숨차하면서, 많은 것을 하나 아무것도 하지 않느니"[96])의 계명들보다 무한히 더 쉬운 것이다. 왜냐하면 이성적인 인사는, 만약 그가 기계적으로-쉬운 것에 들이는 노고가 그래도 아무것에도 쓸모가 없다는 것을 안다면, 이에 마음이 짓눌림을 느낄 것이기 때문이다.

무엇인가 어려운 것을 쉽게 **만듦**은 **공적**이다. 그것을 스스로는 수행할 수 없으면서도, 쉬운 것이라고 **교언**〔巧言〕**함**은 **기만**이다. 쉬운 것을 행하는 것은 **공적 없는** 일이다. 방법과 기계들 그리고 그것들을 가지고서 여러 기술자들이 하는 분업(공장 노동)은 다른 도구들 없이 자기 손만으로 하기에는 어려울 많은 것을 쉽게 만든다.

기도〔企圖〕에 대한 지시를 하기 전에 (예컨대 형이상학의 탐구에서와 같이) 어려운 점들을 **보여주는 것**은 겁먹게 할 수도 있지만, 그러나 그것을 **감추는 것**보다는 더 좋다. 자기가 기도하는 모든 것을 쉬운 일로 여기는 자는 **경솔**하다. 그가 행하는 모든 것을 쉽게 이루는 자는 **능숙한** 것이며, 그것을 하는 데에 큰 노고를 들이는 자는 **서투른** 것이다. — 사교적인 담화(회화)는 한갓된 유희로서, 거기에서는 틀림없이 모든 것이 쉽고 쉽게 된다. 그래서 그런 사교적 담화에서의 격식(고루한 것)은, 예컨대 연회를 마친 후의 의례적인 작별인사 같은 것은 고풍스러운 것으로 폐지될 일이다.

---

96) 원문: gratis anhelare, multa agendo nihil agere. 로마의 우화작가 Phaedrus(기원전 20~51)의 *Liber fabularum*, II, 5, 3이 약간 변형된 채 인용되어 있다. 원전의 구절은 "Gratis anhelans, multa agendo nil agens." 칸트는 이 구절을 유사한 문맥에서 『이성의 한계 안에서의 종교』에서도 인용하고 있다.(*RGV*, B264=VI172 참조)

어떤 일을 기도할 때의 사람의 심정은 기질의 차이에 따라 서로 다르 BA38
다. 어떤 이들은 어려운 것과 걱정스러운 것들에서 시작하고(우울질인), 다른 이들에게는 희망과 실행하기 쉽겠다는 것이 그들에게 떠오르는 첫 번째 생각이다(다혈질인).

그러나 순전한 기질에만 근거하는 것이 아닌, "인간은 **하고자 하는** 것을 **할 수** 있다."[97]라는 정력가들의 우쭐거리는 발언에 대해서는 무엇이라 해야 할까? 이 발언은 허풍떠는 동어반복 이상의 것이 아니다. 곧 인간은 그가 **그의 도덕적으로-지시명령하는 이성의 분부에 의해** 하고자 하는 것을 해야만 하고, 따라서 또한 할 수 있는 것이다. (왜냐하면 할 수 없는 것을 이성이 그에게 지시명령하지는 않을 것이기 때문이다.)[98] 그러나 수년 전에는 물리적 의미에서도 자신들을 찬양하여 세계습격자라고 공포한[99] 멍청이들이 있었지만, 그러한 족속은 이미 사라졌다.

끝으로 **습관화**(習慣[100])는, 곧 동일한 종류의 감각들이 바뀌지 않고 오
래 지속됨으로써 감관들에서 주의를 빼앗고, 사람들은 자기의 이런 감각 VII149
들을 거의 의식하지 못해, 해악에 대해 참는 것을 **쉽게** 만들지만, (그때 사람들은 그릇되게도 그러한 것을 덕이라는, 곧 인내의 이름으로 존경하거니와) 그러나 또한 받았던 선에 대한 의식과 기억을 더 어렵게 만드는바, 이것은[101] 보통 (하나의 진짜[102] 부덕인) 배은망덕으로 귀결된다.[103]

---

97) Chr. Kaufmann(1753~1795)의 경구라고 알려져 있다. AA XV, 397 참조.

98) 이러한 논변에 대해서는 『실천이성비판』, A54=V30 이하 참조.

99) A판: "자신들을 세계습격자라고 찬양한."

100) 원어: consuetudo. A판: assuefactio〔習慣化〕.

101) A판: "그러니까."

102) B판 추가.

103) A판: "배은망덕을 만든다."

그러나 **상습**(常習[104])은 사람들이 그때까지 해왔던 것과 같은 방식으로 BA39 계속해서 하는, 물리적인 내적 강요이다. 상습은 바로 그로 인해 선한 행위들에서조차도 그 도덕적 가치를 빼앗는다. 왜냐하면 그것은 마음의 자유를 훼손하고, 게다가 똑같은 **동작**[105](單調)을 생각 없이 반복하게 하여, 그로써 우스꽝스럽게 되기 때문이다. — 상습적인 허사들(사상의 공허성을 한갓되이 메우기 위한 **상투 어구들**)은 듣는 이로 하여금 끊임없이 그 말 쪼가리들을 다시금 들을 수밖에 없도록 하고, 화자를 말하는 기계로 만든다. 어떤 타인의 상습이 우리 안에 일으키는 혐오 유발의 원인은, 이 경우 동물성이 인간으로부터 너무 많이 돌출해 나와서, 그것이 마치 어떤 다른 (비인간적인) 자연본성인 양 **본능적**으로 상습화의 규칙에 따라 인도되고, 그래서 짐승과 동일한 부류로 떨어질 위험에 빠지는 데 있다. — 그럼에도 어떤 상습들은 의도적으로 일어날 수도 있고 용인될 수도 있으니, 곧 자연이 자유로운 의사에 도움 주는 것을 거부하는 때에, 예컨대 노년에 식사의 시간이나 질과 양, 그리고 수면 시간이나 양과 질에 습관이 배이고, 점차 기계적으로 되어가는 때에 그러하다. 그러나 이것은 단지 예외적으로 부득이한 경우에만 타당하다. 원칙상으로 모든 상습은 배척되어야 하는 것이다.

감관가상과의 인위적 유희에 대하여

§11.[106] 감관표상들을 통해 지성에게 만들어지는 **환영**(幻影[107])은 자연적**이거나** 인위적인 것일 수 있으며, **착각**(錯覺〔幻像〕)이든지 **기만**(欺瞞)이다.
BA40 다. — 어떤 것이 동일한 주관에 의해 그의 지성을 통해 불가능하다고 설

104) 원어: assuetudo. A판: assuefactio〔習慣化〕.
105) A판: "것."
106) AA: §13.
107) 원어: praestigiae.

명되었음에도 불구하고, 그것을 자기 **눈의**[108] 증언에 의거해 현실적인 것으로 여기도록 강요하는 그러한 환영을 **현혹**(眩惑[109])이라고 일컫는다.

착각〔환상〕은 잘못 생각된 대상이 현실적인 것이 아니라는 것을 사람들이 알고 있음에도 여전히 존속하는 그러한 환영이다. — 마음의 감관 VII150
가상과의 이러한 유희는 매우 유쾌하고 재미가 있다. 가령 예컨대 어떤 사원의 내부의 원근법적인 스케치, 또는 **라파엘 멩스**[110]가 (내 생각에 **코레지오**[111]의) 소요학파의 그림[112]에 대해서 "그들을 오래 보고 있으면, 그들이 걸어가는 것처럼 보인다."라고 말한 것처럼, 또는 암스테르담의 시청사에 그려져 있는 반쯤 열려 있는 창을 가진 계단 그림이 모든 이를 걸어 올라가고 싶도록 유혹하는 것 등등과 같은 것 말이다.

그러나 감관들의 **기만**은 사람들이 대상이 어떤 성질의 것인지를 알자마자 또한 그 가상이 곧바로 중지하는 때 있는 것이다. 각종 마술들이 그와 같은 것이다. — 그 색깔로 시각적으로 좋아 보이는 의상은 착각〔환상〕이다. 그러나 화장은 기만이다. 전자에 의해서 사람들은 유혹〔미혹〕을 당하지만, 후자에 의해서는 속임〔조롱〕을 당한다. — 그래서 사람들이 자연과 같은 색깔로 칠해진 인간 형태나 동물 형태의 **조각상**들을 좋아하지

108) A판: "감관들의."

109) 원어: fascinatio. A판에 따라 읽음. B판(: praestigiae〔幻影〕)대로 읽으면 동어반복.

110) Anton Raphael Mengs(1728~1779)를 지칭하는 것으로 보인다. Mengs는 당시 독일의 미술사가이자 초상화가로 대표적 저술은 *Gedanken über die Schönheit und über den Geschmack in der Malerei*(Zürich 1774)이다.

111) 르네상스 시대의 이탈리아 화가 Antonio Allegri da Correggio(1489~1534)를 지칭하는 것으로 보인다.

112) 이에 대응하는 Correggio의 그림이 없기 때문에 이것이 혹시 Raffaello Sanzio da Urbino(1483~1520)의 그림 '아테네 학파'를 지칭하는 것이 아닌가 하는 추정도 있는데, Mengs의 저서 어디에서도 이 그림에 대한 언급이 없다는 확인 보고가 있어, 이 대목의 내용은 분명하지가 않다. 칸트 초고가 인쇄 원고로 작성되는 과정에서 어떤 착오가 있지 않았나 하는 추정이 가능하다. 아니면 칸트가 실례를 잘못 들었을 수도 있다.

않는 일이 일어나기도 한다. 왜냐하면 그것들이 갑작스레 눈에 들어올 때 자주 사람들은 한순간 기만을 당해 그것들을 살아 있는 것으로 여기게 되기 때문이다.

BA41 다른 점에서는 건전한 마음 상태에 있는 **매혹**(眩惑)은, 사람들이 자연사물과는 상관없다고 말하는 바, 감관들의 어떤 환영이다. 왜냐하면 '어떤 대상이(또는 대상의 어떤 성질이) **있다**'는 판단이 그것에 주의를 기울일 때는 '**그런 대상이 없다**(또는 다르게 있다)'는 판단과 저항 없이 바뀌고, — 그러므로 감관은 자기 자신과 모순되는 것처럼 보이기 때문이다. 마치 한 마리 새가 그 속에 자기 자신이 비친 거울을 향해 퍼덕거리면서 그것을 현실의 새로 보다가 이내 아닌 것으로 보다가 하는 것처럼 말이다. 인간이 **자기 자신의 감관들을 신뢰하지 않는다**고 하는 이러한 유희는 특히 열정에 강하게 사로잡혀 있는 그런 이들에게서 일어난다. (**엘베티우스**[113]에 의하면) 자기 애인이 다른 남자의 팔에 안겨 있는 것을 보았던 남자에게 이 여자는 그 사실을 절대로 부인하면서 "신의 없는 사람이야, 당신은 나를 더 이상 사랑하지 않아, 당신은 내가 당신에게 말하는 것보다 당신이 보고 있는 것을 더 믿고 있어."[114]라고 말할 수 있다. — **복화술사**(複話術師)들, **가스너**[115] 종도, **메스머**[116] 종도 등과 같은 소위 마술사들이 했던 기만은 더 조악하고, 적어도 더 유해했다. 예부터 사람들은 무엇인가 초자연적인 것을 행할 수 있다고 자칭했던 가련하고 무지한 여자들을 마녀라고 불렀고, 그러한 것에 대한 믿음은 금세기에도 온전히 근절되지는

113) Claude-Adrien Helvétius(1715~1771). 프랑스의 물질주의 철학자.

114) Helvétius, *De l'esprit*(Paris 1759), I. Disc., 2. chap. 참조.

115) Johann Joseph Gaßner(1727~1779). 당초 예수회 수사로 남부 독일, 오스트리아 등지에서 심령치료사 노릇을 했으나, 후에는 당국에 의해 활동이 금지당했다.

116) Franz Anton Mesmer(1733~1815). 독일의 의사, 치료사, '동물자기설(thierischer Magnetismus)'의 주창자. 한때는 독일, 프랑스 등지에 상당한 추종자가 있었으나, 이내 배척되었다.

않았다.※ 무엇인가 전대미문의 것에 관한 경탄의 감정은 약한 자에게는 BA42 VII151
그 자체로 매우 유혹적인 것을 가지고 있는 것처럼 보인다. 그것은 약한 자에게 갑자기 새로운 전망들이 열려서가 아니라, 오히려 그로써 그가 그에게 부담스러운 이성 사용을 면제받고, 또 타인들을[120] 무지한 점에서 자신과 같이 만들도록 유혹받기 때문이다.

허용되는 도덕적 가상〔겉모습〕에 대하여

§12.[121] 인간은 모두가 문명화되면 될수록 그만큼 더 배우가 된다. 인간은 호의와 타인에 대한 존경과 정숙 그리고 사욕 없음의 가상〔겉모

※ 스코틀랜드의 어떤 개신교 목사는 금세기에도 그러한 사건에 관한 심문에서 증인으로서 재판관에게 다음과 같이 말했다: "재판관님, 저는 귀하에게 저의 VII151
성직자로서의 명예를 걸고, 이 여자가 **마녀**인 것을 확언하는 바입니다." 이에 대해서 재판관은 응답하였다: "저 또한 귀하에게 저의 판사로서의 명예를 걸고, 귀하가 마법사가 아니라는 것을 확언하는 바입니다." 지금은 독일어가 된 BA42
낱말 '마녀'[117]는 성체를 봉헌할 때의 미사 문구의 첫 말[118]에서 유래했다. 신자는 그 성체를 **육체의** 눈으로는 작은 빵 조각으로 보지만, 그 말을 하고 나면 **영적인** 눈으로는 한 사람의 육신으로 보도록 묶인다. 왜냐하면 당초에는 'hoc est'〔이것은 ~이다〕라는 말이 'corpus'〔몸〕라는 말에 덧붙여졌지만, 'hoc est corpus'〔이것은 몸(聖體)이다〕라고 말하는 중에 'hocuspocus'로 변화가 되었는데,[119] 아마도 그것은 정자로 이름을 불러 신성을 모독할까 하는 경건한 경외심에서 그리된 것 같기 때문이다. 그것은 미신을 믿는 자가 비자연적인 대상들에 대해 그것을 모독하지 않기 위해서 흔히 하는 일과 같은 것이다.

117) 곧 'Hexe.'

118) 곧 라틴어 'hoc est corpus.'

119) 칸트는 여기서 독일어 낱말 'Hexe'가 라틴어 변형에서 유래한다고 말하고 있으나, 많은 어원학자들은 'Hexe'가 옛 독일어 'hagzissa' 또는 'hag(a)zus(a)'〔작은 숲속의 요녀〕에서 유래한다고 본다.

120) A판: "타인들이 그에게."

121) AA: §14.

습)을 취한다. 그러나 그렇다고 그로써 누군가를 속이는 것은 아니다. 왜냐하면 타인 누구라도 진심으로 그것이 뜻한 것이 아님을 이해하고 있기 때문이다. 그리고 세상이 그러하다는 사실은 아주 좋은 일이기도 하다. 왜냐하면 사람들이 이러한 역을 연출함으로써 상당한 시간이 흐르면
BA43 서 종국에는 단지 꾸며냈던 그러한 가상〔겉모습〕을 능히 점차 실제로 각성하여 마음씨로 바뀌는 유덕한 자가 될 것이기 때문이다. — 그러나 우리 자신 안의 기만자, 즉 경향성을 기만하는 것은 다시금 덕의 법칙에 대한 복종으로의 복귀로서, 기만이 아니라 오히려 우리 자신의 죄과 없는 착각〔속임〕이다.

그래서 마음이 끊임없이 추구하는 감각들에 대한 마음의 공허함에서, 즉 **권태**에서 오는 자기 자신의 실존에 대한 **혐오감**이 있으니, 이때 사람들은 동시에 태만의 중압감을, 다시 말해 노동이라 일컬을 수 있겠고, 그것이 노고와 결합되어 있기 때문에 저러한 혐오를 몰아낼 수도 있을 터인 모든 용무에 대한 싫증의 중압감을 느낀다.[122] 이러한 혐오감은 최고로 상반적인 감정으로서, 그 원인은 다름 아니라 **안락함**(어떠한 피로도 선행하지 않는 안식)으로의 자연적 경향성이다. — 그러나 이러한 경향성은, **인간이 전혀 아무것도 행하지 않을**(즉 목적 없이 무위도식할) **때**, 그때는 그래도 아무런 악도 행하지 않은 것이니, 자기 자신에 만족한다는 것
VII152 은 이성이 인간의 법칙으로 삼는 목적들[123]과 관련해서조차도 기만적인 것이다. 그러므로 이러한 경향성을 다시 기만하는 것 — 이런 일은 예술

122) 이 대목을 A판에 따라 읽으면, "마음의 공허함에서 오는 자기 자신의 실존에 대한 **혐오감**이 **권태**이며, 그러나 동시에 태만의 중압, 다시 말해 노동이라 일컬을 수 있겠고, 그것이 노고와 결합되어 있기 때문에 저러한 혐오를 몰아낼 수도 있을 터인 모든 용무에 대한 싫증의 중압이다."가 되는데, 문맥상 난삽해진다.

123) 인간은 무엇보다도 자기의 "자연적 완전성을 발전시키고 증진"시킬 자신에 대한 의무를 지고 있다. "인간이 자기의 능력들을 〔……〕 배양하고, 실용적인 견지에서 자기의 현존의 목적에 알맞은 인간이 되는 것은 도덕적-실천적 이성의 지시명령〔계명〕이자, 인간의 자기 자신에 대한 **의무**이다."(*MS*, *TL*, A111=VI445)

과의 유희를 통해, 그러나 대개는 사교적인 환담을 통해 일어날 수 있거니와 — 은 **시간 보내기**(時間가는 줄 모르게 하기)라고 일컬어진다. 이러한 표현은 이미 일 없는 안식으로의 경향성 자체를 기만한다는 의도를 암시하고 있다. 미적 기예〔예술〕에 의해 마음이 놀면서 즐거워지고, 정말이지 단지 평화로운 경쟁 중에서 그 자체로는 아무런 목적이 없는 한갓된 놀이〔유희〕를 통해 적어도 마음의 개발이 이루어질 때에 말이다. 그렇지 않을 경우에는 그것은 시간 **죽이기**라고 일컬어지겠다. — — 억지로 경향성들 안의 감성에 대항해도 아무것도 달성되지 않는다. 사람들은 그것들을 계책으로 이겨내지 않으면 안 된다. **스위프트**[124]가 말하는 바처럼, 배를 구조하기 위해서는 고래에게 가지고 놀 빈 통을 던져주어야만 하는 것이다. BA44

자연은 지혜롭게도 인간에게 스스로 덕을 구출하도록, 또는 그래도 덕으로 이끌어가도록 하기 위해서 기꺼이 자기를 속이는 성벽을 심어놓았다. 선하고 단정한 **예절**은 타인들에게 **존경**을 불러일으키는(자신을 비루하지 않게 만드는) 외관〔외적 가상〕이다. 규방 여인들은 남성이 그녀들의 매력에 경의를 표하는 것 같이 보이지 않으면, 그에 썩 만족하지는 못할 것이다. 그러나 **정숙**(貞淑), 즉 정열을 감추는 자기강제는 착각이기는 하지만, 이성들 사이에서 일방이 타방의 향락의 한갓된 도구로 격하되지 않도록 하는 데에 필요한 간격을 만들어내기 위해서는 매우 유익한 것이다. — 일반적으로 사람들이 **예의범절**(禮儀凡節)이라고 부르는 것은 동일한 종류의 것으로서, 곧 다름 아닌 **미적 가상**〔**아름다운 겉모습**〕인 것이다.

공손함(鄭重)은 사랑을 불러일으키는 겸양의 가상〔겉모습〕이다. **인사**(인

124) Jonathan Swift(1667~1745). 아일랜드의 우화작가, 수필가. *Gulliver's Travels*(1726)는 그의 대표작이다. 칸트가 여기서 말하는 이야기는 그의 초기 풍자작품 *A Tale of a Tub*(1704)의 머리글 참조.

사말)와 아주 세련된 정중한 태도는 말에 의한 아주 열렬한 우의의 확인이기는 하지만 그 자체로 언제나 **진상**인 것은 아니다.("나의 사랑하는 친구들, 친구란 없다네!"—**아리스토텔레스**[125)]) 그러나 그렇다고 해서 이러한 것들이 **기만하는** 것은 아니다. 왜냐하면 누구나 이런 말들을 어떻게 받아들여야 하는지를 알고 있는 바이며, 게다가 특히 이러한 호의와 존경의 처음에는 공허한 표시들이 점차로 이런 종류의 실제 마음씨를 인도하기 때문이다.

BA45 교제에 있어 모든 인간적인 덕은 보조 화폐이다. 그것을 진짜 금이라고 여기는 자는 어린애이다. — 그럼에도 전혀 아무런 그러한 수단이 없는 것보다는 보조 화폐라도 유통시키는 것이 좋으며, 그리고 결국에는 VII153 그것 역시 비록 상당한 손실이 따르기는 하지만 순금으로 교환이 된다. 이것을 전혀 아무런 가치도 갖지 않는 순전한 **놀이표**로 보고서, 빈정대는 **스위프트**와 같이, "솔직성은 진흙 속에서 닳아 해진 한 켤레 구두이다. 운운"[126)]이라고 말하거나, **마르몬텔**의 『**벨리자르**』[127)]를 공격한 목사 **호프스테데**[128)]와 같이 누구라도 덕을 믿는 것을 저지하기 위해서 **소크라테스** 같은 사람조차도 중상모략하는 것은 인간성에 대해 저질러진 대역죄이다. 타인들에게서 보는 선의 가상〔겉보기〕조차도 우리에게는 가치 있

125) 칸트는 같은 말을 Aristoteles에서 인용한 것처럼 『윤리형이상학』(*MS*, *TL*, A153=VI470)에서도 사용하고 있는데, 아마도 Aristoteles가 한 말로 전승된 "O philoi, oudeis philos"(Diogenes Laertios, *Vitae philosophorum*, V, 1, 21)가 출처인 것으로 보인다. 그러나 정작 그의 *Ethica Nicomachea*에서는 "많은 사람들과 함께 사는 것, 또 그 속에서 자기 자신을 나누어 주는 것이 불가능하다는 것은 정말 자명하다."(1171a 2~4)는 정도밖에는 읽을 수 없다.

126) Swift, *A Tale of a Tub*, Sec. 2, p. 78 참조.

127) Jean-François Marmontel(1723~1799)은 18세기 후반 프랑스 문단의 대표적 작가. 시소설 *Bélisaire*(1767, 독일어 번역 1768)는 그의 대표작 중 하나이다.

128) Johann Peter Hofstede(1716~1803). 암스테르담에서 활동하던 신학자. 그의 저술 *Des Herrn Marmontels herausgegebener Belisar beurtheit*(Leipzig 1769)는 많은 논쟁을 불러일으켰다.

는 것이어야 한다. 왜냐하면 그럴 만한 가치가 없으면서도 존경을 얻어 내는 이러한 위장[129]으로부터도 마침내는 진지한 것이 생성될 수 있기 때문이다. — 다만 **우리 자신 안에 있는** 선의 가상만은 가차 없이 불식되지 않으면 안 되며, 사애(私愛)가 그런 것으로 우리의 도덕적 결함을 덮는 너울은 찢어버려야 한다. 왜냐하면 사람들이 아무런 도덕적 내용이 없는 것을 가지고서 자기의 죄과를 소멸시키거나, 또 심지어 모든 도덕적 내용을 내던져버리면서도 아무런 죄과도 없다고 납득시키려는 모습을 보이는 경우 가상은 **기만하고 있는 것**이기 때문이다. 예컨대, 생애 끝에서의 악행들에 대한 회개가 실제적인 개과천선으로, 또는 고의적인 위반이 인간적인 약함으로 호도되는 경우에 말이다.

다섯 〔외적〕 감관에 대하여

§13.[130] 인식능력에서 **감성**(직관에서의 표상능력)은 두 부분, 즉 **감관**과 **상상력**을 함유한다. 전자는 대상이 현전하는 데서의 직관의 능력이고, 후자는 대상의 현전 **없는** 직관의 능력이다. — 그런데 감관들은 다시금 **외감**〔외적 감관〕**들**과 **내감**〔내적 감관〕(內感〔內的 感官〕[131])으로 구분된다. 전자는 인간의 신체가 물체적 사물들에 의해, 후자는 마음에 의해 촉발되는 곳에서의 감관이다. 여기서 유의해야 할 것은, 후자는 (경험적 직관의) 순전한 지각능력으로서 쾌·불쾌의 **감정**과는 다른 것으로, 다시 말해 어떤 표상들에 의해 이 표상들의 상태를 보존하거나 거절하는 것이 정해지는 주관의 감수성과는 다른 것으로 생각된다는 점이다. 저 감정을 **내부 감관**(內部 感官[132])이라고 부를 수는 있겠다. — 사람들이 그런 것으로 의 BA46

129) 원문: Spiel mit Verstellungen. A판: 연출(Spiel mit Vorstellungen).
130) AA: §15.
131) 원어: sensus internus.
132) 원어: sensus interior.

식하는, 감관에 의한 어떤 표상은 특별히 **감각지각**[133]이라 일컫거니와, 감각이 동시에 주관의 상태에 대한 주의를 환기시킬 경우가 그렇다.

VII154 §14.[134] 사람들은 신체감각의 감관들을 일차로 **생기감각**의 감관(浮遊 感官)과 **기관감각**의 감관(固定 感官)으로 구분할 수 있고, 이것들 모두는 신경이 있는 곳에서만 마주치는 것이므로, 전체 신경조직을 촉발하는 것과 신체의 특정 지체에 속하는 신경만을 촉발하는 감관으로 구분할 수 있다. — **온·냉**의 감각은, 마음에 의해서(예컨대 급속하게 커지는 희망이나 공포에 의해서) 환기되는 감각까지도, **생기감관**에 속한다. 숭고한 것을 표상
BA47 할 때조차 인간을 엄습하는 **경외감**과 늦은 밤에 유모의 동화가 아이들을 침대로 몰아넣을 때의 **전율**은 후자 종류의 것이다. 이런 것들은 신체에 생명이 있는 곳이면 어디든 뚫고 들어온다.

기관감관은 외적 감각과 관계되는 한에서는 더도 덜도 아닌 딱 다섯 개를 손꼽을 수 있다.

그런데 그것들 중 **셋**은 주관적이기보다는 객관적이다. 다시 말해, 그것들은 경험적 **직관**으로서, 촉발된 기관의 의식을 환기시키기보다는 외적 대상의 **인식**에 더 많이 기여한다. — 그러나 〔그것들 중〕 **둘**은 객관적이기보다는 주관적이다. 다시 말해 이것들에 의한 표상은 외적 대상의 인식의 표상이기보다는 **향유**〔**향수**〕의 표상이다. 그래서 전자의 〔세〕 감관들에 관해서는 사람들이 타인들과 쉽게 합의할 수 있지만, 후자의 〔두〕 감관들과 관련해서는 외적 경험적 직관과 대상의 명칭이 한가지라 하더라도 주관이 그 대상에 촉발되어 **어떻게** 느끼느냐는 방식은 전적으로 상이할 수 있다.

133) 원어: Sensation.

134) AA: §16.

첫 번째 부류의 감관은 1) **촉각**(觸覺), 2)[135] **시각**(視覺), 3) **청각**(聽覺)의 감관이다. — 두 번째 부류의 것에는 a) **미각**(味覺), b) **후각**(嗅覺)의 감관이 있다. 이것들 모두는 순정한 기관감각의 감관으로서, 이를테면 대상들의 식별을 위해 자연이 동물에게 마련해준 그 수만큼의 외부 입구이다.

촉각의 감관에 대하여 BA48

§15.[136] 촉각의 감관은 고체의 표면에 접촉해서 그 물체의 형태를 탐지하기 위해서 손가락 끝과 손가락 끝의 신경돌기(突起)들에 있다. — 자연은 인간이 물체의 모든 면에 접촉함으로써 어떤 물체의 형태를 파악할〔형태 개념을 가질〕 수 있도록 인간에게만 이 기관을 부여한 것으로 보인다. 왜냐하면 곤충들의 촉수는 단지 물체의 현전만을 의도에 가질 뿐, VII155
그 형태의 탐색을 의도하지는 않는 것으로 보이니 말이다. — 이 감관은 또한 **직접적인** 외적 지각의 유일한 기관이며, 바로 그렇기 때문에 가장 중요한, 가장 확실하게 가르쳐주는, 그럼에도 가장 조야한 기관이기도 하다. 왜냐하면 우리가 그 표면을 접촉함으로써 알게 되는 물질은 고형(固形)적일 수밖에 없는 것이기 때문이다. (과연 그 표면을[137] 부드럽게 또는 부드럽지 않게 느낄 수 있는지, 더군다나, 과연 그것을 따뜻하게 또는 차게 느낄 수 있는지 하는 생기감각에 대해서는 여기서 문젯거리가 아니다.) — 이 기관감관이 없다면 우리는 물체의 형태를 전혀 파악할〔형태 개념을 전혀 가질〕 수 없을 터이다. 그러므로 첫째 부류의[138] 다른 두 감관도 경험지식을 마련하기 위해서는 이 〔형태의〕 지각과 근원적으로 관계되지 않으면 안 된다.

135) A판 누락.
136) AA: §17.
137) A판: "그것을."
138) B판 추가.

청각에 대하여

§16.[139)] **청각의** 감관은 한낱 **간접적** 지각의 감관들 중[140)] 하나이다. — 우리를 둘러싸고 있는 공기를 통해, 그리고 그것을 매개로 해서 멀리 떨어져 있는 대상이 넓은 범위에서 인식된다. 그리고[141)] 발성기관인 입에
BA49 의해 **움직이는**[142)] **바로**[143)] 이 매체를 통해 인간은 타인들과 가장 쉽고 가장 완벽하게 생각과 느낌을 공유할 수 있는데, 그것은 특히, 누구나 타인으로 하여금 들을 수 있게 하는 소리들이 명확하게 분절되어 발음되고, 지성에 의해 이것들이 법칙적으로 결합되어 하나의 언어를 형성할 때에 그러하다. — 대상의 형태는 청각을 통해 주어지지 않으며, 언어의 음성들은 직접적으로는 대상의 표상에 이르지 않되, 그러나 바로 그렇기 때문에, 그리고 언어의 음성들은 그 자체로는 아무것도, **적어도** 아무런 객체도 의미하지 않고, 기껏해야 **단지** 내적 감정만을 **의미하기** 때문에[144)], 개념들의 표시에 가장 적합한 수단이다. 선천적 귀머거리는, 바로 그렇기 때문에 (언어 없이) 벙어리로 남아 있을 수밖에 없거니와, 결코 이성의 **유사물** 이상의 어떤 것에 도달할 수가 없다.

그러나 생기감관에 관하여 말하자면, 이것은 청각 감각들의 규칙적인 유희인 음악을 통해 기술할 수 없을 만큼 활발하고 다양하게 움직일 뿐만 아니라 강화된다. 그러므로 음악은 이를테면 (일체의 개념 없는) 순전한 감각들의 언어이다. 여기서 음성들은 **음조**이며, 청각에 대한 그것은 시각에 대한 색깔과 같은 것이다. 음악은 어떤 주위의 공간에서 그 자리에 있는 모든 사람들에게 멀리까지 감정을 전달하는 것으로서, 그에 많

---

139) AA: §18.

140) A판: "**이** 감관은 한낱 **간접적** 지각들 중."

141) A판: "그리고 그것의 사용이."

142) A판: "**일어나는**."

143) B판 추가.

144) A판: "기껏해야 내적 감정 **외에는** 아무런 객체도 **의미하지** 않기 때문에."

은 사람이 참여한다고 해서 감소되지 않는 사회적 향유이다.

시각의 감관에 대하여 VII156

§17.[145] **시각** 또한[146] 특정한 기관(눈)에 대해서만 감각될 수 있는 운동하는 물질, 즉 **빛**에 의한 **간접적** 감각의 기관이다. 빛은 소리〔음향〕와 같이 BA50 주위의 공간 안에서 모든 방향으로 확산하는, 한낱 **유동적인 원소들의**[147] 파장 운동이 아니라, 하나의 발산으로서, 이를 통해 공간상에 객체를 위한 한 점이 정해지며, 그리고 이에 의해 우리에게 우주 구조가 측량할 수 없는 광대한 범위에서 알려진다. 그래서 특히 자체 발광하는 천체들의 경우에는, 우리가 그 거리를 이 지상에서의 우리의 척도로 비교한다면, 그 숫자를 나열하는 데 지쳐버릴 것이다. 또 그때 우리는 대상의(즉 우주 구조의) 크기에 관해서보다도 그토록 미약한 인상들의 지각에 대한 이 기관의 섬세한 감수성에 관해서 더 경이로워하는 그 이상의 이유를 가지고 있다. 특히 사람들이 현미경에 의거해 우리 눈앞에 놓인 그토록 미세한 세계를, 예컨대 적충류를 볼 때 말이다. ― 시각의 감관은 청각의 감관만큼 불가결한 것은 아닐지라도 그럼에도 가장 고귀한 감관이다. 왜냐하면 이것은 무엇보다도 지각의 가장 제한적인 조건인 촉각의 감관에서 가장 멀리 있는 것으로서, 공간상에서 지각의 가장 넓은 권역을 함유할 뿐만 아니라, 또한 그 기관은 가장 적게 촉발되어도 느끼니 말이다. (그렇지 않으면 그것은 한갓되이 보는 것이 아닐 터이기 때문이다.) 그러므로 이렇게 해서 이것은 (눈에 띄는 감각이 섞여 있지 않아도 주어진 객체에 대한 직접적 표상인) **순수한 직관**에 근접해 있다.

---

145) AA: §19.

146) A판: "마찬가지로."

147) A판: "무한히 막나가는 유동적인 것(공기)의."

* * *

이러한 세 외감은 반성을 통하여 주관을 우리 밖의 사물인 대상을 인
BA51 식하는 데로 인도한다. — 그러나 감각이 너무 강해져 기관의 운동에 대
한 의식이 외적 객체와의 관계에 대한 의식보다 더 강해지면, 외적 표상
들은 내적 표상들로 변환된다. — 감지할 수 있는 것에서 매끌매끌한 것
과 거칠거칠한 것을 인지하는 것은 그를 통해 외적 물체의 형상을 탐지
하는 것과는 전적으로 다른 것이다. 마찬가지로, 다른 사람이 말하는 것
이 너무 강해서, 흔히 말하듯 어떤 사람의 귀가 그에 의해 고통을 받는다
거나, 또는 어두운 방에서 밝은 햇빛 속으로 걸어 나온 누군가가 눈을 깜
VII157 박거린다면, 후자는 너무 강하거나 갑작스런 빛으로 인해 잠시 동안 눈
이 멀고, 전자는 날카로운 목소리로 인해 잠시 동안 귀가 먹는다. 다시
말해 양자는 감관감각의 격렬성 때문에 객체의 파악〔개념〕에 이르지 못
하고, 그 주의가 한낱 주관적 표상에, 곧 기관의 변화에 매인 것이다.

미각과 후각의 감관에 대하여

§18.[148] **미각과 후각의 감관은**[149] 둘 다 객관적이기보다는 주관적이다. 전자[150]는 **혀**, **목구멍**, **입천장**의 기관이 외적 대상에 의해 **접촉**함에 있고, [151]후자는 공기에 섞여 있는 외부의 발산물 — **이를 발산하는 물체는 기관에서 멀리 떨어져 있을 수도 있거니와** — [152]을 흡입함에 있다. 이 두 감관은 서로 근친적인데, 항상 단지 둔감한 미각을 가진 이는 후각에 결함이 있다. — 이 두 기관은 (고체적인 그리고 휘발적인) 염분류 — 전자는 입

148) AA: §20.

149) B판 추가.

150) A판: "전자(미각의 감관)는."

151) A판: "멀리 떨어져서도 느끼는 (후각인)."

152) B판 추가.

안에 든 액체에 의해서, 후자는 공기에 의해서 용해되지 않으면 안 되는 것이거니와 — 에 의해 촉발된다고 말할 수 있는데, 이 염분류가 이 기관에 그 특수한 감각을 생기게 하기 위해서는 그 기관에 침투해 들어가지 않으면 안 된다. B52 A52

외감들에 대한 일반적 주해

§19.[153] 사람들은 **외적 감관들의**[154] 감각들을 **기계적** 영향의 감각들과 **화학적** 영향의 감각들로 구분할 수 있다. 기계적 영향의 감각들에는 세 상급의 감관이, 화학적 영향의 감각들에는 두 저급의 감관이 속한다. 전자는 **지각**의(표면적인) 감관들이고, 후자는 **향유**(가장 안으로의 수득〔복용/흡입〕)의 감관이다. — 그래서 **구토감**〔**메스꺼움**〕, 즉 향유한 것을 식도의 최단거리를 거쳐 해치우는(토해내는) 자극이 그토록 강한 생기감각으로서 인간에게 부여되는 일이 일어난다. 왜냐하면 저런 안으로의 수득〔복용〕이 동물에게는 위험스러울 수 있기 때문이다.

또한 사상의 전달 중에 성립하는 **정신적 향유**도 있는바, 그러나 만약 이 사상이 우리를 압박해 오되 우리들을 위한 정신적 자양분으로서 효용이 없으면, 마음은 이 사상을 **역겨운 것으로 본다**[155].(예컨대 언제나 일률적으로 기지에 차고 쾌감이 있어야 할 착상들의 되풀이가 그 천편일률성으로 인해 우리 자신에게 효능이 없을 수도 있는 것처럼 말이다.) 그렇기 때문에 그러한 **향유**[156]에서 벗어나려는 자연의 본능은, 그것이 내감에 속하는 것임에도 불구하고, 유비에 의해 마찬가지로 구토감〔메스꺼움〕이라고 불린다. VII158

153) B판 추가. AA: §21.
154) A판: "이."
155) B판 추가.
156) A판: "천편일률성."

BA53 **후각**은 이를테면 멀리 떨어져 있는 미각으로, 타인들은 그들이 의욕하든 하지 않든 간에 함께 향수하도록 강제된다. 그 때문에 후각은 자유에 반하는 것으로서 미각보다 덜 사교적이다. 미각의 경우에는 손님은 많은 접시〔요리〕와 병〔음료〕 가운데서 자신의 기호에 따라 하나를 선택할 수 있고, 타인들은 그로 인해 그것을 함께 향수하도록 강요되지 않는다. — 더러움〔불결함〕은 눈이나 혀에 대한 역겨움에 의해서라기보다는 오히려 이런 것에서 추정되는 악취에 의해서 구토감〔메스꺼움〕을 일으키는 것으로 보인다. 왜냐하면 후각에 의한 (폐 안으로의) 수득〔흡입〕이 입이나 목구멍의 흡수관에 의한 것보다 더욱 안으로 깊이 들기 때문이다.

감관에 일어나는 영향의 정도가 똑같을 때에는 감관들이 **촉발된다**고 느끼는 것이 강하면 강할수록, 감관들이 **가르치는** 것은 그만큼 적다. 거꾸로, 만약 감관들이 많은 것을 가르쳐야 한다면, 그것들은 적당히 촉발되어야 한다. 아주 강한 빛 속에서 사람들은 아무것도 **보지**(식별하지) 못한다. 아주 긴장된 고함소리는 **귀먹게 한다**(생각을 못하게 한다).

생기감관이 인상들에 대해 감수적이면 감수적일수록(민감하고 예민하면 할수록) **사람은**[157] 그만큼 더 불행하다. 사람이 기관감관에서 감수적일수록(다감하면 할수록), 그에 반해 생기감관에서는 무딜수록, 그는 그만큼 더 행복하다. —나는 더 행복하다고 말하는 것이지, 도덕적으로-더 선하다고 말하는 것은 아니다.— 왜냐하면 그는 자기의 안녕 감정을 자기의 통제 아래에 더 많이 가지고 있기 때문이다. 사람들은 **강함**에서 오는 감각능력(強한 感受性[158])을 섬세한 **다감성**이라고 부를 수 있고, 감관의 영
B54 향들이 의식 안으로 뚫고 들어오는 것에 충분히 저항할 수 없는, 다시 말해 의지에 반하는 감관의 영향들에 주의를 기울이는 주관의 약함에서 오

157) B판 추가.
158) 원어: sensibilitas sthenica.

는 감각능력을 연약한 **민감성**(軟弱한 感受性[159])이라고 부를 수 있다. A54

물음들

§20.[160] 어떤 기관감관이 가장 보람이 없으며, 또 없어도 가장 지낼 만한 것으로 보이는가?[161] **후각**의 감관이다. 향유하기 위해서 이 감관을 개발하고, 세련되게 하려고 하는 것은 가치 없는 일이다. 이 감관이 제공할 수 있는 쾌적한 대상들보다는 메스꺼움의 대상들이 (특히 사람들이 많이 모여 있는 곳에서는) 더 많고, 이 감관에 의한 향유는, 그것이 즐거움을 준다고 할 때도, 언제나 단지 일시적이고 휙 지나가버릴 수 있기 때문이다. — 그러나 안녕의 소극적인 조건으로서, 해로운 공기(화덕의 연기, 시궁창과 시체의 악취[162])를 호흡하지 않기 위해서, 또는 부패해가는 물건들을 식료로 사용하지 않기 위해서는 이 감관이 중요하지 않은 것은 아니다. — 이와 똑같은 중요성을 제2의 향유감각, 곧 미각의 감관도 갖는다. 다만 이 감관은 특유의 장점을 가지니, 그것은 향유할 때 사교성을 촉진한다는 점이다.[163] 이것은 앞서의 감관[164]은 하지 않는 것이다. 더욱이나 미각의 감관은 음식물이 장관(腸管)으로 들어가는 입구의 문에서 그 음식물의 자양성(滋養性)을 미리 판정한다는 장점 또한 가지고 있다. 무릇 이 자양성은, 사치와 탐닉이 감관을 너무 기교적으로만 만들지 않았다면, 그것 VII159

159) 원어: sensibilitas asthenica.

160) B판 추가. AA: §22.

161) 물음 1.

162) A판: "화덕의 연기, 시궁창의 공기와 부패한 동물들의 목장."

163) 칸트는 여느 사람이나 마찬가지로 '맛'을 뜻하는 독일어 낱말 'Geschmack'를 한편으로는 이 자리에서처럼 '미각'으로 또 다른 한편으로는 아래 BA184 이하에서처럼 '취미'의 지시어로 사용하면서, 이 'Geschmack'를 "미감적/감성적 공통감"(*KU*, B160=V295)로서 사회성의 기저로 본다. "**취미**(……)는 한낱 나 자신에게 타당한 감관감각에만 따라서가 아니라, 누구에게나 타당한 것으로 표상되는 모종의 규칙에 따라서 선택하는 감성적 판정능력으로 간주"(아래 BA185)된다.

164) 곧 후각.

의 상당히 확실한 예언인 음식물의 향유에서의 쾌적함과 잘 결합되어 있다. — 환자들에게 식욕을 돋우는 음식물은 보통은 그들에게 약물과 같은 효능이 있는 것이다. — **음식물의** 냄새는 이를테면 **시식**이며〔음식물에
B55 대한 후각은 이를테면 **선미각**〔先味覺〕이며〕[165], 배고픈 자는 좋아하는 음식물
A55 의 냄새〔음식물에 대한 후각〕에 의해 향유로 안내되고, 배부른 자는 같은 냄새에 의해 혐오감을 받는다.

감관들의 대리역이, 다시 말해 다른 감관을 대신해서 어떤 감관을 사용하는 일이 있는가?[166] 사람들은 **귀머거리**로부터, 만약 그가 전에는 들을 수 **있었다** 하면, 몸짓을 통해, 그러므로 귀머거리의 눈을 통해 이미 익힌 언어를 불러낼 수 있다. 이를 위해서는 그의 입술의 움직임에 대한 관찰도 필요하고, 정말이지 어둠 속에서는 움직이는 입술을 감촉하여 느낌으로써도 똑같은 일이 일어날 수 있다. 그러나 그가 생래적 귀머거리이면, **시각**의 감관은 발화기관들의 움직임에서 사람들이 그를 가르칠 때 그에게서 끌어내었던 음성을 그의 발화근육의 고유한 움직임의 **촉감**으로 변환시키지 않으면 안 된다. 그럼에도 그는 그를 통해 결코 실제의 개념들에 이르지는 못한다. 왜냐하면 그가 그를 위해 필요로 하는 표시〔기호〕는 아무런 보편성을 갖지 못하기 때문이다. — 한갓 물리적인 청각은 손상되지 않았음에도 음악적인 청각에 결함이 있다는 것, 청각이 음성을 지각하되 음조는 지각을 못하고, 그러므로 그 사람이 말을 할 수는 있으나 노래를 부를 수 없는 경우, 그것은 설명하기 어려운 장애이다. 그것은 아주 잘 **볼** 수 있지만, 색깔을 식별할 수 없고, 모든 대상들이 동판화상에 있는 것처럼 보이는 사람들이 있는 경우와 같다.

---

165) A판: "후각은 이를테면 멀리 떨어져 있는 미각이며." 즉 A판에는 이 자리에 위 A53 초두의 문장과 같은 것이 다시 등장한다.

166) 물음 2.

어느 감관의 결함 내지 상실이 더 중요할까, 청각의 감관일까 아니면
시각의 감관일까?[167] — 전자는, 만약 그것이 생래적이라면, 모든 것 중
에서도 가장 대체가 될 수 없는 것이다. 그러나 눈의 사용이 몸짓을 관찰 BA56
하도록 개발되고, 또 더욱이나 간접적으로는, 서책을 읽음으로써 이미 개
발된 이후에 뒤늦게 생긴 것이라면, 그러한 상실은, 특히 부유한 이에게 VII160
는, 궁색하나마 시각에 의해 대체될 수가 있다. 그러나 나이가 들어 귀머
거리가 된 이는 이러한 교제 수단의 상실을 매우 안타까워한다. 사람들은
이야기를 좋아하고, 사교적이며 식탁에서 즐거워하는 많은 맹인들을 보
지만, 그러나 청각을 잃어버린 자를 사교장 안에서 짜증내고 의심스러워
하고 불만스러워하는 것 외에 다르게 마주치기란 어려울 것이다. 이러한
이는 식탁동료(밥상친구)의 얼굴에서 온갖 종류의 정동의 표현 또는 적어
도 관심의 표현을 보면서 그 의미를 알아내려고 쓸데없이 자신을 괴롭히
고, **그러므로 사교장 한가운데서 스스로**[168] 고독의 저주에 떨어진다.

* * *

§21.[169] 또한 이 (객관적이라기보다는 주관적인) 두 마지막 감관들에는 특수한 방식의 외적 감관감각들의 어떤 대상들에 대한 감수성이 속해 있다. 즉 이러한 감관감각들은 한낱 주관적인 것으로서, 냄새 맡고 맛보는 기관들에 대해 자극에 의해 작용을 하지만, 그 자극은 후각도 아니고 미각도 아니며, 오히려 기관들을 자극하여 특수한 **해방감**을 일으키는 어떤 고체 염분의 영향으로서 느끼는 것이다. **그래서 도대체가 이러한 객관들은** 본래 향유되고[170] 기관 **안으로 깊숙이** 받아들여지는 것이 아니라, 단지

167) 물음 3.
168) A판: "교제와 관련해 볼 것 같으면."
169) B판 추가. AA: §23.
170) A판: "느껴지되, 그러나 향유되고."

기관들을 건드리고 곧이어 버려져야 하는 것이다. 그러나 바로 이렇게
함으로써 〔그것들을〕 하루 종일 (식사시간과 수면을 제외하고는) 물리지 않
고 사용할 수 있다. — 이러한 감관감각의 가장 일반적인 재료가 **담배**이
B57 다. 담배 **냄새를 맡는 것**이든, 또는 타액을 자극하기 위해 담배를 입안의
A57 측면과 구개 사이에 넣는 것이든, 또는 **리마**의 스페인 규중부인들마저
불붙인 권련을 가지고 하듯이, 파이프를 가지고 담배를 **피우는 것**이든지
간에 말이다.[171] 말레이 사람들은 마지막의 경우로 담배 대신에 빈랑나
무[172] 열매(낭옥)를 이파리에 싸 말아서 이용하기도 하는데, 이것은 동일
한 효과를 낸다. — 이러한 **기호**(異食症)는, 두 기관에서의 액〔液〕의 분비
가 결과할지도 모르는 의학적인 손익은 차치하고라도, 감관감각 일반을
순전히 자극하는 것으로서 말하자면 자기의 사고 상태에 대한 주의를 환
기시키게끔 자주 반복해서 충동하는 것이니, 이렇지 않았으면 사고 상태
는 잠들어버리거나 천편일률적이고 단조로움으로 인해 지루하게 되었을
것이다. 그 대신에 저러한 수단들은 언제나 주의를 환기하며 다시 각성
VII161 시킨다. 이런 식의 인간의 자기 자신과의 여흥은 사교를 대신한다. 이러
한 것은 언제나 새롭게 불러일으켜진 감각들과 빠르게 사라지지만 언제
나 다시 갱신되는 자극을 가지고서 담화를 대신해 시간의 공허를 메워주
기 때문이다.

---

171) 1788년 Hamburg에 담배 공장이 최초로 세워지긴 했으나, 칸트 당대에 '담배 피우는 것'이 그다지 일반적이지는 않았다. 칸트 자신은 말년에 매일 아침 파이프 담배를 피웠으며, 때로 코담배도 사용하였다는 기록이 있다.

172) 빈랑나무(檳榔, Areca catechu)는 인도와 스리랑카, 말레이시아, 필리핀 등에서 자라는 종려과(Palmae)의 나무로, '낭옥(榔玉)'이라 일컫는 그 열매의 씨앗은 후추나 차를 제조하는 데 사용되기도 하고, 군것질거리가 되기도 한다.

[173]내감〔내적 감관〕에 대하여

§22.[174] 내감〔내적 감관〕은 순수한 통각, 즉 인간이 **행하는**[175] 것에 대한 의식은 아니다. 이러한 것은 사고능력에 속하는 것이니 말이다. 내감은 인간이 자기 자신의 사고유희에 의해 촉발되는 한에서[176], 인간이 **입는〔당하는〕**[177] 것에 대한 의식이다. 내감에는 내적 직관이, 따라서 시간상에서 표상들의 관계가(표상들이 시간상에서 동시에 또는 잇따라 있는 바대로가) 그 기초에 있다. 내감의 지각들과 그 지각들의 연결에 의해서 합성된 BA58 (진상적인 것이든 가상적인 것이든) 내적 경험은 한낱 **인간학적**[178]인 것일 뿐만 아니라, **심리학적〔영혼론적〕**인 것이기도 하다. 인간학적인 경우에는 사람들은 인간이 (특수한 비물체적 실체로서의) 영혼을 갖는지 갖지 않는지는 도외시한다. 그러나 심리학적〔영혼론적〕인 경우에는 사람들은 그러한 것을 자신 안에서 지각한다고 믿으며, 감각하고 사고하는 순전한 능력으로 표상되고 있는 마음이[179] 인간 안에 내재하는 특수한 실체라고 간주한다. — 그런 경우 단 하나의 내감이 있을 뿐이다. 왜냐하면 인간이 자기를 내적으로 감각하는 여러 기관이 있지는 않을 것이기 때문이다. 사람들은 영혼이 내감의 기관이라고도 말할 수 있겠고, 이제 이 기관에 대해, 이 기관 또한 **착각**에 빠진다고 말하거니와, 그 착각들은 인간이 내감의 현상들을 외적 현상들로, 다시 말해 상상들을 감각들로 취하든가, 아니면 심지어는,[180] 외감의 대상이 아닌 어떤 다른 존재자가 그 원인인 영

---

173) A판: "부록. 내감〔내적 감관〕에 대하여."
174) A판: "§19." AA: §24.
175) 원어: tun. 곧 주관의 능동적/자발적 작용.
176) A판: "촉발되는 대로."
177) 원어: leiden. 곧 주관의 수동적/수용적 작용.
178) 또는 경험심리학적.
179) A판: "마음 대신에."
180) B판 추가.

감〔靈感〕들로[181] 여기든가 하는 데서 성립한다. 이런 경우에 착각은 **광신**이거나 **시령**〔視靈〕이거니와, 이 둘은 내감의 **기만**이다. 이 두 경우에 그것은 **마음의 병**, 즉 내감의 표상들의 유희를, 그것이 단지 지어낸 것이건만, 경험인식으로 받아들이려는 성벽이다. 그러한 성벽은 흔히 또한 작위적인 기분으로써 자신을 속이는 것이기도 한데, 그것은 아마도 사람들이 그러한 기분을 유익한 것으로 여기고, 감관표상의 저급성보다 숭고한 것으로 여기기 때문일 것이다. 또 그 성벽은 그러한 기분에 따라서 형성된 직관들(백일몽)로 자신을 속이는 것이기도 하다. — 왜냐하면 차츰차
B59 츰 사람들은 그 자신이 고의적으로 마음 안에 끌고 들어온 것을 이미 이
VII162 전부터 마음 안에 들어 있던 것으로 여기고, 그가 자신에게 강박했던 것
A59 을 자기 영혼의 심연에서 단지 발견했다고 믿기 때문이다.

이러한 사정은 **부리뇽**과 같은 광신적으로-자극적인 내적 감각들이나, **파스칼**과 같은 광신적으로-공포스러운 감각들에게서도 마찬가지이다. 마음의 이러한 변조는 이성적 표상들에 의해 적절하게 제거될 수가 없다. (도대체 직관으로 추정된 것에 대항하여 이성적 표상이 무엇을 할 수 있을까?) 자기 자신에 침잠하려는 성벽은 그로부터 생기는 내감의 착각들과 더불어, 인간이 외적 세계로, 그리고 이와 함께 외감 앞에 놓여 있는 사물들의 질서로 **되돌아감**으로써만 **질서 잡힐**[182] 수 있다.

---

181) A판: "그러한 것으로."
182) A판: "옮김으로써만 궤도에 들어설."

[183]감관감각들의 정도의 증감 원인에 대하여 BA60

§23.[184] 감관감각들은 1) 대비, 2) 새로움, 3) 바뀜, 4) 점증〔漸增〕에 의해 그 정도에서 증대된다.

a.
대비

대조(대비)[185]는 서로 대립해 있는 **감관표상들**을 동일한 개념 아래서 주의를 불러일으키게 나란히 세움〔竝置함〕이다. 대조는 **모순**과는 다르다. 모순은 상충하는 **개념들**이 결합하는 데에 있는 것이다. — 사막 중의 잘 개간된 한 뙈기 땅은 한갓된 대비에 의해 그 땅의 표상을 **두드러지게 한다**. 시리아의 다마스커스 지역에 소위 낙원 지대들이 있는 것처럼 말이다.[186] — 궁정이나 대도시의 소음과 광채가 고요하고 단조로우면서도 만족스러운 농부의 생활과 이웃해 있다든가, 초가지붕의 집 내부에 아취 있고 쾌적한 방이 있음이 보이면 표상을 생생하게 만들고, 사람들은 거기에 기꺼이 머무른다. 왜냐하면 감관은 그러한 대비에 의해 강화되기 때문이다. — — 그 반면에 빈궁과 오만, 다이아몬드들이 박혀 빛나되 그
내의는 불결한 부인의 화려한 복장은 — 또는 옛적에 폴란드의 어느 귀 BA61
족 집에서처럼 다리가 부러지게 차려진 식탁과 인피〔靭皮〕 구두를 신은
대규모의 시중꾼들은 대비를 이루고 있는 것이 아니라 모순을 이루고 있 VII163
는 것으로서, 하나의 감관표상은 다른 감관표상을 없애버리거나 약화시

---

183) A판: "제3절. 감관감각들의."

184) B판 추가. AA: §25.

185) 원어: Abstechung(Contrast).

186) A판: "그래서 시리아의 다마스커스 지역에 소위 낙원 지대들이 있다."

키는데, 그것은 하나의 표상이 동일한 개념 아래서 반대되는 것을 통합하려 하지만, 이러한 일은 불가능하기 때문이다. ― ― 그럼에도 사람들은 **익살스럽게** 대비시킬 수도 있고, 명백한 모순을 진리의 **어조**[187]로, 또는 분명히 경멸스러운 것을 칭찬의 말로 묘사할 수도 있는데, 그것은 이치에 맞지 않은 것을 더욱더 뚜렷하게 만들기 위한 것이다. **필딩**[188]이 그의 『위대한 조나단 와일드』에서, 또는 **블루마우어**[189]가 그의 희화한 『버질』에서 한 것처럼 말이다. 그리고 『클라리사』[190]와 같은 가슴을 찢는 소설을 재미있고 유익하게 풍자하여, 사람들은 거짓되고 유해한 개념들이 감관들에 섞어놓았던 상충으로부터 감관들을 해방시킴으로써 감관을 강화시킨다.

b.
새로움

새로운 것 ― 이러한 것에는 보기 드문 것, 숨겨져 있던 것도 포함되거니와 ― 에 의해 **주의**가 촉진된다. 왜냐하면 새로운 것은 획득이며, 그러므로 그에 의해 감관표상은 한층 더 강함을 얻기 때문이다. **일상적인 것** 내지 **익숙한 것**은 주의를 소멸시킨다. 그럼에도 새로운 것이 **고대**의 편린을 발견하고, 손대고 또는 공개적으로 전시함을 의미하는 것은 아니다. 이런 것에 의해서는 사람들이 사물들의 자연적인 경과에 따라서, 시간

187) 원어: Ton.

188) Henry Fielding(1707~1754). 영국의 소설가, 극작가. 풍자적인 작품을 많이 남겼는데, 여기서 칸트가 언급하고 있는 『위대한 조나단 와일드의 생애와 죽음(*The Life and Death of Jonathan Wild, the Great*)』(1743)은 그의 풍자소설 중 하나이다.

189) Aloys Blumauer(1755~1798). 오스트리아의 시인, 극작가, 소설가. 『희화한, 버질의 아이네이스(*Virgils Aeneis, travestiert*)』(1784~1788)는 그의 대표작 중 하나이다.

190) *Clarissa*. 곧 영국의 소설가 Samuel Richardson(1689~1761)의 대표적 서한체 소설 *Clarissa: Or the History of a Young Lady*(1748).

의 위력이 그것들을 오래 전에 파괴해버렸음을 추측해야만 하는[191] 사상〔事象〕이 현전화한다. (베로나 또는 님[192]에서) 고대 로마 극장의 폐허 조각 위 B62 A62
에 앉는다거나, 수 세기가 지나 용암 아래에서 발견된, 옛 헤르쿨라눔에서 출토된 로마 민족의 가구를 손으로 만져본다거나, 마케도니아 왕의 동전이나 고대 조각의 보석을 드러내 보일 수 있다거나 하는 등등의 일은 전문가의 감관에 최대의 주의를 일깨운다. 지식을 획득하려는 성벽이 한낱 그것의 새로움, 진기함과 숨겨져 있음 때문이면 **호기심**이라고 불린다. 이러한 경향성은, 비록 그것이 단지 표상들을 가지고 유희하는 것에 불과하고, 그 밖에 그 표상들의 대상에는 아무런 관심이 없다고 하더라도, 만약 그것이 단지 타인들의 관심을 끈 것만을 탐색하는 것이 아니라면, 비난할 것은 없다. — 그러나 순전한 감관인상으로 말할 것 같으면, 모든 아침은 그 감각들의 **새로움**으로 인해 감관들의 모든 표상들을 (만약 이 표상들이 특별히 병적이지만[193] 않다면), 그것들의 보통 저녁 무렵의 상태보다[194], 더 명료하고 생생하게 만든다.

C. 바뀜 VII164

단조로움(감각들의 온전한 동형성)은 마침내는 감각들의 **실조**〔失調〕[195](자기의 상태에 대한 주의의 쇠잔)를 낳고, 감관감각은 약화된다. 교체는 감각을 신선하게 만든다. 소리를 지르든지 아니면 적절하지만 균질한 음성으로 하든지 간에, 동일한 어조의 설교는 전체 회중을 잠들게 한다. — 노

191) A판: "시간의 이빨에 의해 오래 전에 저작된 것으로 추측된."

192) Nîmes: 남프랑스에 있는 도시. 로마 아우구스투스 시절에 이미 인구 6만 명을 헤아리는 대도시였다.

193) A판: "이미 병적이지."

194) A판: "그것들이 저녁 무렵에 나타나는 것보다."

195) 원어: Atonie.

동과 휴식, 도시생활과 전원생활, 교제에서의 담화와 유희, 홀로 있을 때
BA63 때로는 역사를, 때로는 시를, 한 번은 철학을 그 다음에는 수학을 즐김은 마음을 강화한다. — 감각들에 대한 의식을 약동시키는 것은 바로 동일한 생명력이다. 그러나 감각의 서로 다른 기관들은 그 활동 중에서 서로 교대한다. 그래서 장시간 **보행**을 즐기는 것이, 그때 (다리의) 한쪽 근육이 다른 쪽 근육과 **바뀌가며** 쉬기 때문에, 동일한 장소에 뻣뻣하게 서 있어 하나의 근육만이 한동안 쉼 없이 작동해야만 하는 것보다 더 쉽다. — 그래서 여행은 그토록 유혹적인 것이다. 다만 유감스러운 것은, 여행도 할 일 없는 사람들에게는 가정생활의 단조로움의 결과인 **공허함**(실조)을 뒤에까지 남겨놓는다는 점이다.

그런데 자연은 이미 그 자체로 너무도 질서정연하여, 쾌적한 감각들과 감관을 즐겁게 하는 감각들 사이에서 고통은 부름 받지 못한 채 슬금슬금 다니고 있으며, 그리하여 생활을 흥미롭게 만든다. 그러나 의도적으로, 교체하기 위해서, 고통을 혼입시켜 스스로 고통을 겪는다거나, 새롭게 잠드는 것을 제대로 느끼기 위해서 스스로 잠을 깨운다거나, **필딩**의 소설(『버려진 아이』[196])에서처럼 저자의 사후에도 책의 한 편집자가 마지막 부분을 덧붙였듯이, 교체하기 위해 (그것으로 이야기가 종결되었던) 결혼 생활에 질투를 집어넣는다거나 하는 것은 몰취미한 것이다. 왜냐하면 어떤 상태를 악화시키는 것은 그에 대해 감관들이 갖는 관심을 증대시키는 것이 아니기 때문이다. 그것은 비극에서까지도 마찬가지이다. 왜냐하면 종결은 교체되는 것이 아니기 때문이다.

---

196) Henry Fielding의 *The History of Tom Jones, A Foundling*(1749).

d.
완성에 이르기까지의 점증 BA64

정도의 면에서 **서로 다르면서** 서로 잇따르는 감관표상들의 하나의 연속적 계열은, 만약 후속하는 표상이 선행하는 표상보다 점점 더 강하다 VII165 면, 긴장(緊張)의 극점을 가지는바, 이에 접근해감은 **활기**를 주지만, 그것을 넘어서면 다시금 **이완**(弛緩)된다. 그러나 이 두 상태를 나누는 지점에 감각의 **완성**(最大)이 있으며, 그 결과로 무감각, 그러니까 무기력이 온다.

사람들이 감관능력을 생기 있게 유지하고자 한다면, 강한 감각에서 시작해서는 안 되고—무릇 강한 감각은 우리로 하여금 후속하는 감각에 대해 무감각하게 만들기 마련이다—, 오히려 강한 감각을 처음에는 거부하고 절약하다가, 점차로 높여나갈 수 있어야 한다. 설교자는 서론에서는 의무개념을 명심하도록 하는 지성의 냉정한 가르침으로 시작해서, 그 다음에 자기가 다루고 있는 성서 구절의 분석에 도덕적 관심을 불어넣고, 그것을 응용해서 저 관심에 역점을 줄 수 있는 감각들에 의해 인간 영혼의 모든 동기들을 발동시키는 것으로 끝을 맺는다.

젊은이여![197] (오락, 탐닉, 사랑 등과 같은 것의) 충족을 거부하라. 그러한 것이 전혀 없이 지내고자 하는 **스토아**적 의도에서는 아닐지라도, 점차로 증대하는 향락을 전망 중에 갖기 위한 섬세한 **에피쿠로스**적 의도에서 말이다. 너의 생활 감정이 보유한 현금을 이렇게 절약하는 것이, 설령 네 BA65 가 보유한 그 현금의 사용을 생애의 마지막에 대부분 단념한다고 하더라도, 향유를 **연기함**으로써 너를 실제로 더 풍요롭게 만들 것이다. 향유를 너의 통제 아래에 두고 있다는 의식은, 모든 이상적〔관념적〕인 것이 그러

197) 아래 B179=A179=VII237의 유사 구절 참조.

하듯이, 충족과 더불어 동시에 소모되고 그리하여 전체의 양이 감소하는 것을 통해 감관을 충족시키는 모든 것보다도 더 결실이 많고 훨씬 더 광범위하다.

감관능력의 저해, 약화와 전적인 상실에 대하여

§23〔a〕.[198] **감관능력은 약화될 수도 있고, 저해될 수도 있으며, 전적으로 폐기될 수도 있다. 그래서 명정〔酩酊〕, 수면, 실신, 가사〔假死〕(질식) 그리고 실제 사망의 상태들이 있다.**[199]

명정은 자기의 감관표상들을 경험법칙들에 따라 정돈하는 능력이 없는 반자연적인 상태이다. 그 상태가 과도하게 취한 기호품의 작용 결과인 한에서 그렇다.

VII166 수면은 낱말 설명대로 외감들에 의한 표상들을 의식할 수 없는, 건강한 사람의 무능력의 한 상태이다. 이것에 대한 사실 설명을 찾는 일은 생리학자들에게 넘겨져 있거니와, 이들은 동시에 회복된 외적 감관감각을 위한 힘들의 집중이기도 한 이러한 이완—이를 통해 인간은 자신을 마치 세상에 새롭게 태어난 것처럼 보고, 그렇게 해서 우리 인생의 3분의
B66 1은 무의식 상태로 유감없이 지나가버린다—을, 만약 그들이 할 수 있다면, 설명할지도 모른다.

자기 자신에 대한 주의의 정도가 자연상태에서보다 더 적음으로써 생긴 결과로서 감각기관의 마비라고 하는 반자연적 상태는 명정과 유사한

198) B판 원문: §23. 그러나 이렇게 되면 앞의 B60의 §23과 중복됨. 그래서 편의상 임의로 조항 번호 "§23〔a〕"를 부여함. A판: §20; AA: §26.

199) A판: "이때 인간의 상태는 **수면**, 또는 **명정**, 또는 **실신**과 진짜 사망 또는 **가사**의 상태이다."

것이다. 그래서 깊은 잠에서 막 깬 사람을 잠에 취해 있다고 말한다. — 그는 아직 온전히 정신이 든 것이 아니다. — 그러나 깨어 있을 때에도 예기치 않은 경우에 무엇을 해야 하나 생각하는데 갑작스레 누군가를 엄습하는 당혹은 그의 반성능력을 정상적으로 그리고 통상적으로 사용하는 것을 저해하며, 감관표상들의 유희에 정지상태를 불러올 수도 있다. 이러한 사람에 대해서 사람들은, 그가 마음의 평정을 잃었다, (기쁜 나머지 또는 놀란 나머지) 제정신이 아니다, **당황하고, 어리둥절하고, 아연실색했으며, 북극성**〔지침〕[200]※을 잃었다 등과 같이 말한다. 이러한 상태는 그의 감관감각들의 **집중**을 필요로 하는, 순간적으로 엄습한 수면과 같은 것으로 볼 수 있다. 격렬하게 갑작스레 일어난 (경악, 분노, 또 환희의) 정동〔격정〕에서 인간은 흔히 말하듯 **제정신을 잃고,** (사람들이 감관의 직관이 아닌 어떤 직관에 빠져 있다고 믿을 때에는, **무아지경**에서) 자기 자신을 제어하지 못하고, 외감들을 사용하는 데서 한순간 이를테면 마비된다. A66

§24.[202] **실신**은 보통 현기증(즉 수많은 이종적인 감각들이 빠르게 원으로 B67 A75

※ **트라몬타노** 또는 **트라몬타나**〔지침〕란 북극성을 일컫는다. 트라몬타나를 잃다, (항해자들을 인도하는 별인) 북극성을 잃다 함은 평정을 잃음, 갈 길을 알지 못함을 일컫는다.[201]

200) 원어: Tramontano. 또는 '북풍'을 지칭하기도 한다.

201) A판: "**트라몬타노는** 이탈리아에서 아주 괴로운 북풍이다. **시로코**(Sirocco)가 더 심한 남동풍이듯이 말이다. — 이제 한 젊은, 미숙한 남성이 자기의 기대보다 훨씬 빛나는 사교 모임 — 특히 숙녀들의 — 에 들어설 때, 그는 무엇에서부터 말을 시작해야 할지 몰라 쉽게 당혹에 빠진다. 그런데 그가 어떤 신문의 뉴스를 시작으로 삼는 것은 어울리지 않을 터이다. 왜냐하면 무엇이 그로 하여금 **그렇게 하도록** 부추겼는지를 알 수 없기 때문이다. 그러나 그가 바로 곧장 거리에서 오는 것이면, 좋지 않은 날씨는 가장 좋은 실마리말이 될 수 있거니와, 그가 이런 것(예컨대 북풍)을 생각해내지 못할 때, 이탈리아인은 '그는 북풍〔지침〕을 잃어버렸다.'고 말한다."

202) A판: "§21." AA: §27. A판에는 이 § 전체가 이곳에 있지 않고, B판 기준 §26이 끝나는 대목에 이어져 있다.

거듭 돌면서 자제력을 뛰어넘어 바뀜)에 뒤따르는 것으로서, 사망의 전주〔前奏〕이다. 이런 감각들 모두의 전적인 저해가 질식 또는 **가사**이며, 이것은 사람들이 외적으로 지각할 수 있는 한, 진짜 사망과는 오직 그 결과에 의해서만 구별될 수 있다.(익사자, 교수〔絞首〕된 자, 연기에 질식한 자의 경우처럼 말이다.)

VII167 어떤 사람도 **죽는 것**을 그 자체로는 경험할 수 없으며—무릇 경험하기 위해서는 살아 있음이 필요하니 말이다—, 단지 타인들에서 지각할 수 있을 따름이다. 죽는 것이 과연 고통스러운 것인지 어떤지는 죽어가는 자의 목구멍에서 그르렁거리는 소리를 듣거나 〔최후의〕 경련을 보고서 판정할 수는 없다. 오히려 그것은 생명력의 한갓된 기계적 반작용으로 보이며, 어쩌면 모든 고통으로부터 천천히 자유로워지는 부드러운 감각인 것처럼 보인다. — 그러므로 모든 사람에게서, 심지어 몹시 불행한 사람들에게나 가장 지혜로운 사람에게나, 사망에 대한 자연스러운 공포는 죽는 것에 대한 전율이 아니라, **몽테뉴**[203]가 올바르게 말한 바처럼, **죽어 있다**(다시 말해 사망해 있다)는 생각에 대한 전율이다. 그러므로 사망 후보자는 죽음 이후에도 여전히 그러한 생각을 가지고 있다고 잘못 생각하고 있는 것이다. 그는 더 이상 그 자신이 아닌 시체를 음침한 무덤 안에 또는 어딘가 다른 장소에 있는 자기 자신이라고 생각하는 것이니 말이다. — 여기서 이러한 착각은 제거될 수가 없다. 왜냐하면 그러한 착각은 자기 자신에게 그리고 자기 자신에 대해 말하는 것인 사고의 본성에 있는 것이기 때문이다. **'나는 있지 않다'**라는 생각은 결코 **실존**할 수가 없다. 무릇 내가 있지 않다면, 나는 '내가 있지 않다'는 것 또한 의식할 수 없을

---

203) Michel Eyquem de Montaigne(1533~1592). 그런데 우리는 칸트가 여기서 간접 인용하고 있는 말과 반대의 뜻을 갖는 대목을 그의 *Essais*(1595), II, 13("타인의 죽음에 대한 판단에 대하여")에서 볼 수 있다: "내가 두려워하는 것은 죽음이 아니라, 죽는 것이다."

것이기 때문이다. 나는 물론 "나는 건강하지 못하다."라고 말할 수 있고, (모든 動詞에서 일어나듯이) 이와 같은 나 자신에 대한 부정적인 **술어들**을 생각할 수 있다. 그러나 1인칭으로 **말하면서** 주어 자신을 **부정하는 것**은, 그때에 주어가 자기 자신을 파기하는 것이니, 모순이다. B68 A76

[204]상상력에 대하여 A67

§25.[205] 상상력(想像力)은 대상의 현전 없이도 직관하는 능력[206]으로서 **생산적**이거나 **재생**(산)**적**이다. 다시 말해 〔상상력은〕 대상을 근원적으로 현시(根源的 現示/展示)하는, 그러므로 경험에 선행하여 현시하는 능력이거나, 파생적으로 현시하는(派生的 現示/展示), 즉 앞서 가졌던 경험적 직관을 마음 안에 소생시켜서 현시하는 능력이다. — 순수한 공간직관들과 시간직관들은 근원적 현시에 속한다. 여타의 모든 직관들은 경험적 직관을 전제하며, 이 경험적 직관은 대상의 **개념**과 결합되고, 그러므로 경험적 인식이 되면, **경험**이라 일컬어진다. — 상상력은 의사 없이 상상들을 만들어내는 한에서는 **공상**(空想)이라고 일컫는다. 이 공상을 (내적인 또는 외적인) 경험으로 여기는 습관이 든 자는 **공상가**이다. — (하나의 건강한 상태인) **수면** 중에 의사 없이 자기 상상들과 유희하는 것은 **꿈꾼다**고 일컫는다.

204) A판: "인식능력에서 감성의 제2장. 상상력에."

205) A판: "§21." AA: §28.

206) 『순수이성비판』에서는 "상상력이란 대상의 현전 없이도 그것을 직관에서 표상하는 능력이다."(B151)라는 규정을 볼 수 있다.

B69 A68 상상력은 (바꿔 말하면) **창작적**(생산적)이거나 **회상적**(재생적)이다. 그러
VII168 나 그렇다고 해서 생산적 상상력이 **창조적**인 것, 곧 앞서 우리 감관능력
에 **결코** 주어진 적이 **없던** 감관표상을 만들어낼 수 있는 것은 아니며, 사
람들은 그 상상력의 소재를 언제나 지적할 수 있다. 일곱 색깔 가운데서 **붉은**색을 한 번도 본 적이 없는 이에게 사람들은 이 감각을 결코 이해시킬 수 없으며, 생래적 맹인에게는 전혀 아무런 색깔도 이해시킬 수가 없다. 심지어는 두 가지 색의 혼합에서 만들어진 중간색, 예컨대 녹색조차도 그러하다. 노란색과 파란색이 서로 섞여서 녹색이 된다. 그러나 상상력은 이 색이 혼합된 것을 **보지** 못했다면 이 색에 대한 최소한의 표상도 만들어내지 못할 터이다.

이러한 사정은 각기 특수한 다섯 감관에 대해서도 꼭 마찬가지이다. 곧 이들 감관의 합성에서 나오는 감각들은 상상력에 의해 만들어질 수 있는 것이 아니고, 근원적으로 감관능력에서 울궈내질 수 있는 것이지 않으면 안 된다. 사람들 중에는 시각능력에서 빛의 표상에 대해 흑백 외에 더 이상의 준비가 되어 있지 못한 이들이 있고, 이들에게는 비록 그들이 잘 볼 수 있다 해도, 볼 수 있는 세계는 단지 동판화처럼 나타난다. 또 훌륭한, 심지어는 극도로 섬세한 청각을 가지고 있으되, 절대로 음악적이지는 못한 청각을 가진 사람들도 생각보다 많이 있는데, 음조에 대한 이들의 감관은 한낱 그것을 모방하는(노래하는) 데뿐만 아니라, 그것을 한갓된 음향과 구별하는 데도 전혀 감수성이 없다. — 미각과 청각의
B70 표상들에 대해서도 똑같은 사정이 있을 수 있다. 곧 이러한 향유의 소재
A69 들을 여러 가지 종별로 감각하기에는 **감관**이 결함이 있고, 또 어떤 사람
이 이에 관해 다른 사람들을 이해한다고 믿어도, 그 사람의 감각들은 다른 사람들의 감각들과 한낱 정도에서가 아니라, 종별적으로 전적으로 차이가 날 수 있는 것이다. — 후각의 감관을 전적으로 결하여, 코를 통해 순수한 공기를 흡입하는 감각을 후각으로 여기고, 그래서 사람들이 이런

종류의 감각에 대해서 하는 모든 서술에 대해 이해할 수가 없는 사람들이 있다. 그런데 후각을 결하는 경우에는 흔히 미각에도 결함이 있으니, 미각이 없는 경우에 그것을 가르치고 깨우쳐주려고 해보아도 헛일이다. 그러나 배고픔과 그것의 충족(배부름)[207]은 미각과는[208] 전혀 다른 것이다.

그러므로 상상력이 그토록이나 위대한 예술가이고 요술쟁이라 하더라도, 그렇다고 창조적이지는 못하고, 그 형상들을 위한 **소재**를 감관들에서 취해오지 않으면 안 된다. 그러나 이 형상들은 앞서 유의한 바대 VII169
로 지성개념들처럼 그렇게 보편적으로 전달 가능한〔공유할 수 있는〕 것이 아니다. 그러나 사람들은 (비유적인 것이기는 하지만) 전달함에 있어서의 상상력의 표상들에 대한 감수성도 종종 하나의 감〔감각/감관〕이라고 불러, "이 사람은 이에 대한 **감**〔감각/감관〕[209]이 없다."고 말한다. 이런 것은 감〔관〕의 무능력이 아니라, 부분적으로는, 전달된 표상들을 파악하고 사고작용에서 통일하는, 지성의 무능력임에도 불구하고 말이다. 이러한 자는 그 자신 그가 말하고 있는 것에서 아무것도 생각하고 있지 않으며, 그
래서 타인들도 그를 이해하지 못한다. 그는 **무의미한 것**[210](난센스)을 말 B71
하고 있는 것이다. 이러한 결함은, 생각〔사상〕들이 너무 교착되어 있어서 A70
그가 그것으로써 표현하고자 했을 것을 타인이 알 수가 없는 경우인 **의미의 공허함**[211]과는 다르다. ― (단지 단수로 쓰일 때뿐이지만) '감'이라는 말은 매우 자주 생각이라는 말로 사용되고, 심지어는 사고의 단계보다도 한층 높은 단계를 지시해서, 사람들은 어떤 어구에 대해, 그 어구에는 함축이 풍부한 또는 심오한 감〔의미〕이 있다고 말하며 ― 그래서 경구〔의미

207) B판 추가.
208) A판: "미각 및 배부름과는."
209) 원어: Sinn.
210) 원어: Unsinn.
211) 원어: das Sinnleere.

깊은 말)[212]라는 말이 있다―, 그리고 사람들은 건전한 인간지성〔상식〕을 공통감이라고도 부르고, 이 표현이 본래는 인식능력의 가장 낮은 단계를 지시하는 것임에도 불구하고, 이 '감'을 가장 높은 곳에 올려놓는다. 이러한 것은 지성의 개념들에게 (인식을 위한) 내용을 마련해주기 위해 지성에게 소재를 부여하는 상상력이, 그 상상력의 (창작된) 직관들과 실제의 지각들과의 유비에 의해, 저 개념들에게 실재성을 마련해주는 것처럼 보인다는 사실에 근거한다.

§26.[213] 상상력※을 고무하거나 진정시키기 위한 신체적 수단은 **도취하**
VII170 B72 A71 **게 하는 기호품을 향유하는 데에 있다.**[215] 이런 기호품 중 (모종의 들버섯, 백산차, 야생의 어수리, 페루인들의 치카[216], 남양군도 토인들의 아바[217], 아편 등)

※ 나는 여기서, 어떤 의도를 위한 수단인 것이 아니라, 누군가가 놓여 있는 상황에서 비롯한 자연스러운 결과인 것, 그리고 그로 인해 순전히 그의 상상력이 그를 혼돈에 빠뜨릴 뿐인 것은 지나친다. 이런 것으로는 깎아지른 듯한 높은 곳의 가장자리에서(어쩌면 난간 없는 좁다란 다리에서) 내려다볼 때의 **현기증** 그리고 **배멀미**가 있다. — 심약하다고 느끼는 사람이 디뎌야 할 널빤지가 땅위에 있다면 그에게 아무런 공포를 주지 않을 것이나, 만약에 그것이 좁
B72 A71 은 판자 다리로서 깊은 심연 위에 놓여 있는 것이라면, 잘못 디딜 수 있다는 한갓된 생각만으로도 그는 이러한 시도에서 실제로 위험에 빠질 수 있다. — 구토의 발작을 수반하는 배멀미 — 나 자신이 필라우[214]에서 쾨니히스베르크까지 오는 동안에 경험했거니와, 만약 이런 것도 항해라고 부른다면 — 는, 내

---

212) 원어: Sinnspruch. 한국어 '경구〔警句〕'에 대응하는 독일어 낱말 'Sinnspruch'에는 '의미/감'을 뜻을 갖는 'Sinn'이 포함되어 있으나, 이를 한국어로 옮기면 이 말이 직접 노출되지 않아, 이 대목의 한국어 번역문은 부득불 독일어 문장의 문맥을 놓친다.

213) AA: §29.

214) Pillau. 칸트 당대 Königsberg에서 60km 정도 서쪽에 위치에 있던 외항(Vorhafen)으로, 현재의 지명은 러시아 Kaliningrad의 Baltijsk이며, 주민은 대략 3만 명이다. 아마도 이 도시가 칸트가 자신의 거소에서 가장 멀리까지 다녀온 곳일 것이다.

215) A판: "상상력※을 고무하거나 진정시키는 어떤 신체적 수단들에 대하여."

216) 원어: Chicha. 일종의 알코올 음료.

217) 원어: Ava. 일종의 마취용 음료.

몇몇은 독물로서 생명력을 **약화**시키고, 또 (발효 음료들인 와인과 맥주, 또는 이것들로부터 주정(酒精) 추출물인 화주(火酒) 같은) 다른 몇몇은 생명력을 **강화**시키고, 적어도 그 감정을 고조시키거니와, 그러나 이 모든 것은 반자연적이고 인위적인 것이다. 이러한 것들을 그토록 과도하게[218] 취해서 한동안 경험법칙들에 따라 감관표상들을 정돈할 수 없게[219] 된 자를 **취해 있다 또는 도취되어 있다**[220]고 일컫고, 자의적으로 또는 의도적으로 이러한 상태에 들어가는 것을 **도취를 한다**라고 일컫는다.[221] 그러나 이 모든 수단들은 인간으로 하여금 근원적으로 삶 일반에 놓여 있는 것으로 보이는 짐을 잊게 만드는 데에 모름지기 기여하는 것이다. — 매우 광범위한 경향성과 이 경향성이[222] 지성 사용에 미치는 영향은 실용적 인간학에서는 특히 고찰할 만한 가치가 있다.

모든 **무언의** 도취, 다시 말해 사교나 교호적인 사상 전달(공유)을 고무하지 않는 도취는 그 자체로 수치스러운 무엇인가를 가지고 있다. 아편이나 화주에 의한 도취가 이와 같은 것들이다. 와인과 맥주, 이 중 전자는 한낱 자극적이고, 후자는 더 많이 영양을 공급하면서 마치 음식물처럼 배부르게 하거니와, (이 둘은) 사교적인 도취에 쓸모가 있다. 그럼에도 차이가 있으니, 맥주를 마시는 주연(酒宴)은 더욱 몽롱해져 말없이 되며, B73 A72

가 인지했다고 믿는 바로는, 순전히 내 눈에 의해서 일어났다. 왜냐하면 배가 요동할 때 선실에서 보면 한 번은 석호(潟湖)가 눈에 들어왔다가 한 번은 선미의 꼭대기가 눈에 들어왔다가 하고, 배가 올라갔다가 다시 가라앉았다가 하는 것이 상상력을 매개로 해서 복근을 통해 내장의 역연동(逆蠕動) 운동을 자극했기 때문이다.

218) B판 추가.

219) B판 추가.

220) B판 추가.

221) A판: "이런 것을 의도적으로 하면, 취한 것이다."

222) 칸트 원문의 'desselben'을 AA처럼 'derselben'으로 고쳐 읽어 앞의 "경향성"을 지시하는 것으로 해석한다.

또한 종종 거칠게도 되지만, 와인을 마시는 주연은 유쾌하고, 떠들썩하고, 재치 있고 수다스럽게 된다.

감관들이 몽롱해지는 데까지에 이르는 사교적인 음주에서의 무절제는 물론 남자의 나쁜 버릇인데, 그것은 사람들이 함께 즐기는 사교 모임의 관점에서도 그렇지만, 그가 그 모임에서 비틀거리면서 나오고, 적어도 불확실하게 발걸음을 내딛거나, 한낱 혀꼬부라진 소리로 말하면서 나오기만 한다 해도, 그의 자존의 견지에서도 그러하다. 그런데 자기통제의 한계선은 아주 쉽게 간과되고 **넘어서**버릴 수 있는 것이기에, 그러한 실수에 관한 판단을 완화시키기 위해 많은 것들이 끌어대진다. 무릇 주인은 손님이 이러한 사교적 행동을 통해 온전히 충족된 상태로(飽滿한 客으로) 자기 집을 떠나기를 바라기 때문이다.

도취의 결과로 생기는 걱정 없음과 이것과 함께하는 조심성 없음은 생명력이 증대되었다고 착각을 일으키는 감정이다. 무릇 도취한 자는 자연이 그것의 극복—이 점에 건강함이 있는 것이거니와—을 부단히 요구하는 생명의 장애들을 느끼지 못하고, 자기의 약한 상태에서 행복하다.
VII171 자연은 인간 안에서 그의 힘들을 점차로 증강시킴으로써 그의 생명을 단계적으로 다시 회복시키려 애쓰는 것인데 말이다. — 여자들과 성직자들
B74 A73 과 유대인들은 통상 취하지 않는다. 적어도 그들은 일체의 그러한 모습을 조심스럽게 피한다. 왜냐하면 그들은 시민으로서[223] 미약해, 삼갈 필요가 있기 때문이다. (이를 위해서는 철두철미 취하지 않을 것이 요구되는 것이다.) 그들의 외면적 가치는 순전히 타인들이 그들의 정숙성, 경건성, 분리주의적 율법성을 **믿는 데**에 의거하고 있으니 말이다. 무릇 유대인에 관해 말할 것 같으면, 모든 분리주의자들은, 다시 말해 한낱 공적인 국법

223) AA: "시민으로서."

뿐만 아니라, 특수한(종파적인) 법률에도 복종하는 그러한 자들은, 총아로서 그리고 자칭 선택받은 자로서, 공동체의 주목과 예리한 비판에 특히 노출되어 있다. 그러므로 그들은 자기 자신에 대한 주의를 소홀히 할 수 없다. 이러한 조심성을 앗는 도취가 그들에게는 하나의 **추문**이기 때문이다.

카토[224)]에 대해 그를 숭배하는 **스토아**학도[225)]는 "그의 덕은 술에 의해 강화되었다(그의 德은 飮酒로 强化되었다[226)])."고 말한다[227)]. 그리고 옛적 독일인들에 대해 근자의 어떤 이[228)]는 "그들은 (전쟁의 결의를 위한) 평의를 단호하게 하기 위해서 술 취한 자리에서 하였고, 이 평의가 분별없이 이루어지지 않도록 술이 깬 상태에서 재고하였다."고 말한다[229)].

음주는 혀를 풀리게 한다.(술 마시면 말이 많아진다.) — 그러나 음주는 또한 마음을 열게 하며, 어떤 도덕적 속성, 곧 솔직담백함의 물질적 운반체이다. — 자기 생각을 삼감은 순정한 마음을 가진 이에게는 숨 막히

224) 이 대목에서 말하는 Cato가 누군지는 불분명하다. 칸트는 같은 시구를 『덕이론의 형이상학적 기초원리』에서도 인용한바, 그곳(*MS*, *TL*, A81=VI428)에서 Horatius의 것이라고 말하고 있는데, Horatius가 칭송한 것은 Marcus Porcius Cato Uticensis (기원전 95~46)였다. 그런데 여기서 칸트는 "카토를 숭배하는 스토아학도"를 말하거니와 그 '스토아학도'로 Seneca를 염두에 둔 것으로 보이고, 그 Seneca가 말한 것은 Marcus Porcius Cato(기원전 234~149)로 추정되기 때문이다. 그러니 이 대목은 부정확한 인용으로 인해 사실관계가 얽혀 있다 하겠다.

225) 아래의 인용문과 유사한 대목을 Quintus Horatius Flaccus(기원전 64~8), *Carmina*, III, 21, 11/12에서 볼 수 있다. 그런데 칸트는 그의 초기 「인간학 강의」에서는 같은 말을 Seneca를 들어 인용하고 있다.(V-Anth, Parow: AA XXV, 296 참조)

226) 칸트 원문: virtus eius incaluit mero. Horatius, *Carmina*, III, 21, 11/12: narratur et prisci Catonis / saepe mero caluisse virtus.

227) A판: "말했다."

228) 아마도 영국의 작가 Lawrence Sterne(1713~1768)을 지칭하는 것 같다. Herodotus의 *Historiae*와 Tacitus의 *Germania*에서도 비슷한 이야기를 볼 수 있다.(V-Anth, Parow: AA XXV, 295 각주 참조)

229) A판: "말했다."

는 상태이며, 또한 즐거운 음주가는 누군가가 술자리에서 매우 절제하는 것을 참고 보기가 쉽지 않다. 왜냐하면 이런 이는 타인의 잘못에 주목하
B75 A74 면서, 자기 자신의 잘못은 삼가는 엿보는 자의 역할을 하는 것[230]이기 때문이다. **흄** 또한 "잊을 줄 모르는 동반자는 불편하다. 어느 날의 우행들은 다른 날의 우행들에게 자리를 만들어주기 위해 잊혀져야만 하는 것이다."[231]고 말한다. 남성이 사교적 기쁨으로 인해 말짱한 정신의 한계선을 잠시 잠깐 넘어설 수밖에 없음이 허용될 경우 선량함이 그 전제가 된다. 반세기 전 유행했던 정책, 즉 북방의 궁정〔北歐의 王侯〕들이 자신은 취하지 않으면서도 많이 마실 수 있어 다른 사람들을 취하게 하여 그들로부터 정보를 캐내거나 설복할 수 있는 사신들을 파견했을 때의 정책은 간특한 것이었다. 그러나 이러한 정책은 당시 풍습의 조야성과 함께 사라졌으니, 이러한 패악에 대한 경고의 훈계는 이제 교양 있는 신분들과 관련해서는 불필요한 것이다.

음주하는 때에 술에 취해 있는 그 사람의 기질이나 성격을 탐구할 수
VII172 있을까? 나는 그렇게 믿지 않는다. 새로운 액체가 그의 혈관을 순환하는 체액에 섞이고, 신경들에 다른 자극이 가해지지만, 이 자극은 자연적인 기질을 더 분명하게 **들춰내는** 것이 아니라, 또 다른 기질을 **가져온다**. — 그래서 술 취한 어떤 이는 사랑에 빠지고, 다른 이는 흰소리하고, 제3의 사람은 논쟁적이 되며, 제4의 사람은 (특히 맥주를 마시는 경우) 상냥해지거나 엄숙해지고 또는 아예 침묵을 보인다. 그러나 그들 모두는 한숨 자고나서 취기에서 깨어났을 때, 사람들이 그들에게 지난 저녁에 그들이 말한 바를 상기시켜주면, 그들 감관의 이러한 기이한 정조〔情調〕나

---

230) J.-J. Rousseau의 *Julie ou la Nouvelle Héloïse*(1761), I, 제23 편지에서도 비슷한 구절을 볼 수 있다.

231) Hume, *An Enquiry concerning the Principles of Morals*, IV의 한 대목을 대강의 뜻만 살려 인용한 것이다.

변조(變調)에 관해 스스로 웃을 것이다.

§27.[232] 상상력의 원본성/독창성(모방하지 않은 생산)은, 만약 그것이 개념들과 합치한다면, **천재**라고 일컬어진다. 그러나 만약 그것이 개념들과 합치하지 않는다면, **광신**이라 일컬어진다. — 유의할 것은, 우리는 **이성적** 존재자에 대해 인간의 형태 외의 다른 어떤 적합한 형태도 생각할 수 없다는 점이다. 여느 다른 형태는 기껏해야 인간의 어떤 속성의 상징을 — 예컨대 사악한 교활성의 형상으로서의 뱀을 — 표상할 것이지만, 그러나 그것이 이성적 존재자 자체를 표상하지는 못할 것이다. 그래서 우리는 우리의 상상 속에서 다른 모든 천체에 순정한 인간 형태를 가진 자들을 거주시킨다. 이들이 이들을 지탱하고 양육하는 토양이 서로 다르고, 이들을 이루고 있는 원소들이 서로 다름에 따라 아주 다른 형태를 가지고 있음 직함에도 말이다. 우리가 이들에게 부여할 수 있는 모든 다른 형태들은 **희화(戲畵)들**※이다. B76

어떤 감관의(예컨대 시각의) 결함이 생래적이라면, 그 장애인은 가능한 대로 그 감관의 **대리역**을 할 다른 감관을 개발하고, 생산적 상상력을 폭넓게 구사한다. 외적 물체들의 형식들을 **촉각**을 통해, 그리고 그 크기(예컨대 가옥)로 인해 촉각으로 충분하지 못할 경우에는 그 **광대함**을 또 다 A77 B77

※ 그래서 **성삼위**(聖三位), 즉 노인, 청년, 새(비둘기)는 실제로 그 대상들과 비슷한 형태가 아니라, 단지 상징으로 표상하지 않으면 안 된다. 하늘에서 내려옴과 하늘로 올라감이라는 비유는 바로 이것을 의미한다. 우리는 이성적 존재자들에 대한 우리의 개념들의 기저에 직관을 놓기 위해서는 그것들을 의인화하는 것 말고는 달리 처리할 수가 없다. 그러나 이때 이 상징적 표상이 사상(事象) 그 자체의 개념으로까지 높아진다면, 그것은 불행한 또는 유치한 일이다. A77

232) B판 추가. AA: §30.

른 감관, 가령 **청각**을 통해, 곧 실내에서의 목소리의 반향을 통해 파악하고자 함으로써 말이다. 그러나 종국에는, 만약 운 좋은 수술이 그 기관을
VII173 감각하는 데 자유롭게 해준다면, 그는 무엇보다도 먼저 보고 듣는 것을 **배워야**만 한다. 다시 말해 그의 지각들을 이런 종류의 대상들의 개념들 아래로 보내고자 꾀해야만 한다.

대상들의 개념들은 흔히 의사 없이도 그 기저에 (생산적 상상력을 통해) 스스로-창안한 형상을 놓는 것을 유발한다. 사람들이 재능과 공적 또는 지위에서 위대한 사람의 생애와 행적을 읽거나 이야기를 들을 때, 사람들은 보통 상상력 안에서 그 사람에게 당당한 체격을 부여하며, 그 반대로 기술된 성격이 섬세하고 유화적인 사람에게는 작고-아담한 형상을 부여한다. 한낱 농부가 아니라 세상을 충분히 잘 아는 이도, 그가 이
A78 야기를 들은 행적에 따라 생각했던 영웅이 왜소한 사람으로 제시되거나, 거꾸로 섬세하고 유화적인 **흄**이 건장한 남자로 제시되면, 자못 이상하게 느낀다. — 그래서 어떤 것에 대한 기대를 너무 높게 가져서는 안 된다. 상상력은 자연스럽게 극단에까지 올라가는 경향이 있기 때문이다. 무릇 현실은 실행을 위한 범형 역할을 하는 이념보다는 언제나 제한되어 있으니 말이다. —[233)]

B78 처음으로 어떤 사교 모임에 가입[234)]시키고자 하는 인물에 대해 미리 너무 많이 칭찬을 하는 것은 권할 만한 일이 못된다. 그런 일은 오히려 흔히 저 인물을 우스꽝스럽게 만드는 어떤 교활한 자의 사악한 짓일 수 있다. 왜냐하면 상상력은 기대되는 것에 대한 표상을 너무 높게 올려놓아서, 저 인물은 선입견이 된 이념과의 비교에서 손해를 입을 수밖에 없기

233) 이 다음에 A판에는 다음의 구절이 잇따른다: "어떤 사교 모임에 가입하기로 약속한 누군가를 과도하게 칭찬하여 치켜세우는 것은 좋은 짓이 아니다. 왜냐하면 이 사람은 그 모임의 판정에서 바야흐로 내려앉을 수밖에는 없고, 흔히 또한 이러한 사악한 타격은 의도적으로 누군가를 우스꽝스럽게 만드는 데에 사용되기 때문이다."

234) A판: "등장."

때문이다. 이와 똑같은 일이 사람들이 어떤 저술이나 연극, 그 밖에 아름다운 유에 속하는 어떤 것을 과도한 칭찬과 함께 알릴 때에 일어난다. 왜냐하면 그것이 현시될 때에는 내려앉을 수밖에 없기 때문이다. 훌륭한 희곡을 읽은 것만으로도 사람들이 그것이 공연되는 것을 볼 때에 그 인상을 이미 약화시킨다. — 그러나 무릇 미리 칭찬받았던 것이 기대되었던 것과는 정반대라면, 그 공연된 대상은, 그렇지 않았더라면 무탈할 것 A87
이 매우 큰 웃음을 자아낸다.[235)]

그 자체만으로는 본래 주의를 끌 만한 아무런 의미도 갖지 않는, 전변하는, 움직임 중에 있는 형태들, — 가령 난롯불의 가물가물함 또는 자갈들 위로 졸졸 흐르는 시냇물의 갖가지 소용돌이와 거품 이는 운동들 같은 것은 상상력으로 하여금 마음속에서 유희하면서 깊은 생각에 빠져들게 하는 (이 경우의 시각과는) 전혀 다른 종류의 다수의 표상들을 가지고서 VII174
즐기게 한다. 전문가로서 듣는 것이 아닌 이에게는 음악도 어떤 시인이나 철학자를 어떤 정조에 빠질 수 있게 하고, 그런 가운데서 누구든 각자 자기의 업무나 애호하는 바에 따라 생각을 붙잡고 마음대로 끌고 갈 수 B79
있다. 만약 그가 자기 방에 홀로 앉아 있었다면 그러한 생각을 그렇게 행복하게 붙잡지는 못했을 것이다. 이러한 현상의 원인은, 감관이 그 자체만으로는 전혀 아무런 주의도 끌을 수 없는 잡다한 것에 의해[236)] 무엇인 A79
가 다른, 감관에 더욱 강하게 다가오는 대상에 대한 주목으로부터 끌어내지면, 사고는 촉진될 뿐만 아니라 또한 활기차게 되는데, 그것은 곧 사고가 자기의 지성표상들의 기저에 소재를 놓기 위해 더욱더 긴장하고 지속적인 상상력을 필요로 하기 때문이다. — 영국의 잡지 《관객》[237)]은 어

235) A판에는 이 단락이 이 자리 대신에 §24(=B: §29)의 둘째 문단 다음에 놓여 있다.
236) A판: "잡다한 것과 함께."
237) 영국에서 몇 년간(1711~1714) 발간되었던 시사지 *The Spectator*. 앞의 BA23의 관련 각주 참조.

떤 변호사에 대해서 다음과 같이 이야기하고 있다: 그는 변론할 때 주머니에서 묶는 실을 꺼내 그것으로 끊임없이 손가락을 감았다 풀었다 하는 습관이 있었다. 장난꾸러기인 그의 상대 변호사가 몰래 그의 주머니에서 그 실을 살그머니 꺼내버렸을 때, 저 변호사는 완전히 당혹하여 순전히 무의미한 말만 지껄여댔다. 그 때문에 사람들은 "그는 자기 말의 실을 잃어버렸다."고 말했다. — 어떤 하나의 감각에 고착되어 있는 감관은 (습관 때문에) 다른 어떤 낯선 감각들에는 주의하지 못하고, 그러므로 낯선 감각으로 인해 분산되지 않는다. 그러나 상상력은 이런 경우 그만큼 더 잘 규칙적인 길을 유지할 수 있다.

여러 가지 종류의 감성적 창작능력에 대하여

§28.[238] **세 가지 상이한 종류의 감성의 창작능력이 있다.** 이것들은[239] 공
B80 간에서의 직관의 **형성** 능력(造形 想像), 시간에서 직관의 **연상**[240] 능력(聯合 想像), 그리고 표상들 상호 간의 공동 유래에 의한 **친화**의 능력(親和性)이다.

A80 A.

형성의 감성적 창작능력에 대하여

예술가가 어떤 물체적 형태를 (말하자면 손으로 만져볼 수 있게) 현시할 수 있기 전에, 그는 그 형태를 상상력 안에서 작성하지 않을 수 없으며,
VII175 그때 이 형태는 하나의 창작이다. 이 창작이 (가령 꿈에서와 같이) 의사 없이 된 것이면 **공상**이라고 일컬어지며, 그것은 예술가와는 상관이 없다.

---

238) A판: "§23." AA: §30.

239) A판: "그것들은."

240) 원어: beigesellend.

그러나 그 창작이 의사에 의해 통제되면, **구성**, **발명**이라고 불린다. 그런데 예술가가 자연의 작품〔소산〕들과 비슷한 형상들에 따라 작업을 하면, 그의 생산물들은 사실적〔자연스럽다〕[241]이라고 일컬어진다.[242] 그러나 그가 경험에 나타날 수 없는 형상들에 따라 그런 형태를 갖는 대상들을 (시칠리아의 **팔라고니아** 왕자가 했던 것[243]처럼) 제작하면, 그 생산물들은 기괴하다, 비사실적이다〔자연스럽지 않다〕, 희화적 형태이다라고 일컬어지며, 그러한 착상들은 말하자면[244] 깨어 있는 자의 몽상 같은 것이다.[245](病者의 夢想과 같이 妄想들이 捏造된다.[246]) — 우리는 자주 그리고 기꺼이 상상력과 유희한다. 그러나 상상력 또한 마찬가지로 자주 그리고 때로는 아주 거북하게[247] 우리와 유희한다.

수면 중에 공상이 인간과 하는 놀이〔유희〕가 꿈이며, 그것은 건강한 상 B81
태에서도 일어난다. 그에 반해 그런 놀이가 깨어 있을 때에 일어난다면, 그것은 병적 사태를 노정하는 것이다. — 수면은 외적 지각들의 모든 능력 및 특히 자의적인 운동들을 이완시키는 것으로서 모든 동물들에게, 정말이지 식물들에게조차도 (후자를 전자와 유비해보면) 깨어 있을 때 소비된 힘들의 축적을 위해 필요한 것으로 보인다. 그러나 바로 이것은 또한 꿈들의 경우에도 해당되는 것으로 보인다. 그러니 생명력은 수면 중에도
꿈들에 의해 활기를 유지하지 않게 된다면 소멸하여, 아주 깊은 수면은 A81

241) 원어: natürlich.

242) B판 추가.

243) 1775년경 시칠리아 Palermo 인근의 Bagheria에 별장을 신축하면서 반미치광이 왕자 Palagonia가 기괴스러운 정원과 궁전 터를 조성했는데, 오늘날도 남아 있으며, 이에 대해서는 Goethe의 *Italienische Reise*, 1787. 4. 9 자에서도 상세한 서술을 읽을 수 있다.

244) B판 추가.

245) A판: "몽상이라고 일컬어진다."

246) Horatius, *Ars poetica*, 7 이하 참조. 칸트는 이 말을 『시령자의 꿈』의 제호 면에도 인용해놓았다.(*TG*: AA II, 315 참조)

247) A판: "마뜩하지 않게."

동시에 죽음을 동반하고 말 것이다. — 사람들이 꿈도 꾸지 않고 숙면했다고 말한다면, 그것은 사람들이 깨었을 때 이런 꿈을 전혀 기억하지 못한다는 것 이상의 것이 아니다. 이러한 일은 상상들이 빠르게 바뀔 때에는 깨어 있을 때에도, 곧 방심 상태에 있을 때에는 어떤 사람에게나 일어날 수 있는 것이다. 이런 경우 한동안 동일한 지점을 응시한 사람은 지금 무엇을 생각하고 있느냐는 질문에 응하여, 나는 아무것도 생각하지 않았다고 대답한다. 깨어 있을 때 우리 기억 중에 많은 빈칸들(부주의로 인해 간과되었던 연결하는 중간표상들)이 없다면, 즉 우리가 그 전날 밤에 그만 두었던 그 지점에서 그 다음 날 밤에 다시 이어서 꿈을 꾸기 시작한다면, 과연 우리가 상이한 두 세계에 살고 있다고 망상하지 않을지 어떨지를
B82 알지 못하겠다. — 꿈꾸는 것은 의사에 의거한 신체의 운동들, 곧 근육 운동들이 정지해 있는 동안 의사 없이 지어내지는 사건들에 관계하는 정동들을 통해서 생명력을 활기 있게 하기 위한 자연의 현명한 장치이다.
VII176 — 다만 사람들은 꿈에서 일어나는 것들을 불가시적인 세계에서의 계시로 받아들여서는 안 된다.

B.
연상의 감성적 창작능력에 대하여

A82 **연합**의 법칙인즉 서로 자주 잇따르는 경험적 표상들은 한 표상이 산출될 때 또 다른 표상도 발생시키는 습관을 마음 안에 생기도록 한다는 것이다. — 이에 대한 생리학적 설명을 요구하는 것은 쓸데없는 일이다. 사람들은 이를 위해 어떤 종류의[248] 한 가정 — 그 자신 다시금 창작한 것인 바 — 을 이용할 수도 있다. **데카르트**가 뇌수 안에 이른바 물질적 관념들이 있다고 가정한 것처럼 말이다.[249] 그와 같은 설명은 적어도 **실용적**이

248) B판 추가.

지 않다. 다시 말해 사람들은 그러한 설명을 어떤 기술의 실행에도 쓸 수 가 없다. 왜냐하면 우리는 뇌수에 대해서도 그리고 그 안에서 표상들로부터의 인상들의 흔적들이 서로 (적어도 간접적으로) 이를테면 접촉하면서 공감적으로 서로 일치하는 지점들에 대해서도 아는 바가 없으니 말이다.

이러한 근접 관계는 자주 매우 멀리까지 나간다. 그리고 상상력은 수백 번째에서부터 수천 번째까지도 흔히 매우 빠르게 나아가, 사람들은 그 표상들의 연쇄에서 어떤 중간항들은 아예 뛰어넘어가는 것처럼 보인다. 사람들이 단지 그것들을 의식하지 못한 것뿐인데도 말이다. 그래서 B83
사람들은 자주 자문할 수밖에 없다: 나는 어디에 있었는가? 나는 어디에서부터 나의 말을 시작했으며, 어떻게 해서 이 종점에 도달했는가?※

※ 그래서 사교적 담론을 개시하는 이는 그에 가까이 있고 현전하는 것에서부터 시작해서 점차 더 멀리 있는 것으로, 그것이 흥미를 줄 수 있는 한에서 끌 A83
고 가야만 한다. 나쁜 날씨는 거리에서 와 상호 담소를 나누기 위해 모인 사교 모임에 들어서는 이에게는 훌륭한 통상적인 도움 수단이다.[250] [251]왜냐하면 사람이 방 안에 들어설 때 방금 신문에 실린 터키에서의 소식으로 시작하는 것은 무엇이 그로 하여금 그렇게 하도록 했는지를 알지 못하는 다른 이들의 상상력에 폭력을 가하는 것이기 때문이다. 마음은 사상의 전달을 위해 어떤 질서를 요구하거니와, 그런 경우 설교에서 그렇듯이 담론에서도 서론적 표상이나 시작은 매우 중요하다.

249) Descartes, *Les Passions de l'Ame*, Art. XLII 참조. 앞의 서론(BAV=VII119)에서도 이에 관해 언급한 바 있다.

250) 이 실례에 관해서는 위 A66=VII166의 칸트 원주 참조.

251) A판은 이 문장 앞에 다음과 같은 대목이 선행한다. "신참자가 그 사교 모임의 예상하지 못한 화려함에 당황해하면, 사람들은 '그가 북극성[지침]을 잃어버렸다'고 말한다. 다시 말해 그는 오직 그를 지금 지배하고 있는 나쁜 북풍에 대해서 (또는 그가 이탈리아인이면 시로코에 대해서) 이야기를 시작할 수 있었을 것이다." 이 대목의 의미 연관에 대해서는 위 A66=VII166의 칸트 원주와 역주 참조.

C.
친화의 감성적 창작능력

나는 **친화**를 잡다한 것이 하나의 근거에서 유래함으로 인한 통합으로
A83 VII177 이해한다. — 사교적인 담소 모임에서 하나의 화제에서 전혀 이종적인
화제로의 비약은 모든 담소를 중단시키고 파괴하는 형식상 일종의 난센
스이다. 그 근거가 한낱 주관적일(다시 말해, 표상들이 이 사람에게서는 저
B84 사람에게서와는 다르게 연합될) 따름인 표상들의 경험적 연합이, 말하건대,
이 연합이 이런 것으로 오도한 것이다. — 한 화제가 고갈되고 짧은 멈춤
이 생길 때만, 누군가가 흥미로운 다른 화제를 내놓을 수 있다. 규칙 없
이 헤매 다니는 상상력은 무엇과도 객관적으로 연결되어 있지 않은 표상
들의 변전에 의해 머리를 혼란시키고, 그리하여 이런 종류의 사교 모임
에서 나온 사람에게는 그가 마치 꿈을 꾼 것 같은 기분이 들게 할 터이
A84 다. — 조용히 생각하는 때나 사상들을 전달하는 데서나 잡다한 것이 그
에 따라 배열되는 주제가 언제나 있기 마련이고, 그러니까 거기에는 지
성이 작동하기 마련이다. 그러나 여기서도 상상력의 유희는 그것에 소재
를 제공하는 감성의 법칙들을 따르는 바이며, 이 소재의 연합은 규칙의
의식 없이도 그 규칙에 **맞게** 그리고 또한 지성**에서** 도출된 것이 아니면
서도 지성에 **맞게** 이루어진다.

친화(親和)라는 말은 이 경우 화학에서 취한 것으로, 저 지성결합과 유비적인 교호작용을 상기시킨다. 그것은 종적으로 서로 다른, 물체적인, 긴밀하게 서로에게 작용하여 통일을 이루려고 하는 두 가지 소재의 교호작용을 말한다. 여기서 이 **통합**은 이질적인 두 소재의 통합을 통해서만 산출될 수 있는 속성들을 갖는 어떤 제3의 것을 낳는다. 지성과 감성은 그들의 이종성에도 불구하고 스스로 우리들의 인식을 낳기 위해서 자매결연을 한다. 그것은 마치 하나가 다른 하나를, 또는 둘이 하나의 공통

의 줄기를 그 근원으로 갖는 것인 양하다. 그럼에도 이러한 일은 있을 수 없는 것으로, 적어도 우리로서는 어떻게 이종적인 것이 동일한 뿌리에서 싹틀 수 있었는지[252]를 이해할 수 없다.※ B85

§29.[257] 그러나 상상력은 사람들이 자칭하는 것만큼 그렇게 창조적이 VII178
지는 못하다. 우리는 인간의 형태 이외의 어떤 다른 형태도 이성적 존재
자로서 적합한 것으로 생각할 수 없다. 그래서 조각가나 화가는 천사나 B86
신을 제작할 때에 항상 인간의 형태로 한다. 여느 다른 형상은 그에게는

※ 사람들은 앞의 두 종류[253]의 표상들의 합성을 (증대의) **수학적** 합성이라고, 그러나 세 번째[254]의 합성은 (산출의) **역학적** 합성이라고 부를 수 있겠다. 이 세 번째의 합성에 의해서는 (가령 화학에서 중성염〔中性鹽〕[255]과 같은) 전혀 새로운 사물이 생겨나온다. 힘들의 유동은 생명 없는 자연에서도 생명 있는
자연에서도, 영혼에서도 그리고 그와 똑같이 물체에서도 이종적인 것의 분열 A85
과 통합에 의거한다. 우리는 힘들의 작용들을 경험함으로써 힘들의 인식에 VII178
이르기는 하지만, 그러나 그 최상의 원인과 힘들의 소재가 분해될 수 있는 단순한 구성요소들은 우리로서는 도달할 수 없는 것이다. ― ― 우리가 알고 있는 모든 유기체들이 자기의 종〔種〕을 오직 양성〔兩性〕― 사람들이 암수라고 부르는 바 ― 의 통합에 의해서만 번식시켜가는[256] 그 원인은 대체 무엇일까? 그럼에도 사람들은, 창조자가 한낱 신기롭게 하기 위하여, 그리고 단지 이 지상에 그에게 적의한 설비를 만들기 위해서, 이를테면 단지 유희를 했다고 볼 수는 없다. 오히려 양성이 세워지지 않았다면, 우리 지구의 물질에서 유기적 생물들을 번식을 통해 달리 발생시킨다는 것은 필시 **불가능한** 것으로 보인다. ― ― 인간의 이성이 여기서 그 유래를 천착하고자, 아니 단지 추정만이라도 하고자 시도하려 할 때, 인간 이성은 어떤 어둠 속에서 길을 잃어버리게 될까?

252) 『순수이성비판』, B29: "인간 인식의 두 줄기가 있는데, 그것들은 아마도 하나의 공통의, 그러나 우리에게 알려져 있지 않은 뿌리로부터 생겨난 것으로 **감성**과 **지성**이 바로 그것이다." 참조.

253) 곧 형성(A)과 연상/연합(B).

254) 곧 친화(C).

255) 강한 산과 강한 알칼리에서 생기는 정염(正鹽).

256) 칸트 원문 "fortgepflanzt"를 AA처럼 "fortpflanzen"으로 고쳐 읽음.

257) A판: "{A85}실례에 의한 해명. §24." AA: §32.

그의 이념에서 볼 때 이성적 존재의 구조와 합치 통합시킬 수 없는 (날개, 발톱, 발굽과 같은) 부분들을 포함하고 있는 것으로 보인다. 그 반면에 크기는 그가 원하는 대로 창작할 수 있다.

A86 인간의 상상력의 **강화**로 인한 착각은 흔히 멀리까지 나가, 그가 단지 머릿속에 가지고 있는 것을 자기 바깥에서 보고 느낀다고 믿는 데에 이른다. 그래서 심연 속을 들여다보는 사람이 떨어지지 않을 만큼 충분히 넓은 평지를 주위에 가지고 있고, 또는 심지어 단단한 난간을 붙잡고 서 있음에도 불구하고, 현기증이 그를 엄습한다. — 자의적으로 자신을 내던지려 하기까지 하는 내적 충동의 발작에 대한 몇몇 정신병자의 공포는 놀라운 것이다. — 역겨운 것을 다른 사람들이 즐기는(예컨대 퉁구스족이 자기 자식들의 코에서 콧물을 재빨리 빨아내어 삼키는) 광경을 보는 것은 보는 이로 하여금, **그 자신이** 그러한 것을 **즐기도록 강박된** 것과[258] 똑같게 역겨움을 일으킨다.[259]

스위스 사람들이 (그리고 내가 어느 경험 많은 장군에게 직접 들었던바, 베스트팔렌 사람들과 몇몇 지역의 폼메른 사람들이) 타지로 이주하게 될 때 그들을 엄습하는 **향수**(鄕愁)는 젊은 시절의 걱정 없었던 모습이나 이웃과의 **사교 모임**[260]의 모습을 회고함으로써 환기되었던, 그들이 아주 단순한 생
B87 의 기쁨을 향유했던 장소들에 대한 동경의 결과이다. 그들이 후에 그 장
VII179 소들을 방문하고 나면 그들의 기대는 아주 어긋나고 그래서 〔그들의 향수가〕 치유마저 됨을 알게 된다. 그들은 그곳의 모든 것이 아주 변했다고 생각하나, 사실은 그들이 그들의 젊음을 다시금 되돌릴 수 없기 때문에 그런 것이기는 하지만 말이다. 이때 주목할 것은, 이 향수가 돈벌이에 몰

258) A판: "그가 그러한 것을 스스로 하려고 했던 것과."
259) A판에는 앞에서(B78=VII173) 보았던 한 단락이 여기에서 이어진다.
260) A판: "사교."

두해 있고 '잘 지내는 곳이 祖國/故鄕'[261]이라는 말을 표어로 삼고 있는 이들보다는 **돈이 없는**, 그 대신에 형제와 종형제 관계의 유대가 있는 지방의 시골사람들을 더 많이 엄습한다는 사실이다.

이런저런 사람이 악인이라는 말을 전에 들었다면, 사람들은 그의 얼굴에서 간계를 읽을 수 있다고 믿는다. 여기서 특히 정동〔격정〕과 열정이 덧붙여지면 창작이 경험과 뒤섞여 하나의 감각이 된다. **엘베티우스**에 의하면 어떤 부인이 망원경을 통해 달에서 두 연인의 그림자를 보았다.[262] 그런데 나중에 망원경을 통해 관찰한 목사는 "아닙니다. 부인. 그것은 중앙교회에 있는 두 종탑입니다."라고 말했다 한다.[263]

사람들은 이 모든 것들에다 또한 상상력의 공감에 의한 작용들을 덧붙 A88
일 수 있다. 경련이나 심한 경우 간질 증상을 보이는 사람을 목격하는 것
은 비슷한 발작적인 운동을 일으키도록 자극한다. 그것은 타인들이 하
품하면 그들과 함께 하품하게 되는 것과 마찬가지이다. 그리고 **미카엘
리스**[264] 씨가 예로 들고 있는바, 북아메리카의 군대에서 한 남자가 격렬
한 광란에 빠졌을 때, 곁에서 그를 목격한 두세 명도 갑작스레 동일한 상
태에 빠졌다는 것이다. 비록 이러한 발작이 단지 일시적인 것이기는 했 B88
다 하여도 말이다. 그래서 신경이 약한 이(우울증 환자)들에게는 호기심으
로 정신병원을 방문하는 것을 권해서는 안 된다. 대부분 그들은 이러한
일을 스스로도 피한다. 왜냐하면 그들은 자기의 머리를 두려워하기 때문

261) 원문: 〔ibi〕 patria ubi bene.

262) Claude Adrien Helvétius, *De l'esprit*, Durand, Paris 1758, Disc. I, cap. 2 참조.

263) 이 예를 칸트는 초기 논고 "Versuch über die Krankheiten des Kopfes"에서도 들고 있다.(AA II, 265~266 참조)

264) Christian Friedrich Michaelis(1727~1804). 칸트 당대의 Cassel 대학 교수, 의사. 여기서 인용된 사례는 그의 저술 *Medicinisch-praktische Bibliothek*, Bd. 1, 1. St. Göttingen 1785, S. 114~117 참조.

이다. — 주지하는바, 활달한 사람들은 누군가가 그들에게 무엇인가를 정동(격정)적으로, 특히 자신에게 일어났던 일을 화를 내면서 이야기하면, 강하게 주목하는 경우에는 그에 맞춰 얼굴을 찌푸리고, 저 사람의 정동(격정)에 맞는 표정을 자신도 모르게 짓게 된다. — 또한 모두가 인지하는 바이거니와, 사이가 좋은 부부는 점차로 용모가 비슷해지며, 그 이유가 그들이 이러한 비슷함 때문에 — 類似한 者는 類似한 者를 무척 좋아한다 — 서로 결혼했던 것이라고 해석된다. 그럼에도 이것은 맞지 않다. 왜냐하면 자연은 오히려 양성의 본능에서 서로 사랑에 빠질 주체들의 상이성을 부추겨서, 자연이 그들의 배아에 심어놓았던 모든 다양성이 전개되도록 하기 때문이다. 그러니 그런 것이 아니라, 그들이 오직 그들 간의 담소 중에서 서로 밀착하여 자주 그리고 오래 서로의 눈을 바라본 신뢰
VII180 A89 와 애착이 공감적이고 비슷한 표정을 낳는 것이다. 그러한 표정들이 고착이 되면, 마침내는 일정한 용모로 이행해가는 것이다.

끝으로 사람들은 **공상**이라고 부를 수도 있는 생산적 상상력의 비의도적인 유희에 또한 악의 없는 **거짓말**로의 성벽을 포함시킬 수도 있는데, 이러한 성벽은 어린아이들에게서는 **늘** 마주치는 바이며, 성인들에게서는, 그렇지 않다면 선량한 성인들에게서는, **때때로** 마주치며, 그럴 때는
B89 거의 유전적 질병처럼 보인다. 이러한 경우에 이야기에서의 사건들과 사칭된 모험들은 내려떨어지는 눈사태처럼 커져 상상력에서 유출되어 나오거니와, 그것은 순전히 재미있게 만드는 것 외에 다른 어떤 이익도 의도하고 있지 않은 것이다. **셰익스피어**에서 기사 존 팔스태프가 아마포의를 입은 두 남자를 그의 이야기를 마치기 전에 다섯 명으로 만들었듯이 말이다.[265] —

---

265) William Shakespeare, *The History of Henrie the Fourth, Part I*(1597), II, iv 참조. 그런데 셰익스피어 극본에서는 다섯 명이 아니고 그 수효가 넷, 일곱, 아홉, 열하나로 증가한다.

§30.[266] 상상력은 감관보다 표상이 더 풍부하고 다산적이기 때문에, 만약 열정이 덧붙여지면 상상력은 대상이 현전함으로써보다는 부재함으로써 더 많이 활성화된다. 한동안 산만하여 지워진 것처럼 보였던 것의 표상을 다시금 마음에 되살리는 어떤 것이 생겨날 때가 그러하다. — 거친 무사였으되 고귀한 인사였던 어떤 독일 군주가 자기 성 아래에 거주하는 어떤 평민 여성에 빠져드는 자기의 사랑의 마음을 떨쳐버리기 위해서 이탈리아 여행을 떠났다. 그러나 그가 여행에서 돌아와 그녀의 거처를 처 A90
음 보자마자 그것은 지속적인 교제를 한 것보다도 더 강렬하게 상상력을 일깨웠고, 그리하여 그는 더 이상의 주저 없이 결혼의 결단을 내렸고, 다행히 기대대로 이루어졌다.[267] — 창작적인 상상력의 결과인 이러한 병은 **혼인**에 의하지 않고서는 치유될 수가 없다. 왜냐하면 혼인이 진리이기 때문이다.(假面은 벗겨져나가고, 實相은 남아 드러난다.[268] — **루크레티우스**)

창작적인 상상력은, 비록 순전히 내감의 현상들로서는 아니지만 외감
들과의 유비에 따라, 우리 자신과의 일종의 교제를 튼다. 밤은 창작적 상 B90
상력을 활성화하며, 상상력을 그 현실적인 내용 이상으로 높인다. 그것은 마치 달이 저녁 시간에는 하늘에 큰 형상을 만들지만, 밝은 대낮에는 단지 의미 없는 한 조각 구름처럼 보일 뿐인 것과 같다. 밤의 고요함 속에서 야간학습을 하거나, 또 자기의 상상의 적과 싸우거나, 아니면 자기의 방을 빙빙 걸으면서 사상누각을 짓는 자 안에서 상상력은 공상에 빠진다. 그러나 그때 그에게 중요한 것으로 보인 모든 것도 밤에 잠을 자고 난 다음 날 아침이면 그 전체 중요성을 잃는다. 그러나 아마도 그는 시간

266) A판: "상상력의 유희를 활성화하고 억제하는 수단들에 대하여. §25." AA: §33.

267) 프로이센 군 최고사령관이자 군대개혁가인 Leopold I., Fürst von Anhalt-Dessau(1676~1747)의 결혼 이야기. 그는 당초 양가의 반대에도 불구하고 1698년에 약국집 딸 Anna Luise Föhse(1677~1745)와 혼인하였고, 매우 성공적인 결혼생활을 하였다.

268) 원문: eripitur persona, manet res. Lucretius, *De rerum natura*, III, 58.

VII181 이 지남에 따라 이 나쁜 습관으로 마음의 힘들의 피로를 느낄 것이다. 그래서 일찍 일어나기 위해서 일찍 잠자리에 듦으로써 상상력을 억제하는 것은 심리학적 섭생에 속하는 매우 유용한 규칙이다. 그런데도 규중 부인들이나 우울증 환자들은 그와 반대되는 태도를 더 좋아한다. (통상 이들은 바로 그렇기 때문에 그들의 병을 얻는 것이다.) — 아침에 일어나자마자
A91 누구에게나 황당무계하고, 담화에도 전혀 어울리지 않을 유령이야기를 왜 한밤중에는 들어야 할 것인가? 그에 반해 사람들이 그런 자리에서 묻는 것은, 가정에서 또는 공동체에서 어떤 새로운 일이 일어났는지, 또는 그가 어제 하던 일을 계속하는지 하는 것이다. 그러한 이유인즉, 그 자체가 한낱 **유희**〔**놀이**〕인 것은 낮 동안에 고갈된 힘들의 이완에 알맞은 것이고, 반면에 **업무**라는 것은 밤의 휴식을 통해 강화되고, 이를테면 새롭게 태어난 사람에게 알맞은 것이기 때문이다.

B91 상상력의 과오(缺點)는 그것의 창작에 한갓 **고삐가 없다**거나 전혀 **규칙이**〔**규제가**〕 **없다**(放恣 或 倒錯的이다)는 점이다. 후자의 과실은 최악이다. 전자의 창작들은 그래도 가능한 (우화의) 세계에서라도 그 자리를 발견할 수 있을 것이다. 그러나 후자의 것들은 전혀 어떤 세계에서도 발견할 수가 없다. 왜냐하면 그것은 자기모순적이기 때문이다. — 리비아의 사막 랏셈[269]에서 종종 마주치는 돌로 조각된 인간과 동물의 형상들을 아라비아인들이 전율 없이 볼 수 없는 것은, 그들은 그것들을 저주에 의해 화석화한 인간으로 여기기 때문인데, 이런 일은 첫 번째 종류의 상상력, 곧 고삐 없는 상상력에 속한다. — 그러나 동일한 아라비아인들의 의견에 의하면, 이 동물들의 조각상들은 만상의 부활의 날에 예술가에게 호통을 치면서 그가 조각상들을 만들었으면서도 그것들에게 영혼을 불어넣어

---

269) 리비아의 Darha 지방에 있는 Ras-Sem 유적. 아마도 칸트는 이에 대한 정보를 *Hamburgisches Magazin*, XIX(1757), S. 631~653: “Abhandlung von einer versteinerten Stadt in der Landschaft Tripoli in Afrika”에서 얻은 것 같다.

줄 수 없었음을 질책할 것이라는데, 이는 모순이다. — 고삐 없는 공상은 언제든 꺾일 수 있다. (**에스테**[270] 추기경이 그에게 헌정된 책을 건네받으면서 "아리오스토 선생, 아이고머니나 당신은 이 모든 허튼 것을 어디서 얻었습니까?"라고 물었던 그 시인의 공상처럼 말이다.) 공상은 풍부함이 넘친다. 그러 A92
나 규칙〔규제〕 없는 공상은 광기에 가까우니, 공상은 전적으로 인간을 가지고 놀며, 운 나쁜 자는 자기의 표상들의 진행을 전혀 자기 통제 아래에 두지 못한다.

그 밖에 정치적 기술자도 미적 기술자〔기예가〕와 똑같이 현실 대신에 그가 현혹할 줄 아는 상상에 의해 세상을 인도하고 통치할 수 있다. 예컨대 (영국 의회에서와 같은) 국민의 **자유**에 의해 또는 (프랑스의 국민회의에서와 같은) 계층의 자유와 평등에 의해서 말이다. 이런 것은 순전히 형식적 절차에만 있는 것이다.(世上은 속기를 바란다.) 그러나 인간성을 고상하게 VII182 B92
하는 이러한 선을 소유하고 있다는 가상을 가지고 있는 것만으로도 이러한 선을 명백히 박탈당했다고 느끼는 것보다는 훨씬 좋은 것이다.

과거의 것과 장래의 것을 상상력에 의해 현전화하는 능력에 대하여

§31.[271] 과거의 것을 고의적으로 **현전화하는 능력**은 **상기능력**이다. 그리고

270) Ippolito I. d'Este(1479~1520). 이탈리아 Ferrara의 영주 가문 출신의 추기경. 14세(1493)에 추기경 서품을 받았으며, 17세에 밀라노 대주교에 임명되었다. 르네상스 시대 인문주의자 Ludovico Ariosto(1474~1533)는 당대 이탈리아 문학의 대표작으로 꼽히는 그의 운문 서사시 『광란의 오를란도(*Orlando furioso*)』(1516, 1521, 1532)를 에스테 추기경에게 헌정하였다.

271) A판: "§26." AA: §34.

무엇인가를 미래적인 것으로 표상하는 능력은 **예견능력**이다. 이 둘은,[272] 그것들이 감성적인 한에서, 주관의 과거나 장래 상태의 표상들을 현재의 상태와 **연합**하는 것에 기초하며, 비록 그 자체가 지각들은 아니지만, **시간상에서** 지각들을 연결시키는 데에, 즉 **더 이상 있지 않은** 것을 **아직 있지 않은** 것과 **현재 있는** 것을 통해 하나의 맥락 있는 경험 안에서 연결시키는 데에 쓰인다. 이것들을 일컬어 회상과 예상(이러한 표현이 허용된다면)의 **상기능력**과 **예기**(豫期)**능력**이라고 한다. 사람들은 이 경우 자기의
A93 표상들을 과거의 상태나 장래의 상태에서 마주쳤을 것으로 의식하고 있으니 말이다.

A.
기억에 대하여

기억이 순전히 재생적인 상상력과 구별되는 것은 이전의 표상을 **자의적으로** 재생할 수가 있고, 그러므로 마음은 상상력의 한갓된 유희가 아
B93 니라는 점에서이다. 공상, 다시 말해 창조적 상상력은 이 안에 섞여 들어와서는 안 된다. 무릇 그렇게 되면 기억은 **불충실한** 것이 될 것이기 때문이다. — 무엇인가를 이내 기억 속에 **붙잡아두고**, 그것을 쉽사리 **생각해내고**, 오랫동안 **보존하는 것**은 기억의 형식적 완전성이다. 그러나 이러한 속성들은 드물게만 공존한다. 누군가가 무엇인가를 기억 중에 가지고 있다고 믿으면서도 그것을 의식에 가져올 수 없다면, 그는 그것을 **떠올릴**[273] 수 없다고 말한다.(떠올려질[274] 수 없다고 말하는 것이 아니다. 왜냐하면 그것은 의식할 수 없다는 것과 같은 의미이기 때문이다.) 이런 경우에 노력은, 사람들이 그래도 그것을 떠올려보려고 애를 쓰면, 아주 골치 아프게 한

272) A판: "그것들은, 이때 이것들의 작용이 고의적이면, 상기능력과 예견능력이며,"
273) 원어: entsinnen.
274) 원어: sich entsinnen.

다. 할 수 있는 최선의 것은, 한동안 딴 생각들로 마음을 분산시키고, 때때로 단지 잠시 잠깐만 그 객체를 돌이켜보는 것이다. 그때[275] 사람들은 VII183
보통은 그 표상을 불러내는 연합된 표상들 중 하나를 불현듯 알아차리게 된다.

방법적으로 무엇인가를 기억 속에 붙잡아 둠(記憶에 刻印시킴[276])은 **기억함**[277]이라고 일컫는다. (그것은 자기가 장래에 해야 할 설교를 순전히 외우기만 하는 목사에 대해 세인이 말하는 바처럼, **학습함**[278]이 아니다.) — 이러한 A94
기억함은 **기계적**이거나 **기교적**이거나 또한 **판별적**인 것일 수 있다. 첫 번째 것은 순전히 빈번한 문자적인 반복에 의거한다. 예컨대 구구단 표를 습득하는 경우처럼 말이다. 이런 경우 배우는 자는 구하는 것에 이르기 위해서 관용적인 순서대로 잇따라 있는 말들의 전 계열을 통해 나가야만 한다. 예컨대 생도가 "3 곱하기 7은 얼마인가"라는 질문을 받으면, 그는 3 곱하기 3에서 시작해서 아마도 21에 이를 것이다. 그러나 사람들 B94
이 그에게 "7 곱하기 3은 얼마인가"를 물으면, 그는 곧바로 생각해낼 수 없을 것이고, 그 숫자들을 거꾸로 바꿔서 익숙한 순서로 놓지 않으면 안 된다. 만약 습득된 것이 의식(儀式)적인 공식이고, 그 가운데서 어떤 표현도 변경될 수 없고, 사람들이 말하듯이, 기계적으로 암송해야만 하는 것이라면, 아마 가장 좋은 기억을 가진 사람들도 기억에 의존하는 것에 두려움을 가질 것이고, (이럴 경우 이러한 공포 자체가 사람들을 착오에 빠지게[279] 할 수도 있으며) 그래서 사람들은 이런 것은, 숙련된 목사가 그렇게 하듯이, **써서 보고 읽는 것**이 필요하다고 여긴다. 왜냐하면 이런 경우에는 말을 조금이라도 변경하면 우스꽝스러워질 수 있기 때문이다.

---

275) A판: "무릇."
276) 원어: memoriae mandare.
277) 원어: memorieren.
278) 원어: studieren.
279) A판: "잘못을 저지르게."

기교적 기억함은 어떤 표상들을[280] 자체로는(즉 지성에 대해서는) 서로
아무런 근친성도 갖지 않는 부차적 표상들과[281] 연합시킴으로써 기억에
새기는[282] 방법이다. 예컨대 어떤 말의 발음을 그 말과는 전적으로 이종적
인 것이나 그 발음에 대응할 형상들과 연합시킴으로써 말이다. 이런 경우
사람들은 어떤 것을 더 쉽게 기억에 붙잡아두기 위해서 더 많은 부차적
표상들을 가지고서 기억에 부담을 지운다. 따라서 〔이런 일은〕 동일한 개
념 아래에 함께 속할 수 없는 것을 짝짓는 상상력의 무규칙적인 수행 방식
A95 으로서[283] **이치에 맞지 않는** 것이다. 그리고 〔그것은〕 동시에 수단과 의도
사이의 모순이다.[284] 기억의 일을 쉽게 하고자 하면서, 그러나 실제로는 기억
에 불필요한 짐을 지우는, 전혀 상관없는 표상들을 연합함으로써 그 일을 더
B95 어렵게 만드는 것이니[285] 말이다.※ 익살꾼들이 성실한 기억을 갖는 일이 드

※ 그래서 그림성서와 같이 그림 그려진 안내서나 심지어는 그림으로 설명된 **법**
B95 **령집론**은 자기의 생도들을 그들의 실재보다도 더 유치하게 만들기 위한 유치
한 교사의 시각적인 상자이다. 후자에 대해서는 그런 방식으로 기억에 맡겨
VII184 진 법령집의 표제 '自權 相續人들과 法定 相續人들에 對하여[286]'가 실례가 될
수 있다. 여기서 첫째 낱말〔相續人〕[287]은 맹꽁이자물쇠가 채워진 상자에 의
해, 둘째 낱말〔自權의〕은 돼지[288]에 의해, 셋째 낱말〔法定의〕[289]은 모세〔십계
명〕의 두 석판에 의해 감각적으로 구상화되었다.

---

280) B판 추가.

281) A판: "표상들을."

282) A판: "예컨대 어떤 말의 발음의 유사성에 의해, 그 발음에 대응할 형상들의 전적인 이종성에도 불구하고, 서로를 상기를 위해 연결시키는."

283) A판: "무규칙적인 상상력으로서."

284) A판: "의도의 자기 자신과의 모순이다."

285) A판: "상기해낼 수 있는 어려움을 감소시키기 위한 가짜 수단을 그때마다 상기해내기 위해 두뇌 안에 담아두어야 할 것을 증대시키는 것이니."

286) 원문: de heredibus suis et legitimis.

287) 원문의 어순대로 하면 '상속인들(heredes)'을 지칭.

288) 원문의 어순대로 하면 '자권의/자기의(sui)'를 지칭하는데, 이 낱말은 라틴어로 '돼지의(suinus)'와 발음상 유사하다.

289) 원문의 어순대로 하면 '법정의/법적인(legitimi)'을 지칭.

물다(才幹꾼들이 信實한 記憶을 갖는 일은 別로 없다)는 것은 저러한 현상을 VII184
설명해주는 것이다.

판별적 기억함은 생각 속에 있는 어떤 체계의(예컨대 **린네**[290]의) **구분**표의 기억에 다름 아니다. 이런 경우에는 사람들이 어떤 무엇인가를 잊었다고 하면, 간직하고 있었던 항목들을, 또는 눈에 잘 보이게 만들어진 전체의 **분할들**(예컨대 지도상 어떤 나라의 북방, 서방 등에 놓인 지방들)을 열거해봄으로써 다시 되살릴 수 있다. 왜냐하면 기억을 위해 사람들은 지성을 사용하기도 하는데, 지성은 상상력과 교호적으로 도움을 주고받기 때문이다. 대개 **위치론**〔**장소론**〕[291], 다시 말해 **공통 자리**〔공통 표제〕**들**[292]이
라고 불리는 보편적 개념들을 위한 골조는, 사람들이 도서관에서 도서에 A96
여러 가지 표제를 붙여 서가에 배분할 **때와** 같은[293] 분류〔체계〕를 통해 상기를 용이하게 한다.

일반론으로서 **기억술**(記憶術)이라는 것은 없다. 기억술에 속하는 특수한 기법들 중에는 시구〔詩句〕들 속의 잠언들(記憶詩)이 있다. 왜냐하면 운율은 기억의 기제에 매우 유리함을 주는[294] 규칙적인 억양을 포함하고 있
기 때문이다. — **미란돌라의 피코**[295], **스칼리저**[296], **앙겔로 폴리치아노**[297], B96
마글리아베치[298] 등과 같은 기억의 귀재들, 학문들을 위한 재료들로 백

---

290) Carl von Linné〔Carl Nilsson Linnæus〕(1707~1778). 스웨덴의 식물학자로 『자연의 체계(*Systema Naturae*)』(1735, [10]1758)에서 이명법(二名法, binominal nomenclature)을 제안함으로써 생물분류법의 기초를 세웠다.

291) 칸트의 '초월적 위치론'과 그에 비교되는 '아리스토텔레스의 논리적 위치론'에 대한 칸트의 평가에 대해서는 『순수이성비판』, A268=B324 이하 참조.

292) 원어: Gemeinplätze. "共通 表題(locus communis)"에 관해서는 『윤리형이상학』(*MS, RL*, B161=VI357) 참조.

293) A판: "배분**하는** 것 같은."

294) A판: "유리한."

295) Giovanni Pico della Mirandola(1463~1494). 이탈리아의 철학자겸 인문학자.

296) Julius Caesar Scaliger(1484~1558). 프랑스의 고전학자.

297) Angelo Poliziano(1454~1494). 이탈리아의 시인, 문헌학자, 인문학자.

마리의 낙타에 실을 정도의 서책을 자기의 머릿속에 지고 있는 박식가들에 대해 사람들은, 그들이 설혹 이러한 모든 지식들을 합목적적으로 사용하기 위한 선별하는 능력에 알맞은 **판단력**을 보유하고 있지 못했다고 하더라도, 경멸적으로 말해서는 안 된다. 무릇 설령 이들 재료들을 **판단력**을 가지고 가공하기 위해 다른 두뇌들이 뒤에 추가되어야 한다 할지라도, 원재료를 풍부하게 공급하는 것만으로도 이미 충분한 공적이니 말이다.(우리는 우리가 記憶하는 그만큼 알고 있다.[299]) 고대인 중 한 이는 "쓰는 기술이 기억을 파멸시켰다(부분적으로 없어도 되게 만들었다.)"[300]고 말했거니와, 이 명제에는 무엇인가 진리가 있다. 왜냐하면 보통 사람에게는 그에게 부과되는 잡다한 것을 순번대로 실시하거나 생각해내기 위해 보통은 그것을 한 줄로 꿰어 가지는 것이 더 좋기 때문이다. 바로 이런 경우
VII185 기억은 기계적이며, 무엇을 꾸며 넣어 섞지 않기 때문이다. 이에 반해 많은 다른 종류의 부차적 사상들이 머릿속을 지나가는 학자에게서는 그에
A97 게 위탁된 업무나 또는 가정의 일들 중 많은 것이 분산됨으로써 달아나 버린다. 왜냐하면 그는 그러한 일들을 충분히 주의하여 파악하지 못했기 때문이다. 그러나 호주머니 속에 수첩을 가지고서 확실하게 하는 것은, 머릿속에 간직하기 위해 적어놓았던 모든 것을 아주 정확하게 그리고 수고 없이 재발견하기 위해서 그야말로 대단히 편리한 것이고,[301] 쓰는 기술은 언제나[302] 하나의 훌륭한 기술이다. 이 기술이 비록 자기의 앎을 타인들에게 전달하기 위해 사용되지 않는다 할지라도, 그것은 가장 광범하고
B97 가장 신뢰할 수 있는 기억을 대신하여, 그 결함을 보충해줄 수 있기 때문이다.

---

298) Antonio Magliabecchi(1633~1714). 이탈리아의 저명한 사서이자 도서 수집가.

299) 원문: tantum scimus, quantum memoria tenemus.

300) Platon, *Phaidros*, 275a에서 Sokrates가 하는 이와 같은 요지의 말을 볼 수 있다.

301) B판 추가.

302) B판 추가.

이에 반해 **건망증**(健忘症)은, 머리를 아무리 자주 채워도 구멍 뚫린 독처럼 언제나 텅 비는 경우로서, 그만큼 더 큰 화(禍)이다. 이 화(禍)가 때로는 죄가 될 것은 없다. 젊은 시절의 사건들을 아주 잘 상기할 수 있으면서도 최근에 지나간 일들은 늘 잊어버리는 노인들의 경우처럼 말이다. 그러나 건망증은 흔히 습성적인 산만의 결과이며, 이런 일은 특히 소설을 애독하는 여성들에게 일어나곤 한다. 왜냐하면 이러한 독서에서는 사람들이 그것이 한낱 허구라는 것을 알면서 그 순간을 즐기고자 의도하고 있으며, 그러므로 여기서 그 여성 독자는 독서 중에서 그의 상상력이 가는 대로 창작을 하는 온전한 자유를 가지고 있고, 이런 일은 자연스레 주의를 산만하게 하여, **방심**(즉 현전하는 것에 대한 주의의 결여)을 습성적으로 만들므로, 그로 인해 기억은 불가피하게 약화될 수밖에 없기 때문이다. — 시간을 죽이고, 자신을 세상에 대해 쓸모없게 만들고, 그러면서도 나중에는 인생이 짧다고 한탄하게 되는 이러한 시행은 그 기술에 있어서, 그것이 만들어내는 공상적인 심정은 도외시하고라도, 기억에 대해서 A98
는 가장 적대적인 침해 중의 하나이다.

B. B98
예견능력(豫見)에 대하여

§32.[303] 이러한 능력을 소유하고 있음은 다른 어떤 능력보다도 더 흥미롭다. 왜냐하면 그것은 모든 가능한 실천의 조건이자, 인간이 자기의 힘들의 사용을 그에 관계시키는 목적들의 조건이기 때문이다. 모든 욕구함은 이러한 조건에 의해 가능한 것에 대한 (회의적인 또는 확실한) 예견을 함유하고 있다. 과거적인 것에 대한 회고(상기)는 그를 통해 장래의 것에 대한 예견을 가능하게 하기 위한 의도에서만 일어난다. 우리는 무엇을 VII186

303) B판 추가. AA: §35.

결심하거나 각오하기 위해서는 현재의 입장에서 자신을 둘러보는 것이니 말이다.

경험적 예견은 **비슷한 경우들을 기대**(類似 境遇의 期待)하는 것이며, 원인과 결과들에 대한 이성적 앎을 필요로 하지 않고, 그것들이 통상 어떻게 서로 잇따르는가 하는 관찰된 사건들의 상기만을 필요로 한다. 그 점에서 반복된 경험들은 숙련을 낳는다. 바람과 날씨가 어떻게 될 것인가는 선원과 농부에게는 큰 관심거리이다. 그러나 이 점에서 우리는 예보에서는 이른바 농민력(農民曆)의 것에 훨씬 미치지 못한다. 농민력의 예
A99 보들은 만약 그것들이 대략 적중하면 칭찬을 받으나, 맞지 않으면 잊혀
져서, 언제나 어느 정도는 신용을 얻는다. — 사람들이 대체로 믿는 바이
B99 거니와, 섭리는 날씨의 유희를 의도적으로 간파할 수 없게 얽어놓아서,
사람들이 각 때에 그에 필요한 채비를 하기 쉽게 두지 않고, 모든 경우에 준비를 하기 위해서는 지성을 사용할 필요가 있게끔 했다.

되는대로 (선견도 없고 걱정도 없이) 살아감은 인간의 지성에게는 결코 명예로운 것이 아니다. 그것은 마치 아침에 자기의 해먹을 팔고나서 저녁에는 자기가 밤에 어떻게 자야 할지를 몰라 당혹해하는 카리브인의 경우나 마찬가지이다. 그렇기는 하지만 그때 도덕성에 반하는 어떠한 과실도 일어나지 않는다면, 모든 사건들에 대해 무디어진 이가 언제나 비관적인 조망을 가지고 인생에서의 쾌감을 잃은 자보다는 한결 행복하다고 볼 수 있다. 그러나 인간만이 가질 수 있는 모든 조망들 가운데서, 그가 그의 현재의 도덕 상태에 의해 그 지속과 또한 더욱 개선된 상태로의 전진을 전망하게 되는 이유를 가진다면, 아마도 그러한 조망이 가장 위안이 되는 것이겠다. 그에 반해 인간이 이제부터 새롭고 개선된 품행으로 나갈 것을 용감하게 결심한다 해도, 그는 스스로 자신에게 다음과 같이 말하지 않을 수 없다. "그럼에도 아마 이로부터 아무것도 이루어지지 않

을 것이다. 왜냐하면 너는 자주 이런 약속을 (뒤로 미루면서) 했지만, 언제나 이번만은 예외라는 핑계로 깨뜨렸으니 말이다."라고. 그래서 그것이 비슷한 경우들을 기대하는 우울한 상태이다.

그러나 우리의 자유의사의 사용이 관건이 아니라, 우리 위를 떠돌지도 A100
모르는 운명이 관건인 곳에서 미래에 대한 조망은 선감각〔先感覺〕, 다시 B100 VII187
말해 **예감**(豫感), 또는※ 예기(豫期)이다. 전자는 아직 현전하지 않은 것에 대한, 말하자면, 숨겨진 감을 의미하며, 후자는 잇따르는 사건들의 계기의 법칙(인과의 법칙)에 대한 반성을 통해 산출된, 장래의 것에 대한 의식을 의미한다.

사람들은 모든 예감이 환영이라는 것을 쉽게 안다. 무릇 사람들이 아직 있지도 않은 것을 어떻게 감각할 수 있겠는가? 그러나 그러한 인과관계의 불명료한 개념들에서 내려지는 판단들이 있다면, 그것은 선감각들이 아니며, 그러나 사람들은 그러한 판단들에 이르는 개념들을 전개시킬 수 있고, 어떻게 그러한 판단이 성립할 수 있는가를 설명할 수 있다. — 예감은 대부분 불안스러워하는 것이다. 공포의 대상이 무엇인지가 불명확한데도, **물리적** 원인들을 갖는 불안함이 먼저 일어나는 것이다. 그

※ 사람들은 근자에 무엇인가를 **예상하다**[304)]와 **예감하다**[305)]를 구별하고자 했다. 그러나 전자는 독일어 낱말이 아니며, 남는 것은 후자뿐이다. — **예감하다**는 **잊지 않다**와 같은 의미이다. '내가 그것을 **예감하다**' 함은 무엇인가가 나의 상기에 어슴푸레 떠오른다는 것을 말한다. '**무엇인가를 예감하다**' 함은 누군가의 행위를 악심을 가지고 잊지 않다(다시 말해 그 행위를 징벌하다)는 것을 의미한다. 그것은 언제나 동일한 개념이지만, 다르게 사용된다.

304) 원어: ahnen. 칸트는 이 낱말이 본디 독일어가 아니라 말하지만, 옛 독일어 'anen'에서 유래하는 것으로 보는 것이 통설이다.

305) 원어: ahnden. 이 낱말이 다른 활용에서는 '벌하다', '비난하다'를 뜻한다.

런가 하면 광신자들의 기쁘고도 대담한 예감들도 있으니, 이들은 인간이
A101 그것에 대해서 아무런 감관의 감수성을 가지고 있지 않은 어떤 비밀이
곧 노정된다는 낌새를 알아채고, 또한 영각자〔靈覺者〕로서 그들이 신비적
B101 인 직관 중에서 기대하고 있는 것의 선감각이 이내 벗겨져 드러남을 볼 것이라 믿는다.[306] — 산지〔山地〕 스코틀랜드인들의 제2의 시각도 이런 부류의 마력에 속하는 것이거니와, 그들 중 몇몇은 이것을 가지고서 저 멀리 배의 돛대에 매여 있는 자를 본다고 믿으며, 그들이 실제로 먼 거리의 항구에 들어왔을 때, 그자의 사망 소식을 들었다고 주장한다.

C.
예언자 재능(卜術 能力)에 대하여

§33.[307] 보통의 예언[308], 점〔占〕에 의한 예언[309], 신탁에 의한 예언[310]은 구별되거니와, **첫째**의 것은 경험법칙들에 따른(그러니까 자연적인) 예견**에 있고**[311], **둘째**의 것은 알려져 있는 경험법칙들에 반대되는(반자연적인) 것이고, 그런가 하면 **셋째**의 것은 자연과는 구별되는 어떤 원인의(초자연적인) 영감이거나 그런 것으로 여겨지는 것이라는 점에서 서로 구별된다.
VII188 이러한 영감의 역량은 신의 영향에서 초래되는 것처럼 보이기 때문에 본래적인 **예언능력**[312]이라고 불린다. (무릇 비본래적으로는 장래의 것에 대한 모든 명민한 추측도 예언이라고 불리니 말이다.)

---

306) Platon, *Symposium*, 210a 이하; *Phaidros*, 250c 참조.
307) B판 추가. AA: §36.
308) 원어: Vorhersagen.
309) 원어: Wahrsagen.
310) 원어: Weissagen.
311) AA: "예견이고."
312) 원어: Divinationsvermögen.

만약 누군가를 일컬어 "그는 이런저런 운명을 **예언한다.**"고 말한다면, 이것은 전적으로 자연적인 숙련성을 지시하는 것일 수 있다. 그러나 여기에서 초자연적인 통찰을 자칭하는 자에 대해서는 "그는 **점을 치고 있다.**" B102 A102
고 일컫지 않을 수 없다. 가령 손금을 보아 예언하는 것을 "**운성**〔運星〕**을 읽는다.**"고 말하는 힌두족 계통의 집시들, 또는 점성술사와 보물탐색가들이 그러한 자들이며, 이들에 연금술사들도 추가될 수 있다. 이들 모두 위에 우뚝 솟아 있는 자가 고대 그리스 델피 신전의 무녀이며, 우리 시대에는 시베리아의 누더기 걸친 무당이다. 로마인들의 새 점이나 희생동물의 창자 점에 의한 예언은 세상사의 과정에 숨겨져 있는 것을 알아내기보다는 그들의 종교상 그들이 순응하지 않으면 안 되었던 신들의 의지를 알아내기 위한 의도를 가졌던 것이다. — 그러나 어떻게 해서 시인들이 자신을 영감을 받은(또는 신들린) 자 그리고 예언자(先知者)로까지 생각하게 되었는지, 그리고 그들의 시인적 발작(詩人的 熱狂) 속에서 영감을 가지고 있다고 자찬할 수 있었는지는, 다음과 같은 사실에서만 설명될 수 있다. 즉 시인은 산문 작가와는 달리 주문받은 일을 여유롭게 마쳐가는 것이 아니라, 그를 엄습했던 내적인 심정의 바로 그 좋은 순간을 재빨리 잡아채지 않으면 안 되고, 그런 순간에 그에게 생생하고 힘찬 심상들과 감정들이 저절로 분출되며, 이때 시인은 말하자면 단지 수동적으로만 수행한다는 사실 말이다. 이미 옛말에도 있듯이, **천재**에게는 어느 정도의 광기가 섞여 있다. 맹목적으로 선택된, 유명한 (말하자면 영감에 의해 고취된) 시인들의 시구들에서 추정되는 신탁에 대한 믿음(**베르길리우스**의 託宣[313])도 이에 근거하고 있다. 하늘의 의지를 알아내기 위한, 근래의 신심 깊은 체하는 자들의 보물 상자 비슷한 수단도, 또 로마인들에게 국가의 운명을 예고했다지만, 유감스럽게도 로마인들이 인색하게 악용한 탓에 일부가[314] B103 A103
소실되어버린 『시빌레의 예언서』[315]의 해석도 같은 유의 것이다.

313) 베르길리우스의 시집 아무 곳이나 펼쳐 눈에 닿는 시구에 의해 치는 점괘.

한 민족의 바꿀 수 없는 운명을 예고하는 모든 신탁에 의한 예언들은, 그 운명이 그 민족 자신의 탓이며, 그러니까 **그 민족의 자유의사**에 의해 초래된 것이지만, 그 운명을 그 민족은 피해갈 수가 없는 것이기 때문에, 그것을 미리 아는 것이 **소용없다**는 점을 제외한다 하더라도, 그 자체 안에 이치에 맞지 않는 점을 가지고 있다. 즉 이러한 무조건적인 숙명(絶對的 決定) 안에서 어떤 **자유기제**가 생각되고 있으니, 이런 개념은 자기와

VII189 모순되는 것이다.

점에 의한 예언에서 이치에 맞지 않음 또는 기만의 극치는 아마도 다음과 같은 것이었다[316]. 즉 정신착란자가 (불가시적인 사물을) **보는 자**로 여겨져, 마치 그를 통해 오랫동안 신체의 집과 작별했던 영혼을 대신하는, 말하자면 하나의 영(靈)이 이야기하는 것처럼 여겨진다는 사실, 그리고 가련한 정신병자가 (또는 간질병자도) **신 내린 자**(신들린 자)로 통했다[317]는 사실, 그리고 그에게 들어 있는 신령이 선한 영으로 간주되면, 그리스인들에게서 그는 **신통자**(神通者)라고, 그 해석자는 **예언자**라고 일컬어졌다는 사실 말이다. — 장래의 일을 예견함은 자못 우리의 흥미를 끌지만, 지성에 의거해서 경험을 통해 그에 이를 수 있는 모든 단계를 뛰어넘어 장래의 일을 수중에 두기 위해서는 온갖 어리석은 짓이 빚어질 수밖에 없다. 오, 人間의 煩惱여!

---

314) B판 추가.

315) 나폴리 인근 Cumae의 무녀 Sibylle(기원전 520년경)의 예언집으로 로마의 집정관과 황제들이 국사를 처리할 때 참고하였다. 이 예언집은 당초에 9권이었는데, Sibylle가 이를 당시의 로마 왕 Lucius Tarquinius Superbus(기원전 ?~495. 재위: 기원전 534~509)에게 팔려 했으나 왕이 비싸다고 사지 않자, 그중 3권을 태워버리고 1년 후에 다시 6권을 팔려고 했으나, 왕이 다시 거절하자, 다시금 3권을 태워버린 후, 결국 남은 3권을 최초의 값으로 왕에 팔았다는 전설이 있다.

316) A판: "것이다."

317) A판: "통한다."

천체의 회전을 무한히 예고하는 천문학의 예언 학문처럼 그 밖의 분야에서는 그토록 확실하게 그리고 그토록 광범위하게 걸쳐 있는 예언 학문은 없다. B104 A104 그럼에도 이것이 신비설이 주장되지 못하도록 저지할 수 없었다. 신비설은 이성이 요구하는 것처럼 사건들에 의거해서 시대를 나누는 수를 만들려 하지 않고, 거꾸로 사건들을 모종의 수들[318]에 의거해 만들려 하며, 그래서 모든 역사의 필수적인 조건인 연대기 자체를 우화로 변환시켰다[319].

건강한 상태에서의 비자의적인 창작, 다시 말해 **꿈에 대하여**

§34.[320] **수면, 꿈, 몽유병**—이에는 수면 중에 큰 소리로 말하는 것도 포함되거니와—의 자연적 성질이 무엇인지의 탐구는 **실용적** 인간학 분야 밖에 있다. 왜냐하면 이러한 현상으로부터는 꿈꾸는 상태에서의 어떠한 **태도**의 규칙들[321]도 도출할 수가 없기 때문이다. 이러한 규칙들은 꿈을 꾸려 하지 않거나 아무것도 생각하지 않고 잠만 자고자 하는 깨어 있는 이들에게만 타당한 것이니 말이다. 그리고 황제를 시해한 자기의 꿈을 그의 친구한테 이야기한 어떤 사람에게, 만약 그가 깨어 있을 때 그런 생각을 품고 있지 않았다면, 그런 꿈을 꾸었을 리 없다는 구실 아래, 사형 판결을 내렸던 저 그리스 황제의 심판은 경험에도 어긋나고 잔혹한 VII190 것이다. "우리가 깨어 있으면 우리는 하나의 공동의 세계를 갖는다. 그러나 우리가 잠을 자면 각자 자기 자신의 세계를 갖는다."[322] — 꿈꾸기는

318) AA: "모종의 신성한 수들."

319) A판: "변환시킨다."

320) A판: "§27." AA: §37.

321) A판: "규칙."

322) Herakleitos의 조각글로 알려져 있다. H. Diels, *Herakleitos von Ephesos*, 1901, Fragm. 89 참조. 그런데 칸트는 이와 유사한 말 "우리가 깨어 있으면 우리는 하나의

수면에 필연적으로 속하는 것으로 보여서, 만약에 꿈이 상상력에 의해서 내적 생명기관들을 비자의적이기는 하지만 자연스럽게 선동하는 것으로
B105 A105 추가되어 있지 않다면, 수면과 죽음은 한가지가 될 터이다. 그래서 나는 아주 잘 상기하거니와, 내가 소년시절에 놀이에 지쳐 잠이 들었을 때 물에 빠져 거의 익사할 정도로 빙글빙글 도는 꿈을 꾸다가 갑자기 잠에서 깼지만 이내 다시 더 편안하게 잠이 들었다. 추측하건대 이것은, 자의에 전적으로 의존해 있는 호흡작용에서 가슴근육의 활동이 이완되고, 그럼으로써 호흡작용이 지체됨과 함께 심장의 운동이 저지되지만, 그러나 그리하여 꿈의 상상력이 필시 다시 활동을 하게 되기 때문이다. — 이른바 **가위눌림**(惡夢)에서 꿈의 유익한 결과 역시 이에 속한다. 왜냐하면, 우리를 짓누르는 허깨비나 다른 상태로 들어가려는 모든 근력의 긴장에 대한 이러한 공포스러운 상상이 없다면 혈액의 정체가 신속하게 생명을 끝내버리고 말 터이기 때문이다. 바로 그 때문에 자연은 대부분의 꿈이 아주 곤란한 것들과 위험천만한 상황들을 함유하도록 꾸며놓은 것으로 보인다. 왜냐하면 모든 것이 원하고 의지하는 대로 진행될 때보다도, 이와 같은 표상들이 영혼의 힘들을 더 많이 자극하기 때문이다. 사람들은 제 발로 일어설 수 없다거나, 설교에서 말문이 막혀 헤맨다거나, 대집회에서 가발 대신에 깜박 잊고서 잠잘 때 쓰는 모자를 쓰고 있다거나, 또는 공중을 임의대로 이리저리 떠다닐 수 있다거나, 왜 그런지는 몰라도 기쁘
B106 A106 게 웃으면서 잠이 깬다거나 하는 꿈을 종종 꾼다. — 우리가 꿈속에서 아주 먼 과거 시절로 옮겨 가서 오래 전에 죽은 사람과 대화를 하고, 이것을 스스로는 하나의 꿈이라고 여기려 해보지만, 그럼에도 이 상상을 현실로 여길 수밖에 없다고 보는 일이 어떻게 일어나는지는 아마도 언제까지나 설명되지 못한 채로 남아 있을 것이다. 그렇더라도 꿈 없는 수면은 있을 수 없다는 것, 그리고 자기는 꿈을 꾸지 않았다고 망상하는 자라도

공동의 세계를 갖는다. 그러나 우리가 꿈을 꾸면 각자 자기 자신의 세계를 갖는다."를 Aristoteles가 한 말이라면서 『시령자의 꿈』에서도 인용하고 있다.(*TG*: II, 342 참조)

단지 자기의 꿈을 잊어버린 것이라는 사실은 확실한 것으로 받아들일 수 있다.

표시능력(表示能力)에 대하여

VII191

§35.[323] 예견한 것의 표상을 과거의 것에 대한 표상과 연결하는 수단으로서, 현전하는 것을 인식하는 능력이 **표시능력**이다. — 이 연결을 생기게 하는 마음의 작용이 **표시**(表示)이며, 이것을 또한 기호화라고 부르기도 하는데, 그중 보다 큰 정도의 것을 **특기**(特記)라고 부른다.

사물들의 형태들(직관들)은, 그것들이 단지 개념들에 의한 표상의 수단들로만 쓰이는 한에서는 **상징들**이며, 이 상징들에 의한 인식은 상징적 또는 **형상적**(形象的)[324]이라 일컬어진다. — **문자들**[325]은 아직 상징들이 아니다. 왜냐하면 그것들 역시 한낱 매개적인(간접적인) 기호일 수 있을 따름이며, 그 자체로는 아무것도 의미하지 않고, 단지 직관들과 어울려서 그리고 직관들을 통해 개념들에 이르는 것이기 때문이다. 그래서 **상징적**인 인식은 **직관적** 인식에 대립해 있는 것이 아니라, **논변적** 인식에 대립해 있는 것이 틀림없다. 논변적 인식에서 기호(문자)는 그때그때 개념을 재생하기 위해서 개념에 단지 파수꾼(把守꾼)으로서 수반하는 것일 따름이다. 그러므로 상징적 인식은 직관적(즉 감성적 직관에 의한) 인식에 대립해 있는 것이 아니라 지성적(즉 개념들에 의한) 인식에 대립해 있다. 상징들은 한낱 지성의 수단이다. 그러나 단지 간접적인 것, 즉 어떤 대상을 현시함으로써 지성의 개념에게 의미를 부여하기 위해서 그 개념이 적용 B107 A107

323) A판: "§28." AA: §38.

324) 『순수이성비판』에서 칸트는 선험적인 직관의 잡다를 형상화하여 종합하는 상상력의 작용을 "형상적 종합"(B151)이라고 일컫는다. 인간은 시간을 말하자면 하나의 '직선'으로 표상한다.

325) 원어: Charaktere.

될 수 있는, 모종의 직관들과의 **유비**에 의한 수단이다.

언제나 단지 상징적으로만 자기를 표현할 수 있는 자는 아직 거의 지성의 개념을 가지고 있지 못하다. 미개인들이(또한 때로 아직 야만적인 족속 가운데서 자칭 현자들이) 그들의 말 중에서 들려주는 생기 넘치는 표상에서의 매우 자주 경탄스러운 바도 〔실은〕 개념들의 빈곤, 그래서 개념들을 표현하는 말들의 빈곤 외에 아무것도 아니다. 예컨대 아메리카의 미개인이 "우리는 전투용 도끼를 땅에 묻으려 한다."고 말하면, 그것은 "우리는 화평을 맺고자 한다."는 말과 똑같은 것을 뜻한다. 사실 호메로스에서 오시안[326]에 이르는, 또는 오르페우스에서 예언자들[327]에 이르는 고대 시가들은 그들의 개념을 표현하는 수단들을 결여한 덕분에 그 문체의 광채를 발휘하고 있는 것이다.

현실의, 감관들 앞에 놓여 있는 세계현상들을 (**스웨덴보리**[328]와 같이) 배
후에 숨겨져 있는 예지 세계의 한갓된 **상징**이라고 〔그릇되게〕 주장하는
VII192 것은 **광신**이다. 그러나 모든 종교의 본질을 이루는 도덕성에, 그러니까
B108 A108 순수 이성에 속하는 (이념들이라고 불리는) 개념들을 현시하는 데서 상징
적인 것을 지성적인 것과(제의〔祭儀〕를 종교와) 구별하는 것은, 즉 한동안
은 유용하고 필요한 **외피**를 사상〔事象〕 자체와 구별하는 것은 **계몽**이다.

---

326) Ossian. 칸트 당대 스코틀랜드의 작가이자 정치가인 James Macpherson(1736~1796)의 *The Works of Ossian*(1765)은 독일어로 1768/9년에 초역이 된 이래 '질풍노도' 운동에도 큰 영향을 미쳤고, 이에서 Herder, Goethe 등도 적지 않은 영향을 받았다. *Die Gedichte von Ossian, dem Sohne Fingals,* 3 Bde., Hamburg 1806 참조.

327) 구약성서의 예언서들의 예언자들. 그러니까 여기서 예언자란 이사야, 예레미야, 다니엘, 호세아, 요나 등등을 지칭하는 것으로 보인다.

328) Emanuel Swedenborg(1688~1772). 스웨덴 출신의 신학자, 신비가. *De cultu et amore Dei*(London 1740), *Oeconomia regni animalis*(London 1740/41), *Regnum animale*(Haag 1744 / London 1745) 등과 같은 다수의 저작과 함께 계시와 관련한 활발한 활동으로 말년에는 수많은 추종자를 얻었다. 이에 대해 칸트는 저술 『시령자의 꿈(*Träume eines Geistersehers*)』(1766)을 통해 이미 통렬히 비판하였다.

왜냐하면 그렇지 않으면 (순수 실천이성의) **이상**이 **우상**과 잘못 교환되어, 궁극목적을 이루지 못할 것이기 때문이다. — 지상의 모든 민족들이 이러한 잘못된 교환을 시작했다는 사실은 논쟁의 여지가 없으며, 그들의 교사 자신이 그들의 신성한 서책들을 작성할 때 실제로 생각했던 것이 문제일 때, 사람들은 그것들을 상징적으로가 아니라 **문자대로** 해석해야만 한다는 것도 논쟁의 여지가 없다. 왜냐하면 그 말들을 왜곡하는 것은 불성실하게 다루는 것이기 때문이다. 그러나 만약 한낱 교사의 **진실성**만이 문제가 아니고, 또한 더구나 본질적으로는, 교리의 **진리성**이 문제라면, 사람들은 이 서책들을 행하고 있는 의례와 관습들로 저 실천적 이념들에 부수하는 순전한 상징적인 표상양식으로 해석할 수 있고, 마땅히 그렇게 해석해야 한다. 왜냐하면 그렇지 않으면 궁극목적을 이루고 있는 지성적 의미는 상실되고 말 터이기 때문이다.

§36.[329] 기호는 **자의적 기호**(인위 기호), **자연적 기호** 그리고 **불가사의한 기호**로 구분할 수 있다.

A. 첫 번째 것에는 다음과 같은 것이 속한다. 1. **몸짓**의 기호(부분적으로는 자연적이기도 한 것으로, 흉내 내기의 기호). 2. **글씨기호**(음성을 위한 기호인 철자). 3. **소리기호**(음부〔音符〕). 4. 순전히 눈으로 볼 수 있게 개인들 사이에 협정된 기호(**암호**). 5. 세습적 지위를 가진 영예로운 자유인의 **신분기호**(문장〔紋章〕). 6. 법으로 정해진 복장에 의한 **복무기호**(제복과 근무 B109 A109
복). 7. 복무의 **명예기호**(훈장의 수〔綬〕). 8. **치욕기호**(낙인 등). — 이에는 또한 글 중의 쉼표, 의문표 또는 정동〔격정〕의 기호, 감탄의 기호(구두점들)가 속한다.

329) A판: "§29." AA: §39.

모든 언어는 사상의 표시이며, 거꾸로 사상표시의 가장 탁월한 양식은 이[330] 자기와 타인을 서로 이해하는 가장 위대한 수단인 언어에 의한 표시이다. 사고는 자기 자신과의 **말**〔**이야기**〕**하기**이며 — 타히티의 원주민들은 사고를 뱃속의 언어라고 부른다 —, 따라서 또한 자신을 내적으로 (재생적 상상력을 통해) **듣기**이다. 태생적인 귀머거리에게 자기의 말하기는 자기 입술과 혀와 턱의 놀림의 느낌이다. 그리고 그가 말함에 있어서는 본래의 개념을 가지고 사고함이 없이 자기는 신체적인 느낌을 가지고서 놀이하는 것 이상의 어떤 것을 한다고 표상하는 것이 거의 불가능하다.
VII193 — 그러나 말하고 들을 수 있는 이라고 해서 그렇다고 언제나 자기 자신이나 타인을 이해할 수 있는 것은 아니며, 표시능력이 결여됐을 때나 표시능력의 잘못된 사용에서(기호가 사물로 여겨지고, 또한 그 역인 경우에), 특히 이성의 사안들에서는, 언어상으로는 일치하는 사람들이 개념상으로는 서로 천양지차가 난다. 이런 일은 각자가 자기의 개념에 따라 행위할 때 단지 우연하게만 드러난다.

B110 A110 B. 둘째로, 자연적 기호에 관해서 말할 것 같으면, 기호와 표시된 사물과의 관계는 시간에 따라서 **증시적**〔證示的〕이거나 **회상적**이거나 **예측적**이다.

맥박은 의사에게 환자의 현재 열 상태를 표시한다. 연기가 불을 표시하듯이 말이다. 시약이 화학자에게 물속에 숨겨져 있는 소재를 드러내주는 것은 풍향계가 바람을 드러내주는 것과 같다 등등. 그러나 나타나는 경우들에서 **홍조**〔紅潮〕가 죄책의 의식을 드러내는 것인지, 또는 오히려 섬세한 명예감정을 드러내는 것인지, 아니면 단지 사람들이 부끄러워해야 할 것을 참고 견디지 않을 수 없는 참담함을 드러내는 것인지는 확실하지 않다.

330) AA에 따라 고쳐 읽음.

묘총(墓塚)과 영묘(靈廟)는 고인에 대한 추념의 기호이다. 마찬가지로 피라미드도 어떤 왕의 예전의 위대한 권력을 영원히 추념하기 위한 기호이다. — 바다에서 멀리 떨어져 있는 내륙 지방에 있는 패각층(貝殼層)이나 고지대 알프스에 있는 조개들의 구멍들이나, 지금은 땅속에서 불을 뿜지 않는 화산의 유물은 우리에게 세계의 옛 상태를 표시하고, 자연에 대한 **고고학**의 기초를 놓는다. 물론 그것은 전사의 흉터 남은 상처처럼 그렇게 직관적이지는 않지만 말이다. — 팔미라,[331] 바알베크,[332] 페르세폴리스[333]의 폐허는 고대 국가들[334]의 기술 상태를 말해주는 기념 기호이며, 만물 변전의 애처로운 징표들[335]이다.

예측적 기호들은 모든 기호들 중 가장 흥미로운 것이다. 왜냐하면 변화들의 계열에서 현재는 단지 한순간이며, 욕구능력의 규정근거는 현전 B111 A111
하는 것을 단지 장래에 뒤따를 것 때문에(未來의 結果로 因하여) 고려하고, 특히 그 뒤따를 것에 주목하는 것이기 때문이다. — 장래의 세계 사건들과 관련해서 가장 확실한 예측은 천문학에서 보인다.[336] 그러나 만약 별의 형태들, 결합들과 변화된 유성들의 위치들이 닥쳐올 인간[337] 운명에 대한 하늘에 쓰인(占星術에 있는) 우화적 글씨기호로 생각된다면, 천문학이란 유치하고 공상적인 것이다.

곧 닥쳐올 질병이나 치유 또는 (죽을 相과 같은) 임박한 죽음의 자연적 VII194

331) Palmyra. 시리아 사막 중앙에 위치한 오아시스 도시. 272/3년 로마군에 의해 점령당했으며, 인근에 옛 도시의 폐허가 있다.
332) Baalbek. 레바논의 Bekaa평원의 중심 도시. 구시가는 1984년에 UNESCO 세계문화유산으로 지정되었다.
333) Persepolis. 고대 페르시아의 수도.
334) B판 추가.
335) A판: "상기."
336) A판: "장래의 세계 사건들과 관련해서 점성술은 천문학에서 가장 확실한 것이다."
337) B판 추가.

인 예측적 기호들은 오랜 그리고 빈번한 경험에 기초한 현상들로서, 또한 그 현상들의 연관을 원인과 결과로서 통찰함으로써 의사에게도 치료하는 데 지침으로 쓰인다. 그와 같은 것들은 갱년기에도 있다. 그러나 정략적인 의도에서 로마인들이 행한 새 점이나 창자 점[338]은 위급한 시기에 국민들을 이끌기 위해 국가에 의해 신성시되었던 미신이었다.

C. 불가사의한 기호들(즉 사물들의 본성이 거기에서 역전된다는 사건들)에 관해 말하자면, 지금 사람들에게는 아무런 의미도 갖지 않는 것(인수〔人獸〕 사이의 기형아)은 차치하고라도, 하늘에 있는 기호나 불가사의들, 즉 혜성, 고공을 질주하는 광구〔光球〕[339], 북극광, 심지어는 일식과
A112 월식들이 있다. 특히 그와 같은 여러 기호들이 함께 발견되고, 그뿐 아
B112 니라 전쟁과 역병 같은 것까지 수반되면, 이러한 것들은 겁먹은 대중들로 하여금 머지않은 최후의 심판일과 세계의 종말을 예고하는 것으로 생각하게 한다.

부록

기호를 사상〔事象〕과 혼동하여, 마치 사상들이 기호에 정향되지 않으면 안 되는 것처럼, 기호들에다가 내적 실재성을 주는 경우에서, 상상력의 인간과의 놀라운 유희는 여기서 다시 한 번 주목할[340] 가치가 있다. — 4위상(초승, 상현, 보름, 하현)에 따른 달의 운행은 정수〔整數〕로는 더 정확할 바 없이 28일로, (그래서 수대〔獸帶〕 12궁은 아라비아인들에 의해 달의 28숙〔宿〕으로) 구분되었고, 그것의 4분의 1이 7일이 되기 때문에, 7이라는 수는 그로 인해 신비로운 중요성을 얻었다. 그리하여 세계창조도 이 수

338) 위의 B102=A102=VII188 참조.
339) AA에 따라 고쳐 읽음. 칸트 원문대로 읽으면 "기구〔氣球〕."
340) A판: "주목될."

에 따르지 않으면 안 되었던 것이다. 특히 (**프톨레마이오스**의 우주계에 따르면) 7개의 유성[341]이 있어야 하며, 음계에는 7가지 음이, 무지개에는 7가지 단색이, 또 7가지 금속[342]이 있어야만 한다. — 이로부터 이내 액년〔厄年〕들(즉 7×7, 그리고 인도인들에게서는 9도 신비로운 숫자이기 때문에, 79와 또 99)이 생겨났고, 이 해들의 끝 무렵에 인간의 생명은 매우 위험에 처한다고 한다.[343] 70 연주〔年週〕[344](즉 490년)가 실제로도 유대-기독교의 연대
기에서는 (아브라함에 대한 신의 부름과 그리스도의 탄생 사이의) 가장 중요 VII195
한 변화들의 시기들을 이루고 있을 뿐만 아니라, 또한 마치 연대기가 역 B113 A113
사에 따라야 하는 것이 아니라, 거꾸로 역사가 이 연대기에 따라야만 하는 것처럼, 시기의 한계들을 아주 정확하게, 말하자면 선험적으로 규정한다.[345]

그러나 다른 경우들에서도 사상〔事象〕들을 숫자에 의존시키는 것이 습관으로 되어 있다. 환자가 그의 급사를 통해 보낸 사례금을 받은 의사가 종이를 펼치고 그 안에서 11두카텐[346]을 발견하면, 그는 이 급사가 1두카텐을 착복한 것은 아닐까 하는 의혹에 빠지게 된다. 대체 왜 온전히 한

341) Ptolemaios의 천동설 우주계에서는 지구를 중심으로 달, 수성, 금성, 해, 화성, 목성, 토성의 7개 유성이 있다.

342) 고대에서는 7가지 금속으로 금, 은, 동, 납, 주석, 수은, 철을 꼽았다.

343) 액년과 관련한 숫자들의 의미들에 관해서는 A. J. Penzel에게 보낸 칸트의 편지(1777. 8. 12 자: XII, 362~363) 참조.

344) 칸트 원문: 70 Jahrwochen.
"하느님께서 너의 민족과 너의 성스러운 도시에 일흔 주간(siebzig Wochen)의 기한을 정하셨다. 이 기간이 지나가야 반역이 그치고, 죄가 끝나고, 속죄가 이루어지고, 영원한 정의가 세워지고, 보여진 것과 예언이 이루어질 것이다."(「다니엘서」 9, 24) 참조.

345) 이와 관련한 여러 신학자들의 해석을 칸트는 『학부들의 다툼』에서 소개하고 있다.(*SF*, A101=VII62 이하, 주 참조)

346) Dukat(en). 1284년 베네치아에서 처음 주조된 이래 14/5세기에 유럽 전역과 국제무역에서 통용되던 금화. 1개의 순금 무게는 약 3.44g이었다. 독일 지역에서는 1559~1857년 동안에 제국화폐로 통용되었고, 1587~1838년 동안에는 Sachsen에서 주조되었다.

다스가 아닐까? 하고 말이다. 경매에서 동일한 제조의 도자기 그릇을 사는 이는, 만약 그것이 온전한 한 다스가 아니면 낮게 입찰할 것이다. 그리고 그것이 13개의 접시라면, 그는 하나가 깨어지더라도 여전히 저 〔한 다스의〕 수를 온전하게 갖는 것이 보장되는 한에서만, 저 열세 번째 접시에 값을 치를 것이다. 그러나 사람들이 자기의 손님을 한 다스로 초대하지 않는 마당에서, 바로 이 숫자〔12〕에 우위를 부여하는 것이 무슨 흥미를 일으킬 수 있을까? 어떤 인사가 유언장에서 자기의 사촌에게 11개의 은 숟가락을 유증하기로 하고서, 덧붙이기를 "왜 내가 그에게 12번째 것을 유증하지 않는지는 그 자신이 가장 잘 알 것이다."라고 했다.(그 방종한 젊은 사람은 저 사람의 식탁에서 숟가락 한 개를 몰래 주머니에 꽂아 넣었고, 그것을 저 사람은 알았던바, 그러나 그 당시에 그는 사촌을 부끄럽게 하고 싶지 않았던 것이다.) 유언장을 열어보았을 때 사람들은 유증자의 의견이 무엇인지를 쉽게 알 수 있거니와, 그러나 그것은 오직 한 다스만이 온전한 수라고 상정된 선입견에서만 그러한 것이다. — 수대 12〔궁〕의 기호들 — 이
B114 A114 수에 유추해서 영국에서는 12명의 판사가 임용되는 것으로 보인다 — 은 그러한 신비한 의미를 함유했다. 이탈리아, **독일 또한 아마 다른 곳**[347]에서도, 정확히 13명 손님의 식탁 모임은 불길한 것으로 여겨진다. 왜냐하면 사람들은 그런 경우 그들 중 한 사람은, 누가 됐든지 간에, 그해에 죽을 것이라고 망상하기 때문이다. 그것은 12명 판사의 탁자에서 그 가운데에 있는 13번째 사람은 다름 아니라 심판받게 될 피고 외에 다른 자가 아닌 것과 마찬가지이다. (나 자신도 언젠가 그러한 식탁에 있은 적이 있었는데, 그때 그 집의 부인이 착석하면서 이 좋지 않다고 생각되는 상태를 알아차리고는, 슬그머니 그 자리에 있던 자기 아들로 하여금 일어나 다른 방에서 식사하도록 명령하여, 그 유쾌함이 방해받지 않게끔 하였다.) — 그러나 또한 수의 순전한 크기는, 만약 사람들이 그 수가 표시하는 사상〔事象〕을 충분히 가

---

347) B판 추가.

지고 있을 때는, 그 수가 셈에서 십진법에 따른(따라서 그 자체로 자의적인) 한 구절을 채우지 못하는 것만으로도 감탄을 불러일으킨다. 그래서 중국의 황제는 9,999척의 배로 이루어진 함대를 가지고 있다고 하거니와, 이 VII196 숫자를 보고 사람들은 은근히, 왜 한 척이 더 있지 않을까를 묻게 된다. 비록 이때의 대답은, 이 수의 배가 그의 사용에 충분하다는 것일 수 있겠지만, 그러나 근본적으로는 이 물음의[348] 의도는 사용을 염두에 두고 있는 것이 아니라, 순전히 일종의 수의 신비감을 염두에 두고 있는 것이다. — 이례적인 것이 아님에도 한층 불유쾌한 것은, 인색과 기만에 의해 현금으로 9만 탈러[349]의 부를 창출한 누군가가 이제 그것을 사용하지도 않은 채, 10만 탈러를 채워 소유할 때까지는 안정을 얻지 못하며, 이를 넘어서, 획득하지 못할 경우에는, 어쩌면 적어도 엄한 벌을 받을 만하다는 사실이다.

인간이 감성의 고삐가 자신을 끌고 가도록 내버려둔다면, 성숙한 나이에 들어서도 얼마나 어린아이 같은 짓으로 자신을 격하시킬까! 이제 우 B115 A115 리는, 인간이 지성의 조명 아래서 자기의 길을 걸어간다면, 얼마나 많이 또는 조금이라도 더 잘 꾸려갈 수 있는지 살펴보고자 한다.

---

348) B판 추가.

349) Taler. 은화인 Taler는 여러 종류가 있었는데, Johaimsthaler(1518~1892 통용)는 은 1 Unze(약 27.2g), Reichstaler(1566~1750 통용)는 은 25.984g을 함유했으며, 칸트 당대에 프로이센의 공식 화폐였던 Konventionstaler(1750~1871 통용)는 은 1마르크(약 235g)로 14탈러를 주조했다 한다. 그런데 칸트는 그의 『순수이성비판』에서 13탈러라고 말하고 있다.(*KrV*, A170=B212 참조) 참고로, 칸트가 1765년 쾨니히스베르크의 왕립도서관 부사서로 취직하여 받은 연봉이 62탈러였으며, 1770년 교수로 취임하여 받은 연봉은 220탈러였고, 총장 역임 후 1788년에 받은 연봉은 620탈러였다 한다.

지성에 기초하는 한에서의 인식능력에 대하여

구분

§37.[350] **사고하는**(**개념들**에 의해 어떤 것을 표상하는) 능력으로서 **지성**은 또한 (**하위** 인식능력으로서의 감성과 구별하여) **상위** 인식능력이라고도 불린다. 그것은 왜냐하면 (순수하든 경험적이든) 직관들의 능력은 단지 대상들에서 개별적인 것을 함유하지만, 그에 반해 개념들의 능력은 대상들의 표상들의 보편적인 것, 즉 **규칙**을 함유하거니와, 감성적 직관들의 잡다는 객관의 인식을 위한 통일〔성〕을 만들어내기 위해서 이 규칙에 종속하지 않으면 안 되기 때문이다. — 그러므로 지성이 감성보다 **더 고귀**하기는 하다. 그런데 지성이 없는 동물들은 심어져 있는 본능들에 따라 감성에 의지해서 아쉬운 대로 꾸려갈 수는 있다. 원수〔元首〕 없는 국민이 그렇듯이 말이다. 대신에 국민 없는 원수는(감성 없는 지성은) 전혀 아무것도 할 수가 없다. 그러므로 비록 하나는 상위자라고, 다른 하나는 하위자라고 호칭된다 해도, 양자 사이에 지위 싸움은 있지 않다.

그러나 **지성**이라는 말은 특수한 의미로 받아들여지기도 한다. 왜냐하면 지성은 곧 하나의 구분지로는 다른 두 구분지와 함께 일반적 의미에
VII197 B116 A116 서의 지성에 종속하고, 그리하여 상위 인식능력은 (質料〔實質〕的으로는, 다시 말해 그 자신 홀로로서가 아니라, 대상들의 인식과의 관계에서 고찰하면) **지성**, **판단력**, **이성**으로 이루어져 있기 때문이다. — 이제 한 사람이 다른 사람과 이러한 마음의 재능이나 그러한 재능의 습관적인 사용 내지 오용에서 어떻게 차이가 나는지, 인간에 관해 첫째로는 건강한 영혼에서, 그

350) A판: "§30." AA: §40.

러나 그 다음에는 또 마음의 질병에서 관찰해보기로 하자.

세 가지 상위 인식능력들 상호 간의 인간학적 비교

§38.[351] 올바른 지성이란 개념들의 다수에 의해서가 아니라, 오히려 개념들의 대상 인식에 대한 **적합성**을 통해 빛나는 지성, 그러므로 **진리** 포착을 위한 능력과 숙련성을 함유한 그런 지성이다. 많은 사람은 다수의 개념들을 머릿속에 가지고 있고, 이 개념들은 모두 사람들이 그로부터 취하고자 하는 것과 결과적으로는 **유사**하지만, 그러나 객관 및 그것의 규정에 적중하지는 않는다. 사람은 광범위한 개념을 가질 수 있고, 정말이지 **솜씨 있게** 개념들을 다룰 수도 있다. 〔그러나〕 보통 인식의 개념들로 충분한 올바른 지성을 일컬어 **건전한**(일용에 충분한) 지성이라 한다. 이러한 지성은 **유베날리스**[352]에서의 경찰관과 함께 "내가 分別하는 것으로 나에게는 充分하다. 나는 **아르케실라스**[353]나 苦惱 깊은 **솔론** 같은 것에는 關心이 없다."[354]라고 말한다. 올곧고 올바른 지성의 천품〔天稟〕이 그 지성에게 기대된 지식의 범위에 관해 자기 자신을 제한하고, 그러한 지성을 B117 A117
갖춘 자가 **겸손하게** 처신할 것은 자명하다.

---

351) A판: "§31." AA: §41.

352) Decimus Iunius Iuvenalis(58~127년경). 고대 로마의 풍자 시인으로 칸트는 『실천이성비판』(A283=V159), 『이성의 한계 안에서의 종교』(B57=VI49) 등 여러 곳에서 그를 인용하고 있다.

353) Arcesilas(기원전 315~241). 고대 그리스의 회의주의자.

354) 그러나 이 인용구는 Iuvenalis에서가 아니라 역시 고대 로마의 풍자 시인인 Aulus Persius Flaccus(34~62)의 *Satires*, III, 78~79에서 볼 수 있다. 칸트는 같은 구절을 『순수이성비판』 말미에서도 인용하고 있는데, 거기서는 Persius의 말이라고 하고 있다: "'나에게는 내가 分別하는 것으로 充分하다. 나는 아르케실라스나 苦惱 깊은 솔론 같은 것에는 關心이 없다.'라는 페르시우스의 말이 자연주의자들의 표어이다."(*KrV*, A855=B883) 참조.

§39.[355] 만약 지성이라는 말이 규칙들의 (그리고 그렇기에 개념들에 의한) 인식능력 일반을 뜻한다면, 그리하여 지성이 전체 **상위** 인식능력을 자신 안에 포섭한다면, 여기서 규칙들이란 그에 따라, 자연본능에 의해 추동되는 동물들에서 일어나는 바와 같이, **자연**이 인간을 그의 행동에서 끌고 가는 그러한 규칙들이 아니라, 인간 자신이 **만드는** 규칙들을 의미하지 않을 수 없다. 인간이 순전히 배우고, 그렇게 해서 기억에 맡기는 것, 그것을 인간은 단지 기계적으로(재생적 상상력의 법칙들에 따라) 그리고 지성 없이 수행하는 것이다. 순전히 규정된 식에 따라 인사를 행해야 하는 하인은 아무런 지성도 사용하지 않는다. 다시 말해 그는 스스로 생각할
VII198 필요가 없는 것이다. 그러나 아마도, 그의 주인의 부재 시에, 그가 그의 가사를 돌보지 않으면 안 될 때는 스스로 생각할 필요가 있다. 그런 경우에는 갖가지 문자적으로는 지시규정될 수 없는 행동규칙들이 필요하게 될 것이니 말이다.

올바른 지성, **훈련된** 판단력, **투철한** 이성은 지성적 인식능력의 전체 외연을 이룬다. 특히 이 능력이 실천적인 것을 촉진하는 데에, 다시 말해 목적들을 위해서도 유능한 것으로 판정되는 한에서 그러하다.

올바른 지성은 그 개념들의 사용 목적에 그 개념들이 **적합함**을 함유하는 한에서 건전한 지성이다. 그런데 충분성(充分性)과 **적확성**(的確性)이
B118 A118 하나가 되어 **적합성**을, 다시 말해 대상이 요구하는 것보다 많지도 적지도 않은 것을 함유하는 개념(事物에 充塡한 槪念)의 성질을 형성하는 바와 같이, 올바른 지성은 지성적 능력들 중 제일의, 가장 고귀한 능력이다. 왜냐하면 그것은 **최소의** 수단을 가지고서 자기 목적을 만족시키기 때문이다.

---

355) A판: "§32." AA: §42.

간계를 위한 두뇌인 **간지**는 오용된 것임에도 흔히 위대한 지성으로 여겨진다. 그러나 이러한 지성은 정말로 단지 매우 편협한 인간들의 사유방식일 뿐으로, 그것이 자신 안에 그런 겉모습을 가지고 있는 영리함[현명함]과는 아주 다른 것이다. 사람들이 한 번은 진실한 이들을 속일 수 있으나, 그것은 간특한 자 자신의 의도에 그 귀결에서는 매우 불리하게 된다.

명시적인 명령에 종속해 있는 가복[家僕]이나 공복[公僕]은 단지 지성만을 가질 필요가 있다. 맡겨진 직무에 대해 단지 일반적 규칙만 지시규정되어 있고, 발생하는 경우에서 무엇을 행해야 하는지는 그 자신이 결정하도록 위임되어 있는 장교는 판단력을 필요로 한다. 가능한 경우들을 판정하고 그에 대해 그 자신이 스스로 규칙을 생각해내야만 하는 장군은 이성을 소유하지 않으면 안 된다. — 이렇게 서로 다른 준비에 필요한 재능들은 매우 서로 다르다. "최고 직위에서는 뵈지도 않을 많은[356] 이들이 두 번째 직위에서는 빛난다."[357]

똑똑한 체하는 것은 지성을 가진 것이 아니다. 스웨덴의 **크리스티나**[358] 처럼 그 자신의 행실이 그것과 모순되는 준칙들을 진열해놓는 것을 이성적이라고 일컫지는 않는다. — 이 비슷한 것을 영국 왕 **찰스 2세**[359]가 깊은 생각에 잠겨 있는 **로체스터**[360] 백작을 만났을 때 묻고 대답한 정황에 B119 A119

---

356) B판 추가.

357) Voltaire, *La Henriade*(1718), vers 31.

358) 스웨덴의 여왕 Christina(1626~1689, 재위: 1632~1654). 스웨덴의 명 군주 Gustavus II의 딸로 6세에 왕위를 계승하여 18세에 친정하였고, 철학, 문학, 예술에 관심이 많았으나, 후에는 통치에 관심이 없어져 28세에 이미 자진 퇴위하였다. Descartes는 그녀에게 초빙받아 궁에서 생활하다가 반년 만에 죽었다(1650). 여왕의 사유방식/기질에 대해서는 칸트의 인간학 강의록에서도 볼 수 있다.(XXV, 1108 참조)

359) Charles II(1630~1685). 부왕 Charles I가 처형(1649)된 후 왕위를 승계하였으나, 사실상으로는 Cromwell의 혁명정부가 물러난 1660년에 복위하였다. 그러나 많은 실정으로 명예혁명(1688)의 발단을 제공했다.

서 볼 수 있다: "경은 대체 무엇을 그토록 깊이 생각하시오?" — "폐하의
VII199 묘비명을 생각 중입니다." — "문구가 뭡니까?" — "여기에 생애 중에 많은 현명한 것을 말했으나 결코 현명한 것을 행하지 않은 왕 찰스 2세 잠들다."[361]

사교 모임에서 침묵하다가 단지 때때로 전적으로 일반적인 판단을 내리는 것은 분별 있는 것처럼 보이지만, 그것은 어떤 정도의 **조야함**이 (옛적의 독일적인) **정직성**으로 사칭되는 것과 같다.

* * *

무릇 자연적 지성은 가르침을 통해서도 많은 개념들로 풍부해질 수 있고 규칙들을 갖출 수도 있다. 그러나 제2의 지성적 능력, 곧 어떤 것이 해당 규칙의 경우인지 아닌지를 구별하는 능력인 **판단력**(判斷)은 가르쳐질〔敎〕 수 있는 것이 아니라, 단지 연습〔習〕될 수 있을 뿐이다. 그래서 이 판단력의 성장은 **성숙**이라고 일컬어지며, 연륜이 쌓여야 생기는 지성이라고 일컬어진다. 이것이 다르게 될 수 없음은 쉽게 통찰할 수 있는 바이다. 왜냐하면 가르침은 규칙들을 전달함으로써 일어나는 것이니 말이다.

---

360) John Wilmot, 2nd Earl of Rochester(1647~1680). 영국의 시인. Charles II와의 일화 등으로 영국 최고의 풍자가라는 평도 듣는다.

361) 한 전거에 의하면 Rochester가 써본 Charles II의 묘비문은 "우리는 멋지고 재치 있는 왕을 모시고 있지만, / 그의 말을 아무도 믿지를 않네, / 그는 멍청한 것을 말한 적이 없지만, / 현명한 것을 행한 적도 없네."(C. E. Doble〔ed.〕, *Remarks and Collections of Thomas Hearne Volume 1*, Oxford: Clarendon Press for the Oxford Historical Society, 1885, p. 308)라 하는데, 이에 대한 왕의 반응은 "그 말이 모두 맞도다. 내 말은 나의 것이지만, 내 행위는 장관들의 짓이니."였다고 한다. 또 다른 전거에 의하면 묘비문 초안이 조금 다르다: "여기에 우리의 주권자 왕이 잠들다. / 그의 말을 누구도 믿지 않았다. / 그는 어리석은 것은 결코 말한 적이 없지만, / 현명한 것을 행한 적도 없다."(*The Works of the Earl of Rochester*, London, printed for Edmund Curll, 1707, p. 156)

그러므로 판단력을 위한 가르치기가 있다면, 그에 따라 어떤 것이 규칙에 해당하는 경우인지 아닌지를 구별할 수 있을[362] 보편적 규칙들이 있지 않으면 안 된다. 그런데 이것은 이런 식의 소급 문제를 무한히 불러일으킨다. 그러므로 이것은 사람들이 연륜이 쌓여야 생기는 것이라고 말하는 B120 A120
지성인 것이다. 그러한 지성은 자신의 오랜 경험에 기초하고 있는 것이며, 그러한 지성의 판단은 프랑스 공화국 같은 데서도 이른바 원로원에서 구하는 것이다.

이 능력은 단지, 할 수 있고, 어울리고, 합당한 것에만 상관하는 능력(기술적[363]·미감적·실천적 판단력을 위한 것)으로서, 확장적인 그러한 능력처럼 그렇게 빛나는 것이 아니다. 왜냐하면 그것은 순전히 건전한 지성 옆에 서서, 이 지성과 이성 사이의 유대를 짓는 것이기 때문이다.

§40.[364] 무릇 지성이 규칙들의 능력이고, 판단력은 특수한 것이 이 규칙의 한 경우인 한에서 그 특수한 것을 찾아내는(발견하는) 능력이라 한다면, **이성**이란 보편적인 것에서 특수한 것을 도출하고, 그러므로 이 특수한 것을 원리들에 따라서 그리고 필연적인 것으로 표상하는 능력이다. — 그러므로 사람들은 또한 이성을 원칙들에 따라서 **판단하고** (실천적 견지에서) **행위하는** 능력으로써 설명할 수 있다. 어떠한 도덕적 판단을 위해서나 (그러니까 또한 종교의 판단을 위해서도) 인간은 이성을 필요로 하며, 종규와 관행들에 의거할 수가 없다. — **이념들**이란 경험 중에서는 어떤 대상도 그에 충전하게 주어질 수 없는 이성개념들이다. 이념들은 (공 VII200
간·시간의 직관과 같은) 직관도 아니고, (행복론이 구하는 바와 같은) 감정들도 아니다. 이 두 가지 것은 감성에 속하는 것이다. 〔이념들은〕 오히려 사

362) A판: "있는."
363) A판: "이론적."
364) A판: "§33." AA: §43.

람들이 언제나 접근해가되, 그에 결코 완벽하게는 도달할 수 없는 하나의 완전성의 개념들이다.

B121 A121 (건전한 이성 없는) **변증적 추리**〔**궤변**〕[365]는 부분적으로는 무능으로 인해, 부분적으로는 관점의 어긋남으로 인해 궁극목적에서 빗나간 이성 사용이다. **이성을 가지고 질주한다** 함은 그 사유[366]의 형식의 면에서는 원리들에 따라 행하는 것이지만, 그 질료〔실질〕 **내지**[367] 목적의 면에서는 이와는 정반대되는 수단을 쓰는 것을 일컫는다.

하급자들은 변증적 추리(머리 굴리는 일[368])를 해서는 안 된다. 왜냐하면 그들에게는 그들이 그에 따라 행위해야 할 원리가 흔히 숨겨져 있을 수밖에 없고, 적어도 알려져 있지 않을 수 있기 때문이다. 그러나 사령관(장군)은 이성을 가지고 있지 않으면 안 된다. 왜냐하면 그에게는 일어날 모든 경우에 대한 훈령이 주어질 수가 없기 때문이다. 그러나 소위 평신도(平信徒)가 종교의 사안에서 자기 자신의 이성을 이용해서는 안 되고, 오히려 임명된 **성직자**(聖職者)에, 그러니까 남의 이성에 **따라야만** 한다[369]는 것은 부당한 요구이다.[370] 종교는 도덕으로 평가를 받아야만 하는 것이니 말이다. 왜냐하면 도덕적인 것에서는 각자가 자기의 행동거지를 스스로 책임지지 않으면 안 되며, 성직자가 자기 자신의 위험을 무릅쓰고서 그에 관한 변명을 떠맡지는 않을 것이고, 또한 그런 일을 할 수도 없기 때문이다.

---

365) 원어: Vernünftelei.

366) A판: "사유방향."

367) B판 추가.

368) 원어: räsonieren.

369) A판: "따르지 않으면 안 된다."

370) "평신도와 성직자 사이의 굴종적인 차별"에 대해서는 『이성의 한계 안에서의 종교』, B179=VI122 참조.

그러나 이런 경우들에서 인간들은 자신의 모든 이성사용을 포기하고, 관행화한 성자〔聖者〕들의 종규에 수동적이고 복종적으로 순응함으로써 자기 일신을 위한 더 큰 안전을 도모하려는 경향이 있다. 그러나 인간들은 자기가 통찰 능력이 없다는 감정에서 이렇게 하는 것이 아니라, (무릇 모든 종교의 본질적인 것은 인간 누구에게나 곧바로 저절로 이해가 되는 도덕이 B122 A122
니.) 오히려 **간지**에서 그리하는 것이다. 즉 한편으로는 이때 무엇인가가 잘못될 경우 그 탓을 타인에게 미룰 수 있고, 다른 한편으로는 특히 종교의식보다도 훨씬 더 어려운 저 본질적인 것(즉 개심〔改心〕)을 좋은 모양으로 회피하기 위한 간지에서 말이다.

지혜란 이성의 합법칙적으로 완전한 실천적 사용〔완전하게 합법칙적인 실천적 이성 사용〕의 이념으로서, 이것을 인간에게 요구하는 것은 아마도 과도한 일이다. 게다가 또한 지혜는 최소한의 정도나마 타인이 그에게 불어넣을 수가 없고, 오히려 인간은 그것을 자기 자신에서 끌어내지 않으면 안 된다. 지혜에 도달하기 위한 지침은 그리로 이끄는 세 준칙을 함유하는바, 즉 1) 스스로 사고하기, 2) (사람들과의 소통에서) 타인의 위치에서 사고하기, 3) 항상 자기 자신과 일치하게 사고하기[371]가 그것들이다.

인간이 자기 이성을 완벽하게 사용하는 데에 이르는 시기는 **숙련**(임의 VII201
의 의도에 이르는 기술능력)에 관해 말하자면 대략 20대, (타인을 자기 의도를 위해 사용하는) **영리**〔**현명**〕에 관해 말하자면 40대, 끝으로 **지혜**의 시기는 대략 60대로 정할 수 있다. 그러나 이 마지막 시기에서 지혜는 차라리 **부정적**인 것이니, 앞의 두 시기에서의 일체의 어리석음을 통찰하는 것이다. 이때 사람들은, "이제 사람이 어떻게 해야 제대로 선하게 살 것인가

371) 칸트는 이 '보통의 인간 지성의 준칙'을 아래에서(BA167=VII228 이하) 부연 설명하며, 그 밖에도 여러 곳에서 반복해서 언급한다.(*KU*, B158=V294; *Log*: IX, 57; V-Anth: XXV, 1480; Refl. 1508: XV, 820 이하 참조)

를 배워 알게 된 때에, 죽을 수밖에 없다는 것은 유감스러운 일이다."[372] 라고 말할 수 있으되, 그러나 이러한 판단이 내려지는 경우는 드물다. 왜냐하면 행위에서나 향락에서나 생의 가치가 적어지면 적어질수록 그만큼 더 생에 대한 집착은 강해지기 때문이다.

B123 A123 §41.[373] 보편적인 것(규칙)에 대해서 특수한 것을 찾아내는 능력이 **판단력**이라면, 특수한 것에 대해 보편적인 것을 생각해내는 그러한 능력은 **기지**(機智)이다. 전자는 잡다한 것들 가운데서 부분적으로 동일한 것의 차이를 인지하는 일에 상관하고, 후자는 잡다한 것들의 부분적으로 상이한 것들의 동일성을 인지하는 일에 상관한다. — 이 두 가지에서 가장 탁월한 재능은 매우 미세한 유사성이나 비유사성을 인지하는 것이다. 이런 것을 하는 능력이 **명민성**(銳利性)이고, 이런 종류의 인지를 **치밀성**이라고 일컫는다. 그러나 이런 것이 인식을 전진시키는 일이 아니면, 공허한 **억지스러움** 내지는 헛된 **변증적 추리**〔**궤변**〕(空虛한 饒舌)라고 일컬어지는 바, 〔이런 것들은〕 비록 지성의 거짓된 사용은 아닐지라도 무익하게 사용하는 허물이 되는 것이다. — 그러므로 명민성은 판단력과 결부되어 있을 뿐만 아니라, 기지에도 귀속한다. 다만 이것이 전자의 경우에는 보다 더 **정확성**(精確한 認識) 때문에, 후자의 경우에는 훌륭한 머리의 **풍부성**으로 인해 기여하는 바가 있는 것으로 여겨진다는 점이 다를 뿐이다. 그 때문에 또한 기지는 **만발하다**라고 불린다. 마치 자연은 자신의 꽃이 만발할 때에 오히려 놀고, 반면에 열매를 맺을 때에 일을 하는 것처럼 보이듯이, 후자[374]에서 마주치는 재능이 전자[375]에 귀속하는 재능보다도 지위에서(이성의 목적들의 면에서) 더 낮은 것으로 판정된다. — 보통의 **건전한**

372) Cicero, *Tusculanae disputationes*, III, 69 참조.
373) A판: "§34." AA: §44.
374) 곧 기지.
375) 곧 판단력.

지성은 기지도 명민성도 요구주장하지 않는다. 이러한 것들은 두뇌에 일종의 호사로움을 주는 것이나, 이에 반해 보통의 지성은 진짜로 필요한 것에 자신을 제한한다.

인식능력과 관련한 영혼의 박약과 병[376]에 대하여

B124 A124 VII202

A. 일반적 구분[377]

§42.[378] **인식능력의 결함은 마음의 박약이거나 마음의 병이다. 인식능력에 관한 영혼의 병들은 주요한 두 종류로 나뉜다. 하나가 우울증**(憂鬱症)**이고, 다른 하나는 착란한** 마음(狂氣)이다.[379] **전자**의 경우에 환자는, 자기 사고의 진행을 바르게 하거나, 그것을 억제하거나 촉진하는 데 자기 이성이 자기 자신에 대한 충분한 통제력을 가지고 있지 못하기 때문에, 자기 사고의 흐름이 올바르지 않다는 것을 능히 자각하고 있다. 때에 맞지 않은 환희와 때에 맞지 않은 번민들이, 그러니까 기분들이 있는 그대로 받아들이지 않으면 안 되는 날씨처럼 그 안에서 개변한다. — 후자는 그의 사고가 그 자신의 (주관적인) 규칙을 가지되, 이 규칙이 (객관적인) 경험법칙들과 합치하는 규칙들에 어긋나는, 그런 사고의 자의적인 흐름이다.

376) 보통 심리학 또는 정신분석학 분야에서는 '정신박약', '정신병', '정신질환' 등으로 통칭하지만, 여기서는 칸트 원전에 등장하는 세 낱말 군의 번역어를 Gemüt(animus):마음(心)·Seele(anima):영혼(靈魂)·Geist(spiritus/mens):정신(精神)으로 대응시켜 일관되게 사용한다.

377) B판 추가.

378) B판. AA: §45.

379) A판: "§35. 최상위 구분은 **우울증**(憂鬱症)과 **착란한** 마음(譫妄)이라 불리는 것이다."

감관표상과 관련해서 마음의 착란〔정신착란〕은 **망언**[380]이거나 **망상**[381]이다. 판단력과 이성의 도착으로서 마음의 착란은 **망단**〔妄斷〕[382] 또는 **망념**[383]이라고 일컫는다[384]. 자기의 상상들에서 경험의 법칙들과 비교하는 일을 습성적으로 소홀히 하는(백일몽을 꾸는) 이는 **공상가**(변덕쟁이)이며,
B125 그가 이를 **정동**〔격정〕과 함께하면, 그는 **열광가**라 일컬어진다. 공상가의 예기치 않은 발작은 공상의 **돌발**(突發)이라고 일컫는다.

단순한 자, 경솔한 자, 바보, 맵시꾼, 멍청이와 얼간이는 착란자와는
A125 정도에 있어서뿐만 아니라, 마음의 부조〔不調〕의 상이한 질에서도 구별된다. 전자들은 그들의 결함 때문에 정신병원[385]에 들어가는 것이 아니다. 정신병원이란 사람들이[386] 그들 연령에 따른 성숙과 힘이 있음에도 불구하고 아주 사소한 일상 용무에 관해서조차 남의 이성에 의해 꾸려갈 수 밖에 없는 곳이다. — 정동〔격정〕과 함께하는 망상은 **광상**[387]이며, 이것은 종종 독창적이나 자기 의사와 상관없이 엄습할 수가 있고, 그럴 경우에는 시인적 영감[388](詩人의 熱狂)과 같이 **천재**에 접해 있다. 그러나 관념들
VII203 이 부박하되 불규칙적으로 용출하는 이러한 발작은, 만약 그것이 이성과 만난다면, **광신**이라고 일컬어진다. 아무런 가능한 목적도 갖지 않는 동일한 관념에 관해, 예컨대 다시는 생으로 돌아올 수 없는 남편을 여읜 것에 관해, 고통 중에 있는 자신을 위안하기 위해서, **망연히 생각에 잠기는 것**은 발병하지 않은 **광기**이다. — **미신**은 차라리 광상과, **광신**은 **망단**과

380) 원어: B판: Unsinnigkeit; A판: Blödsinnigkeit.
381) 원어: Wahnsinn.
382) 원어: Wahnwitz.
383) 원어: Aberwitz.
384) B판 추가.
385) 원어: Narrenhospital.
386) A판: "그들이."
387) 원어: Tollheit.
388) A판: "시인의 발작."

비교될 수 있다. 후자[389]의 두뇌질환자는 흔히 (완화된 표현으로) **황홀경에 빠진**, 또는 상궤를 벗어난 자라고 불린다.

고열로 인한 헛소리나 때로 강한 상상력 때문에 광란자를 단지 응시하는 것만으로도 공감을 불러일으키는〔전염이 되는〕, ―그 때문에 매우 동요하기 쉬운 신경을 가진 사람들은 그들의 호기심을 이런 불행한 자들의 은폐된 방에까지 뻗치지 않도록 충고받아야 하거니와― 간질과 유사한 광란의 발작은 일시적인 것으로서 아직 발광으로 여겨서는 안 된다. B126
― 그러나 사람들이 **변덕**이라고 부르는 것은―이것은 마음의 병은 아니다. 왜냐하면 이것은 보통 내감의 우울증적 괴팍함을 뜻하니 말이다― A126
대부분 망상과 접해 있는 인간의 **거만**으로서, 타인들이 그와 비교해보면서 마땅히 스스로를 경멸해야 한다는 저런 인간의 〔부당한〕 요구는 그 자신의 의도와 (미친 자의 의도처럼) 정확히 어긋난다. 왜냐하면 그는 그렇게 함으로써 이들을 자극하여, 이들로 하여금 그의 자만에 가능한 방식으로 해를 입히게 하고, 그를 괴롭히게 하며, 그의 모멸적인 어리석음으로 그를 순전히 웃음거리로 만들게 하기 때문이다. ― 더 가벼운 것으로 **기벽**(奇癖)[390]이라는 표현이 있는데, 이것을 누군가는 자신 안에서 키운다. 이것은 대중적이라고 하는 원칙이지만, 현명한 이들에게서는 찬동을 얻지는 못하는 것이다. 예컨대 예감의 재능, **소크라테스**의 수호신과 비슷한 모종의 영감, 경험에 기초하고 있다고 하면서도 설명될 수는 없는 모종의 영향들, 즉 공감, 반감, 병적 혐기〔嫌忌〕(隱匿의 性質들), 이런 것들은 그의 머릿속에서는 말하자면 귀뚜라미[391]마냥 찌르륵대지만 타인은 아무도 들을 수 없는 것이다. ― 건전한 지성의 한계선을 넘는 모든 일탈 중

---

389) 곧 광신.

390) 원어: Grille(marotte).

391) 원어: Hausgrille. 독일어 낱말 'Hausgrille(귀뚜라미)'와 'Grille(기벽)'의 연상 관계를 활용한 수다라 하겠다.

에서 가장 가벼운 것은 **도락**(道樂)/**목마타기**[392]이다. 즉 지성이 오락을 위해 순전히 가지고 노는 상상력의 대상들에서 일부러 일거리를 만드는 애호, 말하자면 바쁜 게으름이다. 나이 든, 은퇴해 있는 유복한 사람들에게 이러한 마음의 상태, 말하자면 걱정거리 없는 유년 시절로 다시 되돌아가는 마음의 상태는 언제나 생명력을 활기차게 하는 건강의 격려로서 효
B127 과가 있을 뿐만 아니라, 호감 가는 것이기도 하지만 또한 웃음거리가 되
VII204 는 것이다. 그럼에도 웃음거리가 된 자가 함께 즐겁게 웃을 수 있는 것이다. — 그러나 또한 젊은이들이나 분망한 사람들에게도 이러한 도락/
A127 목마타기는 기분전환에 도움이 되거니와, 이런 사소한 탓할 것 없는 우행(愚行)을 융통성 없이 진지하게 비난하는 똑똑한 체하는 이들은 다음과 같은 **스턴**[393]의 계도를 받을 만하다: "누구든 자기의 목마를 타고 도시의 거리를 위아래로 달리도록 내버려두자. **만약 그가 그대에게 뒤에 앉도록 강요하지만 않는다면.**"

B[394].
인식능력에서 마음의 박약에 대하여

§43.[395] 기지가 결여되어 있는 자는 **둔감한** 머리(鈍才)이다. 그렇지만 지성과 이성이 문제가 될 경우에는 그도 아주 훌륭한 머리일 수 있다. 다만 사람들은 그에게 시인 역할을 하라고 요구해서는 안 된다. **클라비우스**[396]에게처럼 말이다. **클라비우스**는 시 한 줄도 쓸 줄 몰랐기 때문에, 그

392) 원어: Steckenpferd. 여기서도 칸트가 앞서의 경우처럼 비유적 표현법을 잘 활용하고 있다.

393) Laurence Sterne(1713~1768). 아일랜드 출신의 영국 작가. 아래 인용문은 그의 9권짜리 소설 *The Life and Opinions of Tristram Shandy, Gentleman*, vol. 1(1759), ch. 7 참조.

394) A판: "A."

395) A판: "§36." AA: §46.

의 교사는 그를 대장장이 도제로 보내려 했으나, 그가 수학책을 손에 넣게 되었을 때, 그는 위대한 수학자가 되었다. — 이해가 **느린** 머리가 그렇다고 박약한 머리는 아니다. **기민하게** 이해하는 머리가 언제나 투철한 머리는 아니고, 종종 매우 천박하기도 한 것처럼 말이다.

판단력의 결여[397]가 기지도 **없으면 우둔함**(愚鈍)이다. 그러나 판단력은 결여되어 있으나 기지가 **있으면 우직함**이다. — 업무에서 판단력을 보이는 이는 **분별력이 있는** 것이다. 그때 그가 동시에 기지도 가지고 있 B128
으면, 그는 **현명하다/영리하다**고 일컬어진다. — 이러한 속성들 중 하나를 한낱 꾸며대는 자, 즉 **기지 있는 체하는 자** 및 **영리한 체하는 자**는 구역질 나게 하는 화상[398]이다. — 손해를 통해 사람들은 **영리/현명해진다**.
그러나 이런 배움터에서 타인들을 그 손해를 통해 현명하게 만들 수 있 A128
게 하는 데까지 나가는 자는 **간교한** 것이다. — **무지함**은 우둔함이 아니다. "말은 밤에도 여물을 먹습니까?"라고 어떤 교수가 물었을 때 모 귀부인이 어떻게 그토록 학식 있는 인사가 그토록 우둔할 수 있는가?" 하고 반응한 것처럼 말이다. 보통은 사람이 (자연에서 또는 타인에게서 배우기 위해) 어떻게 질문을 해야 잘 하는 것인지를 알기만 하는 것도 훌륭한 지성을 가지고 있음의 증거가 된다.

자기의 지성을 통해 **많은 것**을 포착할 수 **없는** 이는 **단순하다**[399]. 그러

396) Christophorus Clavius(1537~1612). 독일의 천문학자, 수학자. 그가 제안한 달력이 1852년에 교황 Gregory XIII에 의해 채택되었다. 칸트 초기 저술 "Versuch über die Krankheiten des Kopfes"(1764): AA II, 260에서도 그를 사례로 한 유사한 설명을 볼 수 있다. 그 밖에 「인간학 강의」록에서 빈번하게 언급되고 있다.(AA XXV, 113 · 342 · 1314 등 참조)

397) 판단력을 결여한 자, 곧 바보(天痴)에 대해서 칸트는 여러 곳(예: *KrV*, A133=B172)에서 말한다.

398) 원어: Subjekt. 문맥상 이런 경우는 비칭이니 '놈' 또는 '녀석'으로 옮길 수도 있겠다.

399) 원어: einfältig.

나 그렇다고 해서, 그가 그것을 어긋나게 포착한 것이 아니면, **우둔한** 것
은 아니다. (몇몇 사람들이 부당하게도 폼메른 출신의 하인들을 그렇게 묘사한
것처럼) 정직하지만 우둔하다고 하는 것은 잘못된 그리고 가장 비난받아
야 할 평결이다. 이 평결은 잘못된 것인데, 왜 그러냐 하면 (원칙에서의 의
VII205 무준수인) 정직성은 실천이성이기 때문이다. 또 이 평결은 가장 비난받아
야 할 바인데, 왜냐하면 이 평결은 누구든 자기가 어떤 일에 능숙하다고
느끼면 속이게 되고, 그가 속이지 않는다는 것은 순전히 그의 무능에서
유래하는 것이라고 전제하고 있기 때문이다. — 그래서 "그는 화약을 발
명하지 않았다. 그는 국가를 배반하지 않을 것이다. 그는 마법사가 아니
다."라는 시쳇말은 인간 적대적인 원칙들을 드러내고 있다. 곧 사람들은
우리가 알고 있는 인간의 선의지를 전제함에는 확신하지 못하고서, 오히
B129 려 인간의 무능함에만 확신하고 있는 것이다. — 그래서 **흄**이 말한바,[400)]
이슬람의 대군주는 그의 규방을 그를 경호하는 자들의 덕에 맡기지 않
고, 그들(흑인 거세자들)의 무능에 맡기는 것이다. — 자기의 개념들의 **외**
A129 **연**에 관하여 매우 편협(**고루**)함은 우둔함을 이루는 것이 아니라, 그 개념
들의 **성질**(즉 원칙들)이 문제인 것이다. — 보물을 찾는 사람들, 연금술
사, 복권상들에게 사람들이 속임을 당하는 것은 그들의 우둔함 탓이 아
니라, 적절한 자신의 노고 없이 타인들의 희생의 대가로 부자가 되려는,
그들의 악한 의지 탓이다. **교활**, 노회, 약삭빠름(惡辣, 狡猾)은 타인을 기
만하는 능숙함(숙련성)이다. 무릇 제기되는 물음은, 과연 속이는 자가 쉽
게 속는 자보다 **더 영리**해야만 하는 것인지, 그리고 속는 자는 우둔한 자
인지 하는 것이다. 쉽게 **신뢰하는**(믿는, 신용하는) **진심어린** 자는 악한에게
는 쉬운 포획물이 되기 때문에, 매우 부당한 일임에도, 때로는 심지어 **얼**

400) 이러한 내용의 말을 Hume에서는 발견할 수가 없고, 그 대신에 Claude Adrien Helvétius(1715~1771), *De l'esprit*, Durand, Paris 1758, Disc. III, cap. 16에서는 볼 수 있다. 같은 말을 「인간학 강의」에서도 읽을 수 있다(XXV, 1044; 또 Refl 523: XV, 226/227 참조).

간이라고 불린다. 얼간이가 시장에 오면 상인들이 기뻐한다는 속담이 있듯이 말이다. 나를 한 번 속인 자를 내가 결코 더는 신뢰하지 않는다는 것은 참되고 현명한 일이다. 왜냐하면 그는 그의 원칙에서 타락해 있는 것이기 때문이다. 그러나 **어떤 한** 사람이 나를 속였다 해서 **다른** 사람들 누구도 신뢰하지 않는 것은 인간혐오이다. 기만하는 자는 본디 얼간이이다. — 그러나 기만한 자가 언젠가 큰 기만으로 인해 어떤 타인의 신뢰도 자기의 신뢰도 더 이상 필요로 하지 않는 상황에 놓인 것을 알게 된다면, 어떻게 될까? 그런 경우에 아마도 그의 **현상적인** 모습의 성격은 변할 것이
지만, 그러나 다만 그 기만당한 기만자는 **조소받는** 대신에, 그 행운아는 B130
경멸당하게 될 것이고, 이런 경우에 또한 아무런 영속적인 이익은 없다.※

※ 우리들 사이에서 생활하고 있는 팔레스타인 사람(유대인)들은, 또한 그들 대
다수에 관해 말할 것 같으면, 그들의 유랑 이래로 그들의 폭리를 탐하는 근 A130
성으로 인해 기만한다(속인다)는 근거 없지 않은 평판을 얻었다. 무릇 하나의 기만하는 자(사기꾼)들의 **민족**을 생각한다는 것은 기이한 일처럼 보이기
는 한다. 그러나 그들의 절대 대다수가 그들이 그 안에서 생활하고 있는 국가 VII206
에 의해 인정된 옛 미신에 의해 결합되어, 아무런 시민적 명예도 추구하지 않고, 이러한 손실을 그들이 그 가운데서 보호받고 있는 국민을, 심지어는 그들 서로 간을 속여서 얻은 이익으로 보상받고자 하는, 순정한 상인들로만 이루어진 한 민족을 생각하는 것도 역시나 기이한 일이다. 그런데 이것은 사회의 비생산적인 성원인 상인들로만 순정하게 이루어진 하나의 전체 민족(폴란드 안의 유대인)의 경우에서도 다를 수 없다. 그러니까 그들의, 옛 종규에 의해 인가된, 그들이 그 사이에서 생활하고 있는 우리들(그들과 일정한 성서를 공유하고 있는 우리들) 자신에 의해서도 인정된 체제는, 그들이 비록 "상인이여, 눈을 뜨고 있어라!"라는 격언을 우리들과의 교류에서 그들 도덕의 최상의 원칙으로 삼고 있다 할지라도, 모순이 없지 않고서는 폐기될 수 없다. — 이 족속을 기만과 정직의 점에서 도덕화한다는 헛된 계획 대신에 나는 차라리 이 특이한 체제의(곧 순정하게 상인들로만 이루어진 족속의) 기원에 대한 나의 추정을 내놓고자 한다. — — 부(富)는[401)] 상고시대에는 인도와의 통상을 통해 그리고 거기에서 육지를 거쳐 지중해의 서해안[402)]까지 그리고 페니키

---

401) 칸트 手稿: "아시아에서의 부는."

B131 A130 §44.[404] **산만**(分心)[405]은 주의가 분산으로 인해 어떤 지배적인 표상들에서 다른 이종의 표상들로 이탈해가는(度外視) 상태이다. 이것이 의도적이면, 이 산만은 **발산**[406]이라 일컫고, 그러나 비자의적인 것이면 자기 자신의 **부재**(放心)이다.

A131 사람들이 재생적 상상력에 의해 크게 또는 지속적으로 주의를 기울였던 표상에 집착해 있고, 그 표상으로부터 빠져나올 수 없는 것, 다시 말

A131 아 — 여기에 팔레스타인이 속해 있다 — 의 항구들에까지 이르렀다. — 그런데 그 부는 물론 다른 많은 장소들, 예컨대 팔미라, 더 옛적에는 티루스, 시돈
B131 내지는 또한 에치온게베르와 엘라트와 같은 바다를 뛰어넘어, 또한 아라비아 해안에서부터 대〔大〕테베에 이르기까지, 그렇게 해서 이집트를 거쳐 저 시리아의 해안까지 자신의 길을 열 수 있었다. 그러나 예루살렘이 그 수도였던 팔레스타인은 대상〔隊商〕무역을 위해 매우 유리한 위치에 있었다. 추정하건대 예전의 솔로몬의 부의 현상도 이 위치의 결과이고, 그 주변 지방은 로마인의 시대에까지도 상인들로 가득 차 있었다. 그 상인들은 이 도시가 파괴된 후, 그들은 이 언어와 신앙을 가진 다른 상인들과 이미 전부터 폭넓은 교류를 해왔기 때문에, 이 두 가지를〔그들의 언어와 신앙을〕 가진 채, (유럽에 있는) 점점 더 먼 지방들로 퍼져나갈 수 있었고, 서로 연관을 유지할 수 있었으며, 그들이 이주한 국가들에서도 그들의 통상이 가져다주는 이익 때문에 보호를 받을 수 있었다. — 그렇기에 그들이 종교와 언어에서 통일을 가진 채 전 세계로 분산된 것이 결코 이 민족에게 가해진 **저주**로 간주되어서는 안 되고, 오히려 **축복**으로 간주되지 않으면 안 된다. 더욱이나 이들의 부를 개개인으로 평가한다면, 십중팔구 오늘날 같은 인원수의 다른 모든 민족의 부를 능가한다.[403]

---

402) AA: "동해안."

403) 칸트 手稿: "— 그래서 그들 국가의 최대의 추락이 개개인들에게는 최대의 행운이 되었다. 왜냐하면 이 광범위하게 퍼져나간 민족의 **금전적** 부는, 이것이 함께 모이면 — 이에 대해 모리스 랑갈레리〔Morris Langallerie〕가 제안했던바 — 동일한 사람 수의 다른 어느 민족의 부도 뛰어넘을 것이라고 믿을 수 있기 때문이다. — 부가 행운이라고 전제한다면 말이다."

404) A판: "§37." AA: §47.

405) 원어: **Zerstreuung**(distractio).

406) 원어: **Dissipation**.

해 상상력의 진행을 다시금 자유롭게 할 수 없는 것은 마음의 박약 중의 B132
한 가지이다. 만약 이 같은 나쁜 것이 습성화되고 동일한 대상에 향해진 VII207
다면, 그것은 결국에 망상이 될 수 있다. 사교 모임에서 산만한 것은 **무**
례이고, 또한 흔히는 우스꽝스러운 일이다. 〔규방〕부인들은 학문 같은 것
에 몰두해 있지 않다면, 보통 이런 심적 상태에 젖지 않는다. 식탁에서 A132
접대 중일 때 산만한 급사는 통상 무엇인가를 꾸미고 있든 그 결과를 걱
정하고 있든, 무엇인가 못된 짓을 생각하고 있는 것이다.

그러나 **흩뜨림**〔**기분풀이**〕[407), 408)] 다시 말해 자기의 비자의적인 재생적
상상력에서 기분 전환을 하는 것, 예컨대 성직자가 암기했던 설교를 행
하고 나서 머릿속에 잔상이 일어나는 것을 방지하고자 할 때, 이러한 것
은 자기 마음의 건강을 돌보기 위해 필요한, 부분적으로는 또한 기교적
인 처리 방식이기도 하다. 동일한 대상에 대한 오랜 시간의 지속적인 숙
고는 이를테면 잔영을 남긴다. (춤을 위한 동일한 음악이 오랫동안 계속되면
여흥이 끝나 귀가한 이에게도 여전히 잉잉거리고, 또는 [409)]아이들이 마음에 드는
명문구를, 특히 이것이 율동적으로 들리면, 부단히 반복하는 것 같은[410)]) 잔영,
— 이것은 공언컨대 머리를 괴롭히거니와, 흩뜨림〔기분풀이〕에 의해서 그
리고 다른 대상들에 주의를 돌림으로써만, 예컨대[411)] 신문 읽기에 의해서
만, 제거될 수 있다. — 무엇이든 새로운 일에 대한 준비를 위하여 마음
을 **다시 집중하는 것**(精神集中)은 마음의 건강을 촉진시키는, 영혼능력들
의 균형을 회복시키는 일이다. 이를 위해서는 (놀이와 같은) 바뀌는 화제 B133
들로 채워진 사교적인 담화가 가장 효과적인 수단이 된다. 그러나 그러
한 담화가 관념들의 자연스러운 친근 관계에 어긋나게 한 화제에서 다른 A133

407) 원어: sich zerstreuen.

408) A판: "**흩뜨림**〔**기분풀이**〕(發散)."

409) A판: "또는 사람들이 아이들이."

410) A판: "반복하는 것을 들을 때와 같은."

411) A판: "철학적인 문제에 대한 긴장된 숙고 뒤에는, 예컨대."

화제로 비약해서는 안 된다. 왜냐하면 그렇지 않다면, 그런 사교 모임은 서로 산만한 마음의 상태에 들어서, 수백 수천 가지의 화제가 뒤섞여, 대화의 통일성은 숫제 상실되고, 그러므로 마음은 혼란을 느껴, 저런 산만을 벗어나기 위해서는 새로운 흩뜨림〔기분풀이〕을 필요로 할 것이기 때문이다.

이로부터 알 수 있는 바는, 힘들을 집중시키기 위해 흩뜨림〔기분풀이〕을 하는 것은 일하기 위해 마음의 섭생에 필요한 (평범하지는 않은) 기술이라는 것이다. — 그러나 사람들이 자기의 생각에 집중하여, 그것을 임의의 의도대로 이용할 준비를 했을 때, 사람들은 어떤 어울리지 않는 장소에서 또는 타인들과의 어울리지 않는 업무-관계에서 자기 생각
VII208 에 고의로 몰두하고, 저런 관계에 주의하지 않는 이를 **산만한 자**라고 부를 수는 없을 것이고, 단지 그의 정신의 부재〔방심〕를 비난할 수 있을 따름이다. 물론 이것은 **사교 모임**에서는 부적절한 것이다. — 그러므로 결코 산만하지 않으면서도 흩뜨림〔기분풀이〕을 하는 것은 평범한 기술이 아니다. 산만함은 만약 이것이 습성화된다면 이러한 해악에 젖은 인간에게 몽상가의 외관을 부여하고, 그를 사교 모임〔사회〕에는 쓸모없게 만든다. 그는 이성에 의해 질서 지어지지 않고, 자기의 자유로 유희하는 상상력을 맹목적으로 따르기 때문이다. — **소설읽기**는 마음의 여러 가지 다른
B134 부조〔不調〕 외에 흩뜨림을 습성화하는 결과도 낳는다. 무릇 소설읽기는, 사람들 사이에서 실제로 볼 수 있는 인물들 — 비록 약간의 과장은 있다 하더라도 — 의 묘사를 통해 생각이, 그에 대한 서술이 언제나 특정한 방식으로 **체계적**이지 않으면 안 되는, 참된 이야기 속에 있는 것처럼, **맥락**
A134 을 부여하지만, 그럼에도 그것은 동시에 마음이 독서에서 벗어나 (곧 소설 이야기와는 다른 사건들을) 삽입시키는 일을 허용하고, 그래서 그 생각의 진행과정은 **단편적**〔斷片的〕으로 되고, 그리하여 사람들은 동일한 객관의 표상들을 지성의 통일에 따라 결합(結合)되어 있는 것으로가 아니라,

산만하게(分散하여) 마음 안에서 놀도록 하기 때문이다. 설교단이나 대학 강단의 교사, 또는 재판의 원고, 변호사가[412] (즉석에서의) 자유로운 진술에서, 또는 어쨌거나 이야기하는 중에 마음의 침착함을 증명해야 한다면, **세 가지** 주의를 증명해 보이지 않으면 안 된다. 첫째로 자기가 **지금** 말하는 것을 명료하게 표상하기 위해 그것을 바라보는 주의, 둘째로 자기가 **말했던** 것을 되돌아보는 주의, 그리고 셋째로 이제 막 **말하고자 하는** 것을 내다보는 주의 말이다. 왜냐하면 만약 그가 이 세 가지 중 어느 하나에 대한 주의를, 곧 이것들을 이러한 순서로 편성하는 것을 태만히 하면, 그는 그 자신과 자기의 청취자 또는 독자를 산만하게 만들어, 그 밖의 점에서는 훌륭한 두뇌라 하더라도 자신이 **혼란스러운** 두뇌라고 일컬어지는 것을 거부할 수가 없기 때문이다.

§45.[413] (마음의 박약이 없는) 그 자체로 건전한 지성도 그 활용과 관련해서는 박약들을 수반할 수 있는데, 이러한 것들은 상당한 성숙에 이를 때
까지 성장하기 위한 **유예**나 시민적 자격이 필요한 업무들에 관해서는 타 B135
인에 의한 그의 인격의 **대리**를 필요하게 만든다. 그 밖에는 건전한 사람 A135
이 시민 사회에서 자기 지성의 **고유한**[독자적인] 사용에 대해 (자연적으로
내지는 법률적으로) 무능력함을 **미성숙**이라 일컫는다. 이 미성숙이 연령의 미숙
에 기인한 것이면, 그것은 미성년(未成年)이라 일컬어진다. 그러나 그것이 시민적
업무에 관한 **법률적** 제도에 의거한 것이면, 그것은 **법률적** 또는 **시민적** 미성 VII209
숙이라고 부를 수 있다.[414]

---

412) 이 대목을 비롯하여 칸트는 인간학 강의 중에 설교와 재판과 관련한 사례를 많이 드는데, 그것은 수강생의 다수가 철학부뿐만 아니라 신학부와 법학부의 학생들임을 염두에 둔 것으로 보인다.

413) A판: "§38." AA: §48.

414) A판: "사용에 대해 이러한 무능력함 또는 비숙련성을 사람들은 미성년이라 일컫는다. 이것이 한날 저런 시민적 자격의 결여라면, **법률적** 미성숙이라고 부를 수 있다. 자기의 지성을 타인의 지도 없이는 사용할 수 없는 무능력이 (또는 불법성도) 미성숙이다."

아이들은[415] 자연적으로 미성숙자이며, 그 양친은 그들의 자연적인 후견인[416]이다. **여자**는 어떤 연령이든 시민적-미성숙자로 선언된다. 남편은 그녀의 자연적 관리인〔후견인〕[417]이다. 그러나 그녀가 분할된 재산을 가지고서 남편과 산다면, 그것은 이야기가 다르다. — 무릇 여자는 말하기가 문제일 경우에는, 여성의 자연본성상 (나의 것과 너의 것〔재산〕에 관한) 재판을 받을 때도 자신과 자기 남편을 대변할 충분한 말재주를 가지고 있어서, 그러니까 문자의 측면에서는 심지어 **넘치게 성숙하다**고 선언될 수도 있겠지만, 그럼에도 부인들은 전쟁에 참여하는 것이 여성의 권한에 있지 않듯이 자신들의 권리를 몸소 방어할 수 없고, 국가시민의 업무를 독자적으로 해나갈 수 없으며, 단지 대리인에 의거해서 해나갈 수 있을 따름이고, 공적 의사〔議事〕에 관한 이러한 법률적 미성숙은 부인들로 하여금 오직 가정적 복지에 관해서 그만큼 더 능력 있게 만든다. 왜냐하면 여기에서 **약자의 권리**가 생기며, 이러한 권리를 존중하고 옹호하는
B136 일을 남성은 자기의 자연본성을 통해 이미 자기의 사명이라고 자각하기 때문이다.

그러나 자기 자신을 미성숙자로 **만드는 것**은 자신을 격하시키는 일이
A136 긴 할지라도 매우 편안한 일이거니와, 자연스럽게 대중들의 이러한 유순함을 — 대중들은 스스로 단결하는 것이 어렵기 때문에 — 이용할 줄 알고, 또 타인의 지도 없이 자기의 **고유한**〔자신의〕 지성을 사용하는 것의 위험이 매우 크다는 것을, 심지어는 치명적인 것임을 생각할 줄 아는 수뇌가 없을 수 없다. 국가의 최고 수뇌〔원수〕들은 **국부들**이라고 불린다. 왜냐하면 그들은 그들의 **신민들**이 어떻게 행복하게 될 수 있는지를 신민들보다도 더 잘 이해하고 있기 때문이다. 그러나 국민은 자기 자신의 최선

---

415) A판: 앞 문단에 이어져 있다: "— **아이들**은."

416) 원어: Vormund.

417) 원어: Kurator.

인 것으로 인해[자기 자신에게 최선인 것만을 탐하기 때문에] 변함없는 미성숙자로 선고되어 있다. 그리고 **애덤 스미스**가 저 국가원수들에 대해 "그들 자신이 예외 없이 만인들 가운데서 가장 큰 소비자들"[418)]이라고 부당하게 말할 때, 그는 많은 나라들에서 공포된 (현명한!) 사치금지법에 의해서도 강력하게 반박된다.

성직자는 **평신도**를 엄격히 그리고 영속적으로 미성숙한 상태에 잡아
둔다. 민중은 천국에 이르기 위해 가야 할 길에 관해서는 아무런 목소리
도 또 아무런 판단도 가지고 있지 못하다. 거기에 도달하기 위해서 인간
자신의 눈은 필요하지 않다. 사람들이 이미 그를 인도할 것이고, 설령 그
자신의 눈으로 볼 수 있도록 성서가 그의 손에 건네진다고 할지라도, 그
는 동시에 그의 인도자들에게서 "인도자들이 성서 안에 있다고 보증하는 VII210
것 외에 다른 어떠한 것도 그 안에서 찾지 말라."고 경고를 받는다. 그리
고 어디서나 인간을 타인들의 통치 아래서 기계적으로 취급함은 법률적 B137
질서를 준수하기 위한 가장 확실한 수단이다.

학자들은 가사 정돈에 관해서는 보통 기꺼이 그들의 부인들에 의해 미
성숙 상태 그대로 두어진다. 자기 서책들에 파묻혀 있던 한 학자는 어느 A137
방에 불이 났다는 사환의 외침 소리에, "자네도 알다시피, 그런 일은 내
안사람의 소관사일세."라고 대답했다. — 끝으로 소비자가 법률적으로
성년이 된 후에 자기의 재산 관리와 관련해 어린아이나 백치의 모습과
같은 지성의 박약을 보이는 때에는, 그 소비자가 이미 취득한 성숙 상태
가 국가에 의해 시민적 미성숙으로 되돌려질 수도 있다. 그러나 이런 일
에 관한 판단은 인간학 분야의 밖에 놓여 있다.

418) Adam Smith, *An Inquiry into the Nature and Causes of the Wealth of Nations*, London, 1776, Bk. II, Chap. III, 36 참조.

§46.[419] **단순한**[420](鈍한) 자는 단련되지 않은 칼이나 손도끼처럼 아무것도 가르칠 수 없는 자, **배울** 능력이 없는 자이다. 모방하는 일에만 능숙한 자를 **멍텅구리**라 일컫는다. 그 반면에 자신이 정신적 산물이나 예술적 산물의 창시자일 수 있는 자는 **수재**라 일컬어진다. (**기교**[421]와 반대되는 바 **담백함**[422]은 이것[423]과는 다르거니와, 사람들은 이에 대해 "완전한 기예[424]는 다시 자연이 된다."고 말한다. 그리고 사람들은 말년이 되어야만 이에 이르는 것이다.)[425] 그것은 수단의 절약을 통해 — 다시 말해 단도직입적으로 — 같은 목적에 도달하는 능력이다. 이러한 재능을 가지고 있는 자(현자)는 담백함에도 단순하지는 않다.

B138 A138 특히 판단력을 가지고 있지 않기 때문에, 업무에 쓰일 수 없는 자를 **우둔하다**고 일컫는다.

멍청이는 아무런 가치도 갖지 못하는 목적들을 위해 가치 있는 것을 희생시키는 자이다. 예컨대 집 밖에서의 화려를 위해 가정의 행복을 희생시키는 자 말이다. 멍청함이 모멸적인 경우에는 **얼간이짓**이라고 일컫는다. — 사람들이 누군가를 멍청하다고 말해도 그것이 그를 모욕하는 것은 아닐 수 있다. 정말이지 누군가는 자신이 멍청이라고 고백할 수도 있다. 그러나 (**포프**의 말대로) 악한의 도구, **얼간이**라고 일컬어지는 것은 어느 누구도 듣고만 있을 수는 없을 것이다.※ **거만**은 얼간이짓이다. 왜냐하면 타인들에게 그들이 나와 비교해서 그들 자신을 하찮게 평가해야

VII211 한다고 〔부당하게〕 요구하는 것은 첫째로 **멍청한** 일로, 그래서 그들은 언

---

419) A판: "B. 마음의 박약들에서 정도의 차이에 대하여. §39." AA: §49.

420) 원어: einfältig.

421) 원어: Künstelei.

422) 원어: Einfalt.

423) 곧 우둔함.

424) 원어: Kunst.

425) AA는 이 괄호를 앞으로 옮겨 "(기교와 반대되는 바) **담백함**은 ……"으로 고쳐 읽음. 문맥상 이렇게 고쳐 읽는 것이 합당하겠다.

제나 나의 의도를 허사로 만들 **어깃장**을 놓을 것이기 때문이다. 그것은 단지 **조소**를 결과로 가질 뿐이다. 그러나[426] 이러한 〔부당한〕 요구에는 모욕이 들어 있고, 이것은 당연한 **증오**를 불러일으킨다. 〔규방〕부인에 대해 사용되는 **얼간이**〔**바보**〕라는 말은 이렇게 거친 의미를 갖지는 않는다. 왜냐하면 남자는 부인의 공허한 참월에 의해 모욕받을 수 있다고 믿지 않기 때문이다. 그래서 얼간이짓은 순전히 남자의 거만이라는 개념에 결부되어 있는 것으로 보인다. — 사람들이 자기 자신을 (일시적으로든 영구적으로든) 해치는 자를 얼간이라고 부르고, 따라서 그의 경멸에다가 증오를 섞어 넣는다면, 그가 우리를 모욕하지는 않았다고 하더라도, 사람들은 그러한 경멸을 인간성〔인류〕 일반에 대한 모욕으로, 따라서 어느 타인에 대해서나 모욕한 것으로 생각하지 않을 수 없다. 자기 자신의 합당한 이익과 정반대로 행위하는 자는, 그가 설령 자기 자신만을 해친 것일지라도, 때때로 역시 얼간이라고 불린다. **볼테르**의 아버지 **아로에**는 명성 높은 아들들에 대해 그에게 축하한 누군가에게 다음과 같이 말했다: "나는 두 얼간이를 아들로 두고 있는데, 한 녀석은 산문에서 얼간이이고, 다른 한 녀석은 운문에서 얼간이랍니다."(한 아들은 **얀센**파[427]에 가담하여 박해를

B139 A139

※ 만약 사람들이 누군가에게 그의 익살에 대해 "당신은 **영리하지 못**합니다."고 응대한다면, 그것은 "당신 **농담하**시네요." 또는 "당신은 **분별이 없**으십니다."와 같은 표현에 비해 다소 몰취미한 표현이다. — 분별 있는 사람은 올바르게 그리고 실천적으로, 그러나 작위 없이 판단하는 사람이다. 경험은 분별 있는 사람을 **영리하**게, 다시 말해 **작위적**인 지성사용에 능숙하게 만들 수 있다. 그러나 **자연본성**만이 그를 분별 있게 만들 수 있다.

VII211

426) 이 대목은 AA에 따라 고쳐 읽음. 칸트 원문대로 읽으면 "그래서 결과로 **어깃장**이 될 것이다. 그러나"가 되어 요령부득의 문장이 된다.

427) Cornelius Jansen(1585~1638)에 의해 주창되어 17~18세기에 프랑스 지역에 큰 영향을 미친 원리주의의 일종이다. 아우구스티누스의 원죄설과 은총설에 근거를 두고 있으되, 특정의 은총을 받은 사람만이 구원을 받을 수 있다는 극단주의적 양상을 보여, 이미 1642년에 교황청으로부터 이단으로 평결되고 1653년부터는 금지되었으나, 한 동안 상당한 추종자를 가지고 있었고, Blaise Pascal(1623~1662)도 그 지지자였다.

받았고, 다른 한 아들은 풍자시를 써서 바스티유 옥살이로 대가를 치러야만 했었다.[428]) 일반적으로 멍청이는 합리적으로 행해야 할 것 이상으로 큰 가치를 **사물들** 안에 두고, 얼간이는 그것을 **자기 자신** 안에 둔다.

어떤 사람을 **맵시꾼**이니 **멋쟁이**〔건달〕이니 하고 이름 붙이는 것도 그들이 얼간이짓으로 **영리하지 않다**는 개념을 그 기초에 둔 것이다. 전자는 젊은 얼간이고, 후자는 늙은 얼간이다. 양자가 모두 악한이나 사기꾼에 유혹받거니와, 이런 경우 전자는 동정을 받지만, 후자는 쓴 비웃음을 산다. 한 재치 있는 독일의 철학자이자 시인[429]이 (프랑스어로 '어리석은 자'[430]라는 공통의 이름 아래 있는) 명칭 '맵시꾼'[431]과 '멋쟁이'[432]를 예를 들어 이해하기 쉽게 설명했다. 즉 "전자는 파리에 간 독일 청년이고, 후자는 파리에서 돌아온 동일한 독일 청년이다."라고 말이다.

* * *

B140 A140 VII212 그것이 그 자체로 (발리제 지방[433]의 크레틴병[434] 환자들의 경우처럼) 생명력을 동물적으로 사용하는 데도 미치지 못하거나, (켜거나 파헤치는 등의) 동물들에 의해서도 가능한 외적 활동들을 순전히 기계적으로 모방하는 데에도 미치지 못하는 전적인 마음의 박약을 **저능**이라 일컫거니와, 그

---

428) Voltaire(1694~1778)의 원래 이름은 François Marie Arouet이다. 그는 1716년에 루이 XIV세에 대한 풍자시를 썼는데, 그로 인해 이듬해 5월부터 11개월 동안 바스티유 감옥 생활을 했다. 그의 형은 얀센파에 가담하여 박해를 받았다.

429) Abraham Gotthelf Kästner(1719~1800). 괴팅겐 대학의 수학 교수로 풍자 작가. 인용문은 그의 *Einige Vorlesungen*, Bd. 1, Altenburg 1768, S. 102 참조. 칸트는 이 대목을 「인간학 강의」에서 여러 차례 언급하고 있다.(V-Anth/Collins: 25, 134; V-Anth/Menschenkunde: 25, 965; V-Anth/Mrongovius: 25, 1264 참조)

430) 원어: fou.

431) 원어: fat.

432) 원어: sot.

433) 스위스 Zürich 지역의 옛 명칭.

434) 선천성 정신박약증.

것은 영혼의 병이라기보다는 차라리 영혼의 상실이라고 칭할 수 있을 것이다.

C[435).]

마음의 병들에 대하여

§47.[436)] 최상위 구분은, 이미 위에서[437)] 언급했듯이,[438)] **우울증**(憂鬱症)과 **착란한 마음**(狂氣)이다. 전자의 명명은 밤의 정적 중에 귀뚜라미 우는 소리에 주의를 기울이는 것과의 유비[439)]에서 온 것으로, 이 소리는 수면에 필요한 마음의 안정을 깨뜨린다. 무릇 우울증 환자의 병은, 모종의 내적 신체적 감각들은 신체 안에 실제로 있는 병환을 드러낸다기보다는 오히려 그것을 오직 걱정하게 만드는데, 인간의 자연본성은 어떤 국부적인 **인상들**에 대해 주목하면 그에 대한 감정을 강화시키거나 지속시키기도 하는 (짐승은 가지고 있지 않은) 특수한 성질을 가진다는 데에 있다. 이에 반해 의도적인 **도외시**나 마음을 흩뜨리는 다른 용무로 생긴 **도외시**는 저런 인상들을 이완시키고, 만약 이것이 습성화하면, 저런 인상들은 아예 사라지게 된다.※ 그런 식으로 우울증(憂鬱症)은 신체적 병환을 상상하 A141 B141

※ 내가 다른 저술[440)]에서 주목했거니와, 어떤 고통스러운 감각들과 그것들의 긴장에 대한 주의를 다른 어떤 자의로 생각해낸 대상으로 돌리는 것은 저런 감각들이 병이 될 수 없게끔 멀리 물리칠 수 있다. B141 A141

435) AA에 따름. B판: "B"이나 이미 앞에(§43부터) 'B'가 있었다.

436) A판: "§40." AA: §50.

437) 앞의 B124=A124.

438) B판 추가.

439) 앞서(AB127=VII204)도 보았듯이 이는 독일어 낱말 'Grillenkrankheit'(우울증)와 'Hausgrille'(귀뚜라미)를 두고 하는 말이다.

440) 이 『인간학』(1798)에 조금 앞서 출간한 『학부들의 다툼』(1798), 제3절 철학부와 의학부의 다툼은 "마음의 힘에 관한" 것인데, 여기서도 칸트는 우울증을 다루고 있다.(AA VII, 103~104 참조)

는 것이 그 원인이 되거니와, 환자는 이것이 상상이라는 것을 의식을 하고 있지만, 때때로 그것을 현실적인 어떤 것으로 여기게 되는 것을 떨쳐버릴 수가 없고, 또는 거꾸로 (팽만감을 불러일으키는 음식물로 인한 식후의 답답함의 고통과 같은) 현실로 있는 신체적 질환에서 온갖 걱정스러운 외적인 사건들에 대한 상상과 자기 업무들에 대해 근심이 생기나, 이런 것들은 완전히 소화가 된 후 팽만함이 그치면 곧바로 사라진다. — — 우울증 환자는 가장 가련한 변덕쟁이(공상가)다. 〔이런 자는〕 자기의 상상을 다 꺼내 말하게 할 수 없게끔 완고하며, 그리고[441] 의사로 하여금 끊임없
VII213 이 다투며 그를 쫓아다니게 하고, 의사가 (약 대신에 빵 부스러기로 만든 환약을 가지고서) 아이를 안정시키는 방식 외에는 달리 안정을 시킬 수 없는 자이다. 늘 병약하지만 한 번도 병에 걸리지는 않는 이 환자가 의학서라도 참조할 것 같으면, 그는 책에서 읽은 모든 질병들을 자기 몸에서 느낀다고 믿기 때문에, 완전히 못 견디게 된다. 이러한 〔병적인〕 상상력의 표지(標識)가 되는 것은 이상한 쾌활함, 활발한 기지, 명랑한 웃음이다. 이런 환자는 때때로 이런 행태에 자신이 맡겨져 있음을 느끼거니와, 그리하여 그는 그의 늘 전변하는 기분의 유희가 된다. **죽음**에 관한 생각으로
B142 A142 인한 어린아이 같은 불안한 공포는 이러한 병을 키운다. 그러나 남자다운 용기를 가지고서 이러한 생각을 무시하지 않는 이는 인생을 결코 제대로 즐기지 못할 것이다.

또한 착란한 마음의 한계 이편에 **기분의 갑작스러운 전환**(突發)이 있다. 즉 어떤 주제에서 누구도 기대하지 못한 전혀 다른 주제로의 뜻밖의 이탈 말이다. 이러한 이탈은 때로 그것이 예고하는 바 저 착란에 선행한다. 그러나 흔히는 두뇌가 이미 전도되어 있어서, 이러한 무규칙성의 기습들이 규칙적이 된다. — 자살은 흔히 순전히 **돌발**의 결과이다. 왜냐하면 격렬한 정동〔격정〕 중에서 후두를 절개한 사람은 곧바로 그것을 참을

441) B판 추가.

성 있게 다시 봉합하도록 하기 때문이다.

우울함(憂鬱)은 **침울한**(번민 경향성이 있는) 자학자[442]가 만들어내는 불행에 대한 순전한 망상일 수도 있다. 우울함 자체로는 아직 마음의 착란은 아니지만, 쉽게 그에 이를 수 있다. — 순전히 깊이 생각하는[443] 사람을 뜻하면서 어떤 사람을 **우울한**[444] 수학자(예컨대, **하우젠**[445] 교수)라고 말하는 것은 잘못된, 그러나 자주 등장하는 표현이다.

§48.[446] **열이 있는** 상태에서 깨어 있는 자의 **헛소리**(譫妄[447])는 신체적 병이며, 의학적인 예방을 필요로 한다. 다만 의사가 그러한 병적 사태를 지각하지 못하는데도 헛소리하는 사람은 **미쳤다**고 일컬어진다. 이를 대신한 말 '**착란했다**'는 단지 온건한 표현일 따름이다. 그러므로 누군가가 고의로 좋지 못한 일을 저질렀다면, 무릇, 그로 인해 그에게 과연 그리고 어떤 잘못이 있는지가 문제이고, 그러니까 무엇보다도 먼저, 과연 그가 B143 A143
그 당시에 미쳐 있었는지 어떘는지가 결정되어야 한다면, 법원은 그자를 의학부에 보내 감정해서는 안 되고, (재판소는 능력이 없으므로) 철학부에 보내 감정하도록 하지 않으면 안 된다. 무릇 피고인이 그 행동을 했을 적에 자연적인 지성능력과 판정능력을 가진 상태에 있었는지 어떤지 하는 VII214
물음은 전적으로 심리학적인 것이기 때문이다. 또한 설령 영혼 기관들의

---

442) 자학자에 대해서 칸트는 여러 곳에서 언급하는데, 『덕이론』에서는 Terentius(기원전 195/185~159)의 희곡의 등장인물을 예를 들기도 한다.(*MS*, *TL*, A136=VI460 참조)

443) 원어: tiefdenkend.

444) 원어: tiefsinnig.

445) Christian August Hausen d. J.(1693~1745)는 수학, 광물학, 천문학, 물리학 연구가로 1726년부터 Leipzig 대학의 수학 교수였으며, 『수학 원리(*Elementa mathesos*)』(Leipzig 1734) 등 다수의 저술을 펴냈다. 이에 관해서는 『윤리형이상학』, AB VIII=VI208 참조.

446) A판: "§41." AA: §51.

447) 원어: delirium.

신체적 이상〔異常〕이 때때로 어쩌면 (인간이면 누구에게나 내재하는) 의무법칙의 부자연한 위반의 원인이라고 하더라도, 의사와 생리학자들이, 인간 안의 기제를 깊이 통찰하여, 그로부터 그러한 흉악한 짓으로의 발작을 설명해내고, 또는 (신체의 해부 없이) 그런 것을 예견할 수 있을 정도에까지는 이르지 못해 있기 때문이다. 그리고 **법의학**(法廷 醫學)은 — 범인의 마음 상태가 미친 상태였는지 건전한 지성에 의한 결의였는지가 문제일 때에 — 남의 일에 대해 간섭하는 것으로, 재판관은 이러한 일에 대해서는 아는 바가 아무것도 없으니만큼, 그는 적어도, 자기의 직분에 속하지 않는 그러한 것을 다른 학부에 보내 감정하게 하지 않으면 안 된다.※

B144 A144 §49.[450] 본질적이고 치유 불가능한 무질서인 것에 체계적 구분을 짓는 일은 어렵다. 그리고 이런 일을 하는 것은 거의 효용도 없다. 왜냐하면, 당사자의 힘들이 (신체적인 질병들에서 그런 것처럼) 이런 일에 협력하는 것이 아닌데도, 당사자 자신의 지성사용에 의해서만 이 구분 목적에 이를

※ 그리하여 그런 어떤 한 재판관은 어떤 자가 징역형을 판결받았기 때문에 절망을 해서 어린아이를 살해한 사건에서, 이자는 미친 자이고 그래서 사형은 면제된다고 선고하였다. — 그가 말하기를, 무릇 잘못된 전제들에서 참된 결론들을 추론하는 자는 미쳤다는 것이다. 무릇 저자는 징역형은 사형보다도 더 못된, 지울 수 없는 오욕이라는 것을 원칙으로 취했고 — 이는 잘못된 것
B144 A144 이거니와 —, 이로부터 추론을 통해[448] 사형받는 것이 마땅할 만한 고의〔결의〕를 저지르는 데에 이르렀던 것이다. — 따라서 그자는 미쳤던 것이고, 미친 자로서 사형을 면제받았다. — 이러한 논변에 기초해서 모든 범죄자는 사람들이 동정하고 치료해주어야 하되, 처벌해서는 안 되는 미치광이로 선고하는 일이 쉽게 이루어질 수도 있을 것이다.[449]

---

448) A판: "추론하여."

449) 칸트에서 "사법권의 이념으로서 정의"는 "살인을 했거나, 그것을 명했거나, 또는 그에 협력했던 살인자는 누구든 사형에 처해지지 않으면 안 된다."(*MS*, *RL*, A201=B231=VI334)라는 것이다.

450) A판: "미침〔광기〕의 분류. §42." AA: §52.

수 있으므로, 이러한 의도에서의 모든 치료 방법은 성과 없이 끝날 수밖에 없기 때문이다. 그러나 인간학은, 이 경우에 단지 간접적으로만 실용적일 수 있지만, 곧 단지 〔치료〕 중단을 지시명령할 뿐이지만, 적어도 인간성의 이러한 가장 깊숙한, 그러나 자연본성에서 초래되는 저하에 대한 일반적 개요를 시도할 것을 요구한다. 무릇 일반적으로 광기〔미침〕는 **소요**〔騷擾〕**적** 광기, **방법적** 광기, **체계적** 광기로 구분할 수 있다.

1) **망언**(失性[451])은 자기의 표상들을 다만 경험이 가능하기 위해 필요한 맥락 안으로 가져올 수 없는 무능력이다. 정신병동에 있는 여성은 대부분이 수다 때문에 이 병에 걸려 있다. 곧 그들이 이야기하는 것 중에 VII215
는 그들의 활발한 상상력의 삽입물이 너무 많이 들어 있어, 아무도 그들이 본래 말하고자 하는 바를 이해할 수가 없다. 이러한 첫 번째 광기〔미친 짓〕는 **소요**〔騷擾〕**적**이다.

2) **망상**(錯亂[452])은 광인이 이야기하는 모든 것이 경험을 가능하게 하는 B145 A145
사고의 형식적 법칙들에 맞기는 하지만, 그러나 거짓으로 지어내는 상상력에 의해 자기가 만든 표상들이 지각들로 간주되는 경우에서의, 그러한 마음의 착란이다. 자기 주위 모든 곳에서 적들에 둘러싸여 있다고 믿는 자들은 이런 종류의 광기를 가지고 있는 것이다. 이들은 타인의 얼굴이나 말, 그 밖의 무관한 행위들이 자기를 겨냥해 있고, 자기를 잡기 위해 놓은 덫이라고 여긴다. — 이들은 그들의 불행한 망상 중에서 흔히 타인들이 거리낌 없이 행하는 것을 해석하는 데서 아주 예리하게 자기를 겨냥한 것이라 풀이하기 때문에, 만약 그 자료들이 참된 것이기만 하다면, 사람들은 저들의 지성에 경의를 표하지 않을 수 없을 정도이다. — 나는 누군가가 이 병에서 한 번이라도 치료된 것을 보지 못했다. (왜냐하면 그

451) 원어: amentia.

452) 원어: dementia.

것은 이성을 가지고 날뛰는 특수한 소질이니 말이다.) 그러나 이런 이들을 정신병원 환자로 치부할 수는 없다. 왜냐하면 그들은 단지 자기 자신만을 배려할 뿐으로, 그들의 그릇된 교활함을 가지고서 단지 그들 자신의 보존을 지향하는 것뿐, 타인을 위험에 빠뜨리지는 않으니, 그러니까 안전을 위해 감금할 필요는 없기 때문이다. 이러한 두 번째 광기는 **방법적**이다.

3) **망단**(妄斷[453])은 착란한 판단력이다. 이로 인해 마음은 서로 비슷한 사물들의 개념들과 혼동되는 유비에 의해 끌려가고, 그리하여 상상력은 상이한 사물들을 결합하는 지성과 비슷한 놀이를 이들 사물들의 표상들
B146 A146 을 함유하는 보편자라고 믿게끔 요술을 부린다. 이런 유의 정신병자들은 대부분 매우 흥겨워하고, 몰취미한 것을 지어내며, 자기 생각에는 서로 조합이 맞는 개념들의 광범위한 친근 관계의 풍부성에 득의양양한다. — 이런 유의 망상가는 치유될 수 없다. 왜냐하면 이러한 자는, 시 일반이 그렇듯이, 창조적이고 잡다한 것을 통해 즐기기 때문이다. — 이 세 번째 광기는 방법적이기는 하나, 단지 **단편적**(斷片的)이다.

4) **망념**(妄念[454])은 착란한 **이성**의 병이다. — 이 정신병자는 전체 경험계단들을 날아 넘어가, 경험의 시금석을 전적으로 면제받을 수 있는 원리들을 붙잡으려하고, 이해 불가한 것을 이해한다고 망상한다. — 원과
VII216 똑같은 면적의 정사각형이나 영원한 운동자의 발견, 자연의 초감성적 힘들의 폭로, 삼위일체 비밀의 이해가 그의 역량 안에 있다. 그는 모든 병원 환자 중 가장 조용하며, 자기 안에 폐쇄되어 있는 사변으로 인해 광란에서 가장 멀리 떨어져 있다. 왜냐하면 그는 완전한 자기만족 중에서 탐구의 모든 난점들을 무시하기 때문이다. — 이 네 번째 광기를 **체계적**이라고 부를 수 있을 것이다.

---

453) 원어: insania.
454) 원어: vesania.

무릇 이 마지막 종류의 마음의 착란 안에는 한낱 무질서와 이성사용 규칙으로부터의 이탈뿐만 아니라, **적극적인 반이성**[455], 다시 말해 하나의 **다른** 규칙, 전혀 상이한 관점이 있다. 이 관점에서는 말하자면 영혼〔정신〕이 바뀌어 놓여, 이로부터 영혼은 모든 대상을 다르게 보고, **생명**의 (즉 동물의) 통일성에 요구되는 **共通感**[456]**으로부터**[457] 그와 멀리 떨어진 자리에 자신이 바뀌어 놓여[458] 있음을 발견한다.(이로부터 **광기**〔**전위/착란**〕[459]라는 말이 나온 것이다.) 그것은 조감〔鳥瞰〕에서 그려진 산이 많은 풍경은 평지에서 바라본 때와는 그 지역에 관한 전혀 다른 판단을 내리게 하는 것과 같다. 그런데 영혼은 다른 위치에서 자신을 느끼거나 보는 것이 아니다. (왜냐하면 영혼은 모순을 범하지 않고서는 공간상에서의 자기 장소에 따라 자기 자신을 지각할 수가 없기 때문이다. 영혼 자신은 단지 내감의 객관이 될 수 있을 뿐인데, 위치를 바꿔본다는 것은 영혼이 그 밖에 자기 자신을 외감의 객관으로 직관하는 것이겠으니 말이다.) 그러나 이렇게 해서 어느 정도까지는 이른바 광기〔전위/착란〕가 설명될 수 있다. — 그러나 놀라운 일은, 어지럽혀진 마음의 힘들이 그럼에도 하나의 체계 안에서 함께 정리되고, 자연 또한 저런 힘들의 결합의 원리를 반이성 안으로 가져가려 애쓴다는 것이다. 그리하여 비록 사유능력은 객관적으로 사물들에 대한 참된 인식을 위해서는 아닐지라도, 그렇다고 한낱 주관적으로 동물적 생을 위해 일 없이 있는 것도 아니다. B147 A147

그에 반해 광기에 가까운, 그리고 자의적으로 스스로 바뀌어 놓인 그

455) 원어: Unvernunft. "한낱 이성의 결여"인 '비이성'이라기보다는 "어떤 적극적인 것"(아래 AB150=VII218 참조)이라는 의미에서는 '또 다른 이성'이라고 할 수도 있다.

456) 원어: Sensorium commune.

457) A판: "공통감 밖에."

458) 원어: versetzt.

459) 원어: Verrückung. 이 독일어 낱말의 어원적 의미는 '전위(轉位)'이니, 원래의 의미에서는 Versetzung과 근친적이라 하겠다.

런 상태에서 물리적 수단을 통해 자기 자신을 관찰하고자 하는 시도는, 이런 관찰을 통해 비자의적인 상태 또한 보다 잘 통찰하기 위한 것이면, 현상들의 원인들을 탐색하기에 충분한 이성을 보여준다. 그러나 마음을 가지고서 실험을 하고, 마음을 어느 정도 병들게 하여 마음을 관찰하고,
B148 A148 그때 나타날 수도 있는 현상들을 통해 마음의 본성을 탐구하는 것은 위험한 일이다. — **헬몬트**[460]는 (독성 있는 뿌리인) 나펠을 일정량 복용한 후 마치 그가 **위** 안에서 **생각하는** 것 같은 감각을 지각하고자 했다. 어떤 다
VII217 른 의사는 장뇌〔樟腦〕의 복용량을 점차 늘려가, 마치 거리에 모든 것이 큰 소요에 빠져 있는 것처럼 나타날 때까지 했다 한다. 상당수의 사람들이 아편을 가지고 자신에 대해 오랫동안 실험을 했던바, 사유를 활성화시키는 이 보조제를 더 사용하는 것을 중지하면 마음의 박약에 빠질 때까지 했다. — 인위적으로 만들어진 광기가 쉽게 진짜 광기가 될 수도 있는 것이다.

잡주〔雜註〕

§50.[461] 생식의[462] 배아가 발육함과 함께 광기의 배아도 동시에 발육한다. 그러니까 이 광기 또한 유전적이다. 단 한 명이라도 그런 화상이 나타난 가족과 결혼하는 것은 위험한 일이다. 무릇 어떤 부부의 많은 아이들이 예컨대 모두 아버지나 그 아버지의 부모나 조부모를 닮았기 때문에 이러한 고약한 유전에서 보호되어 있다 할지라도, 만약 어머니가 그 가족 안에 단 한 명의 광기 있는 아이를 가졌었다면(설령 그녀 자신은 이러한 재액에서 벗어나 있다 해도), 이 혼인에서 언젠가 모계 가족에 영향을 받아 (용모의 유사성에서도 알아챌 수 있는 바와 같이) **유전적**인 마음의 착란을 그

460) Jan Baptist Helmont(1578~1664). 네덜란드의 생리학자, 화학자, 물리학자.
461) A판: "§43." AA: §53.
462) A판: "착란한 어린아이는 없다. — 생식의."

자체로 가지고 있는 아이가 나타날 수 있는 것이다.

사람들은 종종 이 병의 우연적인 원인을 밝혀내보고자 하며, 그래서 그 병이 유전적인 것이 아니라, 마치 그 불행한 사람 자신에게 그 탓이 B149 A149 있는 것처럼, 자초한 것으로 보아야 할 것이라 한다. 사람들은 어떤 이에 대해서 "그자는 **사랑** 때문에 돌아버렸어."라고 말하고, 어떤 다른 이에 대해서는 "그자는 **거만** 때문에 미쳤어."라고 말하며, 또 다른 이에 대해서는 심지어 "그자는 **지나치게 공부**했어."라고 말한다. — 혼인을 요구하는 것이 최고로 어리석은 짓일 신분의 사람과 사랑에 빠진 것은 정신 돈 짓의 원인이 아니라 결과였다. 그리고 거만에 관하여 말할 것 같으면, 아무런 의미도 없는 사람이 다른 사람에게 자기 앞에서 굽신거리도록 요구하고, **으스대는** 태도는 미친 것을 **전제**하는 것이다. 그가 미치지 않았다면 그러한 거동에 빠지지 않았을 터이다.

그러나 **지나치게 공부하는 것**※을 두고 말하자면, 실로 젊은이들에게 그러지 말도록 경고할 필요는 없겠다. 청소년에게 필요한 것은 고삐보다 VII218 는 박차이다. [463)]가장 격렬하고 지속적인 노력**조**차[464)] 이 점에서는 마음을 **피로하게** 할 수 있고, 그리하여 사람이 이에 관해 학문을 원망하게조차 되지만, 그러나 마음이 이전에 벌써 기괴해지고 그래서 건전한 인간

※ 상인들이 **과잉거래를 하고** 자기들의 능력 이상으로 광범위한 계획들에서 실패하는 것은 통상적인 현상이다. 그러나 젊은이들이 과도하게 열심인 것에 대해서는 (만약 그들의 머리가 보통으로 건강하기만 했다면) 걱정 많은 부모들도 두려워할 것이 없다. 공부하는 사람이 노심초사했으나 헛되게도 성과를 거두지 못한 것들에 대해서는 염증을 내게 함으로써 자연은 지식의 그러한 과중부담은 이미 자체적으로 방지하고 있다.

---

463) A판: "그러나 가장."
464) A판: "노력도."

지성〔상식〕을 벗어나는 신비로운 서적이나 계시에 취미를 느꼈던 경우가 B150 A150 아니면, 마음을 **상하게** 하지는 않는다. 모종의 성유〔聖油〕가 부어진 문헌을 읽음에 있어서도 그것에서의 도덕적인 것은 의도에 두지 않은 채 한낱 그 문자로 인하여만 전념하는 성벽은 건전한 인간지성을 벗어나는 일에 속한다. 어떤 작가는 이러한 것에 대해서 "그자는 서적에 미쳤다."는 표현을 생각해냈다.

과연 보편적인 미친 짓(一般的 譫妄)과 어떤 특정 대상에 결부된 미친 짓(對象 關聯 譫妄) 사이에 차이가 있는지, 이에 대해 나는 의문이다. (한갓된 이성의 결여가 아니라 어떤 적극적인 것인) **반이성**은 이성과 꼭 마찬가지로 객관들이 그에 맞춰질 수 있는 순전한 **형식**이고, 그러므로 둘 다 보편적인 것 위에 세워져 있다. 그러나 광기적인 소질이 **돌발**할 때 — 이런 일은 보통 갑작스레 일어나거니와 — 마음에 최초로 뜻밖에 마주치는 것(우연히 부딪친 **소재**로, 나중에 그에 대해 헛소리를 늘어놓게 되는바), 이것에 대해 미치광이는 계속해서 특히 공상에 빠진다. 왜냐하면 그러한 것은 그 인상의 신기함으로 인해 여타의 뒤따라오는 것보다 더 강하게 그의 안에 남아 있기 때문이다.

사람들은 머리 활동이 상궤를 벗어나버린 누군가에 대해 "그자는 선을 넘었다."고 말한다. 마치 처음으로 열대의 적도를 넘은 사람이 지성을 상실할 위험에 처해 있는 것처럼 말이다. 그러나 이것은 단지 오해일 뿐이다. 그것이 말하고자 하는 바는 단지 다음의 것이다. 즉 오랜 노고 없이 인도 여행 한 번으로 일확천금하기를 희망하는 바보건달은 이미 본국에 있을 때 얼간이로서 자기 계획을 세운 것이며, 그 계획을 실행하는 중에 초 B151 A151 기의 미친 짓이 자라서, 그가 귀국할 때쯤에는 설령 그러한 행운이 그에게 호의를 보였다 해도, 그러한 미친 짓은 완전히 발전돼 있음을 보인다.

누군가 머리가 정상이 아니라는 혐의는 자기 자신과 **큰소리로 말한다**

든지, 혼자 방 안에서 **몸짓하는** 일에 몰두해 있는 자에게 이미 내려진다.
— 그런 자가 영감의 은혜를 입거나 시달리고 있고, 고차의 존재자와 대 VII219
화를 하고 교제하고 있다고 믿고 있는 경우에는 더욱 그렇다. 그러나 만
약 그가 다른 성스러운 인사들은 어쩌면 이러한 초감성적인 직관을 할
수도 있음을 인정한다 하더라도, 자기 자신이 그런 일에 선택되었다고
망상하지는 않고, 또 정말로 그런 일을 한 번도 소망하지 않으며, 그러므
로 그런 일에서 자신을 제외시킨다면, 그런 경우에는 그렇지 않다.

광기의 유일한 보편적 징표는 **공통감**(共通感)의 상실과 그 대신에 등장
하는 **논리적 편집**〔**사적 감각**〕(偏執〔私的 感覺〕)[465]이다. 예컨대 어떤 사람은[466]
밝은 대낮에 그의 탁자 위에서, 함께 있는 다른 누구도 보지 못하는 타오
르는 불빛을 보거나, 다른 누구도 듣지 못하는 목소리를 듣는다. 무릇 우
리가 우리의 지성을 **타인들의 지성**에 비춰 유지하며, 그러하되 우리의
지성을 **고립**시키지 않고 우리의 사적 표상을 가지고서도 이를테면 **공적**
으로 판단하는 것은, 우리 판단 일반의 옳음의, 그러므로 또한 우리 지성
의 건강함의 주관적으로-필연적인 시금석이다. 그래서 한낱 이론적 의
견들만을 피력하는 서적들을 금지하는 것은 (특히 그 서적들이 법률적인 행
동거지에 전혀 영향을 미치지 않을 때는) 인간성을 모욕하는 짓이다. 왜냐하 B152 A152
면 그렇게 함으로써 사람들은 유일한 것은 아니라 하더라도, 우리 **자신**
의 사유를 바로잡는 가장 중대하고 유용한 수단을 우리에게서 빼앗는 것
이기 때문이다. 과연 우리 자신의 사유가 타인들의 지성과도 들어맞는지
를 알아보기 위해 우리가 우리 자신의 사유를 공적으로 내놓음으로써 그
런 일은 생기는 것이다. 왜냐하면 그렇지 않다면 무엇인가 한낱 주관적
인 것(예컨대 습관이나 경향성)이 쉽사리 객관적인 것으로 간주될 것이기
때문이다. 바로 여기에 가상이 존립하는 것이다. 사람들은 가상에 대해,

465) 원어: der logische Eigensinn(sensus privatus).
466) A판: "그는."

가상이 기만한다고 말하지만, 오히려 사람들은 가상에 의해서 어떤 규칙을 적용할 때 자기 자신을 기만하게끔 오도되는 것이다. — 이러한 시금석을 전혀 돌아보지 않고, 사적 감각〔편집〕[467]을 공통감 없이 또는 심지어는 공통감에 반하여 타당한 것으로 인정하는 것을 고집하는 자는 사유의 유희에 몸을 맡긴 것이며, 이때 그는 타인들과의 공통의 세계 안에서가 아니라 (꿈속에서처럼) 자기 자신의 세계 안에서 자신을 보며, 처신하고, 판단한다. — 보통은 명석하게 생각하는 인사가 자기의 외적인 지각들을 타인들에게 전달하고자 하는 표현들에서 공통감의 원리와 합치하려 하지 않고, 자신의 감각을 고집하는 일이 때때로 있을 수 있다. 그래서 『오세아나』의 기지 넘치는 저자 **해링턴**[468]은 자기의 발산물(發散物)이 파리의 모습으로 자기의 피부에서 뛰어오르는 망상을 했다. 그러나 이런 것은 어쩌면 이러한 재료를 과중하게 가지고 있는 신체에 대한 전기적인
VII220 작용이었을지도 모르고, 이런 것에 대해서는 사람들도 보통 경험을 했다고 한다. **해링턴**은 아마도 이것을 가지고서 단지 뛰어오르는 것 같은 자기의 감정을 암시하려고 했을 뿐, 이러한 파리를 본 것을 암시하려고 한 것은 아닐 것이다.

B153 A153 **격분**(激忿), 즉 (실재의 또는 상상의 대상에 대한) 분노의 정동〔격정〕으로 인한 광기는, 이 격분을 외적인 것의 모든 인상들에 대해 무감각하도록 만드는 것으로서, 단지 착란의 한 변종일 뿐이나, 그것은 종종 그것의 결과보다도 더 공포스럽게 보인다. 이런 것은 열병에서의 발작처럼 마음에 뿌리를 가지고 있다기보다는 오히려 물질적인 원인에 의해 일어나며, 흔히 의사에 의한 **1회** 분량의 투약으로 제거될 수 있다.

---

467) 원어: Privatsinn.

468) James Harrington(1611~1667). 영국의 정치사상가로서 고전적 공화주의자. 그의 저술 *The Commonwealth of Oceana*(1656)는 유토피아적 공화국을 그리고 있는데, 이 책에서 그는 자신의 망상 체험에 대해서도 쓰고 있다.

인식능력에서 재능들에 대하여

§51.[469)] 사람들은 **재능**(천품/천부의 자질)을 가르침에 의한 것이 아니라 주체의 자연적인 소질에 달려 있는 인식능력의 탁월성이라 이해한다. **생산적**인 기지(嚴密하게 或은 實質的으로 말할 때의 機智), **총명**과 사고에서의 **원본성/독창성**(천재)이 그런 것들이다.

기지는 **비교하는** 기지(比較하는 機智)이거나 **논증하는** 기지(論證的 機智)이다. 기지는, 흔히 상상력의 (연합의) 법칙에 따라 서로 멀리 떨어져 있는 이질적인 표상들을 **짝 맞춘다**(동화시킨다). 그리고 기지는 대상들을 유 아래에 포섭하는 한에서 (보편적인 것의 인식능력인) 지성에 속하는바, 특유의 동류화 능력이다. 특수한 것을 보편적인 것 아래서 규정하고, 사고능력을 **인식**을 위해 사용하기 위해서 기지는 나중에 판단력을 필요로 한다. — (말하기와 글쓰기에서) **기지** 있음은 학교의 기제나 강제에 의해 학습될 B154 A154 수 있는 것이 아니라, 특수한 재능으로서, 교호적인 사상전달에서의 기질의 **관대성**에 속한다.(우리는 서로 好意를 주고 請한다.[470)]) 즉 그것은 지성 일반의 설명하기 어려운 한 성질 — 이를테면 지성의 **적의성**[471)] — 에 속하는 것이거니와, 이 성질은 보편적인 것을 특수한 것에(유개념을 종개념에) 적용함에 있어 판단력(分別的 判斷)의 **엄격성**과 대조를 이룬다. 동화의 능력과 동화로의 성벽을 **제한하는** 엄격성 말이다.

---

469) A판: "§44." AA: §54.

470) 칸트 원문: veniam damus petimusque vicissim. Quintus Horatius Flaccus, *De arte poetica liber*, 11: "veniam petimusque damusque vicissim" 참조.

471) 원어: Gefälligkeit.

VII221 # 비교하는 기지와 논증하는 기지의 종적 차이에 대하여

A. 생산적 기지에 대하여

§52.[472] 이종적인 사물들 사이에서 유사성들을 발견하고, 그리하여 기지가 행한 바를, 개념들을 보편적으로 만들기 위해, 지성에게 재료로 제공하는 일은 유쾌하고 호감이 가고, 명랑한 것이다. 그에 반해 개념들을 제한하고, 개념들을 확장하기보다는 개념들을 바로잡는 데 기여하는 판단력은 존경받고 추장되기는 하지만, 그러나 진지하고 엄격하며, 사고의 자유에 관하여 제한을 가하고, 바로 그 때문에 호감을 얻지 못한다. 비교하는 기지의 행위가 차라리 유희라면, 판단력의 행위는 차라리 업무이
B155 A155 다. — 전자가 한껏 청년의 꽃이라면, 후자는 차라리 노년의 익은 과실이다. — 어떤 정신적 산물에서 이 양자를 최고도로 결합하는 이는 **재치**(烱眼) 있는 것이다.

기지는 **착상**을 재빨리 붙잡으려 하고, 판단력은 **통찰**을 얻으려 애쓴다. 신중함은 (도시를 성주의 명령 아래서 주어진 법률에 따라 보호하고 관리하는) **시장**〔市長〕**의 덕**[473]이다. 이에 반해 판단력의 의혹을 제쳐놓고서 **대담**(大膽)**하게** 단정을 짓는 것은 자연 체계의 위대한 저자인 **뷔퐁**[474]의 공적

472) A판: "§45." AA: §55.

473) "크롬웰은 신중함이 시장의 덕이라고 말했다."(*GSE*: II, 211) "크롬웰 혹은 기지 있는 스위프트가 말하고 있거니와, 신중함은 시장의 덕이다."(V-anth.: XXV, 1264) — 이런 대목에서 칸트가 Cromwell과 Swift를 인용하는 것은 아마도 Hume, *Enquiry Concerning the Principles of Morals*, Sec. 6에 근거한 것으로 보인다.

474) Georges Louis Leclerc, Comte de Buffon(1707~1788). 프랑스의 자연학자. 『자연사(*Histoire naturelle*)』(1749~1804) 44권을 펴냈다. 칸트의 종족 이론은 그에게서 영향받은 바 크다.

이라고 그의 나라 사람들은 여겼다. 그것이 비록 모험으로서 상당히 불손(경박)하게 보임에도 불구하고 말이다. — 기지는 차라리 **양념**을 구하고, 판단력은 **영양분**을 구한다. 수도원장 **트루블레**[475]가 풍부하게 예거하고 있고, 그때 기지를 고문대에서까지 찾는 바와 같이, 기지 있는 말(警句)을 어떻게든 찾아내려 함은 천박한 두뇌를 만들거나 심원한 두뇌를 구토하게 만드는 일이다. 기지는 **유행**에 있어서 독창적이다. 다시 말해 단지 새로움으로 인해 적의하고, **관례**가 되기 전에 역시 일시적인 다른 형태들에 의해 교체될 수밖에 없는 일시 취해진 행태규칙에서 독창적인 것이다.

말놀이로 하는 기지는 **천박**하다. 그런가 하면 판단력의 공허한 천착(시시콜콜 말 따지기)은 현학적이다. **변덕스러운** 기지는 **기론**〔奇論〕을 잘하는 두뇌의 기분에서 나오는 것을 말**하는**[476] 것으로, 이 경우는 단순성의 진심어린 목소리 뒤에서 누군가를 (또는 그의 의견을) 웃음거리로 만들 B156 A156
려는 (교활한) 악한의 모습이 엿보인다. 찬동받을 만한 것의 반대되는 것 VII222
이 겉치레의 칭찬(우롱)으로 높여지고 있기 때문이다. 예컨대 『**스위프트**의 시에서 포복하는 기술』[477]이나 **버틀러**의 『휴디브라스』[478]가 그러한 것이다. 경멸스러운 것을 대비를 통해 더욱 경멸스럽게 만드는 그러한 기지는 예기치 않던 놀라움을 주기 때문에 아주 명랑하지만, 그러나 그것은 언제나 단지 **유희**이며, (**볼테르**의 그것처럼) 가벼운 기지일 뿐이다. 이

---

475) Nicolas Charles Joseph de la Flourie Trublet(1697~1770). 칸트는 그의 수상집 *Essais sur divers subjets de littérature et de morale*(1754)를 인간학 강의 곳곳에서 (XXV, 136 · 153 · 344 · 388 · 963 등) 인용하고 있다.

476) B판 추가.

477) 칸트는 독일어 번역본 *Peri Bathous s. Anti-Sublime. Das ist: D. Swifts neueste Dichkunst, oder Kunst, in der Poesie zu kriechen*(Leipzig 1733)을 염두에 두고 있는 것으로 보이나, 원작자는 Swift가 아니라 Alexander Pope로 추정된다. AA XV, 199 참조.

478) Samuel Butler(1612~1680). 영국의 시인이자 풍자가. 그의 *Hudibras*는 3부작(1663, 1664, 1678)으로 청교도들을 풍자하고 있다. 칸트는 강의 중 자주 이에 대해 언급하고 있다.(XXV, 345 · 762 · 967 · 994 · 1268/69 등 참조)

에 반해, (**영**[479]이 그의 풍자시에서 했던 것처럼) 진실하고 중요한 원칙들을 문장으로 표현하는 기지는 천금의 무게를 갖는 기지라 부를 수 있다. 왜냐하면 그것은 〔의미심장한〕 **일**이고, 재미보다는 오히려 경탄을 **불러일으키기**[480] 때문이다.

속담(俗談)은 **기지 있는 말**(警句)이 아니다. 왜냐하면 속담은 통속화한 문구로서, 그것이 처음 사람의 입에서 나왔을 때는 기지 있는 말**이었을** 수도 있으나, 모방을 통해 전파된 사상을 표현하고 있기 때문이다. 그래서 속담들에 의한 말은 천민의 언어이며, 상류 세계와의 교제에서는 기지의 전적인 결여를 증명하는 것이다.

심오함은 기지의 사안은 아니지만, 그러나 이 기지가 사상에 부수해 있는 비유적인 것에 의해 이성을 위한 그리고 이성을 도덕적-실천적 이념들을 위해 사용하기 위한 수레나 의복이 될 수 있는 한에서는, 이 기지는 (천박한 기지와는 구별되는) 심오한 기지로 생각될 수 있다. **새뮤얼 존슨**의 여성에 관한, 언필칭 경탄할 만한 잠언들 중 하나를 『**왈러**의 생애』[481]
B157 A157 에서 인용하면 이렇다: "**왈러**는 아무런 의심 없이 그가 결혼하기를 주저했던 많은 여성들을 칭찬했으며, 아마도 그가 칭찬하기를 저어했던 한 여성과 결혼했다." 이 대목에서는 대구〔對句〕의 유희가 경탄할 만한 것의 전체를 이루거니와, 그러나 이를 통해 이성이 얻는 것은 아무것도 없다.

---

479) Edward Young(1684~1765). 영국의 시인이자 극작가. 7편의 풍자시 모음집 *The Universal Passion*(1725~1727)이 있는데, 칸트는 인간학 강의에서 이를 자주 언급했다.(XXV, 399 · 517 · 575 · 967 · 1117 · 1265 · 1341 · 1391 등 참조)

480) A판: "동반하기."

481) 영국의 작가인 Samuel Johnson(1709~1784)은 영어사전을 편찬했으며, 말년에는 시인 52명에 대한 전기를 썼는데, 그 가운데에는 시인 Edmund Waller(1606~1687)의 전기도 포함되어 있다. 그런데 여기서의 칸트의 인용문은 실제로는 James Boswell(1740~1795)의 『새뮤얼 존슨의 생애(*The Life of Samuel Johnson*)』(1791)에서 볼 수 있다.

— 그러나 이성을 위한 쟁론적인 문제들이 현안이 되었을 때, 그의 친구 **보스웰**[482]은 존슨이 끊임없이 구했던, 최소한의 기지라도 보이는 신탁 문구를 찾아낼 수 없었다. 오히려 **존슨**이 종교의 문제나 정부의 권리의 문제에 있어서 의심하는 자들에 관해서 또는 단지 인간의 자유 일반에 관해서 말했던 모든 것은 그의 천성적인 그리고 아첨꾼들의 비위맞추기에 의해 고착화한, 뭐든지 거부하는 전제성으로 인해 거친 조야함으로 끝나고 말았다. 그의 숭배자들은 그것을 **야성**(野性)[※]이라 즐겨 불렀지만, 그러나 그것은 **존슨**이 동일한 사상 안에서 심오함이 통합된 기지에 대해 VII223
아주 무능력함을 증명한 것이었다. — **존슨**을 의회에 각별히 유능한 의원으로 천거했던 그의 친구들의 말에 귀 기울이지 않았던 영향력 있는 인사들도 그의 재능은 높이 평가했던 것으로 보인다. — 무릇 한 언어의 사전을 편찬하는 데는 족한 기지도 그러나 중요한 업무들의 통찰을 위해 B158 A158
필요한 이성이념들을 일깨우고 활성화하는 데는 충분하지 못하다. — — **겸손**은 이것이 하늘이 준 것임을 깨닫는 이의 마음속에 저절로 나타나는 것이다. 자신만으로는 결정하지 못하고, 타인의 판단까지도 (어쨌든 눈에 띄지 않게) 고려해 넣는, 자신의 재능에 대한 불신은 **존슨**에게는 결코 없는 속성이었다.

※ **보스웰**의 이야기에 의하면, 그와 동석했던 어떤 귀족이 **존슨**이 고급 교육을 받지 못했다고 유감을 표명했을 때, **바레티**[483]는 말했다: "아닙니다, 아닙니다, 각하! 당신은 하고자 하는 바는 무엇이든 그와 함께할 수 있을 것입니다. 그는 언제나 곰으로 남아 있을 테니까요." "그렇지만 **춤추는 곰**이겠지요?"라고 귀족은 말했다. 그의 친구인 또 다른 사람은 "**그 사람은 피부 외에는 곰과 같은 것을 가진 것이 없다.**"고 말함으로써 이 상황을 완화시키려 생각했다.

---

482) 위의 각주 참조.

483) Guiseppe Marc'Antonio Baretti(1719~1789). 이탈리아 태생으로 이탈리아, 스페인, 영국 등에서 활동한 문예비평가.

B.

총명함 또는 탐구의 재능에 대하여

§53.[484] 무엇인가를(우리 자신 안에나 다른 곳에나 숨겨져 있는 무엇을) **발견하기** 위해서는, 많은 경우에 사람들이 어떻게 하면 잘 추구할 수 있는지를 밝게 아는 특수한 재능이 필요하다. 진리가 어디에서 발견될 수 있겠는지를 **미리 판단하는**(豫斷의) 천부적 자질 말이다. 그것은 추구한 것을 발견하거나 발명하기 위해서 사물들을 흔적을 따라 좇고, 근친성의 최소한의 계기라도 이용하는 재능이다. 학교의 논리학은 이런 것에 관해서는 우리에게 아무것도 가르쳐주지 않는다. 그러나 **베룰람의 베이컨**[485] 같은 이는 그의 『신기관』[486]에서 자연 사물들의 숨겨져 있는 성질이 실험에 의해 어떻게 발견될 수 있는지의 방법에 대한 빛나는 실례를 보여주었다. 그러나 이러한 실례조차도 사람들이 어떻게 하면 성공적으로 추구할 수 있는지를 일정한 규칙에 따라 가르쳐주는 데는 족하지 않다. 왜냐하면 이 경우 사람들은 그로부터 진행을 개시하고자 하는 무엇인가를 먼저 전제해야 (즉 어떤 가정으로부터 시작해야) 하기 때문이다. 무릇 이러한
B159 A159 일은 원리들, 즉 특정한 계기에 따라 진행되어야만 하는데, 바로 이 점에 사람들이 이러한 원리들을 어떻게 탐지해내야 하는가 하는 문제가 놓여 있는 것이다. 왜냐하면 사람들이 돌부리에 걸려 넘어져 광석층을 알아내고, 이와 함께 하나의 광맥도 발견하자, 맹목적으로, 요행을 바라면서, 이런 일을 감행하는 것은 아마도 탐구를 위한 나쁜 지침일 것이기 때문
VII224 이다. 그럼에도 이를테면 마법의 지팡이를 손에 들고서 인식의 보물을,

---

484) A판: "§46." AA: §56.

485) Francis Bacon(1561~1626)은 궁정 최고법관이 되던 1618년에 베룰람 남작(Baron Verulam)에 봉해졌고, 그때부터 이렇게 호칭되었다.

486) 베이컨의 주저 『대혁신(*Instauratio Magna*)』(1620) 제호 아래에 있는 「신기관 또는 자연 해석을 위한 참된 안내(*Novum Organum, sive Indica vera de interpretatione naturae*)」를 말한다. 『순수이성비판』, B판의 경구(BII) 참조.

그런 것을 배운 바 없으면서도, 흔적을 따라 좇는 재능을 가진 사람들이 있다. 그들은 그런 것을 도무지 타인들에게 가르치지는 못하지만, 타인들에게 시범을 보일 수는 있다. 그것은 천부의 자질이기 때문이다.

C.
인식능력의 원본성 또는 천재에 대하여

§54.[487] 무엇인가를 **발명**하는 것은 무엇인가를 **발견**하는 것과는 전적으로 다른 일이다. 무릇 사람들이 **발견**하는 것은 먼저 이미 실존하고 있는 바로서 받아들여지는 것으로, 단지 그것이 아직 알려지지 않았을 따름인 것이다. 예컨대 **콜럼버스** 이전의 아메리카처럼 말이다. 그러나 사람들이 **발명**하는 것, 예컨대 **화약**은 그것을 만든 기술자※ 이전에는 아직 전혀 알려지지 않았던 것이다. 둘 다 공적일 수 있다. 그러나 사람들은 전혀 추구하지 않은 어떤 것을 **알아낼** 수 있다.(연금술사가 인(燐)을 알아낸 것처럼 말이다.) 이때 그것은 전혀 공적이 아니다. — 무릇 발명의 재능은 **천재**라고 일컬어진다. 그러나 사람들은 이 명칭을 언제나 오직 **기예가**에게만 붙인다. 그러므로 무엇인가를 **만들** 줄 아는 이에게만 붙이 B160 A160

※ 화약은 승려 **슈바르츠**[488] 시대 훨씬 이전에 이미 알헤시라스[489]의 포위 공격에서 사용되었으며, 그것을 발명한 이는 중국인으로 보인다. 그러나 이 화약을 수중에 넣은 저 독일인이 (예컨대 그 안에 아세트산염을 분해하고, 석탄을 제거하고, 황을 태워버림으로써) 그것의 분석을 시도했고, 그리하여 그것을 **발명**한 것은 아닐지라도 **발견**했다는 사실은 그럴 수도 있겠다.

487) A판: "§47." AA: §57.

488) Berthold Schwarz. 14세기 독일 Freiburg 출신의 프란체스코 수도원 승려로 알려져 있으며, 우연히 (1353 또는 1359년에) 흑색 화약을 발견했다는 이야기가 있다.

489) 스페인의 지브롤터 서남의 해안 도시 Bahía de Algeciras. 오랫동안 회교국가의 지배 아래 있던 이 도시는 수년간의 포위 공격 끝에 1344년 3월에 스페인 왕국 카스티에의 Alfons XI에게 함락되었는데, 칸트는 이 사실을 염두에 두고 말하는 것 같다.

며, 한낱 많은 것을 인지하고 **알** 뿐인 이에게는 붙이지 않는다. 그러나 또한 한낱 모방하는 기예가에게는 붙이지 않으며, 자기의 작품을 **근원적으로** 만들어내는 재주를 가진 기예가에게만 붙이며, 최종적으로는 이러한 기예가라도, 그의 생산물이 **범례적**일 때만, 다시 말해 그의 생산물이 본보기(見本)로서 모방할 만한 가치가 있을 때 붙인다. ― 그러므로 한 인간의 천재란 (이런저런 종류의 기예 생산물과 관련한) "그의 재능의 범례적 원본성〔독창성〕"이다. 그러나 사람들은 또한 이러한 소질을 가진 두뇌〔소유자〕도 **하나의** 천재라고 부른다. 그런 경우에 이 말은 한낱 어떤 인격〔인물〕의 천부적 자질뿐만 아니라, 그 인격〔인물〕 자체를 의미하겠다. ― (**레오나르도 다 빈치**처럼) 많은 전문 분야에서 천재는 **대**천재이다.

천재를 위한 원래의 분야는 상상력이다. 상상력은 창조적인 것으로서, 다른 능력들보다 더 적게 규칙들의 강제 아래에 놓이지만, 그러나 그럼
VII225 으로써 그만큼 더 원본성〔독창성〕을 보일 수 있기 때문이다. ― 가르침의 기제는, 가르침이라는 것이 항상 학생들로 하여금 모방을 강요하기 때문에, 천재의 발아에는, 곧 천재의 원본성〔독창성〕을 두고 말하자면, 물론 불리하기는 하다. 그러나 모든 기예는 모종의 기계적인 근본 규칙을, 곧
B161 A161 그 산물과 근저에 놓인 이념과의 부합을, 다시 말해 생각된 대상의 현시에서의 **진리**(성)를 필요로 한다.[490] 무릇 이런 것은 학교식의 엄격함을 가지고서 배워야만 하는 것이며, 물론 모방의 결과이다. 그러나 상상력을 이러한 강제에서 해방시키고, 그 특유의 재능을 심지어는 자연에 어긋나게 무규칙적으로 진행시키며 **몽상**하도록 하는 것은 아마도 진짜 미친 짓을 낳게 될 것이다. **그러나**[491] 두말할 것도 없이 이런 것은 범례적인 것이지 못할 터이고, 그러므로 천재로 간주되지 않을 터이다.

---

490) 천재와 기예, 그리고 기예의 산물의 규칙성에 관해서는 『판단력비판』, §46(B181=V307 이하) 참조.

491) B판 추가.

정신이란 인간 안에서 **생기를 일으키는** 원리이다.[492] 프랑스어에서는 정신과 **기지**를 하나의 명사 '에스프리'[493]로 쓴다. 독일어에서는 그게 다르다. 사람들은 어떤 연설이, 어떤 글이, 사교장에서 어떤 부인이, 또 등등이 아름다우나, 정신을 결여하고 있다고 말한다. 기지의 비축량은 여기서 아무런 차이도 만들지 못한다. 무릇 기지의 결과는 아무런 지속적인 것도 남겨놓지 않기 때문에, 사람들은 기지를 역겨워할 수도 있으니 말이다. 위에서 말한 저런 모든 일이나 인물이 **정신이 풍부하다**고 일컬어지는 것이 마땅하다면, 그들은 **관심**을 불러일으킬 것이 틀림없고, 그것도 **이념들**을 통해 그리할 것이 틀림없다. 왜냐하면 관심은 그와 같은 개념들을 위한 큰 활동 공간을 눈앞에 가지고 있는 상상력을 움직이게 하기 때문이다. 그러므로 만약 우리가 프랑스어 '제니'[494]를 독일어로 **특유한 정신**(독특한 영)이라고 표현하면 어떻게 될까. 무릇 우리(독일) 국민은 프랑스인들이 그들의 언어에 한 낱말로 가지고 있는 것을 우리의 언어 안에 가지고 있지 않아 그들에게서 빌려올 수밖에 없었다고 자인하거니와, 그러나 그들 **자신**도 이 낱말을 다름 아니라 특유한 정신(독특한 영)을 뜻하는 라틴어 낱말('게니우스'[495])에서 빌려온 것이다.

그러나 재능의 범례적인 원본성(독창성)이 무엇 때문에 이러한 **신비한** 이름으로 불리게 된 것인지 그 이유는, 이러한 재능을 가진 자가 이러한 재능의 돌발을 그 자신 설명할 수가 없고, 또 그가 배울 수도 없었던 어떤 기예에 그가 어떻게 이르렀나를 그 자신도 개념화할 수가 없기 때문인 것이다. 왜냐하면 (어떤 결과에 대한 원인의) **불가시성**(不可視性)은 정 B162 A162

---

492) 『판단력비판』, B192=V313 참조.

493) 원어: Esprit.

494) 원어: génie. 본래 '정령'을 뜻하는 라틴어 낱말 genius에서 온 말로 '수호신', '귀신', '화신', '타고난 재능', '특성', '천재성'의 의미로 확대 사용됨. 『판단력비판』, B182 이하=V308 참조.

495) 원어: genius.

신〔영〕(즉 재능 가득 찬 이에게 태어날 때부터 함께하는 '게니우스'〔수호신〕)의 부수 개념으로서, 그는 단지 이 정신〔영〕이 시사하는 바에 따르는 것일 뿐이기 때문이다. 그러나 마음의 힘들은 이때에 상상력을 매개로 조화롭게 움직여야만 한다. 왜냐하면 그렇지 않을 경우 마음의 힘들은 생기를 띠는 것이 아니라, 오히려 서로 교란할 것이기 때문이다. 그리고 이러한
VII226 일은 주체의 **자연**〔**본성**〕에 의해서 일어나는 것이 틀림없다. 그 때문에 사람들은 천재를 "그것을 통해 자연이 기예에게 규칙을 주는"[496] 재능이라고 부를 수 있다.

§55.[497] 위대한 천재들이 종종 새로운 길을 내고 새로운 전망을 열기 때문에 위대한 천재를 통해 세계에 전체적으로 특별히 기여하는 바가 있는지, 아니면, 기계적인 두뇌들이, 비록 시대를 구획하지는 못해도, 그들의 일상적인, 경험의 지팡이에 기대어 천천히 전진하는 지성을 가지고서(그들은 설령 그들 중 누구도 경탄을 불러일으키지는 못했다 해도, 어떤 무질서도 짓지 않았으므로) 기예와 학문의 성장에 가장 크게 기여했는지, 이 문제는 여기서 해설하지 말고 그대로 남겨두자. — 그러나 그들 중 **천재인**〔天才人〕(더 정확하게는 천재 원숭이)이라 불리는 한 유형은 저 천재의 간판 아래 들었는데, 그들은 유별나게 자연으로부터 혜택받은 두뇌들의 언어를
B163 A163 구사하며, 수고로운 학습과 연구를 졸렬한 것이라 선언하고, 모든 학문의 정신을 한 손에 움켜잡으려 애썼으며, 그러나 정신을 작은 복용량으로 농축하여 강력하게 해서 제공하는 것이라고 자칭한다. 이러한 유형은, 종교와 나랏일 그리고 도덕에 관해 마치 통달자나 주권자처럼 지혜의 좌석에 앉아 내려다보면서 결정적인 음조로 단정을 하면서 그 정신의

496) 『판단력비판』, §46 참조: "천재란 기예에 규칙을 주는 재능(천부의 자질)이다. 이 재능은 기예가의 선천적인 생산적 능력으로서 그 자신 자연에 속하므로, 사람들은 또한 '천재란 선천적인 마음의 소질(才質)로서, 그것을 통해 자연은 기예에게 규칙을 주는 것이다'라고 표현할 수도 있겠다."(*KU*, B181=V307)

497) A판: "§48." AA: §58.

빈곤함을 은폐할 줄 안다면, 돌팔이 의사나 호객꾼이 그렇듯이, 학문과 윤리를 형성하는 데 있어 진보에 매우 해로운 자들이다. 저런 협잡꾼들에게는 눈길을 주지 않은 채 웃어넘기면서, 자기 길을 부지런히, 질서 있고 명료하게 인내심을 가지고 전진하는 것 외에 저런 자들에 맞서 해야 할 일이 뭐가 있을까?

§56.[498] 천재는 그를 낳은 인종과 토양이 다름에 따라 서로 다른 맹아를 자기 안에 가지고 있으며, 그 맹아를 서로 다른 방식으로 발전시켜나가는 것으로 보인다. 독일인들에게는 **뿌리**가, 이탈리아인들에게는 **수관**〔樹冠〕이, 프랑스인들에게는 **꽃**이, 영국인들에게는 **과실**이 더 관심을 끈다.

그렇지만 (상이한 모든 종류의 학문을 붙잡으려는) **보편적**인 두뇌는 발명적인 두뇌인 천재와는 구별된다. 전자는 학습될 수 있는 것에서 그런 것일 수 있다. 곧 **율리우스 카이저 스칼리저**[499]와 같은, 모든 학문에 관해 지금까지 이루어진 것에 대한 역사적〔자료적〕 지식을 소유한 자(博識家) 말이다. 후자는 정신의 큰 **외연**보다는 내포적 크기를 가진 이로서, 자기가 기도하는 모든 일에서 시대를 구획하는 (**뉴턴**, **라이프니츠** 같은) 인사이 B164 A164
다. 모든 학문들의 연관과, 그것들이 서로를 어떻게 지지하는지를 방법적으로 통찰하는 **건축술적** 두뇌는 그 아래에 있을 뿐이나, 그럼에도 평범하지 않은 천재이다. — 그런데 **거인적**인 학식도 있는데, 그럼에도 이는 종종 **키클로페스**[500]**적**이어서, 곧 눈 하나가 없다. 곧 백 마리의 낙타에 VII227
실을 짐만큼의 역사적 지식의 양을 이성에 의해 합목적적으로 이용하기 위한 참된 철학의 눈을 결여하고 있는 것이다.

---

498) A판: "§49." AA: §59.

499) 곧 Julius Caeser Scaliger. 위 BA96=VII184 참조.

500) cyclopes. 호메로스의 『오디세우스』에 등장하는 '둥근 눈' 곧 외눈을 가진 거인족.

두뇌의 순전한 자연인(자연의 학생, 스스로 배운 者)은 많은 경우 천재로 여겨질 수 있다. 왜냐하면 그들은, 비록 그들이 알고 있는 많은 것을 타인에게서 배웠을 수 있음에도 불구하고, 그 자신 스스로 생각해낸 것이고, 그래서 그 자체로는 아무런 천재의 일도 아닌 것에서 천재이기 때문이다. 기계적인 기예를 두고 말하자면, 스위스에 이러한 기예들에서 발명가가 많이 있는 것처럼 말이다. 그러나 단명했던 뤼베크의 **하이네케**[501)]나 할레의 **바라티어**[502)]와 같은 조숙한 신동(早熟한 秀才)은 자연이 자기 규칙을 일탈한 것, 박물 표본실의 희귀품으로서, 그들의 조숙한 성장은 경탄스럽기는 하지만, 그러나 종종 그 성장을 촉진시킨 이들을 근본적으로 후회하게 만든다.

* * *

결국 인식능력 자신을 촉진시키기 위해 인식능력을 전체적으로 사용하는 일은 이론적 인식에서조차, 그에 따라서만 인식능력이 촉진될 수
B165 A165 있는 규칙을 주는 이성을 필요로 하기 때문에, 그래서 사람들은 이성이 인식능력에 대해 하는 요구주장을 인식능력의 세 분과에 따라 제기되는 다음의 세 물음으로 총괄할 수 있다.

나는 무엇을 하려 하는가?(라고 지성은 묻는다.)※

※ '하려 하다'〔의욕하다〕[503)]는 여기서 순전히 이론적인 의미로 쓰인다. 즉 나는 무엇을 **진리**라고 주장하려 하는가?

---

501) Christoph Heinrich Heinecke(1721~1725). 'Lübeck의 아이'로 불렸던 신동으로 조숙한 정신 발달, 특히 유명한 기억력으로 큰 화제를 일으켰으나 불과 4세에 요절하였다.

502) Jean Philippe Baratier(1721~1740). 5세 때 이미 3개 국어를 했고, 8세 때는 성서를 원어인 히브리어와 그리스어로 해독함으로써 명성이 자자했다. 그러나 이른 나이에 이미 노인의 모습이 되었고, 20세가 되기도 전에 죽었다.

무엇이 중요한가?(라고 판단력은 묻는다.)

무엇이 귀결하는가?(라고 이성은 묻는다.)

두뇌들은 이 세 가지 물음에 대답하는 역량에서 매우 서로 다르다. — 첫째 물음은 자기 자신을 이해하는, 오직 명석한 두뇌를 요구할 뿐이다. 이러한 천부의 자질은 어느 정도의 개화의 상태에서는 사뭇 평범한 것이다. 특히 사람들이 그에 대해 주의를 기울일 때는 그렇다. — 둘째 물음에 적중하게 대답하는 것은 훨씬 드문 일이다. 무릇 주어진 개념을 규정하고 과제를 그럴듯하게 해결하는 방식은 여러 가지가 있기 때문이다. 그런데 (예컨대 소송이나 소송을 위한 모종의 행위 계획의 개시에서) 그에 딱 VII228
맞는 단 하나의 해결은 무엇일까? 이에 대해서는 특정한 경우에 딱 들어맞는 것을 선별하는 재능(分別的 判斷力)이 있는데, 이것은 매우 바라 마지않는 것이나, 매우 드문 것이다. 자기의 주장을 보증해줄 **다수의** 근거들을 끌어대는 변호사는 판사로 하여금 그 판결을 아주 어렵게 만든다. 왜냐하면 그 자신이 더듬으며 헤매고 있기 때문이다. 그러나 만약 그가 자기가 하려 하는 것을 설명하고 나서 중요한 점—무릇 이것은 단 하나일 것이니까—에 적중하는 것을 알고 있다면, 일은 짧은 시간 내에 결말이 B166 A166
나고, 이성의 선고는 저절로 뒤따라온다.

지성은 적극적이며, 무지의 몽매함을 쫓아낸다. — 판단력은 차라리 소극적인 것으로, 그 속에서 대상들이 현상하는 희미한 불빛으로 말미암아 빚어지는 착오들을 방지해준다. — 이성은 착오들의 원천(선입견들)을 틀어막고, 그렇게 함으로써 원리들의 보편성을 통해 지성을 안전하게 한다. — — 책에서 배운 것은 지식을 증대시켜주기는 하지만, 그러나 이성이 그에 덧붙여지지 않으면, 개념과 통찰을 확장시켜주지는 못한다. 이

503) 원어: Wollen. '하려 하다/의욕하다'는 많은 경우 욕구의 문제와 관련하여, 따라서 실천적 의미로 사용된다.

이성[504]은 **궤변**[505]과는, 즉 이성의 법칙 없이 이성을 사용하여 한갓된 시도들을 가지고 유희하는 것과는 구별되는 것이다. 과연 내가 유령을 믿어야 할 것인지가 문제가 될 때, 나는 유령의 가능성에 관해 온갖 방식으로 **궤변**할 수 있다. 그러나 **이성**은 **미신**을, 다시 말해 현상을 경험법칙에 따라 설명하는 원리 없이 그 현상의 가능성을 받아들이는 것을 금지한다.

동일한 대상을 바라보는, 그리고 서로를 바라보는 방식에서의 두뇌들의 큰 상이함을 통해, 그리고 그런 두뇌들이 서로 부딪치고, 서로 결합하고 분리됨을 통해 자연은 무한히 서로 다른 방식의 관찰자와 사상가들의 무대 위에 볼 만한 연극을 연출한다. **사상가들의 부류**[506]에 대해서는 (이미 위에서 **지혜로 이끄는** 것이라고 언급되었던)[507] 다음의 명제들이 불변의 지시명령으로 제시될 수 있겠다:

B167 A167 1. **스스로** 생각하기.
2. (사람들과의 소통에서) 각자 **타인의** 위치에서 생각하기.
3. 항상 **자기 자신과 일치되게** 생각하기.

첫째 원리는 소극적인 것 ― 누구도 스승의 말에 盲從할 責務는 없다[508] ― 으로, **강제 없는** 사고방식의 원리이며, 둘째 원리는 적극적인 것으로, **자유로운**, 즉 타인들의 개념에 순응하는 사고방식의 원리이고, 셋째 원리는 **일관성 있는**(논리 정연한) 사고방식의 원리이다. 인간학은 이 원리들
VII229 각각에 대해 사례를 제시할 수 있고, 그 반례 또한 더 많이 제시할 수 있다.

504) 원어: Vernunft.
505) 원어: Vernünfteln.
506) A판: "후자들."
507) B판 추가.
508) Horatius, *Epistula* I, 1, 14.

인간 내면에서 가장 중요한 혁명은 "인간이 자기 탓인 미성숙에서 벗어남"[509]이다. 이제까지는 타인들이 그를 **위하여**〔대신하여〕 생각했고, 그는 한낱 모방을 하거나 걸음마 줄에 따라 인도되었다면, 이제 그는 경험의 지반 위에서 자신의 발로 서서, 비록 아직 비틀거리기는 하지만, 감연(敢然)히 전진한다.

509) 칸트의 논고: 「'계몽이란 무엇인가?'라는 물음에 대한 답변」(1784)의 첫 문장.(WA: VIII, 35 참조)

BA168 VII230

제2권[1]
쾌와 불쾌의 감정

구분

1) **감성적 쾌**, 2) **지성적 쾌**. **전자**는 A) **감관**에 의한 쾌(쾌락)이거나 B) **상상력**에 의한 쾌(취미)이다. 후자(곧 지성적 쾌)는 a) 현시될 수 있는 **개념들**에 의한 쾌이거나 b) **이념들**에 의한 쾌이다. — — 이것과 반대인 **불쾌**도 이런 식으로 표상된다.

감성적 쾌에 대하여

A.[2]
쾌적한 것에 대한 감정 또는 대상의 **감각**에서의 감성적 쾌에 대하여

§57.[3] **쾌락**〔즐거움〕은 감관에 의한 쾌이며, 감관에 쾌를 주는 것을 **쾌적하다**고 일컫는다. **고통**〔괴로움〕은 감관에 의한 불쾌이며, 고통을 낳는 것은 **불편**〔불쾌적〕**하다**. — 이것들은 서로 간에 취득과 결여(+와 0)처럼 대립해 있는 것이 아니라, 취득과 손실(+와 −)처럼, 다시 말해 하나가 다
BA169 른 하나에 대해서 한낱 **반대**(矛盾對當, 卽 論理的 對當)로서가 아니라 **대항**(反對對當, 즉 實在的 對當)으로서 대립해 있다.[4] — — **적의한** 것 또는 **부적**

1) A판: "제2장."
2) A판: "제1절."
3) A판: "§50." AA: §60.

의한 것과 그 사이에 있는 것, 즉 **아무래도 좋은** 것이라는 표현은 너무 넓다〔느슨하다〕. 왜냐하면 이런 표현들은 지성적인 것과도 상관될 수 있기 때문이다. 그럴 경우 이 표현들은 쾌락과 고통에 부합하지 않을 것이다.

사람들은 이 감정들을 우리의 상태에 대한 감각이 마음에 일으키는 작 VII231
용결과에 의해서도 설명할 수 있다. 나의 상태를 **버리도록**(그 상태에서 벗
어나도록) 직접적으로 (감관을 통해) 나를 채근하는 것은 나에게 **불편**〔**불쾌**
적〕**한** 것이다. — 그것은 나를 고통스럽게 한다. 그런가 하면 그 상태를
유지하도록(그 상태에 머물도록) 나를 채근하는 것은 나에게 **쾌적한** 것이
다. 그것은 나를 즐겁게 한다. 그러나 우리는 쉼 없는 시간의 흐름 속에
서 그리고 이와 결합되어 있는 감각들의 바뀜 가운데서 살아간다. 그런
데 한 시점을 떠나 다른 시점으로 들어선다는 것은 (바뀜이라는) 동일한
작용이지만, 그럼에도 우리의 생각들과 이 바뀜의 의식에는 인과관계에
상응하는 시간계기〔繼起〕가 있다. — 이제 생기는 문제는, 현재의 상태를
버린다는 의식이 우리 안에 쾌락의 감각을 환기하는 것인지, 아니면 장
래의 상태에 **들어선다**는 전망이 그렇게 하는 것인지이다. 전자의 경우에
쾌락은 다름 아니라 고통의 폐기이며 소극적인 어떤 것이다. 후자의 경
우에 쾌락은 쾌적함의 예감, 그러므로 쾌의 상태의 증대, 그러니까 적극
적인 어떤 것이겠다. 그러나 이미 미리 추량될 수 있는 바는 전자만이 발 BA170
생할 것이라는 사실이다. 왜냐하면 시간은 우리를 현재적인 것에서 장래
적인 것으로 끌고 가기 — 거꾸로가 아니라 — 때문이다. 그리고 우리는
다른 **어떤 상태에** 우리가 들어설 것인지는 미정인 채로 우선 현재적인
것에서 나오도록 강요받는바, 어쨌거나 그 상태는 어떤 다른 상태이며,
그것만으로 쾌적한 감정의 원인일 수 있다.

4) 칸트는 『이성의 한계 안에서의 종교』에서는 선-불선, 선-악(*RGV*, B9=VI22 참조)을, 『윤리형이상학』에서는 덕-부덕, 덕-패악(*MS*, *TL*, A10=VI384)을 이런 식으로 구별하고 있다.

쾌락〔즐거움〕은 생을 촉진하는 감정이며, 고통〔괴로움〕은 생을 저지하는 감정이다. 그런데 (동물의) 생이란, 의사들도 이미 주목한 바처럼, 양자 사이의 길항의 연속적인 유희〔작용〕이다.

그러므로 모든 쾌락에 고통이 선행하지 않을 수 없다. 고통이 언제나 최초의 것이다. 무릇 일정 정도 이상으로는 상승될 수 없는 생명력을 연속적으로 촉진하면 그로부터 너무 **기쁜** 나머지 급사하는 것 말고 무엇이 결과하겠는가?

또한 어떠한 쾌락도 다른 쾌락에 직접적으로 뒤따라올 수는 없다. 오히려 한 쾌락과 다른 쾌락 사이에는 고통이 개재해 있음이 틀림없다. 건강 상태를 이루고 있는 것은 그 사이에 섞여서 생명력을 촉진하는 생명력의 작은 장애들이다. 그릇되게도 우리는 건강 상태를 연속적인 안녕[5]으로 본다. 그렇지만 건강 상태는 오직 간헐적으로 (언제나 그 사이에 들어서는 고통과 함께) 서로 잇따르는 쾌적한 감정들로부터 성립하는 것이다. 고통은 활동의 자극제이고, 이러한 활동 중에서 우리는 비로소 우리의 생을 느낀다. 이러한 고통이 없다면 생기 없는 상태가 들어설 터이다.

BA171 VII232 (병이 점차적으로 치유되고, 잃어버린 자본금을 천천히 재취득하는 것처럼), **천천히 지나가는 고통들은 어떤 생생한 쾌락도 그 결과로 갖지 않는다.** 왜냐하면 그러한 이행은 인지되지 않기 때문이다. — 나는 **베리**[6] 백작의 이러한 주장에 충분한 확신을 가지고 동의하는 바이다.

---

5) 칸트 원문대로 하면 "연속적으로 느끼는 안녕"이지만, 칸트 手稿를 좇아 "느끼는"을 삭제하고 읽는다.

6) Pietro Verri(1728~1799). 밀라노의 귀족. 그의 저술 『행복에 대한 성찰*Meditazione sulla felicità*』(Milano 1763)의 독일어 번역본 Christoph Meiners, *Gedanken über die Natur des Vergnügens*(Leipzig 1777), S. 34~37 참조.

실례들을 통한 해명

왜 노름(특히 돈을 건 노름)은 그토록 마음을 끌어당기며, 그리고 그것이 너무 이기적이지만 않다면, 긴 시간 사고의 긴장 뒤에 가장 좋은 기분풀이와 회복이 되는가? 무릇 사람들은 아무것도 하지 않음으로써는 오직 천천히만 회복되는 것인데 말이다. 그것은 노름은 끊임없이 교차하는 공포와 희망의 상태이기 때문이다. 노름 후의 저녁 식사는 한층 입맛이 좋고 건강에도 좋다. — 어찌하여 연극은 (비극이든 희극이든) 그토록 매혹적인가? 모든 연극에는 모종의 난관들(희망과 기쁨 사이에 있는 불안과 곤혹스러움)이 등장하며, 그리하여 서로 대항하는 정동〔격정〕들의 유희가 극의 대단원에서는 관객을 내면적으로 동요시킴으로써 관객의 생명을 촉진하기 때문이다. — 왜 연애소설은 결혼으로써 끝을 맺으며, 무엇 때문에 (**필딩**[7]에서처럼) 서툰 자의 손에 의해 혼인 후에까지도 소설을 계속해서 덧붙이는 속편은 사람들의 비위에 거슬리며 몰취미한 것이 될까? 왜냐하면 연인들의 기쁨과 희망 사이에 있는 연인들의 고통으로서의 질투는 독자에게 있어서 혼인 **전에는** 양념이지만, 혼인 **중에는** 독약이기 때 BA172
문이다. 소설 언어로 말하자면, 무릇 (사랑은 정동〔격정〕과 함께하는 것이니 자명한 일이거니와) "사랑의 고통의 끝은 동시에 사랑의 끝"이니 말이다. — 왜 노동은 자기 생을 향유하는 가장 좋은 방식일까? 노동은 괴로운 (자체로는 불쾌적한 그리고 단지 성공에 의해서만 즐거움을 주는) 일이고, 휴식은 오랜 괴로움이 사라짐으로써만 느낄 수 있는 쾌, 즉 기쁨이 되는 것이기 때문이다. 그렇지 않다면 노동은 향유될 수 있는 것이 아닐 것이니 말이다. — — 담배는 (흡연하는 것이든 흡입하는 것이든) 처음에는 불쾌적한 감각과 결합되어 있다. 그러나 바로 자연은 (목이나 코의 점액을 분비시켜) 이 고통을 순식간에 제거함으로써 담배는 (특히 흡연하는 담배는) 감흥을

---

7) Henry Fielding(1707~1754). 이 사례에 관해서는 앞의 BA63=VII164 참조.

유지시키고 감각들과 심지어는 생각을 언제나 새롭게 환기함으로써 일종의 반려가 된다. 비록 이때의 생각이라는 것이 단지 이리저리 떠도는 것일지라도 말이다. — 끝으로, 어떠한 적극적인 고통에 의해서도 활동
VII233 하도록 자극받지 않는 이를 소극적인 고통인 **지루함**이 혹간 촉발하기도 한다. 지루함은 감각의 **공허**이거니와, 감각의 바뀜에 익숙해 있는 인간은 이것을 자신 안에서 지각한다. 인간은 역시[8] 생의 추동을 무엇인가로 채우고자 애쓰고 있기 때문이다[9]. 〔그리하여〕 인간은 전혀 아무것도 하지 않기보다는 손해가 되더라도 무엇인가를 하지 않을 수 없다는 것을 느끼는 정도에까지 흔히 촉발된다.

지루함과 재미있음에 대하여

§58.[10] 그러므로 자기의 생을 느끼고 즐김은 다름 아니라 현재의 상태에서 벗어나도록 계속적으로 내몰리고 있음을 느낌이다. (그러므로 현재
BA173 의 상태는 마찬가지로 자주 되돌아오는 고통임에 틀림없다.) 이로부터 밝혀지는바, 자기의 생과 시간에 주목하고 있는 모든 이(문명인들)에게 지루함은 압박하고, 실로 불안하게 하는 괴로움이다.※ 우리가 현재 있는 매 시점을

※ 카리브 사람은 생래적으로 활기가 없어서 이러한 괴로움을 겪지 않는다. 그는 몇 시간이고 아무것도 낚지 않은 채로 낚싯대를 드리우고 앉아 있을 수 있다. 망연 무념은 활동의 자극물의 결여이니, 저런 자극물은 언제나 고통을 수반하는 것이거니와, 저 사람은 이러한 고통을 받지 않는 것이다. — 세련된 취미의 우리 독서계는 자기를 개화시키기 위해서가 아니라, 오히려 **향락하기** 위해서, 일과성의 서적들이 언제나 독서 욕구를 불러일으키고, 심지어는 독서의 탐욕(일종의 무위)을 유지한다. 그래서 사람들의 머리는 언제나 비어 있고, 어떠한 과식도 걱정하지 않는다. 왜냐하면 그들은 분망한 태만에 노동이

8) B판 추가.
9) A판: "애쓴다."
10) A판: "§51." AA: §61.

떠나 이어지는 시점들로 이행해간다는 이 압박과 충동은 가속도적이며, 자기 생을 끝내려는 결심을 하는 데까지 이를 수가 있다. 왜냐하면 사치스러운 사람은 온갖 종류의 향락을 시도해보았고, 그에게 새로운 것은 더 이상 없기 때문이다. 파리의 사람들이 **모돈트** 경에 대해 "영국인들은 지루함을 달래기 위해 목을 맨다."고 말한 바 있듯이 말이다.[12)] — — 감각에서 자기 안에서 지각되는 공허는 전율(空虛의 恐怖)을, 그리고 말하자면 서서히 다가오는 죽음의 예감을 불러일으킨다. 이러한 죽음은 운명이 생명의 실을 재빠르게 절단하는 때보다 더 고통스러운 것으로 여겨진다.

왜 시간 단축이 즐김〔쾌락〕과 한가지인 것으로 받아들여지는지가 이로 BA174
부터 설명된다. 그것은 왜냐하면, 시간이 빨리 지나가면 지나갈수록 그만큼 더 우리는 상쾌함을 느끼기 때문이다. 가령 유람여행 중 마차 안에서 세 시간 동안 대화를 즐겼던 사교 인사들이 하차할 때면, 그들 중 한 인사 VII234
가 시계를 보면서 "시간이 어디서 이렇게 가버렸나?" 또는 "우리에게 시간은 얼마나 짧은 것인가?"라고 기쁘게 말한다. 반대로, 시간에 대한 주목이 우리가 벗어나려고 애썼던 고통에 대한 주목이 아니라, 쾌락에 대한 주목일 것이라면, 사람들이 모든 시간의 손실을 유감스러워하는 것은 당연할 터이다. — — 표상들의 바뀜을 거의 함유하지 않는 담화는 **지루하다**고 일컬어지며, 또한 그만큼 괴롭다고도 일컬어진다. 그리고 **재미있는** 인사는 설령 중요한 인사로 여겨지지는 않는다 해도 쾌적한 인사로 여겨

라는 외관을 부여하고, 태만함 중에서 가치 있게 시간을 보내는 양 그럴듯하게 꾸며 보이고 있기 때문이다. 그러나 저러한 시간보내기는 《저널. 사치와 유행》[11)]이 대중에게 제공하고 있는 시간보내기에 비해 나은 게 아무것도 없다.

---

11) *Journal des Luxus und der Moden*. 1786년 F. J. Bertuch와 J. M. Kraus에 의해 독일 바이마르에서 월간 *Journal der Moden*으로 창간되어 1827년까지 간행되었다. 그 사이 여러 차례 개칭되었는데 1787~1812년에는 이러한 제호를 가지고 있었다.

12) 영국의 귀족 Charles Mordaunt, 3rd Earl of Peterborough(1658~1735)의 가문 후손 중 한 젊은이(Philippe Mordaunt)가 파리 체류 중 자살한 사건이 있었는데 이를 두고 하는 말로 보인다.(AA XV, 841 참조)

지며, 그는 단지 방 안에 들어서는 것만으로도 모든 좌중 인사들의 얼굴을 마치 어떤 고난에서 해방된 기쁨에 의한 것처럼 명랑하게 한다.

그러나 자기 일생의 대부분에 걸쳐 지루함으로 고통을 받고, 그래서 그에게는 매일매일이 **길기**만 했던 어떤 사람이 그럼에도 생애의 마지막에 이르러 인생이 **짧다**고 탄식하는 현상은 어떻게 설명될 수 있을까? — 이것의 이유는 비슷한 관찰과의 유비에서 찾을 수 있다. (측량된 것이 아니고, 러시아의 마일〔露里〕처럼 이정표를 갖춘 것도 아닌) 독일의 마일들은 수도(예컨대 베를린)에 가까울수록 점점 더 **작아**지고, 수도에서 멀어지면 멀
BA175 어질수록 (폼머른[13]에서는) 점점 더 **커**진다. 곧 보여진 대상들(마을과 가옥들)의 **충만**〔의 정도〕이 기억 속에서 지나온 공간을 큰 것으로, 따라서 또한 그를 위해서는 **보다 더**[14] 긴 시간이 필요했던 것으로 잘못 추론하게 한다. 그러나 후자의 경우[15]에 공허는 본 것에 대한 기억을 거의 없게 하고, 그러므로 더 짧은 길을, **따라서** 시계가 가리키는 것보다 **더 짧은 시간을**[16] 잘못 추론하게 한다. — — 그와 마찬가지로, 생의 마지막 부분을 다양하고 다변하는 노동〔일〕들로 특징짓는 많은 시기들은 노인으로 하여금 그가 햇수에 따라 생각했던 것보다 더 긴 생애를 보냈다는 상상을 불러일으키고, 계획에 맞게 진척해나가, 의도했던 큰 목적을 달성한 일들에 의해 시간을 충실화하는 것(生을 行實로 延長하는 것)은 자기 생을 기꺼워하고 그러면서 동시에 생에 대해 포만감을 갖게 되는 유일하고 확실한 수단이다. "당신이 생각을 많이 하면 할수록, 당신이 행함을 많이 하면 할수록 당신은 (당신 자신의 상상 속에서일지라도) 그만큼 더 길게 살았다." — — 무릇 생을 이렇게 마침은 **만족**과 함께 일어난다.

---

13) Pommern. 동해(Ostsee) 연안 지역으로 칸트 당대부터 제2차 세계대전 종전 전까지는 일부가 독일(프로이센) 영토에 포함되었으나, 현재는 모두 폴란드의 지역(북서 지방)이다.
14) B판 추가.
15) 곧 수도에서 점점 더 멀어지는 경우.
16) B판 추가.

그러나 생애 중에 **만족**(滿足)이란 어떠한 것인가? — 인간에게 이러한 만족은 이를 수 없는 것이거니와, (방정한 처신에서 자기 자신에 만족하는) 도덕적 관점에서도 그러하고, (숙련성과 영리함을 통해 얻으려 생각하는 자 VII235 기의 안녕에 만족하는) 실용적 관점에서도 그러하다. 자연은 고통을 활동의 자극물로 인간 안에 넣어놓았다. 인간은 언제나 개선을 향해 전진하기 위해서는 고통을 피할 수가 없다. 생의 마지막 순간에서도 생의 마지막 시기에 대한 만족은 단지 비교적으로 — 부분적으로는 우리가 자신을 타인들의 신세와 비교해보고, 또 부분적으로는 우리 자신과 비교해봄으 BA176 로써 — 만 그렇게 말할 수 있을 뿐, 그러한 만족은 결코 순수하고 완벽한 것이지 않다. — 생에서 (절대적으로) 만족한다는 것은 행위 없는 **휴식**이고, 동기들의 정지 또는 감각들의 그리고 이 감각들과 연결되어 있는 활동의 둔화이겠다. 그러나 이러한 둔화는 동물의 몸에서 심장의 정지와 같은 것으로서 인간의 지성적 생활과 공존할 수 없는 것이다. 동물의 몸에서 심장의 정지가 있을 때, 만약 (고통에 의해) 새로운 자극이 일어나지 않는다면, 죽음이 뒤따르는 것은 불가피한 일이다.

주해. 무릇 이 절에서는 인간 안의 내적 자유의 경계〔한계〕를 넘어가는 쾌와[17] 불쾌의 감정들인 **정동〔격정〕들**에 대해서도 다루는 것이 마땅하겠다. 그러나 정동〔격정〕은 다른 절, 곧 욕구능력의 절에서 등장하는 **열정〔욕정〕**[18]들과 흔히 뒤섞이고, 또한 이것들과 가까운 근친 관계에 있으므로, 나는 이것의 해설을 다음에 제3절을 다룰 때에 시도하려 한다.

---

17) A판: "쾌 또는."

18) 원어: Leidenschaft. 통상적 의미의 '열정'보다는 더 강한 심정을 뜻하므로 풀어서 옮긴다면 경우마다 '과도한 열정', '강렬한 열정', '맹목적인 열정', '억제할 수 없는 열정' 등이라야 될 것이고, 이 말에 대응하는 라틴어 'passio'와 마찬가지로 '정념', '수난', '수동'의 뜻도 가지고 있으며, 경우에 따라서는 아예 '욕정'(Konkupiszenz/concupiscentia)으로 옮기는 편이 더 좋은 경우도 있어서, 어떤 번역어를 택해도 의미의 유실이 적지 않다. 이러한 제한하에 이 책에서는 '열정'을 대표 번역어로 정하고 곳에 따라 '〔욕정〕'을 덧붙여 쓴다.

§59.[19] 습성적으로 기쁨의 기분에 드는 것은 대개는 기질적 속성이기는 하지만, 그러나 또한 종종 원칙들의 작용결과일 수도 있다. 다른 이들에게 그렇게 불렸고, 그 때문에 평판이 나빠진 **에피쿠로스의 쾌락의 원리** 같은 것 말이다. 이 원리는 본래는 현자의 **늘 기쁜 심정**을 의미하는 것이었을 터이다. — 기뻐하지도 슬퍼하지도 않는 이는 **차분한**[20] 것이며, 생의 우발적 사건들에 대해 **무관심한(아무래도 좋은)**[21] 이와는, 그러니까 감
BA177 정이 둔화된 이와는 아주 다른 것이다. — **변덕스러운**[22] 기질 — 짐작컨대 당초에는 이것을 몽유병적[23]이라고 일컬었을 것이다 — 은 차분함과는 서로 다른 것이며, 이러한 기질은 어떤 주관이 환희나 비탄에 발작적으로 빠지는 성향으로, 이 주관은 이러한 발작에 어떠한 근거도 제시할 수가 없고, 이러한 성향은 특히 우울증인 사람들에게 따라다니는 것이다. 이러한 기질은 (**버틀러**나 **스턴** 같은 이의) **해학적인**[24] 재능과는 전적으로 다르다. 이러한 재능은 기지 있는 머리를 가진 이가 대상들을 의도적으로-전도시켜 세움으로써(말하자면 대상들을 거꾸로 세움으로써) 익살스러운 천진난만함으로 듣는 이나 읽는 이로 하여금 그 대상들을 스스로 올바로 세우는 즐거움을 갖게 하는 것이다. — **다감함**은 저 차분함과 반
VII236 대되는 것이 아니다. 왜냐하면 그것은 쾌의 상태와 불쾌의 상태를 허용하기도 하고, 이를 마음에서 멀리할 수도 있는 **능력**이자 **강함**이며, 그러므로 선택을 갖는 것이기 때문이다. 그에 반해 **민감함**은 이를테면 느끼는 자의 기관 위에서 제멋대로 놀이할 수 있는 타인들의 상태에 감응함으로써 의지에 반해서까지도 촉발될 수 있는 **약함**이다. 전자[25]는 남성적

19) A판: "§52." AA: §62.

20) 원어: gleichmütig.

21) 원어: gleichgültig.

22) 원어: launisch.

23) 원어: lunatisch.

24) 원어: launicht.

25) 곧 다감함.

이다. 무릇 여자나 아이가 괴로움이나 고통을 받게 하고 싶지 않은 남자는 타인들의 감각을 **자기의** 강함에 따라서가 아니라 **그들의 약함**에 따라서 판정하는 데 필요한 만큼의 섬세한 감정을 가지지 않으면 안 되며, 그의 감각의 섬세함은 관용을 위해서도 필수적인 것이기 때문이다. 그 반면에 동정적으로 타인들의 감정에 자기의 감정을 공명시키고, 그래서 한낱 수동적으로만 촉발되는, 자기의 감정의 실행 없는 감응은 가소롭고 유치하다. — 그래서 경건함은 좋은 기분 중에 있을 수 있고 마땅히 있어야만 한다. 그래서 사람들은[26] 괴롭지만 필요한 일을 좋은 기분으로 할 수 있고 해야만 한다.[27] 심지어는 좋은 기분으로 죽을 수 있고 죽어야만 한다. 왜냐하면 이런 모든 것은 그것이 나쁜 기분으로[28] 그리고 투덜거리는 정조에서 행해지거나 당하게 되면 그 가치를 잃기 때문이다. B178 A178

생이 끝나지 않으면 결코 끝나지 않을 고통을 사람들이 일부러 자꾸 생각하는 것에 대해 사람들은, 누가 무엇(해악)을 **괘념한다**[29]고 말한다. — 그러나 사람들은 [30]아무런 것도 괘념할 필요가 없다. 무릇 변화될 수 없는 것은 잊어야 할 것이니 말이다. 왜냐하면 일어난 것을 일어나지 않은 것으로 만들려 한다는 것은 무의미할 것이기 때문이다. 자기 자신[31]을 개선함은 능히 그럼직한 일이며, 의무이기도 하다. 그러나 이미 나의 지배력 밖에 있는 것에서 여전히 개선해보고자 함은 이치에 맞지 않는 일이다. 그러나 **무엇을 명심한다**[32]는 것은 어떤 좋은 충고이든 가르침이든 사람들이 받아들이기로 확고하게 결심함을 뜻하는바, 이것은 자기의 의

26) B판 추가.
27) B판 추가.
28) B판 추가.
29) 원문: etwas zu Gemüte ziehen.
30) A판: "그와 같은 것은 아무런 것도."
31) B판 추가.
32) 원문: etwas zu Herzen nehmen.

지를 그것을 실행하기 위한 충분히 강한 감정과 연결시키는 숙고된 사유의 방향이다. — 자기의 마음씨를 개선된 품행에 신속하게 적용하는 대신에 자신을 가책하는 자의 참회는 순전히 도로(徒勞)이고, 더구나 한낱 그렇게(후회) 함으로써 자기의 책무 목록이 삭제된 것으로 여겨, 이성적으로는 이제 또한 배가해야 할, 개선을 향한 노력도 하지 않는, 더욱 나쁜 결과를 갖는다.

§60.[33] 즐기는 **하나의** 방식은 동시에 **문화/개화**(開化)이다. 곧 이러한
B179 방식의 즐김을 더 많이 향유하는 역량의 증대이다. 학문과 미적 기예(예
A179 술)를 가지고서 즐김이 그와 같은 것이다. 그러나 하나의 **다른** 방식은 **소**
VII237 **모**이다. 이러한 소모는 우리로 하여금 더 이상의 향유를 점점 더 하지 못
하게 만든다. 그러나 사람들이 어떠한 방도로 즐거움(쾌락)을 찾든지 간에, **이미 위에서 말했듯이,**[34] 주요 준칙은 사람들이 그 즐거움(쾌락)을 점점 더 증가시켜 가게끔 안배한다는 것이다. 무릇 즐거움(쾌락)에 포만하게 된다는 것은 잘못 습관 든 사람에게 생 자체가 짐이 되게 만들고, 여성들을 허황(虛荒)[35]의 이름 아래서 탕진시키는 그러한 역겨운 상태를 낳는다. — — 젊은이여! (**나는 되풀이해서** 말한다.)[36] 일을 좋아하라. 쾌락을 거부하라. 쾌락을 **포기**하기 위해서가 아니라, 가능한 한 많이 언제나 오직 전망 중에 유지하기 위해서. 쾌락에 대한 감수성을 향락에 의해 일찍부터 무디게 하지 마라. 아무런 물리적 향락이 없어도 결코 아쉽지 않은 나이에 들면 이러한 희생이 있다 해도 그대에게는 만족의 자본이 확보될 것이니, 이 자본은 우연이나 자연의 법칙에도 영향받지 않는 것이다.

33) A판: "§53." AA: §63.

34) B판 추가.

35) 원어: Vapeurs. "일종의 아름다운 엉뚱한 생각"(*GSE*: AA II, 246 주).

36) B판 추가. 앞의 BA64=VII165의 "젊은이여!" 이하 참조.

§61.[37] 그러나 우리는 또한 쾌락과 고통에 관해서, 우리가 그것을 거절해야 하는지 또는 그것에 자신을 맡겨야 하는지를 우리 자신에 대한 **보다 높은** 〔차원의〕 (곧 도덕적인) 흡족과 부적의〔不適意〕에 의해 판단하기도 한다.

1) 대상은 쾌적할 수 있으되, 그 대상에서의 쾌락은 **적의하지 않을** 수 있다. 그래서 **쓰라린 기쁨**이라는 표현이 있다. — 곤란한 상황에서 이제 자기의 부모나 유복하고 자애로운 친척에게서 유산을 상속할 사람은 그들의 서거가 기쁜 것을 피할 수 없으되, 또한 이것을 기뻐하는 자신을 꾸 B180
짖지 않을 수 없다. 이와 똑같은 일은 자신이 숭배하는 선임자의 장례에 A180
진정한 슬픔으로 따른 조수의 마음속에서도 일어난다.

2) 대상은 **쾌적하지 않을** 수 있으되, 그 대상에 관한 **고통**은 **적의하다**. 그래서 **달콤한 고통**이라는 표현이 있다. 예컨대 남편이 죽은 것 외 다른 점들에서는 유복한 과부의 아무리 해도 위로받으려 하지 않는 고통 같은 것 말이다. 이러한 것은 흔히 무례하게도 내숭으로 해석된다.

그에 반해 그 밖에도 쾌락이 적의할 수 있는 경우가 있으니, 곧 사람이 그것들에 종사하는 것이 그에게 명예가 되는 그러한 대상들에서 쾌락을 발견하는 경우이다. 예컨대 〔그러한 것으로는〕 한갓된 감관향락 대신에 미적 기예〔예술〕와 함께하는 오락, 또 여기에 (세련된 인사로서) 그가 그러한 쾌락을 누릴 역량이 있다는 것에서의 흡족함이 그런 것이다. — 그와 마찬가지로 어떤 사람의 고통이 또한 그에게 부적의할 수도 있다. 모욕당한 자의 모든 증오는 고통이다. 그러나 사려 있는 사람은 그의 명예가 회복된 후에도 그가 여전히 상대에 대해 원한을 품고 있음에 대해 스스로를 비난하지 않을 수는 없다.

---

37) A판: "§54." AA: §64.

VII238 §62.[38)] 사람들은 스스로 (합법적으로) 취득한 쾌락/즐거움을 곱절로 느낀다. 일단은 **이득**으로서, 그 다음에는 또한 **공적**(자신이 그 이득의 창시자라는 내적 자긍)으로서 말이다. — 노동해서 번 돈은 도박해서 얻은 돈보다
B181 적어도 **더 오래**도록 즐거움을 준다. 또 복권의 일반적 유해성은 차치하고
A181 라도, 복권에 의한 이득에는 사려 있는 사람이라면 부끄러워하지 않을 수 없는 점이 있다. — 외부의 원인이 그 탓인 해악은 **고통스럽다**. 그러나 그것이 사람들 자신의 탓인 해악은 **한탄스럽고**, 의기소침하게 만든다.

그러나 타인들에 의해 누군가에게 입혀진 화의 경우에 두 가지 말이 쓰인다는 사실은 어떻게 설명되고 또 통일되어야 할까? — 예컨대 화를 입은 이들 중 한 사람은 "내가 그에 대해 단지 최소한의 책임이라도 있다면, 나는 납득하겠다."고 말하고, 그러나 제2의[39)] 사람은 "내가 그것에 대해 아무런 책임이 없다는 것이 나의 위안이다."고 말한다. 책임 없이 화를 입는 것은 **격분시킨다**. 왜냐하면 그것은 타인에 의해 모욕당한 것이기 때문이다. — 책임이 있어 화를 입는 것은 **의기소침하게 만든다**. 왜냐하면 그것은 내적인 질책이기 때문이다. — 쉽게 알 수 있거니와, 저 양자 중 후자가 **더 선한** 사람이다.

§63.[40)] 사람들의 쾌락이 타인들의 고통과 비교됨으로써 제고되지만, 그러나 자신의 고통은 타인들의 비슷한, 또는 더 많은 수난과 비교됨으로써 감소한다는 인간에 대한 비평은 썩 유쾌한 것이 아니다. 그러나 이러한 결과는 ('對立的인 것은 竝列시켜 놓으면 더욱 明瞭하게 드러난다'라는 대조의 원리에 따른) 한낱 심리학적인 것으로서, 사람들이 자기 자신의 편안함을 더욱더 깊게 느끼고 싶어서 타인의 수난을 소망한다는 것과 같은

38) A판: "§55." AA: §65.
39) A판: "또 다른."
40) A판: "§56." AA: §66.

도덕적인 것과는 아무런 상관이 없다. 사람들은 상상력에 의해 (가령, 누
군가가 평형을 잃어 넘어지려는 것을 볼 때, 사람들이 아무런 의사 없이도, 마치 B182
그를 바로 세우기라도 하려는 듯이, 쓸데없이 반대편으로 자기 몸을 기울이는 것 A182
과 같이) 타인과 고난을 함께하고, 자기가 동일한 운명에 얽혀 들어가 있
지 않은 것이 기쁠 뿐이다.※ 그래서 국민은 범죄인이 끌려가 처형되는
것을 보려고 연극을 보러가는 것보다 더 격렬한 욕망을 가지고서 달려간
다. 무릇 범죄인의 얼굴과 거동에서 표출되는 마음의 동요와 감정은 구
경꾼에게 동정적으로 작용하여, (엄숙한 기분에 의해 그 강도가 더욱 높아지 VII239
는) 상상력에 의한 구경꾼의 불안 뒤에는, 부드럽지만 진지한 긴장 이완
의 감정을 남기고, 이 이완이 뒤따라오는 생의 향락을 더욱더 잘 느낄 수
있도록 해주기 때문이다.

또한 사람들이 자기의 고통을 자기 일신상의 다른 가능한 고통들과 비교해본다면, 그로써 그 고통은 더 참을 만할 것이다. 사람들은 다리가 부러진 자에게, 그의 불행이 쉽사리 그의 목에서 일어날 수도 있었음을 보여주면, 그렇게 함으로써 그의 불행을 그래도 참을 만한 것으로 만들 수 있다.

모든 고통을 완화시킬 수 있는 가장 철저하고 용이한 수단은 이성적인 사람에게 기대할 수 있는 다음과 같은 생각이다. 즉 인생의 향락은 행운에 달려 있는 것이거니와, 이러한 인생의 향락에 관해 말할 것 같으면,

---

※ 愉快하구나.[41] 廣大한 바다에서 바람이 물들을 뒤흔들 때,
陸地에서 他人의 큰 勞役을 바라보는 것은.
누군가 괴로움을 當하는 것이 달콤한 快樂이어서가 아니라,
오히려 자신이 어떤 禍에서 벗어나 있는지를 깨닫는 것이 愉快하기 때문이다.
— **루크레티우스**.[42]

---

41) 원문: suave. A판: "爽快하구나"(dulce).

42) Lucretius, *De rerum natura*, II, 1~4.

B183 A183 인생 일반은 전혀 아무런 고유한 가치도 갖지 못하며, 단지, 인생이 지향해 있는 목적을 위해서 인생을 사용하는 것과 관련해서만, 가치를 갖는 것인바, 인간에게 이러한 가치를 부여할 수 있는 것은 행운이 아니라, 오직 **지혜**이며, 그러므로 그 가치는 인간의 통제력 안에 있다는 생각 말이다. 저러한 인생의 가치 상실로 인해 불안해하고 걱정하는 사람은 결코 인생에서 기쁨을 맛보지 못 할 것이다.

BA184

B.[43)]

미적인 것에 대한 감정에 대하여,

다시 말해[44)]

반성적인 직관에서 부분적으로는 감성적이고

부분적으로는 지성적인 쾌에 대하여

또는

취미에 대하여

---

§64.[45)] **취미/맛**이란, **이미 위에서**[46)] 말했던 **바처럼,**[47)] 이 말의 본래 의미에서는, 먹고 마실 때에 어떤 용해된 물질에 의해 종별적으로〔특별하게〕 촉발되는 기관(혀, 입천장과 목구멍)의 속성이다. 취미/맛은 그 말이 사용될 때에 한낱 **판별의 취미**〔구별되는 맛〕로 또는 동시에 **향취의 취미**〔좋은 맛〕로도 (예컨대 어떤 것이 단지 쓴지, 또는 그 맛본 것―단 것 또는 쓴 것―이

---

43) A판: "제2절."

44) A판: "또는."

45) A판: "§57." AA: §67.

46) 곧 §18(=AA: §20).

47) B판 추가.

쾌적한지 어떤지로) 이해되어야 한다. 전자는 특정의 물질들이 어떻게 **명명되는**가의 방식에서 보편적인 합치를 제공할 수 있으되, 그러나 후자는 결코 보편타당한 판단, 곧 나에게 쾌적한 것(예컨대 쓴 것)이 누구에게라도 쾌적할 것이라는 보편타당한 판단을 제공할 수 없다. 그 이유는 명백하다. 쾌 또는 불쾌는 객관들에 관한 인식능력에 속하는 것이 아니라, 주 VII240 관의 규정들이며, 그러므로 외적 대상들에 귀속될 수 있는 것이 아니니 말이다. — 그러므로 향취의 취미〔좋은 맛〕는 동시에 흡족이나 부적의함 A185 B185 에 의한 판별의 개념을 함유하거니와, 나는 이를 지각이나 상상에서 대상의 표상과 결합한다.

무릇 그러나 **취미**〔맛〕라는 말은 또한, 한낱 감관감각에만 따라서 나 자신에게가 아니라, 누구에게나 타당한 것으로 표상되는 모종의 규칙에 따라서 선택하는 감성적 판정능력으로 간주되기도 한다. 이 규칙은 **경험적**일 수 있다. 그러나 그러한 경우에 그 규칙은 어떠한 참된 보편성, 따라서 (취향의 취미에서는 다른 어느 누구의 판단이든 나의 판단과 합치**해야만 한다**는) 필연성을 — 요구주장할 수 없다. 그래서 곧 식사할 때 독일인에게는 스프로, 영국인에게는 덩어리 음식으로 시작한다는 취미규칙이 타당한 것이다. 모방을 통해 차츰 확산된 습관이 그것을 식탁의 순서 규칙으로 만들었기 때문이다.

그러나 그 규칙이 **선험적**으로 정초된 것이어야만 하는 향취의 취미도 있다. 왜냐하면 그 규칙은 어떤 대상의 표상이 쾌 또는 불쾌의 감정과 관련해서 어떻게 판정되어야만 하는가의 **필연성**을, 따라서 누구에게 대해서나 타당함 — 그러므로 이 경우 사람들이 비록 그 판단을 이성원리들로부터 도출하여 그에 따라 증명할 수는 없지만[48], 이성이 암암리에 함께

48) A판: "없겠지만."

작동하고 있는 것이거니와 — 을 고지하고 있기 때문이다. 그래서 사람들은 이러한 취미를 감관취미인 **경험적** 취미와 구별하여 **이성화적인**[49] 취미라고(전자[50]를 反射的 趣味[51]라고, 후자를 反省的 趣味[52]라고) 부를 수도 있겠다.

BA186 자기 일신이나 자기의 기예를 **취미와 함께**하는 모든 **현시**는 (자기를 전달하는〔서로 공유하는〕) 하나의 **사회적 상태**를 전제한다. 이 상태는 언제나 사교적인(타인의 쾌에 참여하는) 것은 아니고, 오히려 처음에는 **야만적**이고, 비사교적이며, 순전히 경쟁적이다. — 온전히 홀로 있을 때 누구도 자신이나[53] 자기 집을 단장하거나 청소하지 않는다. 또한 그는 그러한 일을 자기 식구들(처자들)에 **대응해서**[54] 하는 것이 아니라, 자신을 유리하게 보이기 위해 오직 남들에 대응해서 한다. 그러나 (선정의) **취미**에서, 다시 말해 미감적 판단력에서, 대상에 대한 흡족함을 낳는 것은 직접적으로 **감각**(대상의 표상의 실질적〔질료적〕인 것)이 아니라, 자유로운 (생산적인) 상상력이 지어내기〔창작〕를 통해 이것을 조합하는 방식, 다시 말해 그 **형식**

VII241 이다. 왜냐하면 형식만이 쾌의 감정을 위한 보편적인 규칙에 대한 요구주장을 할 수 있는 것이기 때문이다. 주관들의 감관역량이 서로 다름에 따라 아주 서로 다를 수 있는 감관감각에 대해서 사람들은 저러한 보편적 규칙을 기대할 수가 없다. — 그러므로 사람들은 "취미란 보편타당하게 선택하는 미감적 판단력의 능력이다."라고 취미를 설명할 수 있다.

49) 원어: vernünftelnd.

50) 독일어문과 한국어문 사이의 어순의 차이로 인해 이 대목에서 "전자"와 "후자"가 서로 바뀌었다.

51) 원어: gustus reflexus.

52) 원어: gustus reflectens.

53) 칸트 手稿에 따라 "oder"를 넣어 읽음.

54) A판: "(처자들)과 함께."

그러므로 취미는 상상력에서 외적 대상들에 대한 **사회적** 판정의 능력이다. — 여기서 마음은 상상들의(그러므로 감성의) 유희 중에서 자기의 자유를〔자신이 자유로움을〕 느낀다. 무릇 타인들과의 사회공동체성은 자유를 전제하는 것이고, — 이러한 감정이 쾌이다. — 모든 이에 대한 이러한 쾌의 **보편타당성**은, 그를 통해 (미적인 것의) 취미와 함께하는 선택이(한낱 주관적으로 적의한 것의), 다시 말해 쾌적한 것의 한갓된 감관감각에 의한 선택과 구별되거니와, 어떤 법칙의 개념을 동반한다. 왜냐하면 BA187
이 법칙에 따라서만 흡족한 것의 타당성은 판정하는 자들에게 보편적일 수 있기 때문이다. 그러나 보편적인 것의 표상능력은 **지성**이다. 그러므로 취미판단은 미감적 판단이면서 또한 지성판단이며, 그러나 양자의 합일 가운데서 — 그러니까 지성판단이 순수한 것은 아니다 — 생각되는 것이다. — 취미에 의한 대상의 판정은 상상력의 유희에서의 자유와〔자유롭게 유희하는 상상력의〕 지성의 합법칙성과의 일치 또는 상충에 관한 판단이며, 그러므로 그것은 단지 미감적으로 판정하는 그 형식(감관표상들이 이렇게 합일될 수 있음)에만 상관하고, 그것들 안에서 저 형식이 지각되는, 산출될 산물들에는 상관하지 않는다. 무릇 그의 끓어오르는 생기발랄함이 취미의 정숙성에 의해 완화되고 제한될 필요가 종종 있는 이가 **천재**일 터이다.

미〔**아름다움**〕만이 취미에 속하는 것이다. **숭고**〔**한** 것〕도 미감적〔감성적〕 판정에 속하기는 하지만, 취미에 맞는 것은 아니다. 그러함에도 숭고한 것의 **표상**은 자체로 아름다울 수 있고 응당 아름다워야 한다. 그렇지 않으면 그 표상은 조야하고 야만적이며 취미에 반하는 것이다. 심지어는 악하거나 추한 것(예컨대 **밀턴**의 죽음의 화신의 형태[55])의 **서술**〔**현시**〕조차도, 일단 대상이 미감적으로 표상되어야 한다면, 아름다울 수 있고 틀림없이

55) John Milton(1608~1674), 『실락원(*Paradise Lost*)』(London 1667, ²1674), Bk. 2 참조.

아름답다. 설령 그것이 **테르시테스**[56]와 같은 것일지라도 말이다. 무릇 그
BA188 렇지 않으면 그 서술은 무취미나 역겨움을 낳을 터인바, 이 두 **가지는** 향
유를 위해서 제공된 표상을 자기에서 밀쳐내려고 애씀을[57] 포함할 것이
기 때문이다. 그에 반해서 **미**〔**아름다움**〕는 대상과의 가장 내밀한 합일로,
VII242 다시 말해 직접적인 향유로 초대하는 개념을 수반하고 있다. — **아름다
운 영혼**[58]이라는 표현으로써 사람들은 영혼을 그 영혼과 가장 내적으로 합일할 목적으로 만들기 위해서 말할 수 있는 모든 것을 말한다. 왜냐하면 **영혼의 큼**〔큰 영혼〕과 **영혼의 강함**〔강한 영혼〕은 질료(즉 특정한 목적들을 위한 기관들)에 관한 것이나, **영혼의 선량함**〔선량한 영혼〕은 순수한 형식에 관한 것으로, 이 형식 아래에서 모든 목적들이 합일되어야만 하고, 그래서 이 형식이 마주치는 곳에서 이 형식은 전설 세계의 **사랑의 신**〔**에로스**〕처럼 **근원창조적**이되 **초세간적**이기 때문이다. — 역시 이 영혼의 선량함은 그것을 중심으로 취미판단이 지성의 자유와 합일될 수 있는 감성적 쾌에 대한 자기의 모든 판단들을 모으는 중심점이다.

주해. 특히 근대의 언어들이 미감적 판정능력을 순전히 특정한 감관기관(즉 입의 내부)과 그를 통해 향유할 수 있는 사물들의 판별 및 선택만을 지시하는 표현(즉 味覺, 風味)을 가지고 표시하게 된 것은 어떻게 된 일이었을까? — 좋은 사교 모임에서의 좋은 식사처럼, — 그렇게 감성과 지성이 하나의 향유에서 통합되어 오래 계속되고, 거듭거듭 흡족하게 되풀이 될 수 있는 상황은 없다. — 그러나 이 경우 좋은 식사는 좋은 사교 모임을 즐기는 수단〔운반체〕으로 여겨질 뿐이다. 무릇 주인의 미감적 취미

---

56) Thersites. Homer의 *Illias*에 등장하는 무사로 전형적인 추남.

57) A판: "이것은 향유를 위해서 제공된 표상을 자기에서 밀쳐내려는 두 가지 애씀을."

58) 실러는 "아름다운 영혼에서 감성과 지성, 의무와 경향성은 조화를 이루고" "우미"는 거기에서 표현된다고 본다.("Über Anmut und Würde": P.-A. André/A. Meier/W. Riedel(Hrsg.), *Friedrich Schiller: Sämtliche Werke*, München 2004, Bd. V, S. 468 참조)

는 보편타당하게 〔식사를〕 선택하는 숙련성에서 보여지는 것이다. 그런데
그는 그것을 자기 자신의 감관을 통해 성취할 수는 없다. 왜냐하면 **그의** BA189
손님들은[59] 각기 자신의 사적 감관에 따라서 **아마도**[60] 다른 음식들을 고를 것이기 때문이다. 그러므로 그는 **다양**하게 준비하여, 곧 누구에게나 그의 감관에 맞는 몇 가지가 있도록 한다. 이것은 비교적 보편타당성을 제공한다. 상호 간에 보편적으로 즐기기 위해 손님들 자신을 선택하는 숙련성 — 이것도 취미라고 불릴 수 있겠으나, 그것은 실은 취미에 적용되는 이성으로서의 취미와는 구별되는 것이다 — 은 지금 이 문제에서는 화제가 아니다. 그렇게 해서 하나의 특수한 감관[61]에 의한 기관감정이 하나의 관념적인 감정, 감성적인-보편타당한 선택의 감정 일반을 위한 명칭을 제공할 수 있었던 것이다. — 더욱 기이한 일은, 어떤 것이 동일한 주관의 향유의 대상인지 어떤지 — 그것의 선택이 보편타당한지 어떤지가 아니라 — 를 감관을 통해 시험해보는 숙련성(風味[62])이 지혜(智慧[63])로 명명될 정도로까지 과장되었다는 사실이다. 아마도 이렇게 된 것은, 무조
건적으로 필연적인 목적은 아무런 숙고도 시도도 필요하지 않고, 오히려 VII243
직접적으로 말하자면 몸에 좋은 것을 맛봄으로써 영혼 안으로 들어오는 것이기 때문일 것이다.

§65.[64] **숭고**(崇高)**한** 것은 외연〔연장〕에서든 정도〔밀도〕에서든 외경을 불러일으키는 **큼**(敬畏할 偉大함)으로서, 그것으로의 접근에 (자신의 힘들로 그것에 적합하게 되기 위해서) 이끌리지만, 그러나 그것과의 비교에서 자기 자신의 평가 중에 사라져버릴까 하는 공포가 동시에 위협적인 것(예컨대

59) A판: “타인들은.”
60) B판: 추가.
61) 곧 미각.
62) 원어: sapor.
63) 원어: sapientia.
64) A판: “§58.” AA: §68.

BA190 우리 머리 위의 천둥이나 높고 험한 산맥 같은 것)이다. 그때에 사람들 자신이 안전하게 있으면, 그 현상을 파악하기 위해 자기의 힘들을 결집하는 것과, 그럼에도 그 현상의 크기에 이를 수 없겠다는 우려가, 즉 **감탄**(고통을 계속적으로 극복함으로써 얻는 쾌적한 감정)이 불러일으켜진다.

숭고한 것은 아름다운〔미적인〕 것의 균형추이기는 하지만, 대항자는 아니다. 왜냐하면 대상을 파악(捕捉)하기 위해 자신을 높이려 하는 노력과 시도는 주관에게 자기 자신의 크기와 힘에 대한 감정을 불러일으키되, **묘사**나 서술〔현시〕에서 대상에 대한 사유표상은 아름다울 수 있고, 또 언제나 아름다워야 하는 것이기 때문이다. 왜냐하면 그렇지 않을 경우에는 감탄이란 **겁먹음**이 되기 때문이다. 겁먹음은 사람들이 기이한 것에 진저리 치지 않으면서 하는 판정인 **경탄**과는 아주 다른 것이다.

목적에 어긋나게 큼은 **괴대한** 것(怪大하게 偉大함)이다. 그래서 러시아 제국이 광활하게 큼을 찬양하고자 했던 작가들이 러시아 제국을 괴대하다고 칭한 것은 정곡을 찌르지 못한 것이다. 왜냐하면 그런 서술 중에는 러시아 제국이 단 한 사람의 지배자를 위해서는 **너무 크다**는 것 같은 비난이 들어 있기 때문이다. — 그에 대한 진짜 이야기가 소설과 같은 사건들에 얽혀 들어가는 성벽을 가진 사람은 **모험적〔엽기적〕**이다.

그러므로 숭고한 것은 취미를 위한 대상이 아니라, 감동의 감정을 위
BA191 한 대상이다. 그러나 (부속 작품, 附帶裝飾의 경우) 묘사와 윤색에서 숭고한 것을 기교적으로 서술하는 것은 아름다울 수 있고 아름다워야 한다. 그렇지 않으면 그것은 야만적이고, 조야하며 반감을 일으켜서 취미에 반하기 때문이다.

취미는 도덕성을 외적으로 촉진하는 경향을 함유한다 VII244

§66.[65] 취미는 (이를테면 형식적 감관으로서) 자기의 쾌 또는 불쾌의 감정을 타인들에게 **전달함**을 지향하며, 이 전달함을 통해 그 자신이 쾌를 갖도록 촉발되어, 그에 대한 흡족(洽足)을 타인들과 공동으로(사회적으로) 감각하는 감수성을 함유한다. 무릇 그 흡족은 한낱 감각하는 주관에게만이 아니라, 다른 누구에게도, 다시 말해 보편타당한 것으로 간주될 수 있다. 왜냐하면 그 흡족이 그러한 것으로 생각될 수 있기 위해서는 (이 흡족의) 필연성을, 그러니까 선험적인 흡족의 원리를 함유하지 않을 수 없기 때문이다. 〔그래서〕 그 흡족은 주관의 쾌가 다른 누구의 감정과도, 느끼는 자의 보편적 법칙수립에서, 그러니까 이성에서 생겨난 것이 틀림없는 하나의 보편적 법칙에 따라서, 합치하는 데서의 흡족이다. 다시 말해 이 흡족에 따르는 선택은 형식상 의무의 원리에 종속해 있다. 그러므로 이상적인 취미는 도덕성을 외적으로 촉진하는 추세를 갖는다. — 인간을 그의 사회적 상황에서 **예의 바르게** 만드는 것은 그를 **윤리적으로-선하**게(도덕적으로) 형성하는 것과 비록 전적으로 똑같은 것을 말하는 것이 아니기는 하지만, 그럼에도 이러한 상황에서 타인들에게 흡족하고자(사랑받고자 또는 경탄을 받고자) 노력함으로써 그렇게 될 것을 준비하는 것이다. — 이렇게 해서 사람들은 취미를 외적으로 현상한 도덕성이라고 부를 수 BA192
있을 터이다. 비록 이 표현을 문자대로 취한다면 하나의 모순을 함유하기는 하지만 말이다. 왜냐하면 예의 바름이란 윤리적으로-선함의 **외관** 내지 방정한 모습을 함유하고 있고, 또 일정 정도 윤리적으로-선함을 함유하고 있으면서도, 곧 이미 또한 윤리적으로-선함의 가상에 가치를 두는 경향성을[66] 함유하고 있기 때문이다.

65) A판: "§59." AA: §69.

66) B판 추가.

§67.[67] 예의 바름, 방정함, 행실 좋음, 세련됨(조야함을 멀리함)은 그럼에도 취미의 소극적인 조건일 뿐이다. 상상력에서 이러한 속성들에 대한 표상은 어떤 대상에 대한 또는 자기 자신의 인격에 대한, 취미가 함께하는 외적 **직관적** 표상방식일 수 있다. 그러나 그것은 단지 두 감관, 즉 청각과 시각을 위한 것일 뿐이다. 음악과 조형 예술(회화, 조각, 건축 및 원예)은 취미를 외적 직관의 순전한 형식들에 대한 쾌의 감정의 감수성으로서 요구하거니와, 전자는 청각에 대해, 후자는 시각에 대해 그리한다.
VII245 그에 반해 말이나 글에 의한 **논변적인** 표상방식은 그 안에서 취미가 드러날 수 있는 두 예술, 즉 **웅변술**과 **시예술**을 함유한다.

취미에 관한 인간학적 소고

A.
유행의 취미에 대하여

§68.[68] 자신의 거동에서 자신을 어떤 보다 더[69] 중요한 사람과(아이가
BA193 어른과, 비천한 자가 고귀한 자와) 비교하고, 그의 방식을 모방하는 것은 인간의 자연스러운 성벽이다. 한낱 다른 이들보다 보잘것없이 보이지 않기 위해서, 그것도 그 밖에는 다른 어떤 이익도 고려하지 않은, 이러한 모방의 법칙을 **유행**이라 일컫는다. 그러므로 유행은 **허영**의 명칭에 속한다. 왜냐하면 그 의도 안에는 어떠한 내적 가치도 없기 때문이다. 동시에 그것은 **멍청함**의 명칭에도 속한다. 왜냐하면 그것에는 사회에서 많은 이들이 보여주는 한갓된 예로 볼 때 자신을 노예처럼 끌려다니게 하는 강제가 있기 때문이다. **유행을 따름**은 취미의 사안이다. 유행을 **따르지 않**

67) A판: "§60." AA: §70.
68) A판: "§61." AA: §71.
69) B판 추가.

고 이전의 관습에 매여 있는 자는 **고풍스럽다**고 일컫는다. 유행을 따르지 않는 것에 가치까지를 두는 자는 **별난 사람**이다. 그럼에도 유행을 따르는 얼간이가 유행을 따르지 않는 얼간이보다는 언제나 더 낫다. 사람들이 저러한 허영 일반에 이러한 심한 이름을 붙이려 한다면 말이다. 그러나 이러한 유행벽(流行癖)이 저 허영으로 인해 참된 이익이나 심지어는 의무까지도 희생시킨다면, 실제로 저러한 명칭을 얻을 만하다. — 모든 유행은 이미 그 개념상 가변적인 생활 방식이다. 만약 모방의 놀이가 고착이 된다면, 그 모방은 **관습**이 될 것이고, 그럴 경우에 취미는 더 이상 주안점이 되지 않을 것이기 때문이다. 그러므로 새로움이 유행을 선호하게 만드는 것이며, 갖가지 외면적 형식에서 참신한 것은, 설령 이러한 형식들이 종종 모험적이고, 부분적으로는 흉하게 변질된다고 해도, 궁정인들, 특히 귀부인들의 **작풍**에 속한다. 그때에 다른 사람들은 이들을 열렬히 추종하여, 저들이 이러한 형식들을 이미 내버린 때에도, 낮은 계층 사람들은 그에 오랫동안 질질 끌려다니게 된다. — 그러므로 유행은 본래
취미의 문제가 아니고 — 무릇 유행은 극도로 반취미적일 수 있으니 말이 BA194
다 —, 오히려 고귀하게 행하려는 순전한 허영의 문제이고, 그렇게 함으로써 서로 상대를 능가하려는 경쟁심의 문제이다. (보통 멋쟁이라고 불리는 궁정의 고상한 척하는 자들은 경박한 무리이다.)

참된 이상적인 취미와 장려한 것, 그러니까 동시에 아름다우면서 숭고 VII246
한 것은 결합될 수 있다.(별이 빛나는 장려한 하늘 같은 것, 또는 거북하게[70] 들리지 않는다면, 로마의 베드로성당 같은 것 말이다.) 그러나 **허식**, 보이기 위한 과시적인 진열은 취미와 결합될 수도 있기는 하지만, 그러나 취미를 거부함이 없지 않다. 왜냐하면 허식은 다수의 천민을 포함한 대중을 위한 것으로 간주되거니와, 천민의 취미는 둔중한 것으로 판정능력보다는

70) AA: "속되게."

감관감각을 더 필요로 하는 것이기 때문이다.

B.
예술의 취미에 대하여

여기서는 나는 단지 언사적 기예들, 즉 **웅변술**과 **시예술**만을 고찰한다. 왜냐하면 이것들은 마음이 그로부터 직접적으로 활동하도록 일깨워지는 마음의 기분을 겨냥하고 있는 것이고, 그렇기에 사람들이 인간을 인간으로부터 만들 수 있는 것에 따라서 알고자 추구하는 **실용적** 인간학 안에 그 자리를 갖기 때문이다.

사람들은 **이념들**에 의해 생기를 얻는 마음의 원리를 **정신**이라고 부른
BA195 다. — **취미**란 상상력에서 잡다를 결합하는 데 있어 형식에 대한 한갓된 규제적 판정능력이다. 그러나 정신은 저 형식을 위한 범형을 선험적으로 상상력의 기저에 놓는 이성의 생산적 능력이다. 정신과 취미는, **전자**는 이념들을 창출하기 위한 것이고, **후자**는 이 이념들을 생산적 상상력의 법칙들에 알맞은 형식에 제한하여, (모방적으로가 아니라) 근원적으로 형성(形成)하기 위한 것이다. 정신과 취미로써 작성된 산물은 일반적으로 **시문**[71]이라고 부를 수 있고, **미적 기예**〔**예술**〕의 한 작품이다. 이는 눈이나 귀를 매개로 감관에 직접적으로 제시될 수 있는데, 그것은 **시예술**(느슨한 意味의 詩作)이라고 부를 수도 있다. 또한 이는 회화, 원예, 건축 또는 음악과 운문(嚴格한 意味의 詩作)일 수도 있다. 그러나 **웅변술**과 대립되는 **시예술**은 단지 지성과 감성의 교호적인 종속 관계의 면에서만 웅변술과 구별된다. 이 시예술은 지성에 의해 **질서 지어진** 감성의 **유희**이며, 웅변술은 감성에 의해 **생기를 얻는** 지성의 **업무**인 것이다. 그러나 양자, 즉 연

71) 원어: Poesie.

설가와 시인[72]은 (넓은 의미에서) **창작가**[73]이며, 자기 자신으로부터 새로운 VII247
형태들(감성적인 것의 편성들)을 상상력 안에서 만들어낸다.※

창작가의 재질은 기예의 자질[75]이며, 취미와 결합되면 미적 기예〔예 BA196
술〕를 위한 재능이되, 미적 기예란 어느 부분 (비록 달콤하고, 종종 또한 간접적으로 유익하기도 하지만) 착각을 노리는 것이기 때문에, 미적 기예가 삶에서 크게(종종 또한 해롭게) 사용되지 않는다는 것은 틀림없다. — 그러므로 창작가의 성격에 관해, 또한 그의 업무가 그와 타인에게 미치는 영향 그리고 그 영향의 평가에 관해 [76]약간의 의문을 제기하고 의견을 표하는 것은 충분히 가치 있는 일이다.

왜 미적 (언사적) 기예〔예술〕들 가운데서 똑같은 목적들에도 불구하고
시문이 웅변술보다 더 칭송을 받는가? — 그것은 왜냐하면 운문은 동시 A197

※ 설령 그 개념 자체는 새로운 것이 아닐지라도, 한 개념의 **현시**의 **새로움**은 미적 기예의 창작가에 대한 하나의 주요한 요구이다. — 그러나 지성에 대해서 (취미를 도외시한다면) 사람들은 새로운 지각을 통해서 우리의 지식들을 증가시키기 위해 다음과 같은 표현들을 쓰고 있다. — 어떤 것을 **발견한다**. 즉 BA196
이미 현존했던 것, 예컨대 아메리카, 양극을 향해 있는 자력, 공중의 전기를 처음으로 지각한다. — 어떤 것을 **발명한다**.(즉 아직 현존하지 않던 것을 현실화시킨다.) 예컨대 나침반, 비행선. — 어떤 것을 **찾아**낸다. 즉 잃어버렸던 것을 탐색하여 재발견한다. — **고안하다**, **생각해내다**.(예컨대 기술자들을 위한 도구나 기계들에 대하여.) — **지어내다**. 소설에서처럼 단지 즐거움을 위해서 일어나는 것뿐이라면, 의식적으로 참이지 않은 것을 참인 것으로 구상화하다. — 그러나 참인 것이라고 사칭되는 지어낸 것은 **거짓말**이다.
(上體는 美女가 꼬리는 醜한 검은 물고기이다. — **호라티우스**[74])

72) 원어: Poet.
73) 원어: Dichter.
74) Horatius, *Ars poetica*, V. 3 이하.
75) 원어: Kunstgeschick.
76) A판: "창작가의 특유한 상황과 관련한 약간의."

에 음악(노래로 부를 수 있음)과 음조, 즉 그 자신만으로 쾌적한 음성이지
B197 만, 한갓된 언어는 그와 같은 것이 아니기 때문이다. 웅변술도 시문으로부터 음조에 가까이 다가선 음성, 즉 **억양**을 빌려오며, 이러한 억양이 없으면 연설은 사이사이에 필요한 평정과 생기의 순간을 갖지 못할 터이다. 그러나 시문은 한낱 웅변술보다 더 칭송을 받을 뿐만 아니라, 또한 여느 다른 미적 기예〔예술〕, 즉 회화—이에 조각도 포함된다—보다도 그리고 심지어 음악보다도 더 칭송받는다. 왜냐하면 음악은 단지 시문의 운반체로 쓰임으로써만 (한낱 쾌적한 것이 아니라) **미적인 기예**〔예술〕이기 때문이다. 또한 시인들 가운데에는 음악가들보다 그렇게 부박한(일에 유능하지 못한) 머리들이 많지 않다. 왜냐하면 시인들은 지성에게도 말을 하지만, 음악가들은 한낱 감관에게만 말을 하기 때문이다. — 좋은 시는 마음에 생기를 주는 가장 절실한 수단이다. — — 그러나 한낱 시인에게뿐
VII248 만 아니라, 모든 미적 기예의 소유자에게도 타당한 바이거니와, 이를 위해서는 사람들이 천부적으로 태어나야 하는 것이며, 근면과 모방을 통해서는 이에 이를 수가 없다. 또한 동시에, 예술가는 자기의 일에서 성공하기 위해 마치 영감의 순간인 양 그를 엄습하는 행운의 변덕스러운 기분을 필요로 한다. (그래서 예술가는 또한 先知者[77]라고 불리기도 한다.) 왜냐하면 지시규정과 규칙들에 따라서 만들어진 것은 정신없는(노예적인) 결과를 낳지만, 그러나 미적 기예의 산물은 한낱 모방에 기초할 수 있는 취미뿐만이 아니라, 자기 자신으로부터 생기를 일으키는 것으로서 **정신**이라고 불리는 사유의 원본성〔독창성〕 또한 필요로 하기 때문이다. — 붓이나
A198 (산문에서든 운문에서든) 펜을 든 **자연 묘사자**[78]는 미적 정신이 아니다. 왜냐하면 그는 단지 모방하고 있는 것이기 때문이다. **이념**〔**관념**〕 **묘사자**[79]만이 미적 기예의 대가이다.

77) 원어: vates.

78) 원어: Naturmaler.

79) 원어: Ideenmaler.

왜 사람들은 보통 시인을 **운문**의, 다시 말해 운율이 있게(음악과 비슷하게 박자에 맞춰) 말하는 화법의 창작가로 이해하는가? 그것은 시인이 미적 기예의 작품을 출현시키면서 (형식의 면에서) 가장 섬세한 **취미**도 만족시킬 장엄함과 함께 등장하기 때문이다. 왜냐하면 그렇지 않다면 그 작품은 아름답지 않을 것이기 때문이다. — 그러나 이러한 장엄함은 숭고한 것을 아름답게 표상하기 위해서 가장 필요한 것이기 때문에, 운문 없이 그와 같은 것인 체하는 장엄함은 (**휴고 블레어**[80]에 의해) **"발광한 산문"**이라고 불린다. — 다른 한편 또한 운문 따위라 해도 만약 정신이 없으면, 그것은 시문이 아니다. B198

왜 우리 시대의 창작가의 운문에서 각운(脚韻)은, 그것이 다행스럽게도 사유를 매듭지을 때, 우리 대륙에서는 취미의 주요한 요건인가? 그 반면에, 각운은 고대의 시들의 시구와는 정반대의 것이며, 그래서 예컨대 독일어에서는 각운이 없는 운문들은 거의 적의하지 않지만, 각운을 붙인 라틴어의 **버질** 또한 거의 편안한 감을 줄 수 없는 것은 왜 그런가? 아마도 그것은 옛날 고전적 창작가들에서는 운율체계가 확정되어 있었지만, 현대 언어들에서는 그것이 대부분 결여되어 있으며, 그럼에도 시구를 예전의 시구와 똑같은 음조로 끝내는 각운에 의해서 귀가 그 손실을 보충받게 되기 때문일 것이다. 산문적인 장엄한 연설에서 서로 다른 문장 사이에서 홀연히 나타나는 각운은 우스꽝스러운 것이다.

그럼에도 때때로 어법을 위반하는, 연설가에게는 허용되지 않는, **시인** A199

---

80) Hugo〔Hugh〕 Blair(1718~1800). 칸트와 동시대 스코틀랜드의 실천신학자이자 수사학자. 인용한 말 "발광한 산문(tollgewordene Prose)"을 칸트는 그의 저술 *Lectures on Rhetoric and Belles Lettres*(1783) 중 어느 곳에서 읽은 것으로 생각하는 듯하나(AA XXV, 1466 참조), 이 말을 Blair에서는 찾을 수 없다. 아마도 저 표현은 Abel Evans(1679~1737)의 말 "It is not poetry, but prose run mad."에서 유래한 것으로 보인다.(AA VII, 365 참조)

B199 **의 자유**는 어디서 유래하는 것인가? 아마도 그것은 시인이 위대한 사상을 표현하는 데 형식의 법칙에 너무 옹색하게 제한받아서는 안 될 것이기 때문이다.

VII249 왜 평범한 시는 참을 수 없으되, 평범한 연설은 그래도 견딜 만한가? 그 이유인즉, 모든 시적 작품에서의 음조의 장엄함은 큰 기대를 불러일으키고, 바로 이 기대가 충족되지 못함으로써, 보통의 경우가 그렇듯이, 그 작품이 그 산문적 가치라면 여전히 가지고 있을 것보다도 훨씬 더 아래로 추락한다는 데에 있는 것으로 보인다. — 시가 잠언으로 간직될 수 있는 시구로 끝을 맺음은 뒷맛의 즐거움을 낳으며, 그렇게 함으로써 재미없는 많은 것을 다시 좋게 만든다. 그러므로 그것은 창작가의 기예에 속한다.

학문들은 훌륭한 두뇌에게 여전히 그 작업에서 훌륭한 건강과 활동을 기대하는 바로 그러한 시기인 노년에 **시인적 소질**이 고갈된다는 사실은 미는 **꽃**이지만, 학문은 **과실**이라는 점에서, 다시 말해 시는 필시 자유로운 기예로서, 그 다양성으로 인해 경쾌함을 필요로 하되, 노년에는 이러한 경쾌한 감관이 (당연한 것이지만) 사라지고 만다는 사실에서 기인하는 것이겠다. 더 나아가 학문들의 동일한 궤도 위에서 오직 전진하는 **습관**은 동시에 경쾌함을 수반하고, 그러므로 시는 그 작품마다에서 원본성[독창성]과 **새로움**(그리고 이에다 기민성)을 요구하는 것으로서 노년과는
A200 잘 합치하지 못한다. 그러나 가령 **신랄한** 기지의 일들, 격언시나 풍자시에서는 예외이다. 여기서는 시는 유희라기보다는 오히려 진지함이다.

B200 시인들이 변호사와 여타 직업적 학자들과 같은 그런 행운을 누리지 못하는 것은 이미 그 소질과 기질에 들어 있다. 이러한 기질은 일반적으로 타고난 시인에게 필요한 것이니, 곧 사유와 친교적인 유희를 함으로써

근심을 쫓아내는 기질이다. — 그러나 **성격**과 **관련**한 **하나의** 특성,[81] 곧 **아무런 성격도 갖지 않는**, 괴팍스럽고 변덕스러우며, (악의는 없지만) 신뢰할 수가 없고, 누구를 증오하지 않으면서도 경솔하게 적을 만들고, 자기의 친구에게 고통을 주려고 의욕하지도 않으면서 그를 괴롭게 조롱하는 그런 특성은 실천적 판단력을 지배하는, 부분적으로는 생득적인, 괴짜적인 **기지**의 소질 안에 있다.

사치에 대하여

§69.[82] **사치**(奢侈)는 한 공동체 안에서 **취미를 동반한** 사회적인 유족
한 생활의 과도함이다. (그러므로 이러한 취미는 공동체의 복지에 반하는 것
이다.) 그러나 **취미를 결여한** 저런 과도함은 공공연한 **탐닉**(放蕩)이다. —
이 두 가지가 복지에 미치는 결과를 고찰해보면, 사치는 **가난**을 초래하 VII250
는 **불필요한 낭비**이고, 탐닉은 **병**을 초래하는 불필요한 낭비이다. 그렇
더라도 전자는 (예술과 학문에서) 국민의 진보하는 문화와 합일할 수 있기
는 하다. 그러나 후자는 향락으로 넘쳐나 결국은 구역질을 낳는다. 양자 A201
는 자기향유적이라기보다는 오히려 허식적인(외면을 번쩍거리게 하는) 것
이다. 전자는 관념적 취미를 위한 (무도회와 연극에서처럼) 우아함을 가지 B201
고서, 후자는 **미각**(예컨대 런던 시장의 대연회에서와 같은 물리적 감관)을 위
한 넘쳐남과 잡다함을 가지고서 말이다. — 과연 정부가 사치금지법에
의해 이 양자를 제한할 권한이 있는지는 이 자리에서 대답할 문제는 아
니다. 그러나 국민을 더 잘 통치할 수 있기 위해 국민을 부분적으로 약화
시키는 미적인 기예〔예술〕나 쾌적한 기예〔예능〕는 조야한 검약주의의 등
장과 더불어 정부의 의도에 정면으로 반하는 결과를 낳을 터이다.

---

81) A판: "그러나 **성격**에 관해 말할 것 같으면."

82) A판: "§62." AA: §72.

좋은 생활양식은 유족한 생활이 사교성에(그러므로 취미를 동반한) 부합함이다. 이로부터 알 수 있는 바는, 사치가 좋은 생활양식을 훼손한다는 사실이다. 그리고 "그는 생활할 줄 안다."는 표현은 부유한 또는 고귀한 인사에 대해 쓰이는 것이거니와, 그것은 사교적인 향유에서 그의 선택의 숙련성을 의미하며, 사교적 향유란 절제(절도)를 함유하고, 쌍방이 유익하도록 만들며, 지속적인 것으로 간주된다.

이로부터 밝혀지는바, 사치란 본래 가정생활에 대해서가 아니라, 오직 공적인 생활에 대해서만 비난할 수 있는 것이므로, 국가시민의 공동체에
A202 대한 관계가, 자기의 인격이나 사안들을 미화하는 데 있어서 (축제, 결혼식, 장례식에서 그리고 아래로는 보통의 교제에서의 기품 있는 태도에 이르기까지) 어쨌든 이익을 선취하기 위한, 경쟁에서의 자유에 관해서 말할 것 같으면, 사치금지법에 의해 괴로움을 당할 필요는 거의 없겠다. 왜냐하면
B202 사치는 예술을 활기차게 하는 이익을 낳고, 그렇게 해서 그러한 낭비가 공동체에게 야기했을지도 모를 비용을 공동체에게 다시 보상해주기 때문이다.

제3권[1]
욕구능력에 대하여

A203 VII251

§70.[2] **욕망**(慾望)은 그것의 작용결과로서의 어떤 장래의 것에 대한 표상에 의해서 주관[주체]의 힘이 자기를 규정함이다. 습성적인 감성적 욕망을 **경향성**이라 일컫는다. 객관[객체]의 산출을 위해 힘을 씀이 없는 욕구는 **소망**[3]이다. 소망은 그것을 실현하는 데에 주관 자신이 능력이 없다고 느끼는 대상들을 향해 있을 수도 있는데, 그런 경우에 그것은 **공허한**(부질없는) 소망이다. 욕구와 욕구한 것의 취득 사이의 시간을 없앨 수 있다는 공허한 소망은 **동경**이다. 그런 다음에 어떤 상태로 들어서고자 하는지를 알지 못한 채 주관으로 하여금 단지 자기의 현재의 상태에서 나오도록 닦달만 하는, 객관에 관해 무규정적인 욕망(浮遊的 慾望)은 **변덕스러운** 소망이라 불릴 수 있다.(아무것도 그런 소망을 충족시키지 못한다.)

주체[주관]의 이성에 의해서 제어하는 것이 어렵거나 전혀 할 수 없는 경향성이 **열정**[**욕정**]이다. 그런가 하면 현재 상태에서의 쾌 또는 불쾌의

1) A판: "제3장."

2) A판: "§63." AA: §73.

3) 『윤리형이상학』에서는 '소망'을 '의사'와 구별하여 "객체를 만들어내기 위한 자기의 행위의 능력에 대한 의식과 결합되어 있지 않은 욕구능력"이라고 정의하고 있다.(*MS, RL*, AB5 참조)

B203 감정으로서, 주관 안에서 **숙고〔성찰〕**(사람들이 그것에 자신을 맡겨야 할 것인가 거절할 것인가 하는 이성표상)가 생기지 못하게 하는 감정은 **정동〔격정〕**이다.

정동〔격정〕들과 열정〔욕정〕들에 굴복해 있음은 실로 언제나 **마음의 병**
A204 이다. 왜냐하면 양자는 이성의 지배를 배척하기 때문이다. 양자는 정도의 면에서는 똑같이 격렬한 것이다. 그러나 그 질에 관해서 보자면, 양자는 본질적으로 서로 구별되는 것으로서, 정신과 의사가 적용해야 할 예방법과 치료법에서도 구별된다.

VII252 열정〔욕정〕과 대치되는 정동〔격정〕들에 대하여

§71.[4] 정동〔격정〕은 그로 인해 마음의 자제(自制之心)가 파기되는 감각에 의한 갑작스러움〔기습〕이다. 그러므로 정동〔격정〕은 성급하다. 다시 말해 정동〔격정〕은 숙고를 불가능하게 만드는 감정의 정도에까지 급속하게 증대한다(무분별하다). — 행위로의 강한 동기의 감소 없는 무정동〔무격정〕은 좋은 의미의 **점액질〔의연함〕**로서, 그것은 저러한 동기의 강함에 의해서도 침착한 숙고를 잃어버리지 않는 의연한 인사의(剛健之心의) 속성이다. 분노의 정동〔격정〕이 신속하게 하지 않는 것, 그것은 정동〔격정〕이 아예 하지 않는 것이다. 정동〔격정〕은 쉽게 잊어버린다. 그러나 증오의 열정〔욕정〕은 깊이 뿌리를 내리고 적대자에게 원한을 갚기 위해 시간을 들인다. — 어떤 아버지나 교사는, 만약 그들이 (변명이 아닌) 사죄에
B204 귀 기울일 인내심만 가지고 있다면, 벌을 줄 수 없을 것이다. 격분하여 당신에게 거친 말을 하려고 분노에 차서 당신 방에 들어서는 이에게 공손하게 앉기를 간청해라. 만약 당신이 이에 성공한다면, 그의 책망은 이

4) A판: "§64." AA: §74.

미 누그러진다. 왜냐하면 착석의 안락함은 서 있을 경우의 위협적인 거동이나 외침과는 잘 통합될 수 없는 이완이기 때문이다. 이에 반해 (욕구 A205
능력에 속하는 심정으로서) 열정〔욕정〕은 시간을 갖고, 제아무리 격렬하다고 해도, 자기 목적을 달성하기 위해, 숙고한다. — 정동〔격정〕은 제방을 무너뜨리는 물과 같이 작용하고, 열정〔욕정〕은 그 바닥을 점점 더 파고들어가는 강과 같이 작용한다.[5] 정동〔격정〕이 건강에 미치는 작용은 뇌졸중 같은 것이며, 열정〔욕정〕은 폐결핵이나 쇠약과 같이 작용한다. — 정동〔격정〕은 비록 두통이 뒤따르기는 하지만 사람들이 한잠 자고나면 깨는 취기 같은 것이지만, 그러나 열정〔욕정〕은 삼킨 독이나 불구에서 오는 병과 같은 것이라 볼 수 있다. 이러한 병은 내과적 또는 외과적 정신과 의사를 필요로 하되, 의사는 대부분은 근본적인 처방이 아니라, 언제나 단지 임시 방편적-치료제만을 처방할 줄 안다.

정동〔격정〕이 많으면 보통 열정〔욕정〕은 적다. 가령 프랑스인들의 경우가 그러하며, 이들은 그 쾌활성으로 인해 이탈리아인과 스페인인(또한 인도인과 중국인)과 비교해볼 때 변화가 크다. 〔반면에〕 후자들은 원한을 가지면 복수를 꾀하고, 사랑을 하게 되면 망상에 이르도록 끈질기다. — 정동〔격정〕이 솔직하고 개방적인 반면에, 열정〔욕정〕은 음험하고 은밀하다.
중국인들은 영국인들이 성급하고 쉽게 화를 내는 것이 "타타르인 같다" VII253
고 비난하되, 영국인들은 중국인들이 드러내놓는(또는 태연한) 사기꾼들 B205
로, 이러한 비난을 들어도 그 열정〔욕정〕이 전혀 흔들리지 않는다고 비난한다.[6] — — 정동〔격정〕은 한잠 자고나면 깨는 **취기** 같은 것으로, 열정〔욕정〕은 점점 더 깊이 깃드는 어떤 표상을 골똘하게 생각하는 **망상** 같

5) 칸트는 手稿에서 정동(情動: Affekt)은 "강물에 의해 제방이 무너짐으로 인한 범람"이며, 열정(Leidenschaft)은 "땅바닥의 급경사로 인해 땅바닥을 점점 깊게 파이게 하는 강물"이라고 비유하고 있다.

6) V-Anth, Parow: XXV, 416~417 참조.

A206 은 것으로 볼 수 있다. — **사랑하는** 이는 그때에도 여전히 잘 **볼** 수 있다. 그러나 **사랑에 빠진** 이는 사랑하는 대상의 결점에 대해서 불가피하게 눈이 멀게 된다. 비록 그런 사람도 결혼 후 일주일이 지나면 흔히 그의 시각을 다시 되찾지만 말이다. — 정동(격정)이 발작처럼 엄습하곤 하는 이는 그 정동(격정)이 제아무리 좋은 성질의 것이라 하더라도 정신착란자와 비슷하다. 그러나 그러한 이는 곧바로 그것을 후회하기 때문에, 그것은 사람들이 **무분별**이라 칭하는 단지 발작일 뿐이다. 많은 사람들은 심지어 자기가 성을 낼 수 있기를 소망하기도 하고, **소크라테스**는 성을 내는 것이 때로는 좋은 일이 아닐까 하는 의심에 빠졌다. 그러나 사람들이 성을 내야 할까 말아야 할까를 냉정하게 숙고할 수 있을 만큼 정동(격정)을 자기 통제력 안에 둔다는 것은 모순적인 어떤 것으로 보인다. — 그에 반해서 욕정(열정)을 소망하는 사람은 없다. 자기가 자유로울 수 있다면, 대체 누가 자신을 사슬에 묶어두려 하겠는가?

특기할 정동(격정)들에 대하여

A.
정동(격정)들에 관한 마음의 통치(다스림)에 대하여

§72.[7] **무정념**의 원리, 곧 현자는 결코 정동(격정)에, 심지어는 자기의
B206 가장 친한 친구의 재화(災禍)를 동정하는 정동에조차 빠져서는 안 된다는 원리는 **스토아**학파의 전적으로 옳고 숭고한 도덕적 원칙이다. 왜냐하면 정동(격정)은 (다소간에) 맹목적으로(눈멀게) 만드니 말이다. — 그럼에도 자연이 우리 안에 정동(격정)으로의 소질을 심어놓은 것은 자연의 지혜였
A207 으니, 그것은 이성이 필요한 만큼의 강함에 아직 도달하기 전에 **잠정적**

7) A판: "§65." AA: §75.

으로 고삐를 잡기 위한, 곧 선으로의 도덕적 동기들에게 정념적인[8](감성적인) 자극의 동기들을 이성의 일시적 대용물로 덧붙여 활기를 주기 위한 것이었다. 무릇 그 밖의 점에서 정동〔격정〕은, 그 자체로만 볼 때는, 항상 현명하지 못한 것이다. 정동〔격정〕은 자기 자신의 목적을 추구하는 일을 스스로 할 수 없게 만드니 말이다. 그러므로 정동〔격정〕이 자신 안에서 고의로 발생하도록 하는 것은 지혜롭지 못한 짓이다. — 그럼에도 **이성**은 도덕적으로-선한 것을 표상함에서 자기의 이념들을 그 이념들의 기 VII254
저에 놓인 직관들(사례들)과 연결시킴으로써 의지에 활기를 불어넣을 수 있으며 — 대중에 대한, 또는 홀로 자기 자신에 대한, 종교적인 내지는 정치적인 강연에서 말이다 —, 그러므로 이성은 정동〔격정〕의 결과로서가 아니라 원인으로서 선에 관해 영혼에게 활기를 줄 수 있다. 이때 이성은 그럼에도 언제나 고삐를 쥐고 있으며, 선한 결의에 대한 **열광**을 유래하게 한다. 그러나 이 열광은 본래 **욕구능력**에 속하는 것으로 보아야지, 더 강한 감성적 **감정**인 정동〔격정〕에 속하는 것으로 보아서는 안 된다. —

충분한 영혼의 강함에서 **무정념**이라는 **천부적 재능**은 앞서[9] 말했듯이[10]

---

8) 원어: pathologisch. 칸트 手本: mechanisch(기계적). 'pathologisch'는 오늘날의 문헌에서는 'Pathologie'〔병리학〕의 형용사로, 곧 '병리학적'이라는 의미로 사용되지만, 칸트에서는 더 자주 'Pathos'〔정념, 고통, 수난, 질병〕의 여러 갈래의 의미 중 'Logos〔말, 논리, 이성〕'의 대립 개념인 '정념'의 형용사적 의미로 쓰인다고 보아야 한다. '정념에 대한 논구(study of the passions)'로 풀이해도 무방한 'pathologia'가 중세 초기부터 '병리학(Lehre von den Krankheiten; science which treats of disease)'의 의미로 사용되었고, 칸트에서도 'Pathologie'가 드물게(예컨대, 아래 B256=A258=VII287) '병리학'의 의미로 쓰이기는 한다. 그럼에도 불구하고 칸트 도덕철학 문맥에서 'pathologisch'는 '병리학적'이라기보다는 '정념적'으로 새기는 편이 더 타당하다. 그래서 이 대목에서 칸트는 'pathologisch'의 대체어로 'sinnlich'〔감성적〕를 ( ) 안에 병렬해놓고 있다. 'Logos'에 대해서는 'logisch'라는 형용사가 사용되는 데 반하여, 'Pathos'에 대해서는 가령 'pathisch'라는 형용사가 없는 탓에 칸트에서와 같은 용례가 생긴 것으로 보아야겠다. 또 하나 당초에 '정념적'인 것이 '병리적'인 것으로 전의되었다면, 여기서도 하나의 이데올로기 형성 과정을 볼 수 있다 하겠다.

9) 앞의 §71〔§74〕의 첫 문단.

(도덕적 의미에서) 행운의 점액질이다. 그러한 기질을 품수한〔갖고 태어난〕
B207 자가 바로 그렇다고 해서 아직 현자인 것은 아니지만, 그럼에도 다른 이
들보다 더 쉽게 현자가 될 수 있는 혜택을 자연〔천성〕으로부터 입고 있다.

일반적으로 정동〔격정〕의 상태를 이루는 것은 어떤 감정의 강함이 아
A208 니라, 이 감정을 그 상태에서 (쾌 또는 불쾌의) 모든 감정들의 총계와 비교
하는 숙고〔성찰〕의 결여이다. 어떤 축연에서 자기의 봉사자가 아름답고 진기한 유리잔을 운반 중에 칠칠치 못하게 깨뜨릴 때 부자는 이 우발적인 일을, 만약 그가 그 순간에 이 **하나의** 즐거움의 상실을 부유한 자로서의 그의 운 좋은 상태가 그에게 제공하는 **모든** 즐거움의 양과 비교한다면, 아무것도 아닌 것으로 여길 터이다. 그러나 이제 그는 (저러한 계산을 생각 중에서 신속하게 하지 못한 채) 전적으로 오직 이 하나의 고통의 감정에만 자신을 맡긴다. 그러므로 그때 그에게 마치 그의 전체 행복이 상실된 것 같은 기분이 드는 것은 놀라운 일이 아니다.

B.
여러 가지 정동〔격정〕들 자체에 대하여

§73.[11] 주관〔주체〕으로 하여금 있는 그 상태에 머무르도록 촉구하는 감정은 **쾌적함**〔**편안함**〕이다. 그러나 그로 하여금 떠나도록 촉구하는 감정은 **불편함**〔**불쾌적함**〕이다. 의식과 결합되면〔의식적이면〕, 전자는 **즐거움**(快樂)이라고, 후자는 **불쾌함**(不快)이라고 일컫는다. 정념으로서 전자는 **기
B208 쁨**〔**환희**〕이라고, 후자는 **슬픔**〔**비애**〕이라고 일컫는다. — (어떤 고통의 우려
에 의해서도 절제되지 않는) **방자한 기쁨**과 (어떠한 희망에 의해서도 완화되지 않는) 침통한 슬픔, **비탄**은 생명을 위협하는 정동〔격정〕들이다. 그럼에

---

10) B판 추가.
11) A판: "§66." AA: §76.

도 죽은 자의 목록에서 알게 된 바는, 후자보다는 전자에 의해서 더 많은 VII255 A209 사람들이 **갑작스레** 생명을 잃었다는 사실이다. 왜냐하면 헤아릴 수 없는 행운에 대한 전망이 기대하지도 않았는데 열림으로써 마음은 정동〔격정〕으로서의 **희망**에 자신을 전적으로 맡겨버리고, 그래서 정동〔격정〕은 질식을 일으키는 데까지 상승하는 반면에, 언제나 두려운 비탄에 대해서는 자연스럽게도 마음에 의해 또한 언제나 반항이 일어나고, 그러므로 비탄은 단지 서서히만 죽음을 가져오기 때문이다.

경악은 갑작스레 일어나는 공포로서, 그것은 마음의 자제〔평정〕를 깨뜨린다. 경악과 비슷한 것으로 **깜짝스러운 것**이 있는데, 이것은 (아직 **아연하게** 만들지는 않지만) **당혹스럽게** 만들며, 마음을 일깨워 숙고하도록 집중시킨다. 그것이 **감탄**으로의 자극이 된다.(감탄은 이미 자신 안에 숙고를 함유하고 있는 것이다.) 노련한 이들에게는 이런 일이 그렇게 쉽게 일어나지 않는다. 그러나 보통의 것을 일면 깜짝스러운 것으로 표상함은 기술의 하나이다. **분노**는 경악의 하나로서, 동시에 해악에 대해 저항하는 힘들을 급속하게 약동시키는 것이다. 막연한 해악으로 위협하는 대상에 대한 공포가 **걱정**이다. 걱정을 일으키는 특별한 객체를 알지 못해도 걱정에 매일 수 있으니, 그것은 한낱 주관적 원인(병적인 상태)에서 오는 일종의 가슴 답답함이다. **수치**는 **현전하는** 인격의 우려되는 경멸에서 오는 불안이며, 그 자체로 하나의 정동〔격정〕이다. 이 밖에 어떤 사람은 자기 B209 가 부끄러워할 것이 현전하지 않는데도 민감하게 부끄러워할 수가 있다. 그러나 그런 경우 그것은 **정동〔격정〕**이 아니라, 비탄과 같이 하나의 **열정〔욕정〕**으로서, 그것은 경멸을 가지고서 지속적으로 그리고 할 일 없이 자기 자신을 괴롭히는 짓이다. 그 반면에 수치는 정동〔격정〕으로서 갑작스레 생기는 것이 틀림없다.

정동〔격정〕들은 일반적으로 병적인 우발 사건(징후)들이며, (**브라운**[12] A210

체계와의 유비에 따라) 강함에서 오는 **왕성한** 정동〔격정〕과 약함에서 오는 **무력한** 정동〔격정〕으로 구분될 수 있다. 전자는 **흥분을 일으키는** 것이지만, 그로 인해 또한 자주 기진맥진하게 하며, 후자는 생명력을 이완시키되, 그러나 바로 그로 인해 또한 자주 회복을 준비하는 성질의 것이다. — 정동〔격정〕과 함께하는 **웃음**은 **경련적인** 환희이다. **울음**은 운명에 대해, 또는 타인들에 대해 그들에게서 입은 모욕 같은 것에 대한 무기력한 성냄의 **애잔한** 감각을 수반한다[13]. 그리고 이러한[14] 감각이 **비애**이다. 그러나 웃음과 울음,[15] 이 양자는 기분을 풀어준다. 왜냐하면 그것은 〔감정을〕 분출함으로써 생명력의 방해에서 해방되는 일이기 때문이다. (그러므로 곧 사람들은 소진할 때까지 웃으면, 눈물이 날 때까지도 웃을 수 있는 것이
VII256 다.) 웃음은 **남성적**이고, 반면에 울음은 **여성적**[16]이다.(남자의 경우에는 **여자 같은**[17] 짓이다.) 눈물로의 **발작**은, 오직 타인의 고난에 고결하되 무기력한 동정으로 인한 발작만이 남자에게는 허용될 수 있다. 남자에게 눈물은 눈 안에서 비칠 뿐, 방울져 떨어지게 해서는 안 되며, 더욱이 흐느껴 운다거나 그리하여 혐오스러운 음악이 연주되게 해서는 안 된다.

B210

겁약〔怯弱〕과 용기에 대하여

§74.[18] 격정, 불안, 전율 그리고 공황〔恐慌〕은 공포의 여러 정도, 다시 말해 위험에 대한 혐오의 여러 정도들이다. 성찰하면서 이 위험[19]을 떠

---

12) John Brown(1735~1788). 스코틀랜드 출신의 의사 겸 생리학자. 그의 저술 『의학원론(*Elementa Medicinae*)』(1780)은 당시 매우 인기가 높았으며, 그 내용은 '브라운의 의학 체계'로 일컬어졌다. 이에 따르면 살아 있는 유기체의 본질은 흥분성에 있고, 그 흥분성이 높으면 왕성한 증상이, 낮으면 무기력한 증상이 나타난다고 한다.

13) A판: "감각이다."

14) A판: "후자의."

15) B판 추가.

16) 원어: weiblich.

17) 원어: weibisch.

맡는 마음의 자세가 **용기/의기**이다. 그런가 하면 어떤 것에 의해서도 쉽게 공포에 빠지지 않는 내감의 강함(不動心)은 **대담성**이다. 전자의 결여는 **비겁**※이고, 후자의 결여는 **소심함**이다. A211

놀라지 않는 자는 **담대**하다. 성찰하면서도 위험에서 **물러서지 않는** 자는 **용기**를 가진 것이다. 위험 중에서도 용기가 **지속되는** 자는 **용감한** 것이다. 위험 중에 있으면서 위험을 알지 못하기 때문에 감행하는 경솔한 자는 **무모**하다. 위험을 알면서도 감행하는 자는 **모험**적이다. 자기의 목적을 달성하기가 불가능함이 가시적임에도 불구하고 (벤더[24]에서의 **칼 12세**[25]처럼) 매우 큰 위험에 자신을 내맡기는 자는 **만용**적이다. 터키인들은 (아마도 아편으로 인한) 용감한 자들을 **미친 자**들이라고 부른다. — 그러므로 비겁함은 **영예롭지 못한 의기소침**이다.

※ (拇指 切斷者[20]에서 유래한) **비겁자**[21]라는 말은 후기 라틴어에서 '卑怯者'[22]와 함께 쓰였으며, 전쟁에 징집되지 않도록 하기 위해 엄지손가락을 자르는 사람을 뜻했다.[23]

---

18) A판: "§67." AA: §77.

19) 또는 '공포'를 지시하는 것으로 볼 수도 있겠다.

20) 원어: pollex truncatus.

21) 원어: Poltron.

22) 원어: murcus. 즉 병역을 기피하기 위해 엄지손가락을 자른 자.

23) 칸트의 이러한 어원적 설명은 프랑스 출신의 고전학자 Claudius Salmasius(1588~1653)에서 유래하는데, 오늘날에는 이러한 어원적 설명이 맞지 않는 것으로 인식되고 있다. 오히려 'Poltron'이라는 말은 고대독일어 'polstar'(=Polster. 베개)에서 유래한 것으로 추정된다.

24) Bender. Moldau에 위치한 유서 깊은 도시로, 스웨덴 왕 Karl XII가 1709년 러시아와의 전쟁에서 패한 후 도피했던 곳이다.

25) 스웨덴 왕 Karl XII(1682~1718. 재위: 1697~1718). 재위 중 1700년부터 시작된 주변국 덴마크, 작센, 러시아와의 전쟁에서 패배함으로써 스웨덴은 유럽 열강의 지위를 상실했다. 반면에 이 전쟁의 승리로 Peter 대제(1672~1725. 재위: 1682~1725〔황제: 1721~1725〕)가 이끄는 러시아가 동유럽의 강자로 등장했다.

깜짝 놀람은 쉽게 공포에 빠지는 **습성적** 성질은 아니다. 왜냐하면 이러한 성질은 소심함이라고 일컬어지기 때문이다. 깜짝 놀람은 오히려 대부분 한낱 신체적 원인들에 달린 것으로, 갑작스레 부딪친 위험에 대해
B211 충분히 준비하지 못했음을 느끼는, 순전히 하나의 **상태**이며 우연적인 기질이다. 잠옷을 입고 있는 야전사령관에게 예기치 않은 적의 근접이 고지되면, 그의 심장의 피가 한순간 멈출 수가 있는바, 어떤 장군에 대해 그의 주치의는, 그가 위 안에 위산을 가지고 있을 때, 그는 소담〔小膽〕하
A212 고 소심했다고 적어놓았다. 그러나 **담대성**은 순전히 기질적 속성이다. 그에 반해 **용기/의기**는 원칙들에 의거하는 것으로 하나의 덕이다. 이성은 결연한 인사에게는 자연이 그에게 주기를 때때로 거절하는 강함을 건넨
VII257 다. 전투 중에 깜짝 놀람은 시원한 배설을 낳기도 하는데, 이러한 배설은 ('심장을 제자리에 가지고 있지 않다'[26]는) 조롱을 속담으로 만들기도 했다. 그러나 사람들은, 전투에 임하라는 작전명령이 발령되면 용변 볼 장소로 급히 가는 수병〔水兵〕들이 그 뒤 전투에서 가장 용맹스럽다는 것을 알 것이다. 이와 똑같은 것을 사람들은 왜가리에서도 보거니와, 송골매가 왜가리 위를 빙빙 돌면, 왜가리가 그에 맞서 전투 태세를 갖출 때 말이다.

그래서 **인내**는 용기가 아니다. 그것은 여성적인 덕이다. 왜냐하면 그것은 저항을 위한 힘을 모으는 것이 아니라, 습관에 의해 고통스러운 것(참는 것)을 알아채지 못하기를 바라는 것이기 때문이다. 정형외과 의사의 수술을 받을 때 또는 통풍과 결석의 고통이 있을 때 **소리 지르는** 자는 그렇기 때문에 이러한 상태에서 비겁하거나 연약한 것이 아니다. 그것은 사람들이 길을 걷다가 굴러다니는 돌에 (엄지발가락을—이로부터 橫說竪說[27]이라는 말이 유래하거니와) 부딪쳤을 때의 욕설과 같은 것이며, 오

26) 원문: das Herz nicht am rechten Ort zu haben. 독일어 관용구 'Das Herz auf dem rechten Fleck haben'〔제자리에 심장을 가짐〕은 '용기 있음'의 뜻으로 쓰인다. 그러나 어원을 추적하면 오히려 라틴어구에서 유래한 것이라는 설명이 있다.

히려 일종의 분노의 폭발로서, 이러한 폭발 중에 자연은 외침을 통해 심 B212
장에서의 혈액의 정체를 분산시키려고 노력하고 있는 것이다. — 그러나 아메리카 인디언들은 특수한 종류의 인내를 보여준다. 그들은 포위당하면 무기를 버리고, 용서를 빌지 않고서, 조용히 자신들을 죽이도록 한다. 그런데 이것이 최후의 한 사람까지 방어하는 유럽인들보다 더 용기 있는
것인가? 나에게는 그것이 한낱 야만스러운 허영으로 보인다. 즉 그들의 A213
적이 그들의 굴복의 증거들인 애원과 신음으로 그들을 몰고 갈 수 없도록, 자신의 종족의 명예를 유지하고자 하는 허영이다.

그러나 정동〔격정〕으로서(그러니까 한편으로는 감성에 속하는) 용기/의기는 또한 이성에 의해서도 일어날 수 있으며, 그리하여 참된 용기/용감함(덕의 강함)[28]일 수 있다. 명예로운 것에 대한 빈정거림이나 기지로 날카롭게 된, 그러나 바로 그 때문에 오직 그만큼 더 위험한 조롱적인 모멸에 위협받지 않고, 자기의 길을 의연하게 따라 걷는 것은 많은 사람들이 갖지 못한, 야전이나 결투에서 자신이 용감한 자임을 증명하는, 도덕적 의기/용기이다. 곧[29] 단호한 결의를 위해서는 의무가 지시명령하는 바를 타인들이 조소할 위험까지도 무릅쓰고, 그것도 높은 정도의 의기/용기로, 감행하는 일이 필요하다. 왜냐하면 **명예사랑**〔**명예심**〕은 덕의 한결같은 동반자이고, 보통 **폭력**에 대해서는 충분히 자제하는 이도 사람들이 그의 명예에 대한 요구주장을 조소로 거절할 때 그러한 모멸에 대해서 평정심을 느끼는 것은 드물기 때문이다.

타인들과의 비교에서 존경을 조금도 잃지 않으려는 의기/용기의 외 VII258

27) 원어: hallucinari. 칸트는 이 라틴어 낱말이 'allex'(엄지발가락)의 파생어라고 보고 있으나, 수긍하기 어려운 것으로 여겨지고 있다. 저 라틴어 낱말은 오히려 그리스어 낱말 'ἀλάομαι'(놀라다)에서 파생된 것이라는 설이 유력하다.

28) '도덕적 용기'에 관해서는 『덕이론』, A3=VI380 · A46=VI405 이하 참조.

29) 이 문단의 이하 문장들은 B판에만 있으며, A판에는 이와 유사한 문장들이 A214의 첫 문단 다음에 이어지는 새로운 문단을 이루어 놓여 있다.

B213 관〔체면〕을 세우려는 자세를 **호기**〔豪氣〕[30)]라고 일컫는다. 그것은 타인들의 눈에 불리하게 보일까 하는, 일종의 소심함이자 심려인 **수줍음**과는 반대되는 것이다. — 호기는 자기 자신에게 보내는 마땅한 신뢰로서는 비난
A214 할 수 없는 것이다. 그러나 저 **호기**※가 타인의 그에 대한 판단을 아랑곳하지 않는다는 모습을 누군가에게 보이는 자세인 점에서는 **뻔뻔함**, 몰염치이며, 그러나 좀 완화된 표현으로는 불손이다. 그러므로 이것은 낱말의 윤리적 의미에서의 의기/용기에 속하지 않는다.[33)]

과연 자살이 또한 의기/용기를 전제하는지[34)], 또는 언제나 단지 의기소침만을 전제하는지 하는 것은 도덕적인 물음이 아니라, 한낱 심리학적인 물음이다. 만약 자살이 순전히 자신의 명예를 위해서 살아남지 않으려고, 그러므로 **분노**에서 실행된다면, 의기/용기처럼 보인다. 그러나 그

※ 이 낱말은 본래 'Dreistigkeit'가 아니라 ('Dräuen' 또는 'Drohen'〔위협하다〕에서 나온) 'Dräustigkeit'라고 써야 한다. 왜냐하면 이러한 사람의 어조나 표정은 타인들로 하여금 그가 어쩌면 거친 사람일 수도 있겠다고 우려하게 하기 때문이다. 마찬가지로 사람들은 'lüderlich' 대신에 'liederlich'라고 쓰고 있지만, 후자[31)]는 경솔한, 경박한, 그러나 무례하지 않은 선량한 사람을 의미하나, 전자는 (낱말 'Luder'〔썩은 고기〕에서 온 말로) 어떤 타인에게도 역겨움을 일으키는 무뢰한을 뜻한다.[32)]

---

30) 원어: Dreistigkeit.

31) 번역문에서는 어순이 바뀌어 원문의 '전자'와 '후자' 또한 뒤바뀐다.

32) 칸트의 이러한 어원적 설명은 오늘날 받아들여지지 않고 있다.

33) 이 문단에 이어 A판에는 B212의 둘째 문단 후반부와 유사한 내용을 갖는 다음과 같은 새로운 문단이 있다: "끝으로 또한 순수 **도덕적인 의기/용기에는** 의무가 지시명령하는 바를 타인들이 조소할 위험까지도 무릅쓰고 감행하는 결의가 필요하다. — **이를 위해서는** 높은 정도의 의기/용기가 필요하다. 왜냐하면 **명예사랑**〔**명예심**〕은 덕의 한결같은 동반자이고, 보통 **폭력**에 대해서는 충분히 자제하는 이도 사람들이 그의 명예에 대한 요구주장을 조소로 거절할 때 그러한 **모멸**에 대해서 평정심을 느끼는 것은 드물기 때문이다."(A214)

34) 만약 이럴 경우가 있다면 '자결(自決, Selbsttötung)'이라는 개념이 성립할 터이다.

것이 모든 인내를 서서히 고갈시키는 **슬픔**에 의해 고통 중에서 인내가 고갈된 것이라면, 그것은 하나의 **의기소침**이다. 인간에게 그가 더 이상 생을 사랑하지 않을 때 죽음을 직시하고 죽음을 두려워하지 않는 것은 일종의 영웅정신인 것으로 보인다. 그러나 인간이 죽음을 두려워함에도 불구하고, 어떤 조건에서라도 생을 사랑하는 것을 언제나 중지할 수 없 B214
고, 그래서 자살로 나아가기 위해서는 불안에서 오는 마음의 혼란이 앞설 수밖에 없다면, 그는 비겁해서 죽는 것이다. 왜냐하면 그는 생의 고뇌를 더 이상 견뎌낼 수 없는 것이기 때문이다. — 자살을 수행하는 방식은 A215
마음의 정조(情調)의 이러한 차이를 어느 정도 인식하게 해준다. 만약 자살을 위해 선택한 수단이 순간적인 것이고 가능한 구조가 있을 수 없는 치사적인 것, 예컨대 권총의 발사나 (어떤 위대한 군주[35]가 포로가 되었을 때를 대비해 전쟁 중에 휴대하고 다녔던 것과 같은) 극약의 염화 제2수은의 사용이나 돌을 가득 채워 넣은 주머니와 함께 물속에 뛰어들기라면, 그 자살자의 의기/용기에 대해서는 다툼의 여지가 있을 수 없다. 그러나 그 수단이 타인에 의해서 절단될 수도 있는 새끼줄이거나, 의사에 의해 아직 신체에서 제거될 수 있는 보통의 독약이거나, 다시 봉합되어 치료될 수 있는 목의 절개라면, 그리고 이러한 기도들에서 자살자가 구조될 때, 보통은 그 자신이 기뻐하고, 결코 다시는 그러한 시도를 하지 않는다면, 그 VII259
것은 약함에서 오는 비겁한 절망이지, 그러한 행동을 위해 마음자제의 강함을 필요로 하는 그런 강건한 절망이 아니다.

이런 식으로 생의 무거운 짐에서 해방되려고 결심하는 자들이 언제나 한낱 비난받는 무가치한 영혼은 아니다. 오히려 사람들은 참된 명예에 대한 아무런 감정도 가지고 있지 않은 그런 이들에게서는 그와 같은 행동을 쉽게 우려할 것이 없다. — 그러나 그러한 행동이 언제나 소름끼치

35) 칸트 당대 프로이센의 계몽절대군주 Friedrich II(1712~1786)를 가리킨다. 칸트는 이 예를 『윤리형이상학』, 「덕이론」, A74=VI423에서도 들고 있다.

고, 또 인간은 그 자신을 그러한 행동에 의해 괴기하게 만드는 것이지만,
B215 그럼에도 혁명적 상태의, 합법적이라고 선언된 공공연한 부정의의 시대에는 (예컨대 프랑스 공화국의 공안위원회의 시대에는) (예컨대 **롤랑**[36]과 같은) 명예심 많은 인사들이 자살을 함으로써, 법률에 따라 처형당하는 것을 미연에 방지하고자 했다는 사실은 주목할 만하다. 자살은 헌정 질서
A216 의 상태에서는 그들 자신이 비난받을 일로 선언했을 것이다. 그럼에도 이렇게 하는 이유는 이렇다. **법률**에 의한 처형에는 어느 것에나 굴욕적인 것이 있다. 그것은 **형벌**이기 때문이다. 그리고 그 처형이 부당한 것이면, 법률의 희생이 되는 자는 이 처형을 **받아들일 만한** 것으로 인정할 수가 없다. 그러나 그는 이것을 다음과 같이 함으로써 증명하는 것이다. 즉 만약 그가 일단 죽음에 내맡겨졌다면, 그가 차라리 자유인으로서 그 죽음을 택하고 그것을 **자기 자신**에게 가하는 것이다. 그래서 (**네로**와 같은) 폭군들도 사형 선고를 받은 자가 스스로 목숨을 끊는 것을 허용하는 것을 은혜의 표시라고 강변했다. 왜냐하면 그것은 더 큰 명예와 함께 일어났기 때문이다. ── 그러나 나는 이런 것의 도덕성을 옹호하고 싶지 않다.

그러나 전사의 의기/용기는 결투자의 의기/용기와는 아주 다른 것이다. 설령 **결투**가 정부에 의해 관용되고, 모욕에 대한 자조〔自助〕가 얼마간 군대 내에서의 명예로운 일을 위해 만들어졌고, 군대의 최고위자가 그것을 법률에 의해 공적으로 허용하지는 않으면서도 그에 간섭하지 않는다 할지라도 말이다. ─ 결투를 묵인함은 국가원수에 의해 숙려되지 않은 섬뜩한 원리이다. 무릇 축에 들기 위해서 목숨을 걸고 유희를 하고, 국가의 보존을 위해 자기 자신의 위험을 무릅쓰고 무엇인가를 해야 함을

---

36) Jean Marie Roland de la Platière(1734~1793). 프랑스 대혁명기의 지롱드 당원으로 1792년 3월부터 1793년 1월까지 내무부장관이었다. 실각 후 거듭되는 정변 중에 그의 부인(Jeanne Manon Phlipon Roland de la Platière)이 처형되었다는 소식을 듣고, 1793년 11월 15일 자신의 칼로 심장을 찔러 자살하였다.

전혀 생각지 못하는 하잘것없는 자들이 있다.

용기〔용감함〕는 목숨 잃을 것을 두려워하지 않는, 의무가 지시명령하는 것 안의 **합법적**인 의기〔용기〕이다. 대담성만이 그것을 이루는 것은 아 B216
니고, 도덕적 무결성〔無缺性〕(正當性을 自覺하는 精神)이 그것과 결합해 있지 않으면 안 된다. 기사 **바야르**[37](공포도 없고 흠결도 없는 기사)처럼 말이다. A217

자기의 목적에 관해 자기 자신을 약화시키는 정동〔격정〕들(制御할 수 없는 마음의 衝動들)에 대하여 VII260

§75.[38] **분노와 수치의 정동〔격정〕들은 자기의 목적에 관해 자기 자신을 약화시킨다는 특성을 갖는다. 그것들은 모욕으로서의 해악〔화〕이**[39] 갑작스레 환기된 감정들이지만, 그러나 이 감정들은 그 격렬성으로 인해 동시에 그 해악〔화〕을 막는 것을 불가능하게 만든다.

누가 더 공포를 느끼게 될까? 격렬한 분노로 **창백해진** 사람일까, 아니면 이 경우 **붉게 달아오른** 사람일까? 전자는 그 자리에서 공포를 느끼게 될 것이지만, 후자는 뒤에 가서 (복수심 때문에) 더욱더 공포를 느끼게 될 것이다. 전자의 상태에서 자제를 잃어버린 사람은 나중에 후회하게 될지도 모를 폭력을 사용하게끔 격렬해져 어쩔 줄 몰라 하는 자기 자신을 두려워한다. 후자의 상태에서 두려움은 갑작스레 공포로 이행하거니와, 그것은 자기의 자기방어의 무능력에 대한 의식이 **뚜렷하게** 될지도 모른다는 공포이다. ― 양자는, 만약 그것들이 신속한 마음의 자제를 통해 화를

---

37) Pierre de Bayard(1476~1524). 프랑스의 전설적 기사로서 이탈리아와의 전쟁에서 사령관으로서의 용맹성과 재능을 과시하였다.

38) A판: "§68." AA: §78.

39) A판: "그것들은 분노와 수치이다. 〔그것들은〕"

풀 수 있게 한다면, 건강에 해롭지는 않다. 그러나 그렇지 않을 경우에는
B217 그것들은 한편으로는 생명 자체에 위험하며, 또 한편으로는, 그 정동〔격정〕의 폭발이 억제된다면, 그것들은 하나의 원한, 다시 말해 모욕에 맞대응하는 자세를 취하지 못한 것에 대한 모욕감을 남긴다. 그러나 이러한 모욕감은 만약 저러한 정동〔격정〕들이 단지 말로 표출될 수만 있어도 피
A218 해진다. 그러나 이 두 정동〔격정〕들은 말문을 막는 것이고, 그 때문에 스스로를 불리한 상황에 놓는 그런 종류의 것이다.

격분은 마음의 내적 훈육을 통해 고쳐나갈 수도 있다. 그러나 수치가 일 때의 과민한 명예감정의 약점은 그렇게 쉽게 통어되지 않는다. 왜냐하면 (그 자신이 이러한 약점—공석에서 연설하는 것을 수줍어함—에 시달렸던) **흄**도 말한 바처럼,[40] 호기로우려하는 첫 시도가 실패하면 그것은 더욱 소심하게 만들기 때문이다. 그래서 예의에 관한 그들의 판단이 거의 문제가 되지 않는 그런 사람들과의 교제로부터 시작해서 차츰 우리에 대한 타인의 판단이 중요하다는 생각에서 벗어나고, 여기에서 내심 그들과 동등하다는 입장에서 자신을 소중히 여기는 것 외에 다른 수단은 없다. 여기에서 습관은 **수줍음**[41]과도 〔다른 사람을〕 모욕하는 **호기**와도 거리가 먼 **솔직성**〔**숨김없음**〕을 낳는다.

우리는 타인의 **수치**는 하나의 고통으로 동정하지만, 타인의 **분노**에
VII261 대해서는, 만약 그가 우리에게 그의 분노를 일으킨 그러한 자극이 이 정동〔격정〕 안에 현재하는 것이라 **이야기하**면, 동정하지 않는다. 왜냐하면 이러한 상태에 있는 사람 앞에서 (그가 당한 모욕에 대한) 그의 이야기를 듣고 있는 사람 자신도 안전하지 못하기 때문이다.

---

40) D. Hume, "Of Impudence and Modesty", 수록: *Essays, Moral, Politcal, and Literary*, Eugene F. Miller 편, Indianapolis: Liberty Press, 1987, pp. 553 이하 참조.
41) A판: "부끄러움."

감탄(즉 예기치 않은 것을 마주친 당혹)은 처음에는 자연스러운 사유활동 B218
을 방해하고, 그러니까 불편하지만, 그러나 이내 예기치 않은 표상에 대 A219
한 사유의 흐름을 더욱더 촉진시키고, 그래서 감정의 쾌적한 환기가 된다. 그러나 이러한 정동〔격정〕은 본래 **경이**라고 일컬어지는데, 그것은 사람들이 그 지각이 각성의 상태에서 일어나는지 꿈의 상태에서 일어나는지를 확실하게 모를 경우에 그러하다.[42] 풋내기는 세상 안에서 모든 것에 감탄한다. 그러나 다양한 경험을 통해 사물의 경과를 숙지하게 된 사람은 아무런 것에 관해서도 감탄하지 않기(無感歎[43])를 자기의 원칙으로 삼는다. **이에 반해**[44] 탐구의 눈길로 자연의 질서를 그 매우 큰 다양성에서 숙고하면서 따라가는 사람은 미처 예기하지 못했던 지혜를 넘어 **경이**에, 즉 사람들이 그로부터 벗어날 수 없는(감탄으로는 충분하지가 않은) 경탄에 들게 된다. 그러나 그럴 경우에 이러한 정동〔격정〕은 오직 이성에 의해서만 환기되는 것이어서, 그것은 초감성적인 것의 심연이 그의 발 앞에서 열리는 것을 보는 일종의 신성한 경외이다.

그를 통해 자연이 건강을 기계적으로 촉진하는 정동〔격정〕들에[45] 대하여

§76.[46] **몇몇의 정동〔격정〕들을 통해 건강은 자연에 의해 기계적으로 촉진된다. 특히 웃음과 울음이 이런 것에 속한다.**[47] **분노〔화냄〕**[48]는, 만약 사람들이 (저항을 염려하지 않으면서) 용감하게 야단칠 수만 있다면, 소화를 위해

42) A판: "이 감탄은, 사람들이 그 지각이 각성의 상태에서 일어나는지 꿈의 상태에서 일어나는지를 확실하게 모를 경우에는, 경이의 정동〔격정〕이다."

43) 원문: nihil adminari. Horatius, *Epistulae*, I, 6, 1에서 인용한 것으로 보인다.

44) A판: "그러나."

45) A판: "정동〔격정〕들, 웃음과 울음에."

46) A판: "§69." AA: §79.

47) B판 추가.

48) A판: "분노〔화냄〕."

B219 상당히 확실한 수단이기는 하다. 많은 가정부인들은 **아이들과**[49] 가복들을
꾸짖는 것 외에 다른 어떤 진정한 운동도 하지 않는다. 그때 아이들과 가
A220 복들이 조신하게 따르기만 한다면, 생명력이 〔신체〕기계를 통해 쾌적한
피로를 한결같이 발산시킬 것이다. 그러나 이러한 수단은 저 가솔들의
우려스러운 저항으로 위험이 없지 않다.

그에 반해 선량한 (음흉하지 않은, 쓴맛과 결합되어 있지 않은) 웃음은 더
호감이 들고 효과적인 것이다. 그것은 곧 '새로운 쾌락을 찾아내는' 사람
VII262 에게 상금을 건 저 페르시아 왕에게 추천되었을 법한 것이다. — 이때[50]
간헐적으로(말하자면 경련적으로) 일어나는 공기의 호흡은 — 이에서 재채
기는[51] 그 소리를 억제하지 않고 지를 수만 있다면 작지만 활기를 주는
효과이거니와 — 횡격막의 건강한 운동에 의해 생명력의 감정을 **강화한
다.** 무릇 **우리를 웃게 만드는 자는**[52] 고용된 익살꾼(어릿광대)일 수도 있고,
친구 중의 하나인 익살맞은 장난꾸러기일 수도 있다. 이러한 자는 악의
라고는 전혀 없어 보이지만, "보기와는 딴판인 〔교활한〕 자"로서 함께 웃
지 않고, 오히려 순박하게 보임으로써 긴장된 기대를 (긴장된 현〔絃〕과 같
이) 갑자기 이완시킨다. 그래서 **웃음은 언제나**[53] 소화에 필요한 근육의 진
동이며, 그것은 의사의 지혜가 하는 것보다 이를 훨씬 더 잘 촉진한다.
또한[54] 헛짚은 판단력의 심한 우둔함도 — 그러나 물론 자칭 현명한 자의
B220 희생을 대가로 치르기는 했지만 — 바로 똑같은 결과를 낳는다.※

A221 **울음**은, 즉 흐느껴거림과 함께 일어나는 (경련적으로) 숨을 들이키는 것

49) B판 추가.
50) B판 추가.
51) A판: "(재채기 중에) 코를 통해."
52) A판: "그리고 그것은."
53) A판: "그것은."
54) A판: "그러나 또한."

은, 눈물이 쏟아지는 것과 함께 결합되어 있으면, 고통을 누그러뜨리는 수단으로서 마찬가지로 건강을 위한 자연의 대비이다. 세간에서 말하듯 위안받고 싶지 않은, 다시 말해 눈물 쏟는 것을 저지하는 법을 알고 싶지 않은 미망인은 모르는 채로 또는 원래 의욕하지 않았는데도 자기 건강을 돌보고 있는 것이다. 이러한 상태에서 일어나는 분노가 있다면 그것은 눈물 쏟는 것을 이내 막을 것이지만, 그러나 건강을 위해서는 해가 된다. B221
비록 언제나 괴로움만이 아니라, 분노도 여자와 아이들에게 눈물을 흘리게 할 수 있기는 하지만 말이다. — 무릇 (그것이 분노의 것이든 비애의 것이든) 강한 정동〔격정〕의 경우 해악에 대해 **자신이 무기력하다는 감정**은 외 VII263
적 자연적 표시들을 원조로 불러내고, 이런 표시들은 (약자의 권리에 의해) 남성적 영혼〔마음〕을 적어도 무장 해제시킨다. 그러나 이성〔異性〕의 약함 A222
으로서의 이러한 섬세함의 표현은 동정적인 **남자**를 울게까지는 아니라 하더라도, 눈에 눈물이 고이도록까지는 건드린다. 무릇 전자의 경우[56]에

※ 후자의 예들은 많이 있을 수 있다. 그러나 나는 여성의 귀감이었던, 작고한 **카이젤링** 백작부인[55]의 입을 통해 들은 한 가지 사례만 들고자 한다. 당시에 (오스트로그 교회관구로부터) 폴란드 내의 기사단 설립의 관리위임을 받은 A221
사그라모소 백작이 그의 집을 방문했을 때, 우연히도 쾨니히스베르크 태생이지만, 함부르크에서 몇몇 부유한 상인들의 도락을 위해 박물 수집가 겸 그 진열장의 관리자로 고용되었던 석사가 프로이센의 자기 친척들을 방문했던 차에 합석하였다. 백작은 그와 뭔가 이야기를 나누고자 엉터리 독일어로 "내 '안트(Ant)'〔제대로 발음하면 '탄테(Tante: 숙모)'〕가 암부르크에 있었는데, 죽었다."고 말했다. 그 석사는 즉각 이 말을 받아, "왜 당신은 그것의 껍질을 벗겨 박제해 두지 않았습니까?"라고 물었다. 그는 '탄테(Tante: 숙모)'를 뜻하는 영어 낱말 '안트(Ant)'〔aunt〕를 '엔테(Ente: 오리)'로 알아들었고, 그것은 아주 드문 일이 틀림없다는 생각이 들었기 때문에, 그 큰 손해를 아쉬워했던 것이다. 이 오해가 어떠한 웃음을 유발했겠는지는 상상할 수 있는 바이다.

---

55) Countess Charlotte Amalie von Keyserling(1729~1791). 칸트는 이 백작(Heinrich Christian Keyserling) 내외와 자주 왕래하면서 친하게 지냈다.

56) 곧 울게 되는 경우.

남자는 그 자신의 성〔남성성〕을 모독하는 일로, 그의 여성 같음을 가지고서는 보다 약한 편을 보호하지 못할 터이다. 그러나 후자의 경우[57]에도 이성〔異性〕에 대해서 그로 하여금 그의 남성다움을 의무로 갖게 하는 동정을 보여주지 못할 것이니, 곧 그 의무는 여성을 보호하는 것으로, 그것은 기사담〔騎士譚〕들이 용기 있는 남자에게 귀속시키는 성격이다. 그 성격인즉 바로 이러한 보호에 있는 것이다.

그러나 왜 젊은이들은 **비극** 공연을 더 좋아하며, 그들이 양친을 위해
축연을 열고자 할 때도 이를 기꺼이 올리고, 반면에 노인들은 오히려 **희
극**을, 심지어는 익살극마저 더 좋아하는가? 전자의 이유는 부분적으로
는 아이들로 하여금 위험한 일을 감행하도록 하는 이유와 같다. 그것은
아마도 자신의 힘을 시험해보려는 자연의 본능에 의한 것이다. 그러나
부분적으로는 또한, 청년의 경박함에는 마음을 아프게 하거나 놀라게 하
는 인상들에 대해 막이 내리자마자 아무런 우울함도 남아 있지 않고, 오
B222 히려 강렬한 내적 운동 뒤의 쾌적한 피로만이 남아, 새롭게 기쁨으로 전
환되기 때문이기도 하다. 이에 반해 노인들에게는 이러한 인상은 그렇게
쉽게 사라지지가 않고, 그들은 명랑으로의 기분을 그렇게 쉽게 자기 자
신 안에서 다시 만들어낼 수가 없다. 기민한 기지를 가진 어릿광대는 그
의 착상을 통해 노인들의 횡격막이나 내장에다 건강에 좋은 진동을 일으
A223 킨다. 그렇게 함으로써 그 후에 잇따르는 즐거운 만찬장에서 식욕이 왕
성해지고, 또한 수다를 통해 건강에 도움이 된다.

57) 곧 눈물이 고이는 경우.

일반적 주해

어떤 내적 신체적 감정들은 정동〔격정〕들과 **유사**하다. 그럼에도 그것들은 정동〔격정〕들 자체는 아니다. 왜냐하면 그것들은 단지 순간적이고 일시적이며, 자신의 아무런 흔적도 남기지 않기 때문이다. 어린아이들이 밤에 유모에게 유령이야기를 들을 때 그들에게 엄습하는 **소름 돋음**이 그와 같은 것이다. — 흡사 차가운 물을 뒤집어쓴 것 같은(소나기 맞을 때처럼) **오싹함**도 이런 것에 속한다. 위험의 지각이 아니라, 위험에 대한 한갓된 상념이 (위험이 현존하지 않는다는 것을 앎에도 불구하고) 이러한 감각 VII264 을 낳는다. 이러한 감각이 경악의 발발이 아니고, 한갓된 엄습일 때, 그것은 꼭 불쾌한 것만은 아닌 것으로 보인다.

현기증과 **배멀미**도 그 원인의 면에서는 그러한 관념적인 위험의 부류에 속하는 것으로 보인다. — 땅 위에 놓여 있는 널빤지 위를 사람들은 비틀거리지 않고 걸어갈 수 있다. 그러나 그 널빤지가 심연 위에 놓여 있 B223 다거나, 신경이 약한 사람의 경우에는, 구덩이 위에만 놓여 있어도, 위험에 대한 공허한 걱정이 흔히 실제로 위험한 것이 된다. 배의 흔들림은 미풍만 있어도 가라앉았다 솟아올랐다를 반복한다. 가라앉을 때는 솟아오르려는 자연의 노력이 — 모든 가라앉음은 일반적으로 위험 표상을 수반 A224 하니 말이다 —, 그러니까 아래에서 위로 향하는 위와 내장의 운동이 구토를 일으키는 자극과 기계적으로 결합되어 있다. 그때 만약 환자가 선실 안에서 선창 밖을 내다보면서 하늘과 바다를 교대로 보게 되면, 그로 인해 좌석이 자기 밑으로 떨어지는 것 같은 착각이 점점 더 높아져, 그 구토의 자극은 더욱더 커진다.

그 자신 냉정하지만, 그 밖에는 오직 지성과 강한 상상력의 능력을 가진 배우는 진짜 정동〔격정〕에 의해서보다 꾸며진(인위적인) 정동〔격정〕에 의해서 사람의 마음을 움직일 수 있다. 진지하게 사랑하는 사람은 그의 애인이 눈앞에 있으면 당황해하고, 어색해하며 마음을 끌지 못한다. 그러나 순전히 **사랑에 빠진 체하고** 또 재능을 가진 자는 자신의 역할을 너무나 자연스럽게 해서, 가련하게 속는 사람들은 전부 그의 올가미에 걸린다. 그것은 바로 그가 자기의 심정에 사로잡혀 있지 않아, 그의 머리가 명석하므로 사랑하는 자의 외관을 매우 자연스럽게 흉내 내기 위한 자기의 숙련성과 힘들을 자유롭게 사용할 수 있기 때문이다.

선량한(솔직담백한) 웃음은 (환희의 정동〔격정〕에 속하는 것으로서) **사교적**
B224 이고, 음흉한 웃음(비웃음)은 적개심이 있는 것이다. (가발 대신에 잠자리 두건을 머리에 쓰고, 모자는 팔에 끼고서, 학문들과 관련한 고대인과 근대인의 장점에 관해 논쟁하면서 위엄 있게 돌아다니는 **테라손**[58]처럼) 방심한 이는 전
A225 자의 웃음을 일으킨다. 그는 **홍소**〔哄笑〕를 일으키지만, 그러나 그렇다고 **조소**받지는 않는다. 분별없지 않은 **기인**은 홍소를 띠게 하기는 하나, 그것이 그에게 대단한 것은 아니고, 그도 함께 웃는다. — 기계적으로 (정신없이) 웃는 사람은 천박하고, 모임을 재미없게 만든다. 그런 자리에서 전
VII265 혀 웃지 않는 사람은 기분이 언짢거나 현학적인 이다. 어린아이들은, 특히 소녀들은, 일찍이 숨김없이 억지 아닌 웃음을 웃는 것에 습관이 들어야만 한다. 얼굴 표정의 쾌활함은 이때 점점 내면에도 각인되어 명랑함과 친절함 그리고 사교성의 **성향**의 기초를 이루기 때문이다. 이런 성향이야말로 호의의 덕으로의 이러한 접근을 일찍부터 준비하는 것이다.

---

58) Jean Terrasson(1670~1750). 호메로스에 관한 논쟁 참여와 정치소설 *Sethos*를 써서 유명해진 프랑스인 수도사. 칸트는 그를 Gottsched에 의한 번역서 *Des Abtes Terrasson "Philosophie nach ihrem allgemeinen Einflusse auf alle Gegenstände des Geistes und der Sitten"*, Berlin/Stettin/Leipzig 1762, S. 117에서 인용하고 있다. 테라송에 대한 언급은 이미 초기의 작은 논문 "Versuch über die Krankheiten des Kopfes"(1764)에도 보이고(AA II, 269 참조), 『순수이성비판』 제1판 머리말(AXVIII)에서도 볼 수 있다.

어떤 이를 모임에서 기지의 웃음거리로(놀림감으로) 삼되 그 안에 가시가 없고(비꼼이 없는 조소일 뿐이고), 이에 대해서 타자도 자신의 기지로 비슷하게 응수할 채비가 되어 있으며, 그리하여 유쾌한 웃음을 그 모임에 가져올 준비가 되어 있는 것은 그 모임을 선량하고 동시에 세련되게 활성화하는 것이다. 그러나 만약 이러한 일이 어떤 순박한 사람을 희생으로 삼아서, 사람들이 그를 하나의 공처럼 다른 사람에게 던지고 받고 한다면, 이러한 웃음은 남의 불행을 보고 기뻐하는 것으로서 적어도 야비한 것이다. 그리고 만약 이러한 일이 식객에게 일어난다면, 그 식객은 포식을 위해 경박한 유희에 자신을 내놓거나 웃음거리로 만들도록 하는[59] 것으로서, 그것은 그에 관해[60] 목젖을 드러내놓고 웃을 수 있는 자들의 나쁜 취미와 무딘 도덕 감정의 증거인 것이다. 그러나 중신을 조롱함으로써 지존의 내장을 건강에 도움이 되도록 흔들기 위해 웃음으로 식탁의 흥을 돋우어야 하는 궁정 익살꾼의 역할은 그것을 어떻게 취하든 간에 모든 비판의 **위에** 있거나 **아래에** 있다.

B225
A226

열정〔욕정〕들에 대하여

§77.[61] 어떤 욕망이 그 대상의 표상에 선행하여 발생하는 주관적 **가능성**이 **성벽**(性癖)이다. — 대상을 알기도 전에 이 대상을 점유취득하려는 욕구능력을 내적으로 **강요함**이 **본능**이다[62].(동물의 짝짓기 추동〔본능〕이나, 새끼를 보호하는 어미의 추동〔본능〕 같은 것 말이다.) — 주관에서 규칙(습관)이 된 감성적 욕망은 **경향성**(傾向性)이라고 일컬어진다. — 어떤 선택과 관련하여 그 경향성과 모든 경향성들의 총계를 비교하려는 이성을 방해

59) A판: "(웃음거리로 만들도록) 자신을 내놓는."
60) A판: "이에 대해."
61) A판: "§70." AA: §80.
62) '이다(ist)'를 넣어서 읽음.

하는 그러한 경향성이 **열정**(熱情[63])이다.

쉽게 알 수 있는 바이거니와, 열정들은 침착한 성찰과도 병존될 수 있고, 그러니까 정동〔격정〕처럼 무분별한 것이 아닐 수도 있고, 그래서 또한 질풍 같고 일시적인 것이 아니라, 뿌리가 깊고, 합리화 작업과도 공존
VII266 할 수 있기 때문에, — 자유를 가장 크게 훼손시키며, 정동〔격정〕이 일종
B226 의 **도취**적인 것이라면, 열정은 일종의 **병**이다. 그런데 이 병은 모든 약제를 거부하고, 그래서 그것은 저 앞서의 일시적인 마음의 동요들[64]보다 훨씬 더 나쁜 것이다. 저 일시적인 마음의 동요들은 적어도 개선해보려는 기도라도 불러일으키지만, 후자는 그 대신에 개선마저도 거절하는 마력이다.

A227 사람들은 열정을 (명예욕, 복수욕, 지배욕 등과 같이) **욕**〔慾〕이라는 말로 칭한다. **사랑에 빠져 있을** 때가 아니라면 사랑의 열정은 예외이다. 그것은, 사랑의 욕망은 (향유에 의해) 충족되면, 그 욕망은 적어도 바로 그 동일한 인〔人〕에 관해서는 곧바로 그치기 때문에, 그러니까 사람들은 정열적인 사랑에 빠짐을 (타방이 고집스럽게 거절하는 한에서는) 열정이라 댈 수 있지만, 어떤 육체적 사랑도, 객체에 관해서 **고정불변적**인 원리를 함유하고 있지 않지 않으므로, 열정이라 댈 수 없는 까닭이다. 열정은 언제나, 경향성이 주관에게 지정한 목적에 따라 행위한다는 주관의 준칙을 전제한다. 그러므로 열정은 항상 주관의 이성과 결합되어 있는 바로서, 사람들이 한갓된 동물들에게 열정을 부가할 수 없는 것은, 순수한 이성존재자에게 열정을 부가할 수 없는 것이나 마찬가지이다. 명예욕, 복수욕 등과 같은 것은, 결코 완전하게 충족될 수 있는 것이 아니기 때문에, 병으로서의 열정 아래 치부되는 것이며, 이러한 병들에 대해서는 단지

63) 원어: passio animi.
64) 곧 정동〔격정〕들.

진정제가 있을 뿐이다.

§78.[65] 열정들은 순수 실천이성에게는 암이며, 대개는 불치이다. 왜냐
하면 환자가 치료되고자 하지를 않으며, 그것에 의해서만 치료가 될 수
있을 터인 원칙의 지배를 기피하기 때문이다. 이성은 감성적-실천적인
것에서도 원칙에 따라서 보편적인 것에서 특수한 것으로 나아가거니와, B227
그 원칙인즉, 적의한 하나의 경향성 때문에 여타 모든 경향성들을 그늘
이나 구석에 두지 말고, 저 경향성이 모든 경향성들의 총계와 공존할 수
있게끔 유의하라는 것이다. — 어떤 사람의 **명예욕망**은 언제나 이성에
의해 시인된 그의 경향성의 방향일지도 모른다. 그러나 그러한 명예욕망 A228
을 가진 자는 또한 타인들에게서 사랑받고자 하며, 타인들과의 적의한
교제, 자기 재산 상태의 유지 등과 같은 것도 필요로 한다. 그러나 이제
그가 **열정적으로**-명예욕망적이면, 그는 그의 경향성들이 그를 그리로
똑같이 이끄는 이러한 목적들에 대해서는 눈을 감고, 그리하여 타인들에
게 미움을 받거나, 교제에서 회피당하거나, 낭비로 인해 가난하게 될 위
험에 빠지는 일 — 이런 모든 것은 간과하게 된다. 그것은 (자기의 목적의
일부를 **전체**로 만드는) 어리석음으로서, 이러한 어리석음은 이성과는, 그
형식적 원리에서조차도, 정면으로 모순되는 것이다.

그래서 열정들은 한낱 정동〔격정〕들과 같이 많은 해악을 배태하고 있 VII267
는 **불행한** 심정들일 뿐만 아니라, 예외 없이 **악하다**. 그리고 아주 선량한
욕망도, 설령 그것이 (질료〔내용〕상으로는) 덕에, 다시 말해 선행에 속한다
할지라도, (형식상으로는) 그것이 열정으로 전화되자마자, 한낱 **실용적으
로** 유해할 뿐만 아니라, **도덕적으로**도 배척되어야 하는 것이다.

---

65) A판: "§71." AA: §81.

정동〔격정〕은 자유와 자기 자신에 대한 지배를 순간적으로 훼손한다.
B228 열정〔욕정〕은 이를 단념하고 자기의 쾌와 충족을 노예 근성에서 발견한다. 그럼에도 이성은 내적 자유에 대한 그의 호소를 그만두지 않기 때문에, 그 불행한 자는 자기의 사슬 아래서 탄식하지만, 그럼에도 그는 그것에서 벗어날 수가 없다. 왜냐하면 그 사슬은 이미 말하자면 그의 수족과 유착되어버렸기 때문이다.

A229 그럼에도 열정〔욕정〕들도 자기를 찬양하는 자들[66]을 발견했다.(무릇 악성의 것들도 일단 원칙들 안에 자리를 잡고나면, 그를 찬양하는 자가 어느 곳엔가 있지 않겠는가?) 그래서 하는 말이, "세상의 어떤 위대한 것도 격렬한 열정 없이는 이루어지지 않았다. 섭리 자신이 현명하게도 열정을 마치 용수철 마냥 인간의 자연본성 안에 심어놓았다."[67]는 것이다. ― 수많은 경향성에 대해, 자연스러운 동물적인 필요요구인 이런 경향성을 살아 있는 자연〔물〕은 (인간의 자연본성조차도) 가지지 않을 수 없는 것이라고 사람들은 수긍할지도 모르겠다. 그러나 경향성들이 **열정들**이 되어도 좋다고, 아니 되어야 한다고 섭리는 의욕하지 않았을 것이다. 경향성을 이러한 관점에서 구상화하는 것이 어떤 시인에게는 관용될지도 모르겠다. (곧 **포프**와 같이 "무릇 이성이 자석이라면, 열정들은 바람이다."[68]고 말하는 것 말이다.) 그러나 철학자는 이러한 원칙을 가까이해서는 안 된다. 열정을, 인류가 마땅한 정도의 문화에 이르기 전에, 의도적으로 인간의 자연본성 안에 집어넣은 섭리의 잠정적인 설비라고 상찬하기 위해서라고 할지라도 말이다.

---

66) 계몽주의 시대 프랑스의 감각주의 철학자 Claude Adrien Helvétius(1715~1771), 특히 그의 *De l'esprit*(1758), III, 6~8을 염두에 둔 듯하다.

67) 이 인용문의 출처는 확인되지 않고 있는데, 유사한 문구가 칸트의 초기 논고 "Versuch über die Krankheiten des Kopfes"(1764)에서도 보인다.(AA II, 267 참조)

68) Alexander Pope(1688~1744), *An Essay on Man*(1734), Epistle 2, line 108: "Reason the card, but Passion is the gale." 참조. 칸트는 당시(1740)의 독일어 번역에서 인용하고 있는 것으로 보임.

열정〔욕정〕의 구분

열정〔욕정〕들은 **자연적**(선천적) 경향성의 열정들과 인간의 **문화**에서 생 B229
겨나는(취득된) 경향성의 열정들로 구분된다.

첫째 종류의 열정들은 **자유의 경향성**과 **성**〔性〕**의 경향성**이며, 양자는 VII268
정동〔격정〕과 결합되어 있다. **둘째** 종류의 열정들은 **명예욕**과 **지배욕**과 A230
소유욕이며, 이것들은 정동〔격정〕의 거칠고 사나움과 결합되어 있는 것이 아니라, 모종의 목적들을 겨냥하고 있는 준칙의 고정불변성과 결합되어 있다. 전자는 **뜨거운** 열정(熱性의 熱情)이라고, 후자는 다라움처럼 **차가운** 열정(冷性의 熱情)이라고 부를 수 있다. 그러나 모든 열정〔욕정〕은 언제나 단지 인간에게서 인간에게로 ―물건으로가 아니라― 향해진 욕망으로서, 사람들은 비옥한 농지나 그와 같은 소에 대해서는 그것을 이용하려는 경향성을 다분히 가질 수 있지만, (타인들과 **공동체**를 이루려는 경향성 안에 있는) **애착**을 가질 수는 없으며, 더욱이나 열정〔욕정〕을 가질 수는 없다.

A.
열정〔욕정〕으로서의 자유의 경향성에 대하여

§79.[69] 이것은 자연인이 타인들과 교호적으로 요구주장을 하게 되는 것을 피할 수 없는 상황에서 자연인에게는 모든 경향성 중에서도 가장 격렬한 것이다.

타인의 선택에 따라서만 행복할 수 있는 이는 (그 타인이 제아무리 호의

69) A판: "§72." AA: §82.

적이라고 하더라도) 당연히 자신이 불행하다고 느낀다. 무릇 복에 관한 판
B230 단에서 그의 강력한 이웃이 그의 판단과 합치하리라는 것을 그가 얼마나
보증받겠는가? — (아직 복종하는 것에 익숙해 있지 않은) 야만인은 복종에
들어가는 것보다 더 큰 불행을 알지 못하거니와, 이것은 아직 어떠한 공
적인 법률도 그를 안전하게 해주지 않는 한에서, 훈련이 점차로 그로 하
A231 여금 복종을 참아내게 만들어줄 때까지는 당연한 일이다. 그래서 타인
들을 가능한 한 자기로부터 멀리 떨어져 있게 하고, 황야에 흩어져 살려
는 의도 중에 그의 끊임없는 전쟁의 상태가 있다. 정말이지 모태에서 막
벗어난 아이가 다른 모든 동물들과 다르게 큰 소리로 울어대면서 세상에
들어서는 것은 순전히, 아이가 자신이 자신의 수족을 이용할 능력이 없
다는 것을 **강제**로 여기고서, (다른 어떤 동물도 그런 것에 대한 표상이 없는)
자유에 대한 자기의 요구주장을 곧장 알리기 때문인 것으로 보인다.※ —
B231 VII269 유목민족들은 (목축민들로서의) 어떤 토지에도 속박되어 있지 않기 때문
에, 예컨대 아라비아인들처럼, 비록 온전한 것은 아니지만 강제에서 자

※ 시인 **루크레티우스**는 동물계에서 기실 주목할 만한 이 현상을 다르게 보고 있다.

그는 悲鳴으로 그 場所를 채운다. 살아가며
그토록 많은 害惡을 겪는 일만 남은 자에게나 어울리게![70]

무릇 새로 태어나는 아이가 이러한 전망을 가질 수는 없을 것이다. 그러나 아
이 안의 불편함의 감정이 신체적 고통에서가 아니라, 오히려 자유와 이 자유
의 방해, 즉 **불법**에 대한 흐릿한 관념(내지는 이와 유사한 표상)에서 생겨난
다는 것은 생후 몇 개월이 지나 어린아이의 비명과 결합해 있는 **눈물**에 의해
밝혀진다. 이런 일은 어린아이가 어떤 대상들에 접근하려고, 또는 일반적으
로 단지 자기 상태를 변화시키려고 애를 쓰는데, 그것이 방해받고 있다고 느
B231 A232 낄 때, 일종의 격분을 보여주는 것이다. — 자기의 의지를 가지려는, 그리고
이에 대한 방해를 하나의 모욕으로 받아들이려는 이러한 추동은 그 울음소
리[의 고저]에 의해서도 특별히 드러나며, 어머니가 벌주는 것이 필요하다고

70) Lucretius, *De rerum natura*, V, 227/228.

유로운 자신들의 생활양식에 그토록 강하게 집착하면서, **정주하는** 민족
들을 경멸적으로 내려다보는 자기 존대의 정신을 가지고 있다. 그리하
여 그러한 생활양식과 떼어놓을 수 없는, 수천 년 간의 간난신고도 그들
을 그러한 생활양식에서 등지게 할 수 없었던 것이다. (**올레니-퉁구스**족[71] A232
과 같은) 순전한 수렵민족들은 심지어는 이러한 자유감정에 의해 (그들의
친족인 다른 민족들로부터 분리되어) 자신들을 향상시켰다. — 그래서 도덕
법칙들 아래의 자유개념은 열광이라고 불리는 정동〔격정〕을 환기시킬 뿐
만 아니라, 외적 자유의 순전히 감성적인 표상은 자유 안에서 고수하려
는 또는 자유를 확장하려는 경향성을 권리/법개념과의 유비를 통해 격렬
한 열정으로까지 높인다.

한갓된 동물들에서는 가장 격렬한 경향성(예컨대 성교의 경향성)도 열
정이라고 부르지 않는다. 왜냐하면 한갓된 동물들은 이성을 가지고 있지
않기 때문이다. 이성만이 자유의 개념을 기초 짓고, 이것과 열정은 충돌 B232
한다. 그러므로 열정의 발발은 인간에게〔만〕 귀속될 수 있는 것이다. —
사람들이 인간에 대해서, 인간은 **열정적으로** 어떤 것들을(즉 음주, 놀이,
사냥을) 사랑하고 또는 (사향〔麝香〕, 화주〔火酒〕를) 혐오한다고 말하기는 하
지만, 그러나 이러한 여러 가지 경향성이나 반경향성〔기피성〕을 그렇다고
여러 가지 **열정들**이라고 부르지는 않는다. 왜냐하면 그것들은 단지 여러 A233
가지 본능들, 다시 말해 욕구능력 중에 있는 **한낱-수동적인 것**일 따름이

보되, 그러나 보통은 더욱더 격렬한 울음소리를 통해 응수되는 일종의 악성을 보여준다. 똑같은 일은 어린아이가 자기 자신의 잘못으로 인해 넘어질 때에도 일어난다. 다른 동물들의 새끼들은 뛰노는데, 인간의 젊은 애들은 일찍부터 서로 다툰다. 그것은 마치 (외적 자유와 관계되는) 모종의 법/권리개념은 동물성과 함께 동시에 발전되는 것이며, 점차적으로 학습되는 것이 아닌 것처럼 보인다.

71) Olenni-Tungusi. 칸트는 이 종족이 시베리아 지역 주민들 중 "가장 부지런하다"(*Physische Geographie*: IX, 401)고 보았다.

고, 그래서 이런 것들은 욕구능력의 객체들에 따라서 **물건**으로서 — 이러한 것들은 무수히 있다 — 가 아니라, 인간이 타인을 한낱 자기 목적들의
VII270 수단으로 삼음으로써, 인간이 서로 간에 그들의 인격과 자유를 사용하거나 오용하는 원리에 따라서 분류되어 마땅한 것이기 때문이다. — 열정들은 본래 오직 인간과만 관련이 있으며, 오로지 인간에 의해서만 충족될 수 있다.

이러한 열정들은 **명예욕**, **지배욕**, **소유욕**이다.

이것들은 순전히, 직접적으로 목적과 관계하는 모든 경향성들을 충족시키기 위한 수단들을 점유하는 데에 상관하는 경향성들이므로, 이것들은 그러한 한에서 이성의 외양을 가지고 있다. 곧 그것에 의해서만 목적들 일반이 성취될 수 있는, 자유와 결합되어 있는 능력의 이념을 추구하는 외양을 가지고 있다. **임의적**인 의도들을 위한 수단의 점유는 물론 개별적인 경향성과 이의 충족을 지향하는 경향성보다 훨씬 더 멀리까지 미
B233 친다. — 이런 것들은 그래서 망상의 경향성들이라고 부를 수 있다. 이러한 망상은, 사물의 가치에 대한 타인들의 한갓된 의견을 실제의 가치와 같게 평가하는 데서 성립한다.

A234

B.
열정〔열정〕으로서의 복수욕망[72]에 대하여

§80.[73] 열정들은 오직 인간에게서 인간에게로 향해진 경향성일 수 있는데, 그러한 한에서 이것은 서로 합치하거나 서로 상충하는 목적을 향해 있는 것, 다시 말해 사랑이거나 미움〔증오〕이다. 그러나 권리〔법〕개념

72) 원어: Rachbegierde. A판: "권리/법욕망"(Rechtsbegierde).
73) A판: "§73." AA: §83.

은 직접적으로 외적 자유의 개념에서 생겨나온 것이기 때문에, 호의 개념보다는 훨씬 중요하며, 의지를 훨씬 더 강하게 움직이는 충동이다. 그래서 불법〔부당함〕을 당한 데서 오는 미움〔증오〕, 다시 말해 **복수욕망**은 인간의 자연본성에서 불가항력적으로 생겨나오는 열정이며, 그래서 그것이 악의적이라 하더라도, 이성의 준칙은 복수욕망이 그것의 유비물인, 허용된 **권리〔법〕욕망**에 의거해, 경향성과 얽혀 있고, 바로 그로 인해 가장 격렬하고 가장 깊게 뿌리박힌 열정들 중 하나이다. 그것은 사그라진 것 같이 보여도, 재 가운데서 희미하게 빛나는 불씨처럼, 여전히 마음 속 깊은 곳에 **원한**이라고 불리는 증오를 남겨놓는다.

권리〔법〕가 의욕하는 것이 각자에게 분배될 수 있는 곳, 그러한 상태에서 이웃 사람들과 함께하고, 그들과의 관계 중에 있으려는 **욕망**은 물론 열정이 아니고, 순수 실천이성에 의한 자유의사의 규정근거이다. 그러 VII271 B234
나 순전한 자기사랑에 의해, 다시 말해 모든 이를 위한 법칙수립을 위해서가 아니라 단지 자기 이익을 위해 그러한 욕망이 **격앙**됨은 부정의〔불법〕에 대한 것이 아니라, 우리에게 **부정의한**〔불법적인〕 **자**에 대한 증오의 A235
감성적 충동이다. 이러한 (박해하고 파괴하는) 경향성은, 그 기초에는 물론 이기적으로 적용된 것이기는 하지만, 모욕자에 대한 권리〔법〕 욕망을 보복의 열정으로 변환시키는데, 이러한 열정은 흔히 광기에 이를 정도로 격렬해져서, 만약 단지 적이 파멸에서 빠져나오지 못하면, 자기 자신조차도 파멸로 내몰고, (〔불구대천의〕 피의 복수에서는) 이 증오를 민족들에 조차도 상속하게 만든다. 왜냐하면 언필칭 모욕받았으되, 아직도 복수하지 못한 자의 피는, 죄 없이 흘린 피가 다시 피에 의해 — 이 피가 그 자의 죄 없는 후손의 피라 할지라도 — 씻겨질 때까지는 **절규한다** 하니 말이다.

C.

타인들에 대해 영향 일반을 갖는 능력으로의 경향성에 대하여

§81.[74] 이 경향성은 기술적-실천적 이성[75]에, 다시 말해 영리〔현명함〕의 준칙에 가장 근접해 있다. — 무릇 타인들을 자기의 의도대로 조종하고 규정할 수 있기 위해서 그들의 경향성을 자기의 통제력 안에 두는 것은 타인들을 자기 의지의 한갓된 도구로서 **점유**하는 것과 거의 같다. 타인들에 대해 영향을 갖는 그러한 **능력**을 구하려 애씀이 열정〔욕정〕이 되는 것은 놀라운 일이 아니다.

B235 이 능력은 이를테면 삼중의 위력, 즉 **명예**·**권력**·**금전**을 자신 안에 함유한다. 사람들이 이러한 위력을 점유하고 있으면, 그에 의해 사람들은
A236 다른 사람을 누구든 이러한 영향력 중 이것 또는 저것을 통해 억누를 수 있고, 자기 의도를 위해 이용할 수 있다. — 이러한 경향성들은, 만약에 그것들이 열정〔욕정〕들로 되면, **명예욕**·**지배욕**·**소유욕**이다. 물론 이 경우 인간은 자기 자신의 경향성들의 광대(기만당한 자)가 되고, 그러한 수단들의 사용에서 자기의 궁극목적을 이루지 못한다. 그러나 여기서 우리 역시 어떠한 열정도 전혀 허용하지 않는 **지혜**를 두고 이야기하는 것이 아니라, 단지 그것을 가지고 바보들을 조종할 수 있는 **영리**함에 대해 이야기하는 것이다.

VII272 그러나 열정들 일반은, 감성적 동기들로서는 제아무리 격렬하다고 하더라도, 이성이 인간에게 지시규정하는 것과 관련해서는 순정하게 **약점**

74) A판: "§74." AA: §84.

75) '기술적-실천적 이성'과 '도덕적-실천적 이성'의 구별에 관해서는 『판단력비판』, B433=V455 참조.

일 뿐이다. 그래서 저 열정들을 자기의 의도들을 위해 사용하는, 똑똑한 인사의 능력은 타인들을 지배하려는 열정이 크면 클수록 상대적으로 그만큼 작을 수 있다.

명예욕은 그로 인해 사람들이 그의 **의견**에 의해 인간에 대한 영향을 가질 수 있는 인간의 약점이며, 지배욕은 그의 **공포**에 의해, 그리고 소유욕은 그 자신의 **이해**〔利害〕에 의해 영향을 가질 수 있는 인간의 약점이다. — 어디에나 노예근성이라는 것이 있거니와, 타인이 그것을 장악할 때에는, 타인은 그 노예근성을 자기 자신의 경향성을 통해 자기의 의도대로 사용하는 능력을 가지게 된다. — 그러나 이 능력 자체에 대한 의식과 그 경향성들을 충족시킬 수단들을 점유하고 있다는 의식은 그 수단들의 사용보다도 열정〔욕정〕을 더욱더 많이 불러일으킨다.

a. B236 A237
명예욕

§82.[76] 명예욕은 **명예심**, 즉 인간이 타인들에 대해서 자기의 내적 (도덕적) 가치로 인해 기대해도 좋은 존중이 아니라, 그 외관으로 충분한 **명성**을 구하려 애쓰는 것이다. 사람들은 거만에(타인들에게 자기 자신을, 우리 자신과 비교하여 하찮게 평가하라는 부당한 요구, 즉 그들 자신의 목적에 어긋나게 행위하는 멍청이 짓에[77]) 대해서는 — 이러한 거만에 대해서는 **아첨떨기**만으로도 좋으며, 그리하여 사람들은 멍청이의 이러한 열정에 의해 그에

76) A판: "§75." AA: §85.

77) 원문의 "eine Torheit"를 "einer Torheit"로 고쳐 읽음.

대한 지배력을 얻는다. 아첨꾼※, 즉 중요한 인사에게는 기꺼이 찬사를 바치는 유유낙낙〔唯唯諾諾〕자는 그 인사를 약화시키는 이러한 열정을 배양하고, 이러한 마술에 자신을 내맡기는 위인과 유력자들을 파멸시킨다.

거만은 자기 자신의 목적과 반대로 행위하는 잘못된 명예욕망으로서,
VII273 (그가 자기로부터 밀쳐내는) 타인들을 자기의 목적들을 위해 사용하려는 의
도적인 수단으로 볼 수는 없다. 오히려 거만한 자는 악한들의 도구가 되
B237 A238 며, 얼간이라고 불린다. 언젠가 매우 이성적이고 정직한 상인이 나에게 "왜 거만한 자는 항상 비열하기도 한가?" 하고 물은 적이 있다. (곧 저 상인은, 월등한 상업력으로 자기의 부를 가지고 뻐긴 자가 나중에 자기 재산을 잃어버리게 되었을 때 굽실거리는 데 조금도 주저하지 않는 경험을 했던 것이다.) 나의 의견은 이러하였다. 즉 거만은 타인에게, 자기 자신을 저자와 비교하여 **경멸**하라는 부당한 요구이되, 그러한 생각은 자기 자신이 이미 비열하다고 느끼는 자 외에는 어느 누구에게도 납득될 수 없는 것이므로, 거만 자체가 이미 그러한 인간의 비열함에 대해 결코 속아 넘어가지 않는 징후적 표지〔標識〕를 제공하고 있는 것이다.[80]

※ **아첨꾼**이라는 말은 아마도 원래, 자부하는 유력자를 그의 거만을 이용하여 임의대로 조종하기 위해, **굽실거리는 자**[78](순응하여 몸을 구부리는 자)를 일컬었을 것이다. (본래 **가장하는 자**[79]라고 썼어야 할) **위선자**라는 말이 강력한 성직자 앞에서 그의 설교 중간중간에 **한숨**을 쉼으로써 신앙 깊은 체하는 겸손을 보여주는 기만자를— 의미했을 것이듯이 말이다.

---

78) 원어: Schiegler. 동사 'schmiegeln'에서 온 낱말이겠는데, 이 말은 다른 문헌에는 거의 등장하지 않으나(Jacob u. Wilhelm Grimm(Hs.), *Deutsches Wörterbuch*, Bd. 9, Leipzig 1899, Sp. 1068 참조), 한국어 '굽실거리다' 쯤에 해당한다고 볼 수 있겠다. 칸트는 이 말을 『윤리형이상학』에서도 각주(*TL*, A95=VI436)를 통해 설명하고 있다.

79) 원어: Häuchler. 동사 'häuchlen'에서 온 말이겠는데, 칸트는 이 낱말이 'Hauch(숨)'에서 파생된 것으로 본다.(*MS*, *TL*, A95=VI436 참조)

80) 거만과 그것에 수반하는 비열함에 대해서는 『윤리형이상학』, 「덕이론」, A144~A145=VI465~VI466 참조.

b. 지배욕 VII274

이 열정(욕정)은 그 자체가 부정(不正)한 것으로, 이것의 외현(外現)은 모든 것을 자신과 배치하게 만들어버린다. 그런데 이 열정은 타인들에 의해 지배받을 공포에서 출발해서, 이내 언제고 타인들에 대해 강제력을 행사하는 유리한 위치에 자신을 세우려는 집념을 갖는다. 그러나 이러한 일은 타인들을 자기의 의도대로 사용하기 위한 불확실하고도 부정한 수단이다. 왜냐하면 그것은 한편으로는 저항을 불러오는 것이어서 **현명하지 못하**고, 한편으로는 누구나 주장할 수 있는 법칙(법률) 아래에서의 자유에 반하는 것이어서 **부정한** 것이기 때문이다. — **간접적**인 지배 기술, 예컨대 여성이 남성을 자기 의도대로 이용하기 위해 여성이 남성에게 불러일으킨 사랑에 의한 여성의 지배 기술에 관해 말할 것 같으면, 그런 것은 위의 지배욕의 제목 아래에 포함되지 않는다. 왜냐하면 그것은 강제력을 동반하는 것이 아니라, 오히려 굴종자를 그 자신의 경향성을 통해 B238 A239 지배하고 속박할 줄 아는 것이기 때문이다. — 그것은 마치 인류 중 여성 쪽이 남성 쪽을 지배하고자 하는 경향성에서 자유롭다는 것 — 이와는 정반대가 진리이다 — 을 말하는 것이 아니라, 오히려 여성 쪽이 이러한 의도를 위해 남성 쪽과 똑같은 **수단**, 곧 **강함** — 여기서 '**지배하다**'는 말이 의미하는 바가 이것이거니와 — 의 우월을 이용하지 않고, 지배받고자 하는 남성 쪽의 경향성을 자신 안에 함유하고 있는 **매력**의 우월을 이용하는 것이기 때문이다.

c.
소유욕

돈이면 다 된다. 플루투스[81]가 총애하는 자, 그의 앞에서는 부유하지 못한 자에게는 닫혀 있던 모든 문들이 열린다. 순전히 인간의 근로〔의 산물을〕, 이와 함께 또한 모든 물리적-재화를 인간들 사이에 유통시키기 위해 쓰이는 것 외에는 다른 용도를 갖지 않는(적어도 가져서는 안 되는) 이 〔돈이라는〕 수단의 발명은, 특히 그것이 금속을 통해 대표된 후에는, 결국은 아무런 향유도 없이 한갓된 점유만으로, 심지어는 (다라운 자의) 일체의 사용을 단념하면서조차, 그것이 다른 모든 것의 결여를 충분히 보완할 수 있다고 사람들이 믿는 어떤 위력을 함유하는 소유욕을 낳았다. 이러한 전적으로 정신성이 없는, 비록 언제나 도덕적으로 비난할 수는 없으나, 그럼에도 한낱 기계적으로 이끌리는 열정〔욕정〕은, 특히 노년에는 (그의 자연적인 무능력의 보완으로서) 따라다니는 것이며, 저 보편적인 수단에게, 그것의 큰 영향력으로 말미암아, 단적으로 **능력**〔**재산**〕이라
B239 A240 는 명칭을 마련해주었거니와, 이러한 열정〔욕정〕은, 일단 그것이 엄습해와 있으면, 아무런 변경도 허용하지 않는다. 세 가지 열정〔욕정〕 중 첫 번째의 것이 **증오**〔**미움**〕받게 만들고, 두 번째 것이 **공포**〔**두려움**〕의 대상이 되게끔 만드는 것이라면, 세 번째 것은 **경멸**※스럽게 만든다.

※ 여기서 경멸은 도덕적 의미로 이해되어야 한다. 왜냐하면 시민적 의미에서는, **포프**가 말하듯이, "악마가 금싸라기 비가 되어 엄청나게 모리배의 무릎에 떨어져, 그의 영혼을 사로잡는"[82] 일이 벌어지면, 오히려 일반 대중은 그토록 대단한 상재〔商材〕을 보인 그 인사에게 **경탄**할 것이니 말이다.

81) Plutus. 고대 그리스와 로마의 신화에서 '충만'/'부〔유함〕'의 신.

82) A. Pope, *Moral Essays*(1731), III: Of the Uses of Riches, line 371~374 참조.

열정〔욕정〕으로서의 망상의 경향성에 대하여

§83.[83] 욕망의 동기로서 **망상**이란 동인에서의 주관적인 것을 객관적
인 것으로 여기는 내적 실천적 착각을 말한다. — 자연은 인간의 활동
에 원기를 회복시키기 위해서, 한갓된 **향유**에서 생명감을 상실하지 않도
록, 시시때때로 생명력의 보다 강한 환기를 의욕한다. 이러한 목적을 위
해 자연은 매우 지혜롭고도 자애롭게 천성적으로 나태한 인간에게 그의
상상에 따른 대상들을 현실적인 목적들(명예, 권력, 돈의 취득방식들)인 양
보이게 만들고, 이러한 목적들은 마지못해 **일**을 하는 인간에게도 충분
한 **일거리**를 주고, **아무것도 하지 않으면서**도 **분주**〔많은 것을〕**하게** 만든 VII275
다. 이때 그가 일에 대해 가지는 관심은 순전한 망상의 관심이고, 그러므
로 자연은 실제로는 인간을 가지고 놀면서 인간(주체)으로 하여금 자기의
목적을 향하여 나가도록 박차를 가한다. 그러나 인간은 (객관적으로는) 그 A241
자신이 자기의 목적을 세웠다고 믿어 의심하지 않는다. — 이러한 망상 B240
의 경향성들은, 이때 공상은 자기창조자이기 때문에, 특히 그 경향성들
이 인간들의 **경쟁**으로 향해 있으면, 최고도로 **열정적**이게끔 되어 있다.

공놀이, 레슬링, 경주, 병정놀이와 같은 아이의 놀이들(과 더 나아가서 체스와 카드놀이 — 전자의 놀이에서는 지성의 순전한 우월성이, 후자의 놀이에서는 동시에 현금의 획득이 의도되거니와 — 와 같은 어른의 놀이들, 끝으로 공개 석상에서 파로[84]나 주사위를 가지고서 자기의 운을 알아보는 시민의 놀이들)은 모두 부지불식간에 지혜로운 자연에 의해 그들의 힘들을 타인들과 겨뤄보는 모험거리로 장려되고 있는 것이다. 이렇게 함으로써 본래 생명력 일반은 쇠약해지지 않도록 보호되고 활기 있게 유지된다. 그렇게 맞서고 있는 두 사람은 그들이 상호 놀이를 하고 있다고 믿지만, 그러나 사실

83) A판: "§76." AA: §86.

84) Faro: (=Pharo). 놀이 카드의 일종.

은 자연이 그 두 사람을 가지고 놀고 있는 것이다. 이 점에 대해서는, 그들이 그들에 의해 선택된 수단들이 그들의 목적들에 대해 얼마나 부적절한지를 곰곰이 생각해보면, 이성이 그들을 명료하게 확신시켜줄 수 있을 것이다. — 그러나 이렇게 흥분해 있는 동안의 유쾌함은 망상의 이념과 (비록 해악적인 것으로 해석되기는 하지만) 밀접해 있기 때문에, 바로 그 때문에 가장 격렬하고 오래 지속하는 열정〔욕정〕으로의 성벽의 원인이다.※

B241 A242 망상의 경향성들은 약한 인간들을 미신적이게 만들고, 미신을 믿는 자들을 약하게, 다시 말해 (무엇인가를 두려워하거나 희망할) 아무런 **자연원인**일 수 없는 상황에서도 의미 있는 결과를 기대하도록 만든다. 사냥꾼, 어부 그리고 (특히 복권에서) 노름꾼이 미신적이며, 주관적인 것을 객관적인 것이라고, 내감의 기분을 사상〔事象〕 자체에 대한 인식이라고 **착각**하도록 유도하는 망상은 동시에 미신으로의 성벽 또한 이해할 수 있게 해준다.

VII276 최고의 물리적 좋음〔선〕에 대하여

§84.[85] 역겨움의 섞임을 전혀 수반하지 않는 최대의 감관적 향수〔향락〕는 건강한 상태에서는 **노동한 뒤의 휴식**이다. — 건강한 상태에서 선행하는 노동이 없이 휴식하려는 성벽은 **나태**이다. — 그렇지만 다시금 자기 **일**로 돌아가는 것을 당분간 거부하는 것과 힘을 결집하기 위한 달콤한 無爲는 아직 나태는 아니다. 왜냐하면 사람들은 (놀이에서도) 쾌적하

※ 노름에서 상당한 재산을 잃어버린 함부르크의 어떤 인사가 이제는 노름하는 자들을 구경하는 것으로 그의 시간을 보냈다. 어떤 다른 이가 그에게, 그가
A242 그러한 재산을 한때 가지고 있었던 것을 생각하노라면 어떤 기분이 드는가 하고 물었다. 이에 그 인사는 "내가 다시 한 번 그러한 재산을 소유한다 해도, 나는 그것을 더 쾌적한 방식으로 쓰는 것을 알지 못할 거요."라고 대답했다.

85) A판: "§77." AA: §87.

고 그러면서도 동시에 유용하게 **종사**할 수 있으며, 또한 노동을 그 종별적 성질에 따라서 바꿔하는 것도 동시에 아주 다양한 기분 전환이 되고, 그런가 하면 어려워서 마치지 못하고 방치했던 일에 복귀한다는 것은 상당한 결단을 요하는 것이니 말이다.

세 가지 패악, 즉 **나태**, **비겁**, **허위** 중에서 첫 번째 것이 가장 경멸스 A243
러운 것으로 보인다. 그러나 이러한 판정에서 사람들은 인간에게 자주 매우 부당한 일을 한다. 왜냐하면 자연은 지혜롭게도 또한 오래 지속되
는 노동에 대한 혐오를 많은 주체에게 그 자신 및 타인에게 유익한 본능 B242
속에 부여해놓고 있으니 말이다. 주체는 오래 또는 자주 반복되는 힘의 소비를 기진맥진하지 않고서 견뎌낼 수가 없고, 오히려 회복을 위해 일정한 휴게(休憩)를 필요로 하기 때문이다. 그러니 **데메트리우스**[86]가 이유 없이 이 악녀(나태)에게도 제단을 마련해준 것은 아니었을 것이다. 만약 나태가 사이에 들어오지 않았다면, **휴식 모르는** 악성이 지금보다도 훨씬 더 많은 해악을 이 세상에서 저질렀을 것이니 말이다. 그런가 하면, **비겁**이 인간을 가엽게 여기지 않았다면, 전투적인 잔학성이 인간을 이내 궤멸시켜버렸을 것이고, (모반하기 위해 통합한 많은 악한들 사이에서도 다수 중에는 — 예컨대, 1개 연대 중에는 — 언제나 그것을 배신하는 자가 하나는 있는 법이니) **허위**가 없었다면, 인간 자연본성의 선천적인 악의성 때문에 전체 국가들은 이내 붕괴되어버렸을 것이다.

물리적 세계최선을 보편적으로 배려하는 (세계통치자의) 고차적 이성에 의해 눈에 띄지 않게 인류를 대변하는[87] 자연(본성)의 가장 강한 충동들

---

86) Demetrius. 인용하고 있는 에피소드와 관련해 칸트가 누구를 지칭하고 있는지는 확실하지 않다. Phalerum의 Demetrius(기원전 345년경~283년경)라고 보는 이도 있고, 마케도니아의 왕 Demetrius Poliokretes(기원전 336~283)일 것으로 추정하는 이도 있다. 그런가 하면 이 에피소드와 관련 있는 자는 마케도니아의 야전사령관 Dikaiarch인데 칸트가 이름을 잘못 대고 있다고 보는 이도 있다.(AA XV, 632 참조)

87) 이 대목의 칸트 원문에 결함이 있어, 이 정도로 새긴다.

은 **생명에 대한 사랑**(生命愛)과 **성에 대한 사랑**(性愛)이다. 인간의 이성은 그에 영향을 미칠 수 없다. 전자는 개체를 보존하기 위한 것이고, 후자는 종(種)을 보존하기 위한 것이다. 그러한 성행위를 통해 이성을 품수(稟
VII277 A244 受)한 우리 인류의 생명은, 인류가 (전쟁을 통해) 의도적으로 자기 자신을 **파괴**하는 일을 함에도 불구하고, 전체적으로는 **전진적으로** 보존된다. 문화에서 늘 성장하는 이성적 피조물이 전쟁 중에서조차 다가올 세기의 인류에게 더 이상 후퇴하지 않을 행복의 상태를 명백하게 전망하게 하는 것을 저러한 파괴가 방해하지 않는다.

B243

최고의 도덕적-물리적 좋음(선)에 대하여

§59.[88](§85.) 두 종류의 좋음, 즉 물리적 좋음과 도덕적 좋음은[89] 함께 **뒤섞일**(**혼합될**) 수가 없다. 그렇게 되면 양자는 중화되어버려, 참된 행복의 목적에는 전혀 아무런 영향도 미치지 못할 터이다. 오히려 서로 투쟁하는 **유족한 생활**로의 경향성과 **덕**이 그리고 후자의 원리에 의한 전자의 원리의 제한이 충돌하면서, 부분적으로는 감성적이되 부분적으로는 도덕적으로 지성적인, 성품 좋은 인간의 전체 목적을 이루고 있다. 그러하되 인간은 실제 사용에서 이 원리들이 혼합되는 것을 막는 것이 어렵기 때문에, 서로 합일되어 **품위 있는 행복**의 향유를 마련해 줄 수 있는 요소들과 그것들의 결합의 비율이 어떠한 것인지를 알기 위해서는 반작용하는 수단(試藥)을 통해 분해를 할 필요가 있다.

교제에서 유족한 생활과 덕이 합일하는 사유방식(성향)이 **인간성**이다. 여기서 유족한 생활의 정도는 문제가 되지 않는다. 그러한 생활을 위해 자기에게 필요하다고 생각하는 것이 어떤 이는 많고 어떤 이는 적기 때

88) 위에(B176)에 이미 "§59"가 있었고, 바로 앞의 §가 "§84"(B241)이며, 바로 다음의 §가 "§86"(B253)이니, 이는 "§85"의 오기로 보아야 할 것임. A판: "§78." AA: §88.
89) A판: "양자는."

문이다. 그보다는 오히려 전자로의 경향성이 후자의 법칙에 의해 어떻게 A245
제한되어야 하는가 하는 그 관계의 방식만이 문제가 된다.

사교성 또한 하나의 덕이지만, **교제의 경향성**은 흔히 열정〔욕정〕이 된다. 그러하되 사회〔사교〕적인 향유가 과시적으로, 낭비에 의해 앙등하게 되면, 이러한 거짓된 사교성은 덕이기를 멈추고, 인간성을 훼손하는 유족한 생활이 되는 것이다.

* * *

음악, 무도〔舞蹈〕 그리고 노름은 말없는 사회〔사교〕를 이룬다. (무릇 노 B244
름에 필요한 몇 마디 말들은 생각들을 교호적으로 전달하는 데 요구되는 어떤 회화의 기초도 되지 못하니 말이다.) 식사 후에 회화의 공허를 채우는 데에만
쓰여야 한다고 사람들이 주장하는 노름은 그런데도 보통은 주요사가 되 VII278
고 있다. 그것은 돈벌이의 수단으로서, 그때 정동〔격정〕이 강하게 작동하여, 그 자리에서는 최대의 정중함을 가지고서 서로 약탈하기 위한, 사리사욕의 모종의 협정이 세워지고, 노름이 지속되는 동안, 온전한 이기주의가 원칙으로 놓이되, 이를 누구도 부인하지 않는다. 이러한 회화에서는 그의[90] 예의범절에서 나타나는 온갖 교양에도 불구하고 사교적인 유족한 생활과 덕의 합일을 기대할 수 없으며, 그와 함께 참된 인간성도 참된 촉진을 기대한다는 것이 어려운 일일 터이다.

참된 인간성과 가장 잘 부합하는 것처럼 보이는 유족한 생활은 **좋은**
(그리고 가능하다면 번갈아가면서 하는) **사교 모임의 좋은 식사자리**이다. 이 A246
에 대해 **체스터필드**[91]는 "그 모임은 **그라치애**[92] 수보다 적지 않고, **무**

90) A판: "세련된."

91) Philip Dormer Stanhope, 4th Earl of Chesterfield(1694~1773). 영국의 정치가. 사후에(1774) 발간된 "아들에게 보낸 서간들"을 통해 알려진 내용으로, 그러니까 한 식탁에

사〔뮤즈〕[93] 수를 넘지 않아야 한다."고 말하고 있다.※

한낱 공동으로 식사하는 것이 아니라 서로가 향유하려는 의도를 가진—이런 경우에는 그〔참석자〕 수가 그라치애 수를 많이 넘을 수는 없다—, (미감적으로 하나가 된) 순정한 취미인들의 회식 모임을 생각해본다
B245 면,※※[94] 이 작은 회식 모임은 육체적인[96] 충족이 아니고—이것은 누구나 혼자서도 얻을 수 있다—, 오히려 육체적인 충족은 단지 그것의 운
A247 반체인 것으로 보일 수밖에 없는, 사교적 즐거움을 의도하는 것이 틀림

※ 한 식탁에 열 명을 말한다. 손님을 접대하는 주인은 이 수에 포함되지 않기 때문이다.

※※숙녀〔들〕의 참석이 신사들의 자유를 저절로 예의 바르도록 제한하는 축연 석상에서 가끔씩 일어나는 갑작스러운 침묵〔정적〕은 무료함을 위협하는 난처한 우발적 사건이다. 이런 상황에서는 어느 누구도 대화를 속행하기에 적절한 무엇인가 새로운 것을 끌고 들어오는 일을 감히 하지 않는다. 왜냐하면 그는 그런 일을 날조해서는 안 되고, 그날의 신기하면서도 흥미롭지 않을 수 없는 일에서 끌어와야 하기 때문이다. 단 한 사람만이, 특히 해당자가 집의 여주인일 때는, 이 대화가 끊기는 것을 자주 혼자서 막을 수 있고, 회화를 지속적으로 진행 유지할 수 있다. 곧 그리하여 회화는 음악회에서처럼 모두가 순정히 유쾌하게 끝을 맺고, 바로 그렇게 함으로써 그만큼 더 건강에 유익하게 된다. 그에 대해 "댁에서의 식사는 즐길 때뿐만 아니라, 그에 대해 자주 생각할 때마다 쾌적하다."고 손님이 말했던 **플라톤**의 향연[95]처럼 말이다.

앉을 최적의 수는 주인을 제외하고 셋 이상, 아홉 이하라야 한다는 것이다. 그리고 칸트 역시 만년에 손님을 초대할 때 이 수를 지켰다 한다. 『윤리형이상학』에서도 이에 대한 언급을 볼 수 있다.(*MS*, *TL*, A82=VI428 참조)

92) gratiae. 곧 세 우미의 여신들.

93) mousa. 곧 아홉 문예의 여신들.

94) 칸트의 이 각주는 이 문장의 끝에 놓이는 것이 마땅하다는 의견도 있다.

95) 플라톤의 대화편 『향연』을 지칭하는 것으로 보이나, 플라톤에서는 직접 이런 내용을 볼 수 없다. 칸트는 아마도 Athenaios, *Deipnosophistai*, X, 14: "플라톤 집에서 식사했던 이들은 그 다음 날에도 유쾌하다."는 Timotheos의 말을 염두에 둔 것 같다.

96) 곧 먹고 마시는.

없으며, 이때에 저 숫자는 담화가 끊긴다거나 가장 가까이 있는 참석자
들이 더불어 별도의 작은 모임으로 분리되는 일을 두려워할 필요가 없
는 데에 충분한 것이다. 후자(의 양태)는 전혀 회화의 취미가 아니다. 회 VII279
화의 취미는 언제나 한 사람이 (한낱 자기 옆에 있는 사람뿐만 아니라) 모두
와 이야기를 나누는 문화를 수반하지 않으면 안 된다. 그에 반해 이른바
축제적인 향응(주연과 잔치)은 전혀 몰취미하다. 여기서 자명한 바는, 모
든 회식 모임에서, 음식점 식탁에서의 그런 모임에서조차, 바로 그 자리
에서 분별없는 회식 참석자에 의해서 그 자리에 있지 않은 이에 대해 불
리하게 공공연히 말하는 것이 있다 해도 그것은 그 모임 **밖에서** 이용되 B246
어서는 안 되고, 또한 함부로 지껄여서는 안 된다는 점이다. 왜냐하면 모
든 향연은 그에 대해 맺은 특수한 계약이 없었다 해도, 식탁 모임의 동
료에게 나중에 그 모임의 밖에서 낭패를 유발할 수도 있는 것에 관해서
는 침묵을 지켜야 한다는 어떤 신성함과 의무를 수반하는 것이기 때문이
다. 왜냐하면 이러한 신뢰가 없으면 도덕적인 문화 자체에 그토록 효과
적인 즐거움이 모임 안에서, 그리고 이러한 모임을 향유하는 즐거움조차
도 파기되어버릴 것이니 말이다. — 그래서 나는, 만약에 **이른바** 공적인
모임(사회)에서 (무릇 본래 제아무리 큰 식탁 모임도 언제나 단지 사적 모임일
뿐이고, 오직 국가시민적 모임(사회) 일반만이 그 이념상 공적인 것이니까) 나의
가장 좋은 친구에 대해서, — 말하건대, 만약 그에 대해서 무엇인가 불리
한 것이 말해진다면, 나는 그를 옹호할 것이고, 어쨌든지 간에 나 자신의
위험을 무릅쓰고라도 강하고 신랄한 표현을 써가면서 그를 돌볼 것이다.
그러나 이러한 심한 험담을 확산시키거나 그 험담을 당사자에게 알리기
위해서 나 자신을 도구로 쓰지는 않을 것이다. — 이것은 회화를 지도해 A248
야 할 사교적 **취미**일 뿐만 아니라, 사람들이 교제에서 생각을 가지고서
공적으로 교류할 때 그들의 자유를 제한하는 조건이 되어야 할 원칙이기
도 하다.

여기서 한 식탁에서 함께 식사하는 사람들 사이의 신뢰와 예컨대 아랍인의 오랜 관습과의 어떤 유비가 있다. 아랍인에게서 이방인은 그의 천
B247 막에서 한 가지의 향유(즉 한 모금의 물)만이라도 얻어낼 수 있으면 곧 또한 자기의 안전도 기대할 수 있다. 또는 러시아의 여황제가 모스크바에서 그녀를 영접 나온 사자에게서 **소금**과 **빵**을 건네받고, 그녀가 그것을 향유함으로써 손님의 권리에 의해 모든 추적으로부터도 안전을 지킬 수 있었을 때도 그렇다. — 그렇거니와 한 식탁에서 함께 식사하는 것은 그러한 안전 계약의 의례로 간주되는 것이다.

VII280 혼자서 식사하는 것(食卓의 獨我主義)은 **철학하는** 학자에게는 건강에 좋
B248 A249 지 않다.※ 그것은 회복이 아니라, 오히려 (특히 홀로 하는 **음식탐닉**이 되는 경우에는) 소모시키는 일이다. 그것은 고갈시키는 일로, 사상들을 생기나게 하는 활동〔놀이〕이 아니다. 홀로 식사하는 동안 사색하면서 자기 자신을 소모시키며 **식음**〔食飮〕**하는** 사람은 점차로 원기를 잃는다. 그 반면에 식탁 동료〔밥상친구〕가 그의 번갈아 떠오르는 착상을 보여줌으로써 그

※ 왜냐하면 **철학하는** 이는 다양한 시도들을 통해 어떤 원리에 맞춰 생각들을 체계적으로 결부할 것인지를 찾아내기 위하여 자기 생각들을 지속적으로 마음속에 담고 있고, 이념들은 직관이 아니어서, 말하자면 허공에서 그에게 아른거리기 때문이다. 그에 반해 역사학자나 수학자는 생각들을 자기 앞에 세
A249 울 수 있고, 그리하여 그것들을 손에 든 펜을 가지고서 이성의 보편적 규칙들에 따라서, 그것도 마치 사실인 양 경험적으로 질서 짓고, 그리하여 먼저 것은 어떤 점들에서 결정되어 있기 때문에, 그 다음 날에는 일을 남겨놓았던 그 지점에서부터 계속할 수 있다. — **철학자**에 관해 말할 것 같으면, 철학자를 도무지 학문이라는 건축물을 짓고 있는 **일꾼**, 다시 말해 학자로 볼 수는 없고, **지혜의 탐구자**로 보지 않으면 안 된다. 그것은 모든 앎의 궁극목적을 실천적으로 그리고 (그 궁극목적을 위하여) 이론적으로 대상으로 삼는 인격의 순전한 이념이다. 사람들은 '철학자'라는 이 명칭을 복수로 사용할 수는 없고, 단지 (그 철학자가 이러이러하게 판단한다고) 단수로만 사용할 수 있다. 왜냐하면 '철학자'는 순전한 이념을 표시하되, **철학자들**이라고 부르는 것은 절대적으로 하나인 어떤 것의 여럿을 시사할 것이기 때문이다.

자신은 찾아내지 못했을, 생기를 위한 새로운 재료를 제공할 때, 그는 원기를 얻는다.

수많은 요리가 오로지 손님들의 긴 시간 동안의 결속을 목적으로 진설된 진수성찬의 식탁(晩餐 陳設)에서 담화는 보통 다음의 3단계를 거쳐 나간다. 즉 1. **주변 이야기**[97], 2. **의론**〔議論〕[98], 3. **농담**. — A. 개인적인 편지와 신문 등을 통해 입수한, 처음에는 나라 안의, 다음에는 또 나라 밖의 그날의 새로운 일들에 대한 이야기. B. 이렇게 처음의 입맛 돋우기 A250
가 충족되고 나면, 모임은 이미 더욱 활기차게 된다. 무릇 의론에서는 화제가 된 동일한 객관에 대한 판정이 서로 다름을 피하기가 어렵고, 그럼에도 각자는 자기의 판정에 대해 적지 않은 의견을 내세우기 때문에, 다툼〔쟁론〕이 일어나고, 이 다툼은 식음료에 대한 입맛을 왕성하게 하며, 이 다툼의 활발함과 참여의 정도에 따라서 건강에 유익하게 된다. — C. 그러나 의론은 언제나 일종의 노동이고 노고이고, 이러한 노고는 의론하는 동안의 제법 많은 식음료의 향수로 인해 마침내 힘들게 되기 때문에, 담화는 자연스럽게 기지의 한갓된 유희에 이르게 되고, 부분적으로는 동석한 부인들에게도 적의하게 되거니와, 부인들에 대해서는 여성에 대한 VII281
약간 고의적인, 그러나 수치스럽지 않은 공격이 이루어지며, 여성도 그 B249
녀들의 기지를 보여주는 데서 스스로를 유리하게 보일 효과를 낳는다. 그리하여 만찬은 **웃음**으로 끝난다. 웃음은 그 소리가 크고 선량하다면, 횡격막과 내장의 운동을 통해 본래 위의 소화를 돕기 위한 것으로 자연이 신체적 안녕을 위해서 정해놓은 것이다. 그러는 사이에 연회의 참석자들은 자연의 의도 중에서 놀랍게도 얼마나 많은 정신적 개화를 발견했는지를 생각한다. — 귀족들의 축제 향연에서의 식탁 음악은 언제나 탐닉거리로 고안된 것일지도 모르겠으나 몰취미한 무물〔무의미한 것〕이다.

97) 원어: Erzählen.

98) 원어: Räsonnieren.

모임을 **활기차게 하는** 취미 있는 향연의 규칙들은 다음과 같다. 즉 a)
모든 이에게 관심이 가는 그리고 언제나 누구에게라도 무언가를 적절하
A251 게 덧붙일 수 있는 계기를 제공하는 담화 소재의 선택, b) 담화 중에 죽
은 듯한 침묵(정적)이 아니라, 단지 잠깐 동안의 쉼만이 생기게 할 것, c)
필요 없이 화제의 대상을 바꾸고, 하나의 질료에서 다른 질료로 비약하
지 않기. 왜냐하면 마음이 연회의 끝에서도 연극의 끝에서와 마찬가지로
(이성적인 인간의 지나온 전 인생도 그와 같지만) 대화의 여러 장면들을 되돌
아보는 일에 몰두하는 것은 불가피한 일이며, 그런데 그때 그 연관의 가
닥을 발견할 수 없다면, 마음은 혼란을 느끼게 되고, 자신이 개화의 점
에서 진보한 것이 아니라, 오히려 퇴보되었음을 불유쾌한 기분으로 깨닫
게 되기 때문이다. — 사람들은 흥미로운 대상은 다른 대상으로 넘어가
B250 기 전에 거의 다 비워야 하며, 대화가 정체되는 경우에는 그와 가까운 다
른 무엇인가를 시도적으로 사람들이 눈치 채지 못하게 모임 안으로 끌어
들일 줄 알아야 한다. 그렇게 해서 어떤 한 사람이 모임 안에서 남이 눈
치 채지 못하는 사이에 그리고 질투를 일으키지 않으면서 대화를 이끌어
갈 수 있는 것이다. d) 자기 자신에 대해서나 그 모임의 동료들에 대해서
나 〔자기 말만이 옳다는〕 **독선**이 생기거나 지속되지 않도록 할 것. 이러한
환담은 직무가 아니고, 단지 유희여야 하기 때문에, 오히려 저러한 진지
함은 재치 있게 도입된 익살로 회피할 것. e) 그럼에도 피할 수 없는 진
지한 다툼(쟁론)에서는 자신과 자신의 정동(격정)을 조심스럽게 규율 안
에 간수하여, 교호적인 존경과 호의가 언제나 뚜렷하게 드러나게 할 것.
그때 중요한 것은 대화의 내용보다는 오히려 **어조**이다.(어조에 핏대를 세
운다거나 자만이 있어서는 안 된다.) 그리해야 함께한 손님 중 어느 누구도
다른 이들과 **불화**가 생긴 채 그 모임에서 집으로 돌아가는 일이 없다.

VII282 세련된 인간성의 이러한 법칙들이, 특히 순수하게-도덕적인 법칙
과 비교한다면, 아주 무의미한 것으로 보인다 해도, 사교성을 촉진시키
는 모든 것은, 설령 그것이 단지 호의를 사는 준칙이나 태도에 불과하다

고 할지라도, 덕을 유리하게 옷 입히는 의상으로서, 이 의상은 진지한 고려에서도 덕을 위해 추장해야 할 것이다. — 사회적인 유족한 생활이 없는 **퀴니코스학파**의 **순결주의**와 **은수자**〔隱修者〕의 **금욕**은 덕의 왜곡된 형태들이며, 사람들을 덕으로 초대하는 것이 아니라, 우미의 여신들에게서 버림받아서, 그들은 인문성〔인간성〕[99]에 대해 아무런 요구주장도 할 수 없을 것이다.

99) 원어: Humanität. "인문성〔인간성〕은 한편으로는 보편적인 참여의 감정을, 다른 한편으로는 자기 자신을 가장 진솔하게 그리고 보편적으로 전달할 수 있는 능력을 의미"한다. "이 속성들이 함께 결합하여 인간성에 적합한 사교성을 이루며, 이 사교성에 의해 인간성은 동물의 제한성과 구별된다."(*KU*, §60: B262=V355) 또 『윤리형이상학』, 「덕이론」(*MS*, *TL*, §34: A130=VI456) 중의 '실천적 인간성'과 '미감적 인간성'과 관련한 인간의 사회성에 대한 칸트의 견해 참조.

인간학
제2편

B251 A253 VII283

인간학적 성격론

인간의 내면을 외면에 의해 인식하는 방식에 대하여

구분 B253 A255 VII285

1. 인〔人〕의 성격, 2. 성〔性〕의 성격, 3. 민족의 성격, 4. 인류의 성격.

A. 인〔人〕의 성격

§86.[1] 실용적 견지에서 보편적 · **자연적**(시민적이 아닌) 기호학(普遍的 記號學)은 **성격**이라는 말을 이중적 의미로 쓴다. 사람들은 "어떤 사람이 **이런** 성격을 또는 저런 (물리적) 성격을 가지고 있다."라고 말하는 한편, 또 "그 사람은 대체로 **하나의** 성격(즉 하나의 도덕적 성격)을 가지고 있다."라고 말하거니와, 이때의 성격은 오직 하나의 성격일 수 있거나, 아예 아무런 성격이 아닐 수 있다. 전자는 한 감성적인 존재자 내지는 자연존재자로서의 인간의 식별기호이고, 후자는 한 이성적인, 자유를 품수한 존재자로서의 인간의 식별기호이다. 원칙 있는 인사는 하나의 성격을 가지고 B254 A256 있는바, 그에 대해 사람들은 그에게서는 그의 본능에서가 아니라 그의 의지로부터 무엇을 기대해야 하는가를 확실하게 안다. — 그래서 사람들은 성격론에서 두말할 것 없이 욕구능력에 속하는(실천적인) 것 중 **성격적인 것**을 a) **천성** 또는 자연소질, b) **기질** 또는 성미[2], 그리고 c) **성격** 바로 그것 또는 성향[3]으로 구분할 수 있다. — 앞의 두 가지 소질은 그 인간이 무엇이 될 수 있는지를, 뒤의 (도덕적) 소질은 그가 자신을 무엇으로 만들 준비가 되어 있는지를 보여준다.

1) A판: "§79." 장절에 §을 부여하는 것은 이것에서 끝남. AA는 아예 이 §를 삭제함으로써, 제2편 전체에 걸쳐 §를 사용하지 않음.

2) 원어: Sinnesart.

3) 원어: Denkungsart.

I.
천성에 대하여

"그 사람은 착한 **마음**[4]을 가지고 있다."라는 말은 '그는 고집이 세지
VII286 않고, 유순하다.', '그는 격분한다 해도 쉽게 진정되고, 원한을 품지 않는다(소극적으로 착하다).'는 뜻이다. — 그에 반해 그에 대해 "그는 착한 심성[5]을 가지고 있다."고 말할 수 있기 위해서는, 이 심성도 기질에 속하기는 하지만, 이미 그 이상의 것을 말하려는 것이다. 그것은 비록 원칙에 따라 실행되는 것은 아닐지라도, 실천적으로-좋은 것으로의 충동이다. 그래서 착한 마음을 가진 이나 착한 심성을 가진 이나 둘 다 교활한 자가 뜻대로 이용할 수 있는 그런 사람들이다. — 그렇기에 천성은 (객관적으로) **욕구능력**과 상관하기보다는 (주관적으로) 한 사람이 다른 사람에 의해 어떻게 촉발되는가 하는, 쾌 또는 불쾌의 **감정**에 상관한다.(그리고 천성은 이 점에서 무엇인가 성격적인 것을 가질 수 있다.) 욕구능력의 경우에 생명은
B255 A257 한낱 감정에서, **내적으로**, 드러나는 것이 아니라, 활동에서도, 비록 한낱 감성의 충동에 따라서라도, **외적으로**도 드러난다. 무릇 이러한 관계에, 어떤 습성적인(습관에 의해 빚어진) 성향과는 구별되어야 하는 **기질**이 자리한다. 왜냐하면 습성적 성향의 기초에는 자연적 소질이 놓여 있는 것이 아니라, 순전한 기회원인들이 있을 뿐이기 때문이다.

II.
기질에 대하여

생리학적으로 고찰하면 사람들이 기질을 말할 때 그것은 **신체의 기본 구조**(강한 또한 약한 체격)와 〔체액의〕 **조성** — 생명력에 의해 합규칙적으로

---

4) 원어: Gemüt.

5) 원어: Herz.

운동하는, 신체 안의 액체로, 이 체액들의 작업에 온기와 냉기가 함께 포함되어 있다 — 을 뜻한다.

그러나 **심리학적으로** 고구하면, 다시 말해 **영혼**(즉 감정능력과 욕구능력)의 기질로 생각해보면 혈액의 성질에서 빌려온 저런 표현들은 단지 감정들과 욕망들의 유희를 신체적 운동의 원인들 — 그중 혈액이 가장 두드러진 것이거니와 — 과의 유비에 의해 표상한 것이다.

이로써 이제 드러나는 바는, 우리가 순전히 영혼에 부가하는 기질들은 아마도 암암리에는 인간 안의 신체적인 것을 함께 작용하는 원인으로 가질지도 모른다는 점이다. — 더 나아가서, 기질은 **첫째로** 그 상위 구분을 **감정**의 기질과 **활동**의 기질로 할 수 있고, **둘째로** 이 각각은 **생명력**의 흥분(緊張) 또는 이완(弛緩)과 결합될 수 있어서, — 바로 (媒槪念에 의한 삼단 B256 A258
논법의 네 가지 격에서와 마찬가지로) 오직 **네** 가지의 단순한 기질, 즉 **다혈질**, **우울질**, **담즙질**, **점액질**이 내세워질 수 있으니, 그렇게 해서 옛 형식 VII287
들이 보존될 수 있고, 이러한 기질론의 정신에 알맞은 더욱 적당한 해석만이 유지될 수 있다.

이와 더불어 **혈액성질**이라는 표현은 감성적으로 촉발된 인간의 현상들의 **원인**을 — 체액병리학에 따라서든 신경병리학에 따라서든[6] — 제시하는 데는 별 소용이 없고, 그 현상들을 단지 관찰된 결과들에 따라 분류하는 데만 소용이 있을 뿐이다. 왜냐하면 사람들이 추구하는 바는, 어떠한 화학적 혈액 혼합이 어떤 특정한 기질속성을 적합하게 명명할 수 있게 하는지를 미리 아는 것이 아니라, 인간에게 특수한 부류의 호칭을 적

6) 칸트 당대에 어떤 사람들은 질병의 발생점을 체액에 두고, 어떤 사람들은 신경에서 보았는데, 전자는 C. L. Hoffmann(1721~1807)이, 후자는 W. C. Cullen(1712~1790)이 대변했다 한다.

절하게 부여하기 위해서 사람들이 인간을 관찰할 때 어떠한 감정들이나 경향성들을 한데 모으는지를 아는 것이기 때문이다.

그러므로 기질론의 상위 구분은 **감정**[7]의 기질과 **활동**의 기질일 수 있겠다. 그리고 이것이 하위 구분에 의해 다시금 두 종류로 나뉠 수 있고, 그리하여 도합 네 기질이 있을 수 있다. — 이제 나는 **감정**[8]의 기질에 **다혈질**(A)과 그 반대인 **우울질**(B)을 넣는다. — 전자는 감각이 빠르고 강하게 촉발되지만 깊이 침투하지 않는다(오래 지속되지 않는다)는 특성을 갖
B257 A259 는다. 그에 반해 후자에서는 감각은 덜 현저하지만 깊이 뿌리박힌다. **이 점에**다 감정 기질들의 이러한 구별을 놓아야지, 기쁨과 슬픔으로의 성벽에다 놓아서는 안 된다. 왜냐하면 다혈질인 이들의[9] 경박함은 쾌활한 성향을 일으키지만, 그에 반해 어떤 감각을 오래 품고 있는 침울함은 명랑함에서 그 가벼운 가변성을 없애기는 하지만, 그렇다고 슬픔을 낳지는 않기 때문이다. — 그러나 사람들이 자기 지배력 안에서 무엇이든 바꿀 수 있음은 마음 일반을 생기 있게 하고 강화시켜주기 때문에, 자신과 마주치는 모든 것을 대수롭지 않게 다루는 이는 자신의 생명력을 경직시키는 감각들에 매여 있는 이보다 더 현명하지는 않을지라도, 확실히 더 행복하다.

---

7) A판: "감각."
8) A판: "감각."
9) A판: "다혈질의."

I. 감정의 기질들

A. 경혈인의[10] 다혈 기질

다혈질의 사람은 자기의 성미를 다음과 같이 표출한다. 그는 태평하며, 희망에 차 있다. 그는 무엇에나 그 순간에는 중요성을 부여하지만, VII288
그 다음 순간에는 그에 대해 더 이상 생각하지 않을 수도 있다. 그는 진심으로 약속을 하나, 그 말을 지키지 않는다. 왜냐하면 그는 과연 그가 그 약속을 지킬 능력이 있는지 어떤지를 미리 충분히 깊게 생각하지 않았기 때문이다. 그는 타인을 돕는 데는 충분히 선량하나, 고약한 채무자 B258 A260
여서, 늘 상환 연기를 구한다. 그는 훌륭한 사교가이며, 농담 잘하고, 유쾌하며, 어떤 것에도 그다지 중요한 의미를 부여하지 않고 — 些少한 일 萬歲! —, 모든 사람을 친구 삼는다. 그는 보통은 악인은 아니나, 회개하는 죄인이 되기는 거의 어려우며, 무엇인가를 매우 후회한다 해도, 그는 이 **후회**를 — 이 후회가 그에게 **번민**이 되는 일은 결코 없거니와 — 금방 잊어버린다. 그는 업무를 볼 때는 피곤을 타지만, 순전히 노는 일에는 쉬지 않고 몰두한다. 왜냐하면 놀이는 그에게 변화를 가져다주고, 무엇인가 고정불변적인 것은 그의 일이 아니기 때문이다.

10) 원어: des Leichtblütigen.

B.
중혈인의[11] 우울 기질

우울한 기분을 가진 사람—우울증인 사람은 아니다. 왜냐하면 우울증은 어떤 한 상태를 의미하지, 어떤 한 상태로의 순전한 성벽을 의미하지 않기 때문이다—은 그 자신과 상관 있는 모든 것에 중요한 의미를 부여하고, 모든 곳에서 걱정거리의 원인을 찾으며, 다혈질의 사람이 성공의 희망에서 시작한다면, 그에 반해 이런 사람은 맨 먼저 어려운 점에 주의를 기울인다. 그래서 다혈질의 사람이 단지 피상적으로 생각한다면, 이런 사람은 또한 심각하게 생각한다. 그는 약속하기를 어려워한다. 왜냐하면 그에게는 말을 지키는 것이 소중한 일인데, 그러나 그렇게 할 능력은 의심스럽기 때문이다. 다만 이 모든 것이 도덕적인 원인들에서 일어나는 것은 아니다.(왜냐하면 여기서는 **감성적** 동기가 문제인 것이기 때문이
B259 A261 다.) 그에게 걸리는 것은 난처한 일이기 때문에, 바로 그로 인해 그것은 그를 걱정스럽게 만들고, 불신이나 의혹을 일으키며, 그리하여 그로 하여금 쾌활함을 느끼지 못하게 만든다. — 더욱이 이러한 심정이 습성적인 것이면, 그것은 오히려 다혈질 사람의 유전적 소질인 박애자의 심정과 적어도 그 자극의 면에서는 반대되는 것이다. 왜냐하면 **그 자신이** 기쁨 없이 지낼 수밖에 없는 자는 타인에게 기쁨을 주기가 어려울 것이기 때문이다.

11) 원어: des Schwerblütigen.

II. 활동의 기질들

VII289

C. 온혈인의[12] 담즙 기질

사람들은 이런 사람에 대해, "그는 **화끈하다**. 그는 마치 지푸라기 불처럼 급히 타오른다. 그러나 타인이 양보하면 금방 진정이 되며, 화는 내지만 미워하지 않고, 오히려 그에게 금방 양보했던 사람을 더욱더 사랑하기까지 한다."라고 말한다. — 그의 활동은 **신속**하지만, 그러나 끈기가 없다. — 그는 일을 분주하게 하지만, 스스로 그 일들을 기껍게 하는 것은 아니다. 왜냐하면 바로 그는 끈기가 없기 때문이다. 그러므로 그는 일들을 이끌기는 하되, 스스로 실행하려고 하지는 않는 한갓된 명령자 역할을 기꺼이 맡아 한다. 그래서 그의 지배적인 열정〔욕정〕은 명예욕이다. 그는 기꺼이 공적인 일들에 관여하며, 큰소리로 칭찬받기를 의욕한다. 그래서 그는 **외양**과 **의식**〔儀式〕의 화려함을 좋아한다. 그는 기꺼이 보호 B260 A262
자 역을 맡고, 외양으로는 아량이 넓지만, 사랑으로 그러한 것은 아니고, 자부심 때문에 그러한 것이다. 왜냐하면 그는 **자기** 자신을 더 사랑하기 때문이다. — 그는 질서를 잘 지키며, 그 때문에 있는 그대로보다 더 현명해 보인다. 그는 욕심이 많으나 인색하지는 않다. 그는 정중하되, 의례적이며, 교제에 있어서 딱딱하고 점잔을 뺀다. 그는 자기의 기지의 웃음거리가 되는 여느 아첨꾼을 기꺼워하며, 그의 **빼기는** 불손에 대한 타인들의 저항으로 인해 인색한 자가 그의 **탐욕적인** 불손으로 인해 받는 것보다 더 많은 고통을 받는다. 왜냐하면 약간의 신랄한 기지도 그의 중요성의 후광을 전적으로 없애버리지만, 그 반면에 그래도 인색한 자는 이

12) 원어: des Warmblütigen.

득을 통해 그런 손실을 보상받을 것이기 때문이다. — — 요컨대, 담즙 기질은 모든 기질 중에서 가장 행복하지 않은 것이다. 왜냐하면 그것은 그 자신에 대한 저항을 가장 많이 불러일으키기 때문이다.

D.
냉혈인의[13] 점액 기질

점액질은 타성(생기 없음)을 의미하는 것이 아니라, **무정감**을 의미한다. 사람들은 다량의 점액질을 가진 인사를 그 때문에 곧장 점액질의 사람〔굼뜬 사람〕 또는 점액질적이다〔굼뜨다〕라고 불러서는 안 되며, 그를 이런 호칭으로 게으름뱅이의 부류에 넣어서는 안 된다.

점액질은, **약점**으로는, 강한 동기에서조차도 일하는 게 내키지 않는 무
B261 A263 VII290 활동으로의 성벽이다. 그런 자극에 대해서 무감각함은 자의적으로 쓸데없다〔無用性〕는 것이며, 그런 경향성은 오직 포식과 수면으로 향해 있다.

그 반면에 점액질은, **강점**으로는, 경쾌하거나 **신속**하지는 않고, 비록 느릿하지만 그럼에도 **끈기 있게** 움직인다는 속성을 갖는다. — 상당량의 점액질을 자기의 혼합물로 가지고 있는 자는 천천히 더워지지만, 그 열기를 더 오래 보존한다. 그는 쉽게 화내지 않고, 화내야 하는지 말아야 하는지를 우선 곰곰이 생각한다. 다른 편에서 담즙질인 자가 이 견고한 인사를 그 냉혈함으로 인해 움직일 수 없음에 미쳐 날뛰려 할 때 말이다.

아주 보통 정도의 이성을 가졌지만, 그러나 동시에 천성적으로 점액질을 갖추고, 비록 뛰어나지는 않지만, 본능에서가 아니라 원칙들에서 출

---

13) 원어: des Kaltblütigen.

발한다면, 냉혈인도 후회할 일은 없다. 그에게서는 그의 행복한 기질이
지혜를 대신하고, 사람들은 그를 보통의 생활 중에서조차 종종 철학자
라고 부른다. 이를 통해 그는 타인보다 우월하게 되는데, 그렇다고 타인
의 허영심을 손상시키지는 않는다. 그래서 사람들은 그를 종종 **노회하다**
고도 부른다. 왜냐하면 온갖 노포(弩砲)와 노궁(弩弓)을 그에게 쏘아대도
그는 양모자루처럼 되살아나기 때문이다. 그는 화평한 남편이고, 자기
의 부인이나 근친들을 그가 모든 것을 그들의 의지에 따르는 것 같이 하
면서 지배할 줄 안다. 왜냐하면 그는 자기의 불굴의, 그러나 숙고된 의지
로 그들의 의지를 자기의 의지에 맞춰 변하게 하는 법을 터득하고 있기
때문이다. 그것은 작은 질량이되 빠른 속도로 충돌하는 물체들은 구멍을 B262 A264
뚫지만, 속도는 느리지만 큰 질량의 물체들은 그에 맞서 있는 장애물을
파괴하지 않고서 장애물을 함께 운반해나가는 이치와 같다.

한 기질은 — 보통 그렇게 믿듯이 — 다른 한 기질과 짝을 이루면 서로
저항하거나 서로 **중화**시킨다. 예컨대 다음처럼 말이다. 만약 다혈질이
우울질과, 또한 담즙질이 점액질과 동일한 주체에 통합되어 있는 것으로 VII291
생각될 것 같으면, 서로 저항하는 일이 일어난다. 왜냐하면 그것들(A와
B, 또한 C와 D)은 서로 모순 관계에 있기 때문이다. — 다혈질이 담즙질과
그리고 우울질이 점액질과(A와 C, 또한 B와 D가) (이를테면 화학적으로) **혼**

합된다면 두 번째 경우, 곧 중화가 일어날 것이다. 왜냐하면 선량한 희열이 위협적인 분노와 동일한 행위에서 융합하는 것을 생각할 수 없으며, 마찬가지로 자신을 괴롭히는 자의 고통이 자기 자신에 족한 마음의 만족
B263 A265 스러운 평정과 융합하는 것을 생각할 수 없기 때문이다. — 그러나 이런 두 상태 중 한 상태가 동일한 주체에서 다른 상태로 전환될 것이면, 한갓된 기분이 생길 뿐, 어떤 특정한 기질이 생기는 것은 아니다.

그러므로 **복합적** 기질이란 없다. 예컨대 다혈질이면서 담즙질인 기질 말이다. (허풍선이들은 모두 자비로우면서도 엄격한 신사라는 것을 요술 부려 믿게 하고자 그런 기질을 갖고 싶어 한다.) 오히려 기질은 전체가 오직 네 가지뿐이며, 그 각각은 단순한 것이다. 우리는 어떤 혼합된 기질을 갖는 사람이 무엇이 될 것인지는 알지 못한다.

쾌활과 경박, 침울과 망상, 기고만장과 완고, 끝으로 냉담과 박약은 단지 기질의 결과들로서 그것들의 원인과의 관계에서 구별된다.※

※ 기질의 차이가 공적인 업무에 어떤 영향을 미치는지, 또는 거꾸로, 공적인 업무가 (업무에서의 일상화된 훈련이 기질에 미치는 결과에 의해서) 기질에 어떤 영향을 미치는지를 사람들은 또한 한편으로는 경험을 통해, 또 다른 한편으로는 억측적인 기회원인들의 도움을 얻어 궁리해냈다. 그리하여 예컨대 이렇게 말한다.

종교에서 담즙질인 사람은 **정통파**,
다혈질인 사람은 **자유사상가**,
우울질인 사람은 **광신자**,
점액질인 사람은 **무차별파**이다. —

그러나 이것은 개략적인 판단으로, 말투 거친 기지가 허용하는 만큼만 성격론에 타당할 뿐이다.(그것들은 할 수 있는 만큼만 價値가 있다.)

III.
성향으로서의 성격에 대하여 B264 A266

어떤 사람에 대하여 "그는 하나의 **성격**을 가지고 있다."고 단적으로 말할 수 있다면, 이것은 그에 대해서 아주 많은 것을 **말한** 것일 뿐만 아니라, **칭송한** 것이기도 하다. 왜냐하면 이것은 그에 대한 존경과 경탄을 VII292 환기시키는 드문 일이기 때문이다.

사람들이 이러한 명명 일반으로써, 선한 것이든 악한 것이든 그에 대해서 확실하게 기대하지 않을 수 없는 것을 의미한다면, 사람들은 곧잘 "그는 **이러한** 성격을 또는 **저러한** 성격을 가지고 있다."고 덧붙이거니와, 그때 그런 표현은 **기질**을 표시한다. — 그러나 하나의 성격을 단적으로 갖는다 함은 주체가 자기 자신의 이성에 의해 변함없이 지시규정했던 특정한 실천적 원리들에 자기 자신을 묶는, 그런 의지의 속성을 뜻한다. 무릇 이러한 원칙들은 때때로 잘못된 것일 수도 있고 결함이 있는 것일 수도 있지만, 그럼에도 (모기떼처럼 혹은 이리로 혹은 저리로 돌아다니지 않고) 확고한 원칙들에 따라 행위한다는 의욕 일반의 정식〔定式〕은 그 안에 소중한 것, 찬탄할 만한 것을 가지고 있는 것이다. 그렇지만 이런 것은 실제로 아주 드문 것이다.

여기서 문제가 되는 것은, 자연이 인간으로부터 만들어내는 것이 아니라, 인간이 **자기 자신에서 만들어**내는 것이다. 왜냐하면 전자는 기질에 B265 A267 속하며 — 이때 주체는 대부분 수동적이다 —, 오직 후자만이 그가 하나의 성격을 가지고 있다는 것을 인식시켜주기 때문이다.

인간의 다른 모든 좋은 유용한 속성들은 그것과 똑같은 유용성을 주는 다른 것들과 교환될 수 있는 **가격**을 갖는다. 재능은 **시장가격**을 갖는다. 왜냐하면 군주나 영주는 그러한 사람을 온갖 방식으로 써먹을 수 있기 때문이다. — 기질은 **애호가격**을 갖는다. 사람들은 그와 즐겁게 환담할 수 있다. 그는 편안한 말동무이다. — 그러나 — 성격은 내적 **가치**※를 가지며, 일체의 가격을 넘어서는 숭고한 것이다.

※ 한 선원이 어떤 회합에서 학자들이 자기들의 소속 학부의 위계에 관해 다투고 있는 것을 방청하였다. 그는 그 다툼에 대해 자기의 방식으로, 곧 그가 포로로 잡은 사람을 알제[14]의 시장에서 팔 때 얼마를 벌까 하는 방식으로 판정을 내렸다. 신학자와 법률가는 거기서는 누구도 써먹을 데가 없지만, 의사는 한 가지 전문기술을 터득하고 있으니, 현금을 받을 수 있다고 말이다. — 영국의 왕 **제임스 1세**는 그를 젖 먹여 길렀던 유모에게서 그녀의 아들을 신사(기품 있는 인사)로 만들어 달라는 간청을 받았다. 이에 대해 **제임스 1세** 왕은 "나는 그것을 할 수는 없다. 나는 그를 백작으로 만들 수는 있으나, 그가 신사가 되는 것은 그 스스로 하지 않으면 안 된다."고 대답했다. — (**퀴니코스**학파의) **디오게네스**는 (세칭 역사[15]가 전하는바) 항해 중에 크레타 섬 인근에서 포
B266 A268 로로 잡혀, 시장에 공개적인 노예 매물로 내놓였다. 그를 경매대에 올려놓은 중개상이 "너는 무엇을 할 줄 알며, 무엇을 터득하고 있니?"라고 묻자, 그 철학자는 "나는 **통치하는 일**을 터득하고 있다. 너는 **주인**을 필요로 하는 구매자를 찾아야 할 것이다."라고 대답했다. 이 희귀한 요구에 대해 깊이 생각한 상인은 이 희귀한 거래에 낙찰을 했다. 그는 자기 아들을 그가 원하는 자로 만들기 위해 이 철학자에게 아들 교육을 맡겼고, 그 자신은 수년간 아시아에서 장사를 하였으며, 그 후 이전에는 거칠었던 아들을 이제는 세련되고 예의 바르며 덕성 있는 사람으로 개조된 채로 되돌려 받았다. — — 이런 식으로 사람들은 대략 인간 가치의 등급을 측정할 수 있다.

---

14) Algiers. Algeria의 수도.

15) Diogenes Laertios, *Vitae philosophorum*, VI, 2, 74의 이야기를 말하는 것으로 보인다.

인간이 하나의 성격을 가지고 있는가, 가지고 있지 않은가 하는, 순전히 이 사실에서 귀결하는 속성들에 대하여 B266 A268 VII293

1) **모방자**는 (윤리적인 것에서는) 성격을 갖지 않는다. 왜냐하면 성격이란 바로 성향의 원본성에 있는 것이기 때문이다. 성격이란 그 자신이 개시한, 자기의 처신의 원천에서 길어내지는 것이다. 그러나 그렇다고 해서 이성인이 **유별난 자**이어서는 안 된다. 정말이지 그는 결코 유별난 자가 되지는 않을 것이다. 왜냐하면 그는 누구에게나 타당한 원리들에 입각해 있을 것이니 말이다. 모방자는 성격을 가진 인사를 **흉내 내는 자**이다. 기질에서 오는 선량함은 하나의 수채화로서 어떤 성격의 특색이 아니다. 그런데 성격의 특색이 만화적으로 묘사된다면 그것은 참된 성격을 가진 인사를 무도하게 조롱하는 짓이다. 왜냐하면 참된 성격을 가진 인사는 일단 공공의 관습(유행)이 되어버린 악〔나쁜 것〕과 함께하지 않고, B267 A269
그리하여 유별난 자로 묘사[16]되기 때문이다.

2) 기질의 소질로서 사악성은 성격을 갖지 않은 소질의 선량함보다도 덜 나쁘다. 왜냐하면 사람들은 그 성격을 통해 저 사악성을 압도할 수 있기 때문이다. — (**술라**[17]와 같은) 악한 성격의 인간조차, 설령 그가 그의 확고한 준칙들의 폭력성으로 혐오를 불러일으킨다 해도, 동시에 경탄의 대상이 된다. **영혼의 강함**이 일반적으로 **영혼의 선함**과 비견되는 바와 같이, 현실에 있는 것보다 더 이상적인 것을 만들어내기 위해서는, 곧 **영혼의 위대함**이라는 명칭을 얻을 만한 자격이 있게 되기 위해서는, 확실히

16) A판: "표상."

17) Lucius Cornelius Sulla Felix(기원전 138년경~78). Sulla 외에 Sylla 또는 Silla라고도 표기되는 로마 공화정 말기의 정치가이자 장군. 기원전 82년에 독재 집정관(dictator)이 되어 입법권과 통치권을 한 손에 가졌다.

저 두 가지가 주체 안에 통합되어 있는 것으로 마주치지 않으면 안 된다.

3) (가령 **칼 12세**[18]에서와 같은) 일단 세워진 기도에 대해 완고한 불굴의 심성은 성격을 위해서는 매우 유리한 자연소질이기는 하지만, 그러나 아직은 특정한 성격 일반이 아니다. 왜냐하면 성격을 위해서는 이성 및 도덕적-실천적 원리들에서 유래하는 준칙들이 요구되기 때문이다. 그래서 사람들이 "이 사람의 악성은 그의 성격의 속성이다."라고 말하는 것은 적절한 것일 수 없다. 왜냐하면 그렇다면 그 악성은 악마적일 것이니 말이다. 그러나 인간은 악이 자기 안에 있다는 것을 결코 **시인**하지 않고, 그렇기에
VII294 원래 원칙들에서 오는 악성은 없으며, 단지 원칙들을 방기함에서 오는 악성이 있을 따름이다.[19] ― ― [20]그러므로 사람들이 성격에 관련한 원칙들을 부정적으로 서술한다면, 그것이 최선이다. 그런 원칙들은 다음과 같다.

B268 A270 * * *

a. 고의적으로 참 아닌 것을 이야기하지 않기. 그러니, 취소하는 수치를 자초하지 않기 위해서라도 신중하게 말하기.

b. 위선적으로 행동하지 않기. 눈앞에서는 선한 마음씨로 보이고, 뒤에서는 적대적이지 않기.

c. 자기의 (허용한) 약속을 파기하지 않기. 이제는 깨져버린 우정의 **기억**도 여전히 존중하는 일과 타인의 예전의 신뢰와 솔직함을 나중에 악용

18) Karl XII(1682~1718). 스웨덴의 왕(재위: 1697~1718). 재위 기간 내내 주변의 모든 국가들과 전쟁을 벌였다. 위의 B210=A211 참조.

19) 칸트의 『순전한 이성의 한계 안에서의 종교』, 제1논고는 이에 관해 상론하고 있다.

20) AA에서는 이하의 두 문장을 그 아래의 " * * * " 다음에 배치함.

하지 않는 일도 이에 속한다.

d. 심보 나쁜 사람과는 취미의 교제를 맺지 않기. 그리고 "그 친구를 보면 안다."[21]는 말을 유념해서, 이런 사람과의 교제는 단지 업무에만 국한시키기.

e. 타인의 천박하고 악의적인 판단에서 나온 험담에 귀 기울이지 않기. 그 반대[22]는 이미 약점을 드러내는 것이다. 그리고 또한 덧없고 가변적인 것인 유행에 어긋날까 하는 두려움을 떨칠 것. 유행이 이미 어느 정도 중요한 영향을 미치고 있을 때라도 그 유행의 지시명령을 적어도 윤리에까지 연장하지는 말 것.

자기의 성향에서 하나의 성격을 자각하고 있는 사람은 그 성격을 태생적으로 가지고 있는 것이 아니라, 그것을 항상 **획득**했던 것임에 틀림없다. 일종의 재탄생과 같은 이러한 성격의 창립은 그가 자기 자신에게 행한 엄숙한 서약으로서, 이러한 재탄생과 이러한 전환이 그에게 일어난 B269 A271
시점은 마치 하나의 신기원인 양 그에게 잊혀지지 않는다는 사실을 사람들은 생각할 수 있을 것이다. — 교육이나 본보기, 가르침이 원칙들 일반에서의 이러한 확고부동한 것을 **차츰차츰** 생기게 **할 수는 없으며**, 오히려 본능의 동요하는 상태에 대한 권태에 단번에 뒤이어오는, 이를테면 일종의 폭발에 의해서만 생길 수 있다.[23] 아마도 30세 이전에 이러한 혁

21) 원문: noscitur ex socio etc. 이것의 완전한 문장은 "그 자신에서는 알 수 없는 자도 그 친구를 보면 안다(Noscitur ex socio, qui non cognoscitur ex se.)." AA XXV, 393 각주 200 참조.

22) 곧 험담에 귀 기울이는 것.

23) 이 중문에서 앞 문장의 동사와 뒷 문장의 동사가 능동/수동의 양태가 다르다. 그래서 A판: "bewirkt werden" / B판 "bewirken"이라는 혼란이 생긴 듯하다. 그러나 어느 쪽을 택해도 어법상 다 맞지는 않다.

명을 시도한 사람은 단지 소수일 것이고, 40세 이전에 이러한 성격을 창
립한 사람은 더욱 적을 것이다. — 단편(斷片)적으로 보다 선한 사람이 되
고자 하는 것은 헛된 시도이다. 왜냐하면 하나의 인상은 사람들이 다른
VII295 인상을 돌보는 사이에 사라져버리기 때문이다. 그러나 하나의 성격의 창
립은 품행 일반의 내적 원리의 절대적 통일이다. — 또한 사람들은 말하
거니와, **시인들**은 성격을 갖고 있지 않다. 그들은 기지에 찬 착상을 포기
하기보다는 먼저 자기의 가장 좋은 친구를 모욕한다. 또 사람들은 말하
거니와, 모든 형식에 자신을 맞춰야만 하는 궁정인들의 경우에는 성격을
전혀 찾아볼 수 없으며, 천상의 주에게 그러나 또한 동시에 지상의 주인
들에게도 같은 기조로 정중해야 하는 성직자들의 경우에도 확고한 성격
을 기대하는 것이 거의 힘든 일이고, 그러므로 하나의 내적인 (도덕적인)
성격을 갖는다는 것은 단지 하나의 경건한 소망이며, 경건한 소망으로
남을 것이다. 그런데 아마도 이에는 **철학자들**에게도 그 탓이 있을 것이
니, 철학자들은 이 성격의 개념을 여태껏 떼어내 충분하게 밝히지 않았
으며, 덕을 단지 파편적으로 설명했을 뿐, 결코 **전체로** 그 아름다운 형태
에서 그리고 모든 사람들에게 흥미롭게 설명해내려고 하지 않았으니 말
이다.

B270 A272 한마디로 말해, 자기 자신 앞에서 고백하는 내면에서도, 그리고 동시
에 다른 어느 누구에 대한 거동에서도 진실성을 최상의 준칙으로 삼는다
면, 이것이야말로 한 인간이 성격을 가지고 있음을 의식하고 있는 유일
한 증거이다. 그리고 이러한 성격을 갖는다는 것은 사람들이 이성적인
인간에게서 구할 수 있는 최소한이고, 동시에 (인간 존엄성이라는) 내적 가
치의 최대한이다. 그렇기에 원칙을 가진(즉 특정한 성격을 가진) 인사가 된
다는 것은 가장 평범한 인간이성에게도 가능한 일이며, 그것으로써 가장
큰 재능보다도 그 존엄성에서 우월한 것임에 틀림없다.

관상술에 대하여

관상술은 어떤 사람의 가시적인 형태에서, 따라서 외면에서 그 사람의 내면을 그의 성미의 면에서든 성향의 면에서든 판정하는 기술[24]이다. — 이때 사람들은 그 사람을 질병 상태가 아니라, 건강한 상태에서 판정하며, 그 마음이 동요할 때가 아니라 평정할 때에 판정한다. — 사람들이 이러한 의도에서 판정하는 당사자는 사람들이 그를 관찰하고 있고, 그의 내면을 탐색하고 있다는 것을 알게 되면, 그의 마음이 평정하지 못하고, 압박감과 내적 동요의 상태에 이르며, 심지어는 타인의 감시하에 내맡겨 있다는 것을 알고 불쾌한 상태에 이르기도 한다는 것은 자명한 일이다.

시계가 근사한 상자 안에 들어 있을 때, 이로부터 사람들이 (유명한 시계 제작자가 말하거니와) 그 내부도 좋다고 확실하게 판단할 수는 없다. 그러나 그 상자가 조잡하게 만들어져 있다면, 그 내부 또한 별 쓸모가 없을 것이라고 거의 확실하게 추론할 수 있다. 왜냐하면 기술자는 열심히 그리고 잘 만든 작품을 적은 노고를 치를 외부를 소홀히 함으로써 불신에 빠뜨리지는 않을 것이기 때문이다. — 그러나 인간의 기술자와 알 수 없는 자연의 창조자를 유비해서, 창조자가 가령 선한 영혼에게는 또한 아름다운 육체도 부여하여 그가 창조한 인간을 다른 사람들에게 추천하여 받아들이게 만들었다거나, 또한 거꾸로, 어떤 사람을 다른 사람이 겁먹고 물러나게 했을 것이라고("이 〔마음이〕 새까만 자, 로마인을 너는 操心해야만 한다."[25]고) 추론하는 것은 여기서 이치에 맞지 않을 것이다. 왜냐하면 어떤 사람의 타인에 대한 (미추에 따른) 흡족 또는 부적의함의 한낱 주관적인 근거를 함유하는 **취미**가 객관적으로 일정한 자연성질들을 갖는 인간의 현존재를 목적 — 이 목적을 우리는 절대로 통찰할 수 없거니 B271 A273 VII296

24) A판: "이론."

25) Horatius, *Sermones*, 1. 4. 85 참조.

와 — 으로 갖는 **지혜**의 먹줄〔표준〕로 쓰일 수 없으며, 이 두 이질적인 것들이 동일한 목적 안에 통합되어 인간 안에 있다고 상정할 수는 없는 것이기 때문이다.

관상술로의 자연의 인도에 대하여

우리가 신뢰해야 할 사람에 대해, 그가 설령 우리에게 아주 좋게 추천되었다 하더라도, 우리가 그에 대해 기대할 것을 탐색하기 위해서 먼저
B272 A274 얼굴을, 특히 눈을 들여다보는 것은 자연적인 충동이다. 그리고 그의 거동 중에서 거슬리거나 매력적인 것이 우리의 선택을 결정짓고, 또는 우리가 아직 그의 행적을 알아내기 전이라도, 우리를 주저하게 만들기도 한다. 그러니 관상술적 성격론이 있다는 것은 다툴 일이 아니지만, 그러나 그것이 하나의 학문이 될 수는 없다. 왜냐하면 직관된 주체의 어떤 경향성이나 능력을 암시하는 인간의 **형태**의 특유성은 개념에 의한 서술을 통해서가 아니라, (직관에서의) 또는 그 모방의[26] 모사나 현시를 통해 이해될 수 있는 것이기 때문이다. 이때 인간의 형태는 일반적으로, 각자가 내면에서의 인간의 특수한 내적 속성을 암시하고 있는 **변양들**에 따라 판정이 내려진다.

바티스타 포르타[27]의 인간 머리들의 만화는 어떤 특징 있는 인간 얼굴들과의 유비에 따라 비교하면서 동물의 머리들을 묘사하고, 이로부터 양
VII297 자에서의 자연소질들의 유사성을 추론해냈다지만, 잊혀진 지 오래이며, **라바터**[28]의 실루엣에 의한, 한동안 일반적으로 애호되고 저렴한 상품으

26) A판: "직관에서의 (또는 모방의)."

27) Baptista Porta 또는 Giambattista〔Giovan Battista〕 della Porta(1535년경~1615년경). 이탈리아 출신으로 *De humana physiognomia*(1593)의 저자이다. 인간의 얼굴을 동물들의 머리 모양과 비교를 해 설명했다. 칸트 「조각글」 918 및 각주(AA XV, 403~405) 참조.

로 만들어져 널리 확산된 이 취미도 그러나 최근에는 완전히 사라져버렸다. — 이후에는 (**아르헨홀츠**[29] 씨의) 애매모호한 다음과 같은 주석 외에는 더 이상 남아 있는 것이 없다. 즉 사람들이 찡그리면서 그 혼자서 모방한 어떤 사람의 얼굴은 또한 동시에 그 사람의 성격과 합치하는 어떤 생각이나 느낌을 불러일으킨다는 주석말이다. — 그리하여 관상술은 어떤 외 B273 A275
면적인 비수의적으로 주어진 표지를 매개로 해서 내면을 탐지하는 기술로서는 전혀 수요가 없고, 그에 대해 남아 있는 것이라고는 취미 개발의 기술로서일 따름이다. 그것도 사상〔事象〕에 대한 취미가 아니라 풍속이나 예의나 습관에 대한 취미와 관련해서 그렇다. 이것은 인간과의 교제 및 인간지 일반에 요구되는 비평을 통해 이 인간지에 도움이 되기 위한 것이다.

관상술의 구분

1. **얼굴의 생김새**, 2. **얼굴의 인상**〔人相〕, 3. **습성적인 얼굴의 표정**(용모)에 나타나는 성격적인 것에 대하여.

---

28) Johann Caspar Lavater(1741~1801). 스위스의 계몽적 목사, 신비가, 작가로 관상술에 관심을 기울였으며, 사람의 성격은 얼굴 모습을 통해 알 수 있다고 주장하였다. 칸트와의 서신 교환(1774. 4)도 있었다.(X, 165~166 +175~180 참조)

29) Johann Wilhelm von Archenholz(1743~1812). 프로이센의 장교, 작가, 잡지 발행인. 프로이센이 주변국들과 치룬 7년전쟁(1756~1763)에 참전하여 무공을 세웠으며, 그의 저술 *Geschichte des siebenjährigen Krieges in Deutschland von 1756 bis 1763*(Karlsruhe 1791)은 현재까지도 읽히고 있다. 잡지 *Litteratur und Völkerkunde*(Göschen, Leipzig 1782. 1~1786. 5)를 발간했는데, 여기서 칸트가 인용하고 있는 내용은 IV호(1784), 857면 이하에서 볼 수 있다.

A.
얼굴의 생김새에 대하여

그리스의 예술가들이 — 조상〔彫像〕과[30] 보석의 **양각**〔陽刻〕이나 **음각**〔陰刻〕에서 — **매력**을 끌어들임 없이, 영구적인 젊음과 동시에 모든 정동〔격정〕에서 자유로운 평정을 표현해낼 (신과 영웅들을 위한) 얼굴 생김새의 이상까지도 염두에 두었다는 사실은 주목할 만하다. — **그리스적**인 수직식의 **옆얼굴**은 (매력을 향해 있는) 우리의 취미에서 볼 때는 마땅히 그러해야 하는 것보다 눈을 더 깊게 만들어놓고 있다. 메디치가의 비너스조차 매
B274 A276 력이 없다. — 이상이란 일정한 불변적인 규범이어야 할 것인데, 얼굴에서 이마와 어떤 각도로 — 이때 그 각도는 좀 더 클 수도 작을 수도 있겠다 — 돌출해 있는 코는, 규범에 속하는 것에는 요구되는 것과 같은, 형태의 **일정한 규칙**을 제시해주지 않는 것이 그 이유인 것 같다. 근대의 그리스인들도 여타의 신체 구조의 면에서는 아름다운 생김새임에도 불구
VII298 하고, 예술 작품[31]에 관한 저 이상성을 **원형**으로 입증해 보이는 것 같은 얼굴 옆면의 저 진지한 수직성은 가지고 있지 않다. — 이러한 신화적인 범형들에서 보면 눈은 깊이 파여 있고, 콧부리 부근에는 얼마간의 그림자가 드리워져 있다. 이에 반해 요즘 사람들이 아름답다고 여기는 얼굴은 이마 방향으로 코가 조금 돌출되어 있고(콧부리 부근에서 곡선을 이루고 있고), 그것을 사람들은 더 아름답다고 본다.

우리가 실제로 있는 대로의 인간에 관한 우리의 관찰을 따라가 보면, 정확하게 정연한 **규칙성**은 보통은 정신을 가지지 않은 매우 일상적인 인간을 가리키고 있다는 사실이 드러난다. **평균**은 아름다움의 기본 척도이자 토대인 것 같으나, 결코 아직 아름다움 자체는 아닌 것 같다. 왜냐

30) B판 추가.
31) A판: "조각품."

하면 아름다움을 위해서는 무엇인가 성격적인 것이 요구되기 때문이다. ― 그러나 사람들은 이 성격적인 것을 아름다움이 아니라도 얼굴 안에서 마주칠 수 있다. 거기서 표정은 설령 다른 (아마도 도덕적인 내지는 미감적인) 관계에서이기는 하지만 얼굴을 매우 유리하게 보이도록 한다. 다시 말해, 사람들은 얼굴에서 때로는 이것을 때로는 저것을, 이마에서 코에서, 턱에서 또는 머리카락의 색깔 등등에서 흠을 잡더라도, 그 인물의 개성에 대해서는 규칙성이 완전할 때보다도 더 추천할 만하다고 고백할 수 B275 A277
있다. 왜냐하면 이런 규칙성은 보통 무성격을 동반하기 때문이다.

그러나 사람들은 어떤 얼굴에 대해서도, 만약 그 얼굴이 인상에서 패악에 의해 부패한 마음의 표현을 드러내거나 그러한 패악으로의 자연스러운, 그러한 불행한 성벽을 드러내지 않는다면, **추하다**고 비난해서는 안 된다. 예컨대, 말하자마자 냉소 짓는 자의 어떤 인상이라든가, 온화한 부드러움 없이 다른 사람의 얼굴을 빤히 쳐다보고, 그렇게 함으로써 사람들이 그 자신의 판단으로부터 아무것도 못하게끔 표시하는 뻔뻔한 인상은 저러한 것이다. ― 사람들이 말하듯이, 아이들을 침대로 쫓아버릴 수 있는 (프랑스인 말대로) **험상궂은**[32] 얼굴, 또는 천연두로 인해 해져서 기괴한 얼굴, 또는 네덜란드인이 부르는 바처럼, **괴상한**[33](흡사 망상 중에서, 몽상 중에서 생각되는 것 같은) 얼굴을 가진 인사들이 있으며, 그러나 그런가 하면 동시에 자기 자신의 얼굴에 대해 농을 할 만큼 선량함과 명랑함을 보이는 인사들도 있다. 그래서 이런 얼굴은 결코 추하다고 불러서는 안 된다. 설령 그들이, 어떤 부인이 그들에 대해 (프랑스 아카데미에서 **펠리송**[34]에 대해서 했던 것처럼) "**펠리송**은 추해도 좋다는, 남성들이

32) 원어: rebarbaratif.

33) 원어: wanschapenes.

34) Paul Pellisson-Fontanier(1624~1693). 프랑스 철학자로 프랑스 아카데미 회원이었고, 여기서 인용한 말은 de Sévigné 부인이 했다고 전해온다.

갖는 허용〔규칙〕을 남용하고 있다."고 말할 때, 이것을 전혀 나쁜 짓이라고 받아들이지 않는다 할지라도 말이다. 더욱 악질적이고 어리석은 것
VII299 은, 예의를 기대해도 좋을 만한 사람이 장애인에 대해, 천민처럼, 그의 신체적 결함을, 이런 결함은 흔히 정신적 장점들을 높이는 역할마저 하건만, 흠잡을 때이다. 만약 이런 짓이 어렸을 때 불행하게 된 사람들에 대해 (이 눈먼 개야, 이 절름발이 개야 하면서) 일어난다면, 이 사람들을 실
B276 A278 제로 사악하게 만들고, 그들로 하여금 정상적으로 잘 자랐고 그래서 낫다고 생각되는 사람들에 대해 점차로 증오심을 갖게 만든다.

그 밖에도 국내에 거주하지 않는 외국인의 얼굴은 자기 나라를 한 번도 떠난 적이 없는 국민들에게는 보통 조롱의 대상이 된다. 그래서 일본의 어린아이들은 거기서 장사하는 네덜란드인들을 뒤쫓아 다니면서, "아 정말 눈이 크다, 눈이 크다!"라고 외친다. 그리고 중국인들은 자국을 방문한 다수 유럽인들의 붉은 머리카락을 거슬리게 보고, 유럽인들의 푸른 눈을 우스꽝스럽게 본다.

순전한 두개골과 이 두개골의 형태의 토대를 이루는 그 형상에 관해 말하자면, 예컨대 니그로, 칼무크[35], 남태평양 인디언 등등의 것에 관해 말하자면, **캄퍼르**[36]가 그리고 특히 **블루멘바흐**[37]가 쓰고 있는 바와 같은,

---

35) Kalmücken. Kalmüken 또는 Kalmyken이라고도 표기한다. 서부 몽고의 일족으로 14세기 이래 러시아 볼가 강가에 거주하는 부족이다.

36) Petrus Camper(1722~1789). 네덜란드의 해부학자로 *Demonstrationes anatomico-pathologicae*(2권, Amsterdam 1760~1762)를 저술했다. 『학부들의 다툼』, Abs. 2, 7(AA VII, 89) 참조.

37) Johann Friedrich Blumenbach(1752~1840). 괴팅겐 대학의 해부학 및 비교동물학 교수로 칸트와도 교류가 있었으며(1790. 8. 5 자 편지: AA XI, 185 참조), *De generis humani varietate nativa*(Göttingen 1775), *Handbuch der Naturgeschichte*(Göttingen 1779) 등을 저술했다. 칸트는 『판단력비판』, §81(B378=V424)과 『학부들의 다툼』, Abs. 2, 7(AA VII, 89)에서도 이에 대해 언급하고 있다.

이에 대한 소견은 실용적 인간학보다는 차라리 자연지리학에 속하는 것이다. 우리에게서도 남성의 이마는 **평평**하지만, 여성의 이마는 오히려 **둥근** 것이 보통이라는 소견은 저 두 학문의 중간에 있을 수 있는 것이다.

과연 코 위의 혹[38]이 빈정쟁이를 표시하는지, ― 중국인들은 아래턱뼈가 위턱뼈보다 조금 더 나와 있다고 말해지거니와, 이런 중국인의 얼굴생김새의 특성이 그들이 고집이 세다는 표시인지, 또는 이마 양쪽이 머리카락으로 덮여버린 아메리카 인디언의 얼굴 생김새가 선천적인 정신박약의 B277 A279
표지인지[39], 하는 것 등등은 단지 불확실한 해석만을 허용하는 억측이다.

B.
얼굴의 인상〔人相〕에서 성격적인 것에 대하여

남자에게는 그의 얼굴이 피부 색깔로 또는 천연두 자국으로 괴상해지고 기분 나쁘게 된 것이, 여성의 판단에조차, 손상을 입히지 않는다. 왜냐하면 만약 그의 눈에 선량함이 비치고, 또한 동시에 자신의 힘을 의식하는 데서 씩씩함의 표현이 평정과 결합되어 그의 시선에서 두드러지게 비치면, 남자는 언제나 사랑받고 사랑받을 만하며, 그리고 보편적으로 그렇게 여겨지기 때문이다. ― 사람들은 그러한 남자들과 그들의 사랑스
러움 ― 反語法的으로 ― 을 가지고 장난을 치고, 어떤 부인은 그러한 남 VII300
편을 가지고 있는 것을 자랑스러워할 수 있다. 그러한 얼굴은 **만화**가 아니다.[40] 왜냐하면 만화는 웃음을 자아내기 위해서 격해 있는 얼굴을 고의적으로-과장한 도화(**희화**〔戱畵〕)이며, 흉내 내기에 속하는 것이기 때문이다. 그것은 오히려 자연 안에 있는 하나의 변종으로 간주되지 않으면 안

38) A판: "언덕."
39) A판: "정신박약인지."
40) A판: "그것은 만화상의 도화들이 아니다."

되며, (소름 끼치게 할 터인) 희화적인 얼굴이라 불려서는 안 되고[41], 오히려 사랑스럽지는 않을지라도 사랑을 일깨우고[42], 아름답지는 않으나 그렇다고 추한 것은 아니다.※

B278 A280

C.
표정의 성격적인 것에 대하여[44]

표정은 유동적인 얼굴의 인상(人相)으로, 사람들은 많든 적든 간에 강한 정동〔격정〕에 의해 표정을 짓게 된다. 표정으로의 성벽은 인간 성격의

※ 런던의 독일인 음악가 **하이데거**[43]는 기이한 얼굴 형태를 가지고 있었으되, 쾌활하고 분별 있는 인사로서, 고귀한 사람들도 그와 함께 이야기를 나누기 위해 기꺼이 교제하였다. — 언젠가 펀치를 마시는 어떤 모임에서 어떤 귀족
B278 A280
을 향해 자신이 런던에서 가장 추한 얼굴을 가지고 있다고 주장한 일이 있었다. 그 귀족은 한참 생각에 잠기더니, 그가 더욱 추한 자를 보여줄 것이라고 내기를 걸었다. 이윽고 그는 어떤 술 취한 여자를 불러 세웠고, 그녀를 본 회합의 참석자들은 모두 큰 웃음을 터뜨리면서 외쳤다. "**하이데거** 씨, 당신이 내기에 졌습니다!" — 그러나 이 사람은 "그렇게 빨리는 결정되지 않습니다."라고 대답했다. 이내 "그녀에게 내 가발을 쓰게 하고, 나는 그녀의 실내모를 써보겠습니다. 그러고 나서 봅시다." 그런 일이 일어나자, 모두가 숨 막힐 때까지 웃었다. 왜냐하면 그 여자는 완전히 점잖은 신사처럼 보였고, 그 남자는 마녀처럼 보였기 때문이다. 이것은, 누군가를 아름답다, 적어도 어지간히 귀엽다고 일컫기 위해서, 사람들은 단적으로 판단을 내려서는 안 되고, 언제나 오직 상대적으로만 내려야 하고, 또 누군가가 제법 귀엽게 생기지 않았다 해서, 그렇다고 해서 그를 추하다고 일컬어서는 전혀 안 된다는 것을 증명한다. — 다만 얼굴에 있는 혐오스러운 상처들은 이런 말들을 이유 있게 만든다.

---

41) A판: "얼굴이 아니고."

42) A판: "사랑을 받을 수 있는 것이고."

43) John James〔Johann Jacob〕 Heidegger(1659~1749). Zürich 태생으로 1708년 이래 영국에 거주하면서 여러 음악 공연 행사를 기획 주최하여 성공을 거두었고, 런던의 주요 극장과 음악 아카데미의 장을 역임하였다.

44) B판 추가.

특징이다.

정동〔격정〕의 인상〔印象〕을 어떤 표정에 의해서도 드러나지 않게 한다
는 것은 어려운 일이다. 표정[45]은 몸짓과 목소리의 고통스러운 억제를 통
해 저절로[46] 드러나며, 자신의 정동〔격정〕을 지배하기에 너무 약한 이의
경우에는 그의 얼굴 표정의 유동조차 (자신의 이성의 뜻에 거슬러서) 그가
기꺼이 감추고 싶고 다른 사람의 눈을 피하고 싶어 하는 내심을 폭로할
것이다. 그러나 이런 감추는 기술의 대가가 된 이들은, 만약 사람들이 그 B279 A281
를 알아버리게 되면, 신뢰를 가지고 대할 수 있는 최선의 인간으로 여길
수는 없다. 특히 그들이 행동하는 것과 모순되는 표정을 꾸며서 지을 때
는 그렇다.

의도하지 않고서 내심을 드러내면서도 의도적으로 거짓말하는 표정들 VII301
을 해석하는 기술은 많은 재미있는 소견을 낼 기회를 주지만, 나는 그중
하나만을 언급하고자 한다. — 만약 평소에 사팔뜨기가 아닌 누군가가
이야기를 하면서 자기 코끝을 보고, 그래서 사팔뜨기가 된다면, 그가 이
야기한 것은 항상 거짓말이다. — 그러나 사팔뜨기로서 눈의 상태에 장
애가 있는 사람을 이렇게 보아서는 안 된다. 그런 사람은 이러한 패악에
서 완전히 벗어나 있을 수 있다.

그 밖에 모든 종족과 풍토의 사람들이 합의한 일 없이도 서로를 이해하는, 자연에 의해 기초 형성된 몸짓들이 있다. (긍정할 때) **머리 끄덕이기**, (부정할 때) **머리 젓기**, (반항할 때) **머리 치켜들기**, (경탄하고 있을 때) **머리 흔들기**, (조롱할 때) **콧등 찌푸리기**, **히죽거리며-웃기**(입 비죽거리기), (요구받은 것을 거절할 때) **침통한 표정** 짓기, (불만스러울 때) **이마 찌푸**

45) AA는 "정동〔격정〕"으로 고쳐 읽음.

46) A판: "스스로."

리기, (경멸할 때) **입을 딱 벌리거나 딱 닫기**, (놀랄 때) **손을 들어** 자기 쪽
으로 오도록 또는 자기에게서 떨어지도록 **손짓하기**, **손을 머리 위에서**
맞부딪치기, (위협할 때) **주먹 움켜쥐기**, **몸을 굽혀 절하기**, 침묵할 것을
B280 A282 지시명령하기 위해 **입술에 손가락 대기**(〔손가락으로〕 입술 닫기), **쉿 소리**
내기 등등.

잡주〔雜註〕

자주 반복되고, 마음의 동요에 또한 비수의적으로 수반하는 표정들은 점차로 고정적인 얼굴의 인상이 된다. 그러나 이런 인상은 죽을 때에 사라진다. 그래서 **라바터**도 적고 있듯이, 살아 있는 동안에 악한임을 드러내는 공포스러운 얼굴도 죽을 때는 (소극적으로) 말하자면 고상하게 된다. 왜냐하면 이제, 모든 근육이 이완되어서, 말하자면 아무 죄 없는 평정의 표현만이 남아 있기 때문이다. — 그리하여 자기의 청춘을 오염 없이 보냈던 인사가 후년에 와서 아주 건강함에도 불구하고 방탕으로 다른 얼굴이 되는 일도 일어날 수 있다. 그러나 이런 얼굴에서 그의 자연소질이 추론될 수는 없는 것이다.

또한 사람들은 고귀한 얼굴에 반대되는 **비천한** 얼굴에 대해서도 말한
다. 고귀한 얼굴이란 아부와 세련된 예법과 결합된, 사칭적인 중후함 이
상의 것을 의미하지 않는다. 이런 것은 오직 대도시들에서 성한데, 대도
시에서 사람들은 서로 부딪치면서 그들의 거칠음을 닦아낸다. 그래서 시
골에서 태어나 교육받은 관리들은, 그들의 가족과 함께 도시에서 상당한
VII302 대우를 받게 지위가 상승한 때에도, 또는 신분적으로 그런 대우에 맞는
자격을 갖추는 때에도, 그들의 예법에서뿐만 아니라 얼굴의 표현에서도
B281 A283 무엇인가 비천한 것을 보인다. 왜냐하면 그들은 그들의 활동 범위 안에
서, 거의 단지 그들의 부하들과만 관계하므로, 거리낄 것 없는 느낌을 가

지며, 그래서 그들의 상급자, 하급자, 동급자들에 대한 모든 관계에서 그들의 교제 및 그 교제와 결합되어 있는 정동들에 알맞은 표정 움직임의 연마를 위한 유연성을 얼굴 근육이 얻지 못했기 때문이다. 그러나 이러한 표정 움직임은 자기의 품위를 손상시키지 않고서 사회에서 좋게 받아들여지는 데 필요한 것이다. 그에 반해 동일한 지위를 가진, 도시적인 예법에 익숙해 있는 사람은 이 점에서 다른 사람들에 비해 우월하다는 것을 의식하고 있으므로, 만약 이 의식이 오랜 연습을 통해 습성화되면, 항존적인 특성을 가지고서 그들의 얼굴에 각인된다.

신앙심 깊은 이들이 오랫동안 기계적인 기도의 연습에서 훈육되고, 이를테면 그런 점에서 굳어져버릴 것 같으면, 그들은 유력한 종교 내지 예식에서, 그것들의 한계 안에서, 그들 자신을 관상학적으로 성격 짓는, 국민〔민족〕적 인상을 전 국민〔민족〕 사이에 집어넣는다. 그래서 **프리드리히 니콜라이**[47] 씨는 바이에른에는 운명적으로 **축복받은** 얼굴들이 있다고 말한다. 이에 반해 옛 영국의 **존 불**[48]은, 그가 어디에 가든, 외국에서든 자국 내에 있는 외국인에 대해서든 정중하지 않을 자유를 이미 자기의 얼굴에 가지고 있다. 그러므로 선천적인 것으로 여겨서는 안 되는 국민적 관상도 있다. — 법률이 형벌에 처하기 위해 모아놓은 무리들 중에도 성격적 특색들이 있다. 암스테르담의 **라스푸이**, 파리의 **비세트르**, 런던의 **뉴게이트**의 죄수들에 대해 여행을 좋아하는 한 노련한 독일인 의사[49]는,

47) Christoph Friedrich Nicolai(1733~1811). 칸트와 동시대 독일의 계몽사상가, 작가, 잡지 발행인. 다수의 여행기를 저술했는데, 여기서 인용되고 있는 것은 그의 *Beschreibung einer Reise durch Deutschland und die Schweiz im Jahre 1781*(12 Bde., Berlin · Stettin 1783~1796), Bd. 6, 544 · 752 이하 참조. AA XXV, 1549 · 1556에서 유사한 인용문을 볼 수 있다.

48) John Bull. 영국 사람의 별명. 1712년 스코틀랜드의 의사이자 풍자작가인 John Arbuthnot이 영국과 프랑스 사이의 전쟁 중지를 주장하며 쓴 『존 불의 역사』에 등장한 이래 영국의 국민적 화신으로 받아들여졌다.

49) Johann Friedrich Grimm(1737~1821)을 지칭한다. 이 대목에서 칸트가 인용하고 있는

B282 A284 그들 대부분은 뼈대가 굵고, 자신의 우월성을 의식하고 있는 녀석들이라고 적어놓고 있다. 그러나 어느 누구에 대해서도, 배우 **퀸**[50]에 동조해서 "이 녀석이 악한이 아니라면, 창조자는 읽을 수 있는 필적으로 글자를 쓰고 있지 않다."고 말하는 것이 허용되지 않을 것이다. 왜냐하면 그토록 폭력적으로 단정하기 위해서는, 자연이 한갓 다양한 기질들을 만들어내기 위해서 그 형성의 형식들을 가지고서 하는 활동과 자연이 여기서 도덕을 위해서 하거나 하지 않는 것을 판별하는 능력이, 여느 죽을 수밖에 없는 자도 자칭 소유하고 있다고 해도 좋은 것 이상으로 필요하기 때문이다.

VII303

B.
성(性)의 성격

보다 작은 힘을 가지고서 보다 큰 힘을 가지고 작동하는 다른 기계만큼의 일을 해야 하는 모든 기계 안에는 **기예**(**기술**)가 들어 있지 않으면 안 된다. 그래서 사람들은, 자연의 배려가 여성의 유기조직에 남성의 것에보다 더 많은 기예를 들였을 것이라고 먼저 상정할 수 있다. 왜냐하면 자연은 여자보다 남자에게 더 큰 힘을 갖춰주었거니와, 이는 양자가 내밀하게 **육체적으로** 하나가 되고, 또한 **이성적** 존재자로서, 그들에게 가장 중대한 목적, 곧 종의 보존을 위해 함께 하도록 하기 위한 것이며[51], 그 위에다 그들의 성공동체를 가정의 결합 안에서 영속하도록 하기 위해 (이성적 동물로서의) 저러한 질 안에 사회적 경향성을 부여했기 때문이다.

내용은 Grimm의 *Bemerkungen eines Reisenden durch Deutschland, Frankreich, England und Holland in Briefen*(Altenburg 1775), 334 참조. 칸트는 인간학 강의에서 여러 차례 유사한 인용을 하고 있다.(XXV, 668·828·1180/81·1307·1384·1402 등 참조)

50) James Quin(1693~1766). 영국의 배우. AA XV, 549; XXV, 672 참조.

51) B판 추가.

어떤 결합이 통일성을 유지하고 해소되지 않게 하기 위해서는 2인이 임의적으로 회동하는 것으로는 불충분하다. 한편이 다른 편을 지배하고 통제할 수 있기 위해서는 한편은 다른 편에 **복속**해야 하고, 교호적으로 한편이 다른 편에 어떤 점에서인가 우월하지 않으면 안 된다. 왜냐하면 서로 없어서는 안 되는 둘의 요구주장이 **동등**할 때에 자기사랑은 순정한 말싸움을 낳기 때문이다. **문화가 진보**한 경우에는 한편이 이질적인 방식으로 분명 우월하다. 남자는 여자보다 신체적인 능력과 용기에서 우월하고, 여자는 남자보다 남자의 경향성을 자신을 위해 활용하는 천부적 재능에서 우월하다. 이에 반해 아직 문명화되지 않은 상태에서는 우월성은 순전히 남자 쪽에만 있다. — 그래서 인간학에서는 여성의 특유성이 남성의 특유성보다 더 많이 철학자의 연구 대상이 된다. 야만의 자연상태에서는 사람들이 여성의 특유성을 거의 인식하지 못하는데, 그것은 야생의 사과와 배의 특유성을 잘 인식하지 못하는 것과 마찬가지이다. 이것들의 다양성은 오직 접목이나 접종(接種)을 통해서만 발견되는 것이다. 무릇 문화는 이러한 여성의 성질들을 가져다 넣어주는 것이 아니라, 그것들이 단지 스스로 발전하고, 유리한 상황 아래서 눈에 띌 수 있는 계기를 주는 것뿐이다. B283 A285

여성성은 연약함이라 일컬어진다. 사람들은 그에 관해 농담을 한다. 멍청이들은 그것을 조롱한다. 그러나 이성적인 이들은 이 여성성이야말로 남성성을 조종하고 자기의 의도대로 사용할 수 있는 기중기임을 아주 잘 안다. 남편은 쉽게 탐색이 될 수 있지만, 부인은 그녀의 비밀을 드러내지 않는다. 비록 부인의 경우 (그녀의 수다 때문에) 타인의 비밀은 잘 못 지켜지지만 말이다. 남편은 **가정의 평화**를 사랑하며, 단지 자기의 업무가 방해받지 않도록 하기 위해서, 기꺼이 부인의 통치에 복종한다. 부인은 **가정의 전쟁**을 피하지 않으며, 그녀는 이 전쟁을 혀를 가지고서 수행하거니와 이를 위해 자연은 그녀에게 남자를 무장해제시키는 수다와 격

잘 안다. ... VII304 / B284 A286

정어린 능변을 부여하였다. 남편은 외부의 적들에 대항해서 가정을 보호해야 하기 때문에, 가정 안에서 명령하는 강자의 권리에 기반하고 있다. 부인은 남자들에 대항해서 남편에 의해 보호받을, 약자의 권리에 기반하고 있다. 그리고 부인은 남편이 관대하지 못함을 비난할 때, 분노의 눈물을 흘림으로써 남편을 무력화시킨다.

물론 야만의 자연 상태에서는 사정이 다르다. 거기에서 여자는 일종의 가축이다. 남자는 손에 무기를 들고 앞장을 서고, 여자는 가재도구 짐을 지고 그를 뒤따라간다. 그러나 오랑캐의 시민 체제가 일부다처제를 법률적으로 만드는 곳에서조차 가장 총애받는 여자는 (하렘이라고 부르는) 그녀의 우리 안에서 남자를 지배하여 이길 줄을 알며, 남자는 (그를 지배하게 될) 한 여자가 되기 위한 쟁투 가운데서 견딜 만한 평온을 이루어내기 위해 진짜로 어려운 고난을 겪는다.

시민 상태에서 여자는 혼인을 하지 않고서는, 그것도 **일부일처제**의 혼인을 하지 않고서는, 남자의 정욕에 자신을 맡기지 않는다. 문명이 아직 (한 남자 외에 다른 남자들을 공공연히 애인으로 갖는) **연애사**(戀愛事)에서 여
B285 A287 자의 자유를 허용하는 데까지 이르지 못한 때에는 남자는 연적을 가지고서 자기를 위협하는 그의 여자를 징벌한다.※ 그러나 연애사가 유행이 되

※ 러시아인의 옛이야기[52)]에, 여자들은 때때로 남편들에게 구타를 당하지 않으면, 남편이 다른 여자들을 가지고 있지 않나 하고 남편들을 의심한다는데, 이는 보통 꾸며낸 이야기로 여긴다. 그러나 **쿡**[53)]의 여행기에서 보거니와, 한 영

52) C. F. Flögel, *Geschichte des Groteskekomischen*, Liegnitz · Leipzig 1788, S. 181 참조.

53) James Cook(1728~1779). 영국의 해군 제독, 탐험가. 그는 1768년 이래 12년 동안 3차례에 걸쳐 남태평양 일대를 탐험 항해하면서 여러 섬을 발견하고, 민속학적인 자료를 수집 정리해놓았다.

고, (사치의 시대에는 생기지 않을 수 없는 바처럼) 질투가 우스꽝스러운 일이 될 때, 여러 남자들에 대해 호의를 보여줌으로써 자유를 요구주장함 VII305
과 함께 동시에 전체 남성을 정복할 것을 요구주장하는 여성의 성격이 발견된다. — 이런 경향성은 교태라는 이름으로 악평을 받음에도 불구하고 정당화될 현실적 근거가 없는 것이 아니다. 왜냐하면 한 젊은 부인은 언제나 과부가 될 위험에 처해 있기 때문이다. 그리고 그것이 그녀가 그녀의 매력을 운 좋으면 결혼할 수 있는 모든 남자들에게 뿌리도록 만든다. 만약 저런 일[54]이 일어난다면, 그녀에게 구혼자가 부족하지 않게 하기 위해서 말이다.

포프[55]는 사람들은 여성을 — 물론 여성의 교양 있는 부분을 — 두 요 B286 A288
소에서 특징지을 수 있다고 믿고 있다. 곧 **지배하**려는 경향성과 **쾌락**으로의 경향성이 그것이다. — 그러나 후자에 대해서 그것은 가정적인 쾌락이 아니라 공공적인 쾌락으로 이해해야 한다. 공공적인 쾌락에서 여성은 자신을 유리하게 보이고 돋보이게 할 수 있다는 것이다. 그러고 보면 이 후자의 경향성도 전자의 경향성으로 해소된다. 곧 그것은, 적의한 것

국 선원이 타히티에서 어떤 원주민이 그의 여자를 매질하면서 벌하는 것을 보았을 때, 그는 그 여자에게 친절을 베풀고자 이 남자에게 위협하면서 대들었다. 그러자 그 여자가 그 자리에서 그 영국인을 향해 돌아서서, 그 일이 그와 무슨 상관이 있는지 물으면서, "남편은 그렇게 하지 않으면 안 된다!"고 반응했다. — — 마찬가지로 알 수 있는 바는, 결혼한 여자가 눈에 띄게 연애사에 몰두하는데, 그의 남편이 그를 전혀 괘념하지 않고, 그것을 펀치 마시는 모임이나 노름 또는 다른 정사(情事)로 메꾼다면, 그 여편네에게는 경멸뿐만 아니라 증오가 일어난다. 왜냐하면 그 여자는 거기에서, 이제 남편이 그녀에게 더 이상 아무런 가치도 두지 않으며, 자기 부인을 동일한 뼈를 갉아먹는 타인들에게 아무래도 상관없이 내맡겨둔다는 것을 인식하기 때문이다.

---

54) 곧 과부가 되는 일.

55) Alexander Pope, *Moral Essays*, Epistle 2, lines 209~210 참조. AA XXV, 1190 참조.

에서 그녀의 연적들에 굴복하는 것이 아니라, 그녀의 취미와 매력에 의해 가능한 한 모든 연적들을 이기려는 경향성이다. ― ― 그러나 또한 첫 번째로 말한 경향성도, 경향성 일반과 마찬가지로, 한 인간 부류[56]를 그 부류의 다른 부류[57]에 대한 관계〔태도〕에서 특징짓는 데 쓸모가 있는 것은 아니다. 왜냐하면 우리에게 유리한 것으로 향하는 경향성은 모든 인간에게 공통적이며, 그러니까 우리에게 가능한 한 지배하려는 경향성도 그러한 것이다. 그래서 그것은 한 부류를 **특징짓는** 것이 아니다. ― 그러나 여성이 동성과는 끊임없이 반목하면서, 그에 반해 이성과는 진정 좋은 관계를 유지하는 것은 오히려 여성의 성격으로 간주할 수도 있겠다. 만약 이것이 남자들의 호의와 헌신에서 한 여성이 다른 여성보다 이점을 얻어내려는 경쟁심의 한낱 자연적 **결과**가 아니라면 말이다. 그때에는 **지배**하려는 경향성이 현실적인 목표가 되고, 그러나 여성의 매력의 활동 공간을 확장시키는 것으로서의 **공공적인 쾌락**은 단지 앞의 경향성에 효과를 더해주는 수단일 뿐이다.

사람들은 **우리가** 목적으로 **삼고 있는** 것이 아니라, 여성성을 설립할
B287 A289 때의 **자연의 목적**이었던 것을 원리로 사용함으로써만 여성의 성격론에 이를 수 있다. 이 목적은 인간의 멍청함을 매개로 함에도 자연의 의도에서 본다면 지혜일 것이 틀림없으므로, 이 자연의 억측적 목적들은 또한 자연의 원리를 드러내는 데도 기여할 수 있을 것이다. 이 원리는 우리의 선택에 달린 것이 아니라, 인간 종에 관한 어떤 고차의 의도에 달려 있는
VII306 것이다. 그것들은 1. 종의 보존, 2. 여성성에 의한 사회의 교화와 세련화이다.

I. 자연이 여성의 태내에 자기의 가장 귀중한 담보, 곧 종자(種子)를,

56) 곧 여성.
57) 곧 남성.

그를 통해 인류가 번식하고 영원해야 할, 태아의 모습으로 맡겼을 때, 자연은 말하자면 종의 보존에 대해 공포를 느꼈고, 이러한 **공포**, 곧 **신체적** 훼손에 대한 공포와 그와 같은 위험에 대한 소심함을 여성의 자연본성 안에 심었다. 정당하게도 이러한 연약함을 통해 여성은 남성에게 자신에 대한 보호를 요구하는 것이다.

II. 자연은 또한 문화[교화]에 필요한 보다 세련된 감각들, 곧 사교성과 예절 바름의 감각을 부어넣고자 의욕했으므로, 자연은 여성을 말과 표정에서 그녀의 정숙성과 능변성을 통해 남성의 지배자가 되도록 일찍 분별력을 갖게 만들었으며, 여성에 대해 남성이 온화하고 정중하게 대우할 것을 요구하였다. 그리하여 남성은 그 자신의 관대함으로 하나의 아이[인 여성]에게 눈에 보이지 않게 속박받고, 그리고 그렇게 됨으로써 설령 반드시 도덕성 자체는 아니라도, 도덕성의 옷을 입은 것, 즉 도덕성을 B288 A290
위한 준비이자 동시에 그것을 위해 추천되어야 할, 방정한 예절을 갖추게 된다.

잡주[雜註]

(특히 혼인 전에는) 여성은 지배하고자 하고, 남성은 지배받고자 한다. 그래서 옛 기사도의 은근한 태도가 있는 것이다. — 여성은 일찍이 자신이 적의하다[누군가의 마음에 든다]는 확신을 품고 있다. 청년은 늘 부적의할[누군가의 마음에 들지 않을] 것을 걱정하고, 그래서 귀부인들의 모임에서는 당혹(우물쭈물)해한다. — 여자가 불러일으키는 경의에 의해 남자가 귀찮게 구는 것을 모두 제어하는 여자의 자부심과, 공적 없이도 자신을 존경할 것을 요구하는 권리를 여자는 이미 여성이라는 명칭에서 주장하고 있다. — 여자는 **거절**하고, 남자는 **구애**한다. 여자의 굴복은 은혜이다. — 자연은 여자를 찾을 것을 의욕한다. 그래서 여성 자신은 필시 (취

미에 따라) 선택하는 데 있어서 남자만큼 섬세하지가 못하다. 자연은 또 남자를 거칠게 만들었지만, 만약 남자가 그 모습에서 여자를 보호할 힘과 유능함을 보여준다면, 남자는 여자에게 이미 적의하다. 왜냐하면 만약 여자가 사랑에 빠질 수 있기 위해 선택하는 데 남자 모습의 아름다움에 관해 까다롭고 꼼꼼하게 군다면, 여자가 구애하고 남자가 거절하는 것을 보여야 할 것인데, 이것은 여성의 가치를 남자의 눈으로까지 완전
VII307 히 깎아내리는 일일 것이기 때문이다. — 사랑할 때 여자는 냉랭하고, 그에 반해 남자는 격정적인 것처럼 보인다. 구애의 요구에 따르지 않는 것은 남자에게 수치스러운 것으로 보이며, 그러나 그런 요구에 쉽게 따르
B289 A291 는 것이 여자에게는 수치스러운 것으로 보인다. — 자기의 매력을 모든 섬세한 남자들에게 끌리게 하려 하는 여자의 욕구는 교태이다. 모든 여자들과 사랑에 빠지는 체하는 허식은 은근함이다. 이 둘은 단지 유행이 되는 한갓된 겉치레로, 아무런 진지한 결과도 없는 것이다. 공공연히 **정부**(情夫)를 가지는 일, 즉 혼인한 여자의 허식적 자유나 일찍이 이탈리아에 있었던 **매춘제도**(『트리엔트 公會議史』[58]에 의하면 "그곳에는 賣春婦라고 부르는 300名의 빼어난 娼女들이 있었다.") 같은 것처럼 말이다. 이 제도에 대해서 사람들은, 그것이 개인 가정들에서의 남녀가 뒤섞인 회합의 문화보다는 더 순화된, 개명된 **공공연한** 교제의 문화를 포함하고 있다고 이야기한다. — 남자는 혼인에서 단지 **자기의** 처의 애호를 구하지만, 여자는 **모든** 남자들의 애호를 구한다. 여자는 매력에서 또는 고상한 체하기에서 **다른 여자들을**[59] 능가하려는 질투**에서** 같은 여성의 눈에만 잘 보이도록 하기 위해 **화장을 한다**. 이에 반해 남자는 그런 것을 몸치장이라고 부를 수 있다면, 여성을 위해 몸치장을 한다. 그것도 자기의 부인이 그의 복장으로 인해 부끄럽지 않을 만큼만 그렇게 한다. — 남자는 여자의 잘못을

---

58) *Histioria Concilii Tridentini*. Paola Sarpi(1552~1623)의 8권짜리 저작이나, 칸트가 여기서 인용한 구절을 찾아볼 수 없다 한다.

59) A판: "서로를."

너그럽게 판정하지만, 여성은 (공공연하게) 매우 엄격하게 판정한다. 만약 젊은 여성들이 그녀들의 비행을 남성의 법정에서 판결받을 것인지 여성의 법정에서 판결받을 것인지를 선택한다면, 그녀들이 전자를 재판관으로 선택할 것은 확실하다. — 세련된 사치가 높이 올라가면, 여성은 오직 강제에 의해서만 정숙함을 보인다. 여성은 그녀의 경향성들에 좀 더 크고 자유로운 활동 공간을 줄 수 있는 경우에 친애하는 남성이 되고 싶다는 소망을 숨기지 않는다. 그러나 남성은 누구도 여자가 되고자 의욕하지 않는다.

여성은 남자의 혼전 금욕을 문제 삼지 않는다. 그러나 남자에게는 여성 쪽에서의 이 문제가 한없이 중요하다. — 혼인하고 나면 여자들은 남자 일반의 불관용(질투)을 비웃는다. 그러나 이것은 여성의 농담일 뿐이다. **미혼의** 규수는 이에 관해 훨씬 엄격하게 심판한다. — 학식 있는 부인에 관해 말할 것 같으면, 그녀들이 그녀들의 **책들**을 필요로 하는 것은 가령 그녀들의 시계를 필요로 하는 것과 같다. 곧 그녀들은 그 시계가 보통 서 있거나 맞지 않다고 해도 하나 가지고 있다는 것을 보이기 위해 차고 있는 것이다. B290 A292

여자의 덕 또는 부덕은 종류의 면에서보다는 동기의 면에서 남자의 것과 아주 다르다. — 여자는 **참을성이 있어야**[60] 하고, 남자는 **관대해야**[61] 한다. 여자는 **민감하고,**[62] 남자는 **다감하다.**[63] — 남자의 경제는 **취득**하는 것이고, 여자의 경제는 **절약**하는 것이다. — 남자는 **사랑할 때** 질투가 심하나, 부인은 사랑하지 않으면서도 질투가 심하다. 왜냐하면 다른 부 VII308

60) 원어: geduldig.
61) 원어: duldend.
62) 원어: empfindlich.
63) 원어: empfindsam.

인에 의해 취해진 애인들만큼의 수는 자기의 애호자의 권역에서 잃은 것이기 때문이다. — 남자는 **자신을** 위해 취미를 갖고, 부인은 **모든 이를** 위해 자신을 취미의 대상으로 삼는다. — "세상이 말하는 것이 **진리**이고, 세상이 **행하는** 것이 선이다."는 것이 여자의 원칙이되, 이 원칙은 낱말의 좁은 의미에서의 **성격**과는 결합될 수 없다. 그러나 자기의 가정과 관련하여 이러한 자기의 사명에 알맞은 성격을 주장하고 명성을 얻은 훌륭
B291 A293 한 여자들도 있었다. — **밀턴**[64]은 자기 부인에게서 **크롬웰** 사후에 그에게 제공된 라틴어 비서관 자리를 받아들일 것을 권유받았다. 그가 이전에는 불법적이라고 생각했던 정부를 지금은 적법하다고 선언하는 것이 자기의 원칙에 배치되었음에도 불구하고 말이다. 그래서 그는 부인에게, "여보, 당신과 당신네 여성들은 마차를 타고 가고 싶어 하지만, 그러나 나는 — 정직한 남자로 있지 않으면 안 됩니다."라고 대답했다. — **소크라테스**의 부인도 (또 아마도 **욥**의 부인도) 훌륭한 그녀의 남편으로 인해 역시 궁지에 몰렸으되, 남자의 덕은 그의 성격에서 자신을 고수하는 것이며, 그럼에도 이런 일은 여성에 대해서 여성이 맺고 있는 관계에서 여성의 성격의 공적을 깎아내리지 않는다.

실용적 귀결들

여성은 실천적인 것 자체 안에서 자신을 형성하고 훈육해야 한다. 남성은 이런 것을 이해하지 못한다.

젊은 남편이 **연상의** 자기 아내를 지배한다. 이것은 질투에 기초하거니와, 질투에 의해 성(性)의 능력에서 열등한 쪽은 다른 쪽이 그의 권리를 침해할 것을 걱정하고, 그로 인해 상대방의 뜻에 고분고분 잘 따르고

64) John Milton(1608~1674). 영국의 시인. 칸트가 인용한 그의 이야기는 사실 확인이 안 되고 있다.

그의 뜻에 맞게 친절하지 않을 수 없다는 점을 알게 된다. — 그래서 경험 있는 결혼한 부인은 **똑같은** 나이라 해도 젊은 남자와 결혼하는 것을 권하지 않을 것이다. 왜냐하면 해가 갈수록 여자 쪽이 남자 쪽보다 더 빨리 늙고, 이런 불평등을 도외시하더라도, 평등에 기초하고 있는 화합을 B292 A294 확실하게 기대할 수 없고, 젊고 분별 있는 여자는 건강하되 상당히 연상인 남자와 혼인함으로써 훨씬 더 행복하게 될 것이기 때문이다. — 그러나 아마도 이미 혼인 전에 자기의 **성능력**을 방탕하게 탕진한 남자는 자 VII309 기 자신의 가정에서는 바보건달이 될 것이다. 왜냐하면 그는 〔아내의〕 정당한 〔성적〕 요구주장에 대해 빚지지 않는 한에서만, 그 가정의 지배권을 가질 수 있기 때문이다.

흄은 **여성**에 대한 **빈정댐**보다도 **결혼 생활**에 대한 풍자가 여자들(늙은 처녀일지라도)을 더 많이 불쾌하게 한다고 적고 있다.[65] — 무릇 저런 빈정댐에는 결코 진지함이 있을 수 없지만, 이런 풍자에는 두말할 것 없이, 만약 미혼자에게는 있지 않은 결혼 생활의 고충을 제대로 드러내기만 한다면, 진지한 것이 될 수 있기 때문이다. 그러나 이[66] 결혼 생활 분야에서의 자유사상은 전체 여성을 위해 **틀림없이** 나쁜[67] 결과가 될 것이다. 왜냐하면 여성은 이성〔異性〕의 경향성을 충족시키는 순전한 수단으로 전락할 것이기 때문이다. 그러나 이러한 충족은 쉽게 싫증과 변덕스러움으로 끝날 수 있다. — 여자는 혼인에 의해 자유롭게 된다. 그러나 남자는 그에 의해 자기의 자유를 잃는다.

남자, 특히 젊은 남자의 혼인 **전**의 도덕적 속성들을 탐색하는 것은 부

65) Hume의 Essay "Of Love and Marriage"에서 관련 구절을 읽을 수 있다. AA XXV, 1193 · 1393 참조.

66) A판: "그 때문에 이."

67) A판: "위해 나쁜."

인의 일이 결코 아니다. 그녀는 남자를 개선할 수 있다고 믿는다. 그녀
는, 이성적인 부인은 방정하지 못한 남자를 바로잡을 수 있다고 말하지
B293 A295 만, 그러한 판단에서 그녀는 대부분 가장 가련하게 기만당하게 된다. 아
직 소진되어버리지만 않았다면, 그는 이제 그의 부인에게서 이러한 본능
에 대해 충분히 만족을 얻을 것이기 때문에, 혼인 전의 그의 일탈은 묵과
될 수 있다는 저런 사람 좋은 사람들의 생각 또한 이러한 것이다. — 이
런 선한 아이들〔같은 자들〕은, 이 분야에서의 방탕은 바로 향락으로 바뀌
는 것이며, 혼인 생활의 단조로움이 그를 이내 위에서 말한 생활방식으
로 되돌릴 것이라는 점을 생각하지 못하고 있다.※

그러면 가정에서 누가 상위 지휘권을 가져야만 할까? 무릇 한 사람만
이 모든 일들을 그 가정의 목적들과 합치하게 연관을 짓는 자일 수 있다.
— 나는 은근한 (그러나 진리가 없지 않은) 언어로 "부인은 **지배**해야 하고,
남편은 **통치**해야 한다."고 말하겠다. 왜냐하면 경향성은 지배하고, 지성
VII310 은 통치하기 때문이다. — 남편의 거동은, 그에게는 자기 부인의 평안이
무엇보다도 중요한 관심사임을 보이지 않으면 안 된다. 그러나 남자는
그가 어떤 상태에 있으며, 어디까지 나갈 수 있는지를 가장 잘 알 수밖에
없기 때문에, 그는 순전히 쾌락만을 생각하는 군주에 대한 대신과 같이
된다. 그는 가령 축제나 궁궐의 축조를 시작하는 군주에 대해 처음에는
이런 그의 명령에 응당 순응함을 표명하다가, 예컨대 지금은 국고에 돈
B294 A296 이 없다거나 더욱 긴급히 필요한 일들이 처결되어야 한다는 등등을 설명

※ 이것의 결과는 **볼테르**가 『스카르멘타도 여행기』[68]에서 말한 바와 같다. "마침내 나는 나의 조국 칸디아로 돌아가서, 거기서 처를 얻었고, 이내 간부〔姦婦〕의 서방이 되었다. 그리고 이것이 모든 생활방식 가운데서 가장 안락한 것임을 알았다."

68) Voltaire, *Histoire des voyages de Scarmentado*. 칸트의 인용문과 유사한 내용을 이 책의 마침 대목에서 읽을 수 있다.

한다. 그리하여 최고지시명령권자인 주군은 그가 의욕하는 모든 것을 할 수 있다 해도, 그것은 이러한 그의 의지가 그에게 무엇인지를 그의 대신이 조언한다는 조건 아래서 그러한 것이다.

여성은 찾아져야만 하는 것이다. (무릇 여성에게 필수적인 거절이 이런 것을 의욕한다.) 그러나 혼인 자체에서 여성은 일반적으로 적의한 것을 찾아다니지 않으면 안 될 것이다. 그것은 만약 그녀가 혹시 청상과부가 되면 새 애인을 발견하기 위한 것이다. — 남자는 결혼과 함께 그러한 모든 요구를 내려놓는다. — 그러므로 부인들의 이러한 **적의**[남자들의 마음에 들고자 하는] **욕망**[69]을 근거로 질투하는 것은 옳지 않다.

그러나 혼인상의 사랑은 그 본성상 **불관용적**인 것이다. 부인들은 그것을 때때로, 또는 이미 위에서 언급했던 것처럼, 농담 속에서, 비웃는다. 왜냐하면 타인이 이러한 권리를 침해할 때 참고 관대한 것은 여자 편의 경멸과 함께 그러한 남편에 대한 증오가 결과로 나타날 것이기 때문이다.

일반적으로 아버지들은 딸들을, 어머니들은 아들들을 **응석받이로 기른다**. 이런 자식들 중 가장 거친 사내아이가 단지 뻰뻰하기만 하다면 보통은 어머니에 의해 응석받이로 길러진 것이다. 이런 일은 양친 중 누가 **사망하는 경우**의 양친의 필요에 대한 전망 안에 그 근거를 갖는 것처럼 보인다. 무릇 남편의 경우 그 부인이 사망하면, 그는 자기의 맏딸에게 부양의 의지처를 얻고, 어머니는 그 남편이 사거하면, 장성한 성품 좋은 아 B295 A297
들이 어머니를 공경하고 봉양하며, 과부로서의 어머니의 생활을 쾌적하게 하는 의무를 져주기를, 또 그러한 자연적 경향성을 자기 안에 가지고 있으니 말이다.

---

69) A판: "은근함."

＊＊＊

나는 성격론의 이 항목에서 인간학의 여타 절들과의 균형을 이루는 것으로 보이는 것보다 더 오래 머물렀다. 그러나 자연은 이러한 그의 합리적 배치[70] 안에 다름 아닌 종의 보존인 그의 목적을 위한 아주 풍부한 준
VII311 비를 해놓았기에, 더욱 상세한 탐구의 기회에, 점차로 발전하는 자연소질들의 지혜에 경탄하고 실천적으로 사용하는 문제들을 위한 더 많은 자료가 충분히 주어질 것이다.

C.
민족의 성격

민족(人民)[71]이라는 말로 사람들은 한 지역 안에 통합된, 하나의 **전체**를 이루는, **다수**의 사람들을 뜻한다. 공통의 계통에 의해 시민적 전체로 통합된 것으로 인정되는 그러한 다수의 사람 또는 그 일부를 **국민**(都市民)[72]이라고 일컫는다. 이 법칙〔법률〕들에서 제외되는 일부(이 민족 중 야만
B296 A298 적인 다수)는 **천민**(庶民)[73]이라 일컬어지며,※ 이들의 반법칙〔반법률〕적 결사

※ '인민 중의 천민'[74]이라는 욕된 명칭은 아마도 水管者[75], 즉 옛 로마의 수로 주위를 오가며 일하는 사람들을 희롱하는 한 무리의 한량(嘲弄꾼과 익살꾼, **플라우투스**[76]의 『바구미』[77]를 보라.)에 그 유래를 갖는 듯하다.[78]

70) 원어: Ökonomie.
71) 원어: Volk(populus).
72) 원어: Nation(gens).
73) 원어: Pöbel(vulgus).
74) 원어: la canaille du peuple.
75) 원어: canalicola.
76) Titus Maccius Plautus(기원전 254년경~184). 로마 최고의 희극 시인.
77) Plautus의 희극 *Curculio*. 그러나 이 희곡에서는 칸트가 말하는 문구를 발견할 수 없다.

는 폭동(暴民들에 依한 行動)이다. 이것은 천민을 국가시민의 질에서 배제시키는 처신이다.

흄은, 만약 국민 가운데서 각각의 개인이 자기의 특수한 성격을 갖는 데 열심하다면, (영국민들 사이에서 보듯이) 그 국민 자신은 아무런 성격도 갖지 못한다고 생각한다.[79] 그러나 나는 이 점에서 흄이 착오를 범하고 있다는 생각이 든다. 왜냐하면 하나의 성격을 가진 체하는 것은 바로 **흄** 자신이 속해 있는 그 민족의 보편적 성격이고, 모든 외국인이 〔영국민을〕 경멸하는 바이기 때문이다. 특히 영국민은 자신들만이 내부에서의 국가시민적 자유와 외부에 대한 힘을 결합하는 진정한 헌법체제를 자랑할 수 있다고 믿고 있는 까닭에 그렇다. — 그러한 성격은 쉽게 친숙하게 만드는 **정중함**과는 반대되는 자만적인 **조야함**이다. 그것은 어떠한 타인도 필요하지 않다고, 그러므로 타인에 대해 적의할 필요가 없다고 믿는,[80] 잘못 생각된 독립성에서 나온, 타인 누구에게나 대한 교만한 거동이다.

이런 식으로, 성격이 서로 대조적이며, 아마도 그 때문에 서로 끊임없이 반목하는, 지상의 가장 **문명화된** 두 민족,※ 즉 영국과 프랑스는, 획득되고 작위적인 성격이 단지 결과로 나타난 것일 따름인 그들의 선천적 성격에 따라서 보더라도 어쩌면 사람들이 그들에게서 어떤 일정한, 전쟁의 폭력에 의해서도 뒤섞이지 않는 한에서, 불변적인 성격을 상정할 수 B297 A299 VII312

※ 이 분류에서 독일 민족이 도외시되는 것은 당연하다. 왜냐하면 그렇지 않으면 독일인인 저자의 칭찬은 자찬이 될 것이니 말이다.

78) 칸트는 여기서 '천민(canaille)'이라는 말이 '수관자(canalicola)'에서 유래하는 것처럼 말하고 있으나, 'canaille'라는 말은 'canis(개, 개자식)'에서 유래했다는 것이 통설이다.

79) Hume의 Essay "Of National Characters"에서 관련 내용을 읽을 수 있다. AA XXV, 630 · 832 · 1398 참조.

80) A판: "(어떠한 타인도 필요로 하지 않다는), 누군가에 대해 적의할 필요가 없다는."

있는, 유일한 민족들일 것이다. — 프랑스어가 보편적인 **회화**-언어, 특히 여성 상류 세계의 회화-언어가 된 반면에, 영어는 상업 세계에 가장 널리 보급된 **통상**-언어※가 된 것도 그들의 대륙적 위치와 도서〔島嶼〕적 위치의 차이에 기인한 것일 것이다. 그러나 그들이 지금 가지고 있는 그들의 천성과 언어에 의한 그것의 형성에 관해 말할 것 같으면, 이것은 그들 계통의 원민족〔原民族〕의 선천적 성격에서 도출되지 않으면 안 될 것이다. 그러나 이에 대한 기록 자료가 우리에게는 없다. — 그러나 실용적 관점에서의 인간학에서 우리에게 중요한 것은, 두 민족의 성격을 있는 그대로, 몇 가지 실례를 들어, 그리고 가능한 한, 체계적으로 제시하는 일이다. 이것은, 어느 한쪽이 다른 쪽에 대해 무엇을 기대할 것인지, 그리고 다른 쪽은 한쪽을 자기 이익을 위해 어떻게 이용할 수 있을지를 판단할 수 있게 해줄 것이다.

한 민족의 기질을 표현하는 준칙들은, 대대로 내려온 것이든 오랜 관
B298 A300 습에 의해 이를테면 자연본성이 된, 자연본성에 접목된 것이든, 그것들은 전체 민족들의 자연본성적 성벽 중의 **변종들**을 철학자가 이성적 원리에 따라서 분류하기보다는 지리학자가 경험적으로 분류하기 위한 대담한 시도들일 뿐이다.※※

※ 상인의 정신 또한 허풍을 떠는 음조의 차이에서 그 자만의 변양들을 보인다. 영국인은 "그 인사는 백만의 **값을 한다**."고 말하고, 네덜란드인은 "그는 백만을 **통솔한다**."고, 프랑스인은 "그는 백만을 **소유한다**."고 말한다.

※※ 기독교적 유럽을 프랑케스탄[81]이라고 부르는 터키인들이 인간과 인간의 민족성을 알기 위해서 여행을 나섰다면, — 이런 일은 유럽 민족 이외의 어떤 민족도 하지 않으며, 그것은 여타 모든 민족이 그 정신에서 협소함을 증명하는 바이거니와 — 민족의 구분을 그 성격의 결함에 따라서 아마도 다음과 같이 할 것이다. 즉 1. 유행의 나라(프랑스). 2. 기분의 나라(영국). — 3. 선조의 나라(스페인). — 4. 화려의 나라(이탈리아). — 5. 칭호의 나라(독일 및 덴마크, 스웨덴을 비롯한 게르만 민족들). — 6. 주인의 나라(폴란드): 이 나라에서는

---

81) 원어: Frankestan.

어떤 민족이 어떤 성격을 가질 것인지는 모든 것이 통치방식에 달려 있다는 주장은 아무것도 설명 못하는 근거 없는 주장이다. 무릇 정부 자신은 그 특유의 성격을 어디에서 얻는다는 말인가? — 기후나 토지도 이에 대한 해답의 열쇠를 줄 수 없다. 왜냐하면 전체 민족의 이동들이 증명한 바이거니와, 그들은 그들의 성격을 그들의 새로운 거주지로 인해 변화시키지 않고, 오히려 그 성격을 단지 상황에 따라 그 거주지에 적응시켰을 따름이며, 그런 경우에도 언어나 직종, 심지어 의상에조차도 그들의 계통의 흔적을, 그로써 그들의 성격을 여전히 눈에 띄게 보여주고 있기 때문이다. — — 나는 민족들의 초상(肖像) 묘사를 그들의 아름다운 측면보다는 결점이나 규칙으로부터 일탈한 측면에서 (그렇다고 만화적으로는 아니게) 해보고자 한다. 무릇 아첨은 **타락**시키고, 반면에 비난은 **향상**시킨다는 점은 차치하고, 비평가가 예외 없이 사람들의 결점을 힐난하는 경우가 많게 또는 적게 칭찬함으로써 판정받는 자들 상호 간에 대한 질투를 불러일으키는 경우보다 인간의 사애(私愛)와 충돌하는 일이 더 적기 때문이다. VII313 B299 A301

1. **프랑스 국민**은 모든 다른 것 중에도 회화(會話)의 취미에서 그 성격 갖는다. 프랑스 국민은 이 점에서 여타 모든 국민들의 범형이 된다. 프랑스 국민은 **궁정식**[82]이라는 것이 지금은 유행에 벗어난 것임에도 불구하

국가시민은 누구나 주인이고자 하나, 이 주인 중 어느 누구도, 국가시민이 아닌 자를 제외하고는, 신민이 되고자 하지 않는다. — — 러시아와 유럽의 터키, 즉 대부분이 아시아 계통인 이 두 나라는 프랑케스탄 너머에 있겠다. 전자는 슬라브족, 후자는 아라비아족이 기원이며, 이 두 원민족은 한때 일찍이 어떤 다른 민족보다도 유럽의 더 넓은 지역에 지배력을 확대했지만, 자유 없는 법칙의 〔헌법〕체제 상태에 빠져 있어서, 거기서는 어느 누구도 국가시민이 아니다.

82) 원어: höfisch.

고, **정중하다**[83]. 특히 그들을 방문한 이방인에 대해 정중하다. 프랑스인
은 이해관심에서 그렇게 하는 것이 아니라, 자기를 전달〔공감〕하려는 직
접적인 취미의 필요요구에 의해서 그렇게 한다. 이 취미는 특히 여성 상
류 세계와의 교제에 상관하므로, 귀부인의 언어가 상류 세계의 보편 언
어가 되었다. 그리고 일반적으로, 이런 종류의 경향성이 직무 수행에서
B300 A302 의 공순함, 기꺼이 도우려는 호의, 점차적으로 원칙에 따르는 보편적 인
간사랑에 영향을 미치며, 이 민족을 전체적으로 **사랑스럽게** 만들 것이
틀림없음은 쟁론의 여지가 없다.

동전의 뒷면은 숙고된 원칙들에 의해 충분히 제어되지 않은 **활달함**이
며, 형안〔炯眼〕의 이성에도 불구하고, 일정한 형식들을 한낱 그것들이 오
래됐거나 단지 과도하게 칭송되었다는 이유로, 사람들이 그에서 만족을
얻었음에도 불구하고, 더 이상 존속시키지 않는 경솔함이며, 이성 자신
VII314 을 자기의 유희에 끌어넣고, 국가에 대한 민족〔인민〕의 관계에서 모든 것
을 뒤흔드는 열광을 야기하여, 극단까지를 넘어서게 하는, 전염적인 **자
유정신**이다.[84] — 이 민족의 고유성들은 흑색 동판으로라도 현실생활의
면에서 묘사하면, 더 이상의 서술 없이, 순전히 연관 없이 던져진 조각들
만으로도, 성격론을 위한 자료로서, 쉽게 전체적으로 구상화될 수 있다.

(良識이 아니라) 정신, 자질구레함, 은근함, 멋쟁이, 애교적, 방심, 명예에 관한 일, 고상함, 재기발랄한 모임, 재치 있는 말, 봉랍 편지 등등〔에 해당하는 프랑스어 낱말〕은 쉽게 다른 나라 말로 번역될 수 없다. 왜냐하면 이들 낱말은 생각하는 사람의 머리에 떠오르는 대상을 표시한다기보다는 이를 말하는 국민의 기질의 특유성을 표시하기 때문이다.

---

83) 원어: höflich.

84) 프랑스인의 이면적 성격에 대한 칸트의 이러한 인식은 프랑스 대혁명(1789)에 대한 목격에서 비롯한 것으로 보인다. 『학부들의 다툼』, II, 6(AA VII, 85~87) 참조.

2. **영국 국민.** (한 켈트 민족인) **브리텐**※의 옛 종족은 유능한 인간의 한 유형이었던 것으로 보인다. 그러나 독일인들과 프랑스 종족의 이주는 —무릇 로마인들의 짧은 체류는 아무런 눈에 띄는 흔적을 남기지 않았기 때문에—, 그들의 혼합된 언어가 증명하고 있듯이, 이 민족의 원본성〔독창성〕을 소멸시켰다. 그리고 외부의 침략에 대해 사뭇 안전한 섬이라는 이 민족의 땅의 위치가 오히려 그들 자신을 침략자가 되도록 이끌고, 이 민족을 강력한 해양 통상 민족으로 만들었으므로, 이 민족이 자연본성적으로는 본래 아무런 성격도 가지고 있지 않았음에도 불구하고, 그 스스로 만들어낸 성격을 가지고 있다. 그러니까 영국인의 성격은 다름 아니라, 그러한 성격을 스스로 만들어야 한다는, 다시 말해 그러한 성격을 가진 체해야 한다는, 예전의 가르침과 사례들을 통해 배워 익힌 원칙을 의미한다 하겠다. 자유의지로 채택한 원리를 고수하고, (무엇이 됐든) 일정한 규칙에서 벗어나지 않으려는 굳은 심성은, 사람들이 그 자신에게서, 그리고 그가 타인들에 대해서 기대해야 할 것이 무엇인지를 확실하게 알고 있다는 중요한 일을 그 인사에게 부여하는 것이니 말이다. B301 A303

이러한 성격이 여느 다른 민족이 아닌 프랑스 민족의 성격과 정반대가 된다는 것은 명백하다. 왜냐하면 영국인의 성격은 저 프랑스 민족의 탁월한 교제의 속성인 상냥함을 다른 나라 사람들에 대해서뿐만 아니라, B302 A304
심지어 그 자신들 사이에서조차 **모두 단념하고,**[86] 순전히 존경만을 요구하며, 그때 각자는 순전히 자기 자신의 생각에 따라서만 살고자 하기 때

※ **부슈**[85] 교수님이 올바르게 쓰고 있는 바와 같이.('brittanni'가 아니라 'britanni'라는 말에 따라.)

85) Johann Georg Büsch(1728~1800). 칸트 당대 Hamburg의 수학자로 대중적인 글을 많이 썼으나, 칸트가 여기서 인용하는 내용이 어느 글에 있는지는 확인이 안 되고 있다.

86) A판: "요구하지 않고."

VII315 문이다. — 영국인은 자국 동료를 위해서 다른 민족들에서는 전례가 없는 큰 자선 시설들을 건립한다. — 그러나 운명에 의해 그 땅에 흘러들어와 큰 곤궁에 빠진 이방인은 언제나 쓰레기 더미 위에서 목숨을 잃을 수 있다. 왜냐하면 그는 영국인이, 다시 말해 인간이 아니기 때문이다.

그러나 영국인은 자기 자신의 조국에서도 자기 돈으로 식사를 할 때에 고립된다. 영국인은 똑같은 돈으로 음식점의 식탁에서 식사하는 것보다는 차라리 별실에서 혼자서 식사하고자 한다. 왜냐하면 음식점의 식탁에서는 무엇인가 정중함이 요구되기 때문이다. 그에 반해 다른 나라에서는, 예컨대 영국인들이 (**샤프**[87] 박사처럼) 오직 모든 도로와 음식점들이 혐오스럽다고 험담하기 위해서 여행하는 프랑스에서는, 그들은 순전히 서로 간의 회합을 위해 음식점에 모인다. — 그럼에도 이상한 일은, 프랑스인은 영국 국민을 보통은 사랑하고 존경심을 가지고 칭송하는 데도 (자기 나라를 벗어난 적이 없는) 영국인은 프랑스인을 일반적으로 미워하고 경시한다는 점이다. 이렇게 된 것은 아마도 이웃 간의 대결의식이 아니라, — 왜냐하면 영국은 논란의 여지없이 프랑스보다 우월함을 자인하니까 — 대체로 상업정신이 그 탓일 것이다. 이 상업정신은, 자신이 가장 고귀한 신분을 이루고 있다고 전제하면서 같은 민족의 상인들 사이에서도
B303 A305 매우 비사교적인 것이다.※ — 이 두 민족은 양쪽의 해안을 두고 서로 가

※ 상업정신은 귀족정신과 마찬가지로 도대체가 그 자체로 비사교적인 것이다.
B303 A305 한 **상가**[88] — 상인은 자기의 점포를 이렇게 부른다 — 가 다른 상가와 하는 일에 의해 격리되어 있는 것은, **기사의 성채**가 도개교〔跳開橋〕에 의해 격리되어 있는 것과 같으며, 그로부터 의례〔儀禮〕 없는 친한 교제는 배제된다. 물론 상

87) 칸트의 표기는 "Scharp"이나 *Neues Hamburgisches Magazin* 2(1767)에 이와 관련된 글을 게재한(S. 259·261) Dr. Samuel Sharp를 지칭하는 것으로 보인다.(AA VII, 369 참조)

88) 원어: Haus.

까이 있으며, 단지 (물론 바다라고 일컬어질 수 있는 것이기는 하지만) 하나의 해협에 의해 서로 떨어져 있으므로, 그들 상호 간의 대결의식은 그들의 반목에서 서로 다른 방식으로 변양된 정치적 성격을 낳고 있다. 즉 한 편에는 **불안**이 있고, 다른 편에는 **증오**가 있다. 이것이 그들이 화합할 수 없는 두 양식이며, 이 가운데 전자는 **자기보존**을 의도하고, 후자는 **지배**를, 그러나 반대의 경우에는 상대방의 절멸을 의도한다.

여타 민족들의 성격 소묘는, 이들 민족의 국민적 특유성이, 앞의 두 민족의 경우처럼, 대략 그들의 서로 다른 문화의 양식에서 나온 것이 아니라, 오히려 그들의 기원적으로-서로 다른 종족들의 혼혈에 의한 그들의 자연적 소질에서 나온 것일 수 있는 것이어서, 우리는 이제 보다 간단하게 파악할 수 있다.

3. 유럽인과 아라비아인(무어인)의 혼혈에서 생긴 **스페인인**은 그들의 VII316
공적·사적 거동에서 모종의 **장엄함**을 보이며, 농부조차도 그가 법률적 방식으로 복종해야 하는 상급자에 대하여 자기의 **존엄함**의 의식을 보인다. — 스페인의 대귀족들과 그들의 회화 언어에 있는 호언은 어떤 고귀 B304 A306
한 국민적 자부심을 보여주고 있다. 그래서 스페인인에게는 프랑스인의 친밀한 지근덕거림이 전적으로 거슬린다. 스페인인은 절제가 있고, 법칙들에, 특히 오랜 종교의 법칙들에 진심으로 순종한다. — 이러한 장중함도 여흥의 날들(예컨대 노래와 춤을 곁들여 추수할 때)에 그들이 즐기는 것을 방해하지 않으며, 어느 여름날 저녁에 **판당고**[89)]가 연주되면, 이 음악에 맞춰 거리에서 춤을 추는 한가한 일꾼들이 언제든 없지 않다. — — 이것은 스페인인의 좋은 측면이다.

가에 의해 **보호받는 자들**과의 교제야 있겠지만, 그러나 그때도 그 사람들이 상가의 구성원들로 간주되지는 않을 터이다.

스페인인의 나쁜 측면인즉, 그들은 외인들에게서 배우지 않고, 타민족들을 알기 위해 여행하지 않는다는 점이다.※ 그들은 학문에 있어서도 대략 수백 년이 뒤처진 채로 있다. 모든 개혁을 어려워하면서 노동하지 않아도 좋은 것을 자랑스러워한다. 그들은 투우에서 보듯 정신이 낭만적 기분이며, 예전의 종교재판이 증명하고 있듯이 잔혹하고, 취미에서는 부분적으로 유럽 외의 계통을 보인다.

4. 이탈리아인은 프랑스인의 활기(쾌활함)와 스페인인의 진지함(견고
B305 A307 함)을 통합시킨다. 그들의 미감적 성격은 정동〔격정〕과 결합된 취미로서, 그것은 마치 알프스에서 매력적인 골짜기들을 내려다보는 조망이 한편으로는 용기를 위한 재료를, 다른 한편으로는 평온한 향락을 위한 재료를 제공하는 듯하다. 이에서 그 기질은 뒤섞여 있지도 않으며, 일관성이 없지도 않다.(무릇 그랬다면 아무런 성격도 없었을 터이다.) 오히려 그 기질은, 숭고의 감정이 동시에 미의 감정과 하나가 될 수 있는 한에서, 숭고의 감정으로의 감성의 정조〔情調〕이다. — 이탈리아인의 표정에는 그들의 감각들의 강한 움직임이 표출되며, 그 얼굴은 표현이 풍부하다. 그들 변호사의 법정에서 변론은 너무도 격정적이어서, 무대 위에서의 열변과도 같다.

프랑스인이 회화〔會話〕 취미에서 탁월하듯이 이탈리아인은 **예술 취미**
VII317 에서 탁월하다. 전자는 **사적** 오락을 더 좋아하는 반면에 후자는 **공적** 오

※ 외부 세계를 자신의 눈을 통해 배워 알고, 더욱이나 (세계시민으로서) 그리로 이주하려는 이해를 떠난 호기심이 발동하지 않는 모든 민족들의 정신의 협소함은 이들 민족에 특징적인 것이다. 이 점에서는 프랑스인, 영국인, 독일인은 다른 민족들과는 구별되는 장점을 가지고 있다.

89) 스페인 민속 무용의 한 가지.

락을 더 좋아한다. 미려한 복장, 행렬, 대연극, 사육제, 가장무도회, 공공건물의 화려함, 가는 붓이나 모자이크 작업으로 묘사한 회화〔繪畵〕, 대규모의 고대 로마 유적들이 그런 것인데, 이것들은 **보기** 위한 것이고, 큰 집회에서 보이기 위한 것이다. 그러나 그와 함께 (사익을 잊지 않기 위한) **환전**, **은행**, **복권**의 발명도 있다. — — 이것이 이탈리아인의 좋은 면이며, 곤돌라의 사공이나 나폴리의 빈민들이 귀족들에 대해 가질 수 있는 **자유** 또한 그런 것이다.

나쁜 측면인즉, **루소**의 말처럼[90], 호화로운 홀에서 대화하고, 쥐 둥우리에서 잠을 잔다는 점이다. 그들의 회화는, 상류사회 가정의 귀부인이 B306 A308 어슬렁거리면서 각별한 우정을 필요로 하지 않으면서도 그날의 뉴스를 서로 전하기 위해 무엇이든 지불하기에 충분할 만큼 돈을 가지고 다니다, 밤에는 그 안에서 소액을 꺼내 식사하는 돈지갑 같은 것이다. — 그러나 **심각한** 측면은, 칼을 꺼내는 것, 노상강도, 자객이 신성한 장소로 도피하는 것, 순경의 직무 해태 등등이다. 그러나 이런 측면은 로마인에게가 아니라, 오히려 그들의 쌍두적인 통치 방식에 그 탓이 돌려진다. — 그러나 이것은 내가 결코 책임을 질 수 없는 비난으로, 자신의 것 외의 다른 어떤 헌법도 마음에 들어 하지 않는 영국인들이 통상 퍼뜨리는 비난이다.

5. **독일인들**은 좋은 성격을 가지고 있다는, 곧 정직하고 검약하다는 평판을 얻고 있다. 이것은 광채나기에 적합한 속성들은 아니다. — 독일인은 모든 문명화된 민족들 가운데서 그가 속해 있는 정부를 가장 쉽게 그리고 가장 지속적으로 따르며, 도입된 질서를 갱신하려는 욕구나 저

90) Rousseau, *Du contrat social ou principes du droit politique*, Amsterdam 1762, II, 8 참조. 그런데 루소는 이 대목에서 같은 내용을 파리와 런던 사람들과 대비하여 마드리드 사람들에 대해 말하고 있다. 또한 AA XXV, 1405 참조.

향하는 데서 가장 멀리 떨어져 있다. 독일인의 성격은 지성과 결합된 점
액질이며, 이미 도입된 질서에 관해 왈가왈부하지도 않고, 스스로 하나
의 질서를 고안해내지도 않는다. 독일인은 이 경우 어느 땅, 어느 기후에
나 알맞은 사람이며, 쉽게 이민하고, 자기 조국에 열정적으로 속박되어
있지도 않는다. 그러나 독일인이 외국에 이주민으로 가는 경우에, 그들
B307 A309 은 곧 자기의 동포들과 일종의 시민적 연합을 결성한다. 이러한 연합은
언어의 통일성에 의해, 또 부분적으로는 종교의 통일성에 의해 독일인을
소수민족으로 정착시키며, 이 소수민족은 상급의 당국 아래서 평온하고
윤리적인 체제를 갖추고 근면, 청결, 검약함으로써 타민족들의 이주자들
VII318 보다 탁월함을 보인다. — 이것은 영국인들조차 북아메리카의 독일인들
에게 하는 찬사이다.

(좋은 의미로 새겨) 점액질은 자기 목적을 추구하는 데 있어 냉정하게 반성하고 인내하는 기질이며, 또한 이와 결부된 곤란한 일들을 견뎌내는 기질이다. 그러기에 사람들은 독일인의 올바른 지성과 심사숙고하는 이성의 재능으로부터 최대의 문화 능력을 가지고 있는 다른 모든 민족에 대해서와 똑같은 것을 기대할 수 있다. 기지와 예술가적 취미 분야만은 예외인데, 이 점에서 독일인은 프랑스인, 영국인, 이탈리아인에 필적하지 못할 것이다. — — 무릇 이것이 독일인의 좋은 측면이거니와, 이것은

※ **천재**란 가르쳐질 수 없는 것 또는 배울 수 없는 것을 **발명**하는 재능이다. 사
람들이 타인들에 의해, 어떻게 좋은 운문을 지을 수 있을까 하는 것은 타인들
에게 배울 수 있지만, 어떻게 좋은 시를 지을 수 있을까 하는 것은 배울 수 없
다. 왜냐하면 시는 작가의 자연본성에서 저절로 우러나오지 않으면 안 되는
것이니 말이다. 그래서 사람들은 시를 주문에 응해서 충분한 대가를 받고 내
는 제품으로 기대할 수가 없다. 오히려 시는 시인 자신도 그가 그것에 어떻게
이르렀는지를 말할 수 없는 영감 같은 것으로서, 다시 말해 그 원인이 시인에
B308 A310 게도 알려지지 않은 우연한 성향으로서 기대할 수 있는 것이 틀림없다.(精靈
은 안다. 誕生星을 操縱하는 伴星이로다.[91]) — 그래서 천재는 순간적인, 간혹

부단한 **근면**에 의해 실행될 수 있고, 그것을 위해 **천재**※가 필요한 것은 아니다. 천재란 그렇지만 유용성에서 건전한 지성의 재능과 결합된 독일인의 근면에 비해 훨씬 못한 것이다. — 교제에서의 독일인의 이러한 성격은 겸손함이다. 독일인은 다른 여느 민족보다도[92] 더 많이 외국어를 배우며, (**로버트슨**[93] 이 표현한 바대로) 학식의 **도매상**이고, 학문의 분야에서는 나중에 다른 민족들이 요란스럽게 이용하는 수많은 단초에 최초로 이른다. 독일인은 국민적 자부심을 가지고 있지 않으며, 마치 세계시민인 것처럼 자신의 고국에 연연하지도 않는다. 그러나 독일인은 고국에서는 (**보스웰**[94]이 고백하듯이) 여느 다른 국민보다도 외국인을 후대한다. 독일인은 자녀들을 조신하도록 엄격하게 훈육한다. 그것은 독일인이 질서와 규칙에 대한 그들의 성벽에 맞게 혁신들(특히 정부에서의 독단적인 개혁들)에 끼어들기보다는 전제에 따르는 것과 똑같다. — — 이것이 독일인의 좋은 측면이다.

B308 A310

독일인의 불리한 측면은 모방으로의 성벽과 자신이 원본적〔독창적〕일 수 있음을 거의 생각하지 않는다는 점이다.(이 점은 오만스러운 영국인과 VII319

가다가 나타나서 다시금 사라지는 현상으로서, 자의적으로 점화되어 임의의 시간 동안 지속하는 빛으로 빛나는 것이 아니라, 정신의 행복한 발작이 생산적 상상력을 통해 발한 번뜩이는 섬광과 같이 빛난다.

---

91) 원문: scit genius, natale comes qui temperat astrum. — Horatius, *Epistulae*, II, 2, 187.

92) A판: "민족과 같이."

93) William Robertson(1721~1793). 스코틀랜드의 성직자, 역사가로 *History of Scotland during the Reigns of Queen Mary and King James VI*(1759)이 대표작으로 꼽힌다. 그런데 여기서 칸트가 인용하는 내용의 전거는 불분명하다.

94) James Boswell(1740~1795). 스코틀랜드의 작가로 *The Life of Samuel Johnson*(1791)의 저자이다. 여기서 칸트가 말하는 내용은 *Account of Corsica, the Journal of a Tour to that Island, and Memoirs of Pascal Paoli*(Glasgow · London 1768)에서 볼 수 있다. AA XXV, 431 · 1408 참조.

B309 A311 정반대이다.) 그러나 특히 불리한 측면은, 자신과 여타 국가시민들을 가령 평등으로의 접근 원리에 따라서가 아니라 특권이나 등급 순서의 단계에 따라 면밀하게 분류하게 하고, 이러한 등급의 도식에서 (귀하, 존하, 좌하, 각하 등의) 칭호를 한없이 만들어내며, 그리하여 순전히 현학적인 것의 노예가 되는, 모종의 방법벽(方法癖)이다. 이 모든 것은 물론 독일의 국가 헌법의 형식에 책임을 돌릴 수도 있을 것이다. 그러나 그때 숨길 수 없는 것은, 이러한 현학적인 형식 그 자체의 발생이 독일인의 국민정신과 자연적 성벽에서 나온다는 점이다. 지배하는 자와 복종해야 하는 자 사이에 하나의 사다리를 놓고, 사다리의 매 디딤판은 그에 걸맞은 위신의 등급으로 표시된다. 아무런 직업도 없고, 그러나 그때 아무런 **칭호**도 없는 자는 언필칭 아무것도 아닌 것이다. 무릇 이것은 이러한 칭호를 부여하는 국가에게는 물론 무엇인가를 가져다주겠지만, 이 점을 고려하지 않는다면, 신민들에게 타인의 중요성을 제한하려는 요구주장을 불러일으키며, 이런 일은 다른 민족들에게는 우스꽝스럽게 보일 것이 틀림없다. 그리고 실제로 이것은 전체를 하나의 개념 아래서 파악하기 위한 면밀성이자 방법적 구분의 필요요구로서 생득적인 재능의 한계를 노정한다.

＊＊＊

러시아는 발전할 준비가 되어 있는 자연적 소질들을 일정한 개념으로
A312 B310 나타내는 데 요구되는 것이 **아직 없다**. 그런가 하면 **폴란드**는 그런 것이 **더 이상 없다**. 그러나 유럽 터키의 국민성은 일정한 민족의 성격을 소유하는 데에 필요한 것이 **있은 적도 없었고, 있지도 못할 것이다**. 그래서 이들 민족의 성격을 묘사하는 일은 여기서 지나가는 것이 적절할 것이다.[95]

95) A판: "그래서 사람들은 시위적인, 회고적인, 예측적인 소묘에 의거하는 이들 민족에 대한 불완전하고 불확실한 묘사에 대해 이미 관대하지 않을 수 없을 것이다."

대체로[96] 여기서는 말하자면 사람들의 피가 섞이는 것에 기인하는 생
득적인, 자연본성적인 성격이 논의거리이지, 국민들의[97] 획득적인, **인위
적인**(또는 작위적인) 성격의 특징적인 것이 논의거리가 아니므로, 그것의
묘사에는 많은 조심성이 필요할 것이다. **그리스인**의 성격에는[98] **터키인
들**의 심한 압박이나 또한 그들에 비해 더 부드럽지도 않은 **칼로예**[99]의 압
박 아래서도 그들의 기질(활기와 경박)이 그들 신체의 구성, 형태, 용모와
마찬가지로 상실되지 않았다. 오히려 이러한 특유성은, 만약 종교와 정 VII320
부의 형식이 행복한 사건에 의해서 그들에게 회복된 자유를 마련해준다
면, 짐작건대 다시금 회복될 것이다. — 또 다른 기독교 민족인 **아르메니
아인들** 사이에는 특수한 종류의 상업 정신이 지배하고 있다. 그것은 곧
중국의 국경으로부터 기네아 해안의 코르소 곶까지 도보 여행을 통해 교
역을 하는 정신이다. 이 정신은 이 이성적이고 부지런한 민족의 특수한
계통을 증명해주고 있거니와, 이 민족은 북동에서부터 남서에 이르는 선
에 걸쳐서 구대륙의 거의 전 도정을 편력하고, 거기서 마주치는 모든 민 A313
족들 가운데서 평화스러운 만남을 나눌 줄 아는, 지금의 그리스인들의
경솔하고 비굴한 성격보다 탁월한 성격을 증명하고 있다. 〔그러나〕 우리 B311
는 이러한 성격의 최초의 형성에 대해서는 더 이상 탐구할 수가 없다. —
차츰 그 성격들을 소멸시키는, (대규모의 정복에서의) 종족들의 혼혈이 모
든 자칭하는 박애주의에도 불구하고 인류에게 이로운 것이 없다는 것은
아마도 옳은 판단일 것이다.

96) B판 추가.
97) B판 추가.
98) A판: "성격은."
99) Caloyers: 그리스정교 성 바실리오스(St. Basilios) 교단에 속하는 승려들.

D.
인종의 성격

이에 관해서 나는 추밀고문관 **기르탄너**[100] 씨가 그의 저작에서 (나의 원칙들에 따라서) 훌륭하고 철저하게 해명하고 부연 진술한 것을 끌어다 쓸 수 있다. — 다만 나는 **가족의 혈통**에 대해서 그리고 동일한 인종 안에서 인지될 수 있는 변종이나 이종〔異種〕들에 대해서 약간의 소견을 덧붙이려 한다.

여기서 자연은 상이한 인종들을 융합함에서 의도했던 **동화**〔同化〕 대신에 정반대의 것을 법칙으로 만들었다. 곧 동일한 인종(예컨대 백인종)
A314 의 한 민족 안에 그들을 형성할 때 그 성격들을 끊임없이 그리고 지속적으로 서로 접근시키는 대신에 — 그렇게 되면 마침내는 하나의 동판 인쇄에 의한 것처럼 동일한 초상화만 산출될 것이다 —, 오히려 동일한 종
B312 족 안에 그리고 심지어는 동일한 가족 안에서조차 신체적으로나 정신적으로나 무한히 다양화시킨다. — 비록 유모가 양친 중 하나에게 아첨하기 위해, "이 아이는 이 점은 아버지를, 저 점은 어머니를 빼어 닮았다."고 말하지만, 만약에 이 말이 참말이라면, 인간 생산의 모든 형식들은 오
VII321 래 전에 고갈되었을 터이고, 또 짝을 지음에 있어서 **다산성**은 개체의 이질성에 의해 촉진되는 것이므로, 번식은 정지되고 말았을 것이다. — 그래서 가령 회색의 머리카락 색깔은 검은 머리카락 사람과 금발 머리카락 사람의 혼혈에서 오는 것이 아니라, 특수한 가족의 혈통을 표시하는 것이다. 자연은 자신 안에 충분히 저장을 해두고 있어서, 자신의 저장된 형식들이 빈곤하다는 이유로, 이미 예전에 존재했던 인간을 이 세상에 내

---

100) Christoph Girtanner(1760~1800). Sachsen-Meiningen의 추밀고문관(Geheimrat)을 역임했고(1793), 『박물학을 위한 칸트의 원리에 관하여(*Über das Kantische Prinzip für Naturgeschichte*)』(Göttingen 1796)를 저술하였다.

보내지는 않는다. 그래서 주지하듯이 근친결혼은 불임의 결과에 이른다.

E.
인류의 성격

어떤 존재자들의 유(類)에 대해 어떤 성격을 제시하기 위해서는 다음과 같은 사항이 필요하다. 즉 그 존재자들은 우리에게 알려져 있는 다른 존재자들과 함께 하나의 개념 아래 포섭되며, 그것들을 서로 구별해주는 특유성(特性)이 구별 근거로 제시되고 사용된다는 점 말이다. — 그러 A315
나 만약 우리가 알고 있는 한 종류의 존재자(A)가 우리가 알지 못하는 다른 종류의 존재자(−A)와 비교된다면, 우리에게 비교의 매개념(比較 媒概 B313
念)이 없는데 그때 사람들은 어떻게 전자의 성격을 제시하는 것을 기대하거나 요구할 수 있을까? — 최상의 유개념이 **지상적**인 이성적 존재자라는 것일 수 있는데, 그렇다 해도 우리는 그런 존재자의 어떤 성격도 말할 수 없다. 왜냐하면 우리는 이성적인, **비지상적**[101)]인 존재자들에 대해서, 그것들의 특유성을 제시하고, 그렇게 해서 저 지상적인 이성적 존재자들을 이성적 존재자 일반 아래서 특징지을 수 있기 위한 어떤 지식도 가지고 있지 않기 때문이다. — 그러므로 인류의 성격을 제시하는 문제는 절대로 해결될 수 없는 것처럼 보인다. 왜냐하면 해결은 **경험**을 통해 두 **종**(種)의 이성적 존재자를 비교함으로써 이루어져야 할 것인데, 경험은 우리에게 이런 것을 제공하지 않으니 말이다.

그러므로 살아 있는 자연의 체계 안에서 인간에게 그 부류를 지정하고, 그렇게 하여 인간을 성격짓기 위해서 우리에게 남은 것은, 인간은 그 자신에 의해서 취해진 목적들에 따라 자기를 완전하게 하는 능력이 있으

101) A판: "**비지상적.**"

므로, 자기 자신이 창조하는 하나의 성격을 갖는다는 점뿐이다. 이렇게
해서, **이성역량**을 품수한 동물(理性的일 수 있는 動物[102])인 인간은 자기 자
신을 **이성적** 동물(理性的 動物[103])로 만들 수 있다. — 이로써 인간은 첫째
VII322 로 자기 자신과 자기의 종(種)을 **보존**하고, 둘째로 그를 훈련시키고 가르
A316 쳐서, 가정 사회에 맞게 **교육**시키고, 셋째로 그를 하나의[104] 조직적인 (이
성원리에 따라 질서 지어진) 사회에 맞는 전체로서 **통치한다**. 그러나 이때
B314 인류의 특징적인 것은 지상의 가능한 이성적 존재자 일반의 이념과 비교
해보면 다음과 같다. 즉 자연은 인류 안에 **불화**의 씨앗을 넣어놓고서, 인
류 자신의 이성이 이 불화에서 벗어나 **화합**을, 적어도 화합으로의 부단
한 접근을 만들어내기를 욕구했거니와, 이 후자(화합)가 **이념**에서는 **목
적**[105]이지만, 그러나 **실상**으로는 전자(불화)가 자연의 계획에서는 우리로
서는 헤아릴 수 없는 최고 지혜의 **수단**이다. 즉 그것은 비록 인간의 생의
기쁨의 많은 희생과 함께일지라도 진보하는 문화에 의해서 인간을 완전
하게 만드는 수단인 것이다.

살아 있는 **지상 거주자들** 중에서 인간은 물건들의 사용을 위한 **기술적** (의식과 결합된-기계적) 소질에 의해, (타인들을 자기의 의도에 맞춰 능란하게 대하는) **실용적** 소질에 의해, 그리고 자기의 본질 안에 있는 (법칙들 아래서 자유원리에 따라 자기와 타인들에 대해) 행위하는 **도덕적** 소질에 의해 여타 모든 자연존재자들과는 뚜렷이 구별된다. 그리고 이 세 단계의 각각은 그것만으로도 이미 인간을 다른 지상 거주자들과 구별시켜 특징적으로 구별 지을 수 있다.

---

102) 원어: animal rationabile.

103) 원어: animal rationale.

104) AA에 따라 칸트 원문에 있는 “in”을 삭제하고 읽음.

105) AA에 따라 칸트 원문의 정관사 “den”을 “der”로 고쳐 읽음.

1. **기술적 소질.** 인간은 원래 (**모스카티**[106]가, 아마도 순전히 그의 학위논 A317
문의 논제로, 제안했던 것처럼) 네 발로 걷게끔, 아니면 두 발로 걷게끔 정
해져 있는 것인지, — 긴팔원숭이, 오랑우탕, 침팬지 등등이 〔그런 식으
로〕 정해져 있는 것인지(이 점을 두고 **린네**[107]와 **캄퍼르**[108]는 서로 싸우고 있 B315
다[109]), — 인간은 초식 동물인지, 아니면 (막질〔膜質〕의 위를 가지고 있기 때문에) 육식 동물인지, — 인간은 갈고리 발톱도 없고 물어뜯는 어금니도 없고, 따라서 (이성이 없다면) 아무런 무기를 가지고 있지 않으니, 맹수인지 평화적 동물인지 — — 이런 물음들에 대한 답변에 고민할 일은 없다. 어쨌거나 이런 물음들에 더해, 과연 인간은 사교적인 동물인지 아니면 독거〔獨居〕적인 이웃-기피적인 동물인지 하는 물음도 제기될 수 있겠는데, 이에 대해서는 아마도 후자가 확률이 높을 것이다.[110]

최초의 한 쌍의 인간이 이미 온전히 발육한 상태로 자연에 의해 그러니까 음식물 한가운데에 놓일 때, 만약 그들에게 동시에 지금 우리의 자

---

106) Pietro Moscati(1739~1824). 이탈리아의 자연과학자. 칸트는 그에 대한 서평, "Rezension von Moscatis Schrift: Von dem körperlichen wesentlichen Unterschiede zwischen der Struktur der Tiere und Menschen"(1771)을 썼다.(AA II, 421~425)

107) Carl von Linné(1707~1778). 스웨덴의 식물분류학자. 그는 지상의 식물들의 분류를 처음으로 시도하였으며, 현대식물학의 아버지라 일컬어진다. 180여 권의 저술을 남겼는데, 그 가운데서도 주저로 꼽히는 1735년에 초판이 나왔고 1766년에 제12판이 나온 『자연의 체계(*Systema Naturae*)』(Stockholm)는 식물분류학의 교본이 되었다. 이원적인 라틴어 식물 분류 명칭법이라든지, 남(♂)·여(♀) 표시는 그의 제안이다.

108) Peter Camper(1722~1789). 네덜란드의 의학자. 해부학, 골상학 분야에서 활발하게 활동했으며, 여기서 칸트가 말하는 내용은 그의 저술의 독일어 번역판 *Naturgeschichte des Orang-Utang und einiger andern Affenarten, des Africanischen Nashorns und des Rennthiers*(J. F. M. Herbell, Düsseldorf: Dänzer 1791)에서 볼 수 있다.

109) 이 다툼에 관해서는 Ch. Fr. Ludwig, *Grundriss der Naturgeschichte der Menschenspecies*(Leipzig 1796)의 제2장에서도 읽을 수 있다.

110) 일찍이 칸트는 인간에게는 사회에 들어서려 하면서도 끊임없이 사회에서 떨어져나가려 하는 "비사교적 사교성"의 성벽이 있다고 보았다.(IaG, 4. Satz: VIII, 20 참조)

연상태에는 있지 않은 어떤 자연본능이 주어져 있지 않았다면, 그 한 쌍의 인간이 종의 보존을 위해 자연이 사전 배려한 것과 합일하기는 어려울
VII323 것이다. 최초의 인간은 그가 마주한 최초의 못에서 익사할 터이다. 왜냐하면 수영은 이미 배우지 않으면 안 되는 하나의 기술이기 때문이다. 또는 그 인간은 독 있는 뿌리나 과일들을 즐기고, 그럼으로써 끊임없는 위험 속에서 목숨을 잃게 될 터이다. 그러나 **자연**(**본성**)이 최초의 인간 쌍에게 이런 본능을 **심어주었다**면, 지금은 결코 일어나지 않으니, 그 인간이 이런 본능을 자식들에게 물려주지 않았다는 것이 어떻게 가능했을까?

A318 물론 우는 새는 자기 새끼들에게 모종의 울음을 가르치고, 그것들이 전승을 통해 전해 내려간다. 그래서 아직 눈을 뜨지 않은 상태에서 둥우
B316 리에서 빼내져 사육된 격리된 새는 성장한 후에도 울지 않으며, 단지 모종의 생득적인 기관음(器官音)을 가질 뿐이다. 그런데 최초의 울음은 어디서 온 것일까?※ 무릇 그것은 배운 것이 아닐 것이니 말이다. 그리고 그것이 본능적으로 생겨난 것이라면, 그것은 왜 새끼들에게 유전되지 않았을까?

이성적 동물로서 인간의 특성화는 이미 그의 **손**과 **손가락** 및 **손가락**

※ 사람들은 기사 **린네**와 더불어 자연의 고고학에 대해서 다음과 같은 가정을 할 수 있다. 즉 전체 지구를 온통 덮은 바다에 처음에는 하나의 섬이 적도 아래에 하나의 산처럼 솟아올랐고, 그 산 위에서 산의 낮은 해안의 열기에서 산 정상의 한대(寒帶)적인 냉기에 이르기까지 온도의 모든 기상적인 단계들이 생겼고, 그와 함께 그 단계들에 맞는 식물과 동물들이 차츰차츰 생겼다고. 그리고 모든 종류의 새에 관해 말할 것 같으면, 우는 새들은 서로 다른 온갖 소리의 기관음을 모방했고, 각각의 소리를 그들의 목이 허용하는 한에서 다른 소리와 결합시켰고, 그렇게 해서 모든 새의 종류가 각자의 특정한 울음을 만들었고, 이 울음을 나중에 대대로 가르쳐서 (전승처럼) 전하게 되었다고. 방울새와 밤꾀꼬리가 서로 다른 나라에서는 그 우는 소리에 약간씩 서로 다름을 보이는 것을 다 아는 바처럼 말이다.

끝의 형태와 조직에서, 한편으로는 그 구조에서 다른 편으로는 그 섬세한 느낌에서, 나타나 있다. 이를 통해 자연은 인간을 물건들을 취급하는 A319
한 방식에 대해서가 아니라, 모든 방식에 대해 무규정적으로, 그러니까 이성사용에 대해서 적합하게〔능숙하게〕 만들었다. 그리고 이를 통해 자연은 **이성적** 동물로서의 인간이라는 종의 기술적 소질 내지 숙련성의 소질 B317
을 특징지었다.

II. 문화에 의한 문명화의, 특히 교제 속성들의, **실용적 소질**은, 그리고 사회적 관계에서 순전한 자기실력의 야만성에 벗어나 (아직 윤리적이지는 못하더라도) 교화된, 화합을 본분으로 하는 존재자가 되려는, 자연적 성벽은 이제 더 고차적인 단계이다. — 인간은 교도〔教導〕와 훈도(훈육)에서 교육될 수 있으며 교육이 필요하다. 무릇 여기서 (**루소**[111])와 함께 또는 VII324
루소에 반대하여) 제기되는 물음은, 인류의 성격이 그 자연소질의 면에서 볼 때, 그 끝을 알 수 없는 **문화**의 **기술들**에서보다 그 자연본성의 **조야함**에서 더 낫지 않은지 하는 것이다. — 가장 먼저 주목해야 할 것은, 여타 모든 자기 자신을 방임한 동물들에서는 각각의 **개체**가 그들 전체의 규정〔사명〕을 달성하지만, 인간에서는 어떤 경우라도 **유**〔類〕만이 그렇다는 사실이다. 그리하여 인류는 헤아릴 수 없는 많은 세대들의 계열을 거쳐 **진보함**으로써만 그 규정〔사명〕으로 향상할 수가 있다. 이때 그 목표는 인간에게서 언제나 아직 전망에 머물러 있지만, 그럼에도 불구하고 이 궁극목적으로의 **추세**가 종종 저지되기는 해도 결코 완전히 역행될 수는 없다.

III. **도덕적 소질**. 이 경우 문제는, 과연 인간은 자연본성상 **선**한지, 아 A320
니면 **악**한지, 아니면 인간이 그를 형성하는 이런 손에 떨어지느냐 저런

111) Rousseau, *Discours sur les arts et les sciencces*(Paris 1750) 참조.

B318 손에 떨어지느냐에 따라, 자연본성상으로는 이렇게 물들 수도 저렇게 물들 수 있는지(悖惡으로 기울어지는 蜜蠟처럼, 云云[112]) 하는 것이다. 맨 마지막의 경우라면 **유**(로서 인간)는 자체로는 아무런 성격도 갖지 않은 것이겠다. — 그러나 이런 경우는 자기모순이다. 왜냐하면 실천이성의 능력과 자기 의사의 자유에 대한 의식을 갖추고 있는 존재자(인격)는 이 의식 안에서, 가장 흐릿한 의식 가운데서조차도, 자신이 의무법칙 아래에 있다는 것을 자각하며, 그리고 **그에게** 또는 그에 의해 **타인들에게** 정당한 일이 또는 부당한 일이 일어난다는 (도덕감정이라 일컬어지는) 감정을 가지고 있기 때문이다. 무릇 이것은 이미 그 자체로 인간성 일반의 **예지적** 성격이며, 그런 한에서 인간은 그 생득적(선천적) 소질에서(자연본성상) **선**하다. 그러나 그럼에도 또한 경험은, 인간 안에는 그가 허용되지 않은 것임을 알고 있음에도 불구하고 그 허용되지 않은 것을 능동적으로 욕구하는, 다시 말해 **악**으로의 성벽이 있음을 보여주고, 이러한 성벽은 인간이 자기의 자유를 사용하기 시작하자마자 불가피하게 그리고 곧바로 일어나며, 그 때문에 생득적(선천적)인 것이라 볼 수 있으므로, 인간은 그의 **감성적** 성격의 면에서는 또한 (자연본상상) 악하다고 판정되어야 한다. 그리고 이것은 (인간의) **유의 성격**이 논제일 때는 자기모순이 아니다. 유(로서 인간)의 자연적 규정(사명)은 개선으로의 계속적인 진보에 있다고 가정할 수 있으니 말이다.

A321 인간의 규정(사명)에 관한 실용적 인간학의 총괄[113]과 인간 형성의 성
B319 격론은 다음과 같다. 즉 인간은 자기의 이성에 의해, 하나의 사회 안에서
다른 사람들과 함께하고, 그 사회 안에서 기예와 학문들을 통해 자신을
VII325 **교화**(문화화)하고, **문명화**하고, **도덕화**하도록 정해져 있다. 그가 행복이
라고 부르는, 안락함과 유족한 생활의 자극에 **수동적**으로 자기를 맡기려

112) Horatius, *Ars poetica*, 163.
113) A판: "요점."

는 동물적 성벽이 제아무리 크다 할지라도, 오히려 **능동적**으로, 그의 자연본성의 조야함으로 인해 그에게 부착해 있는 장애들과 싸우면서, 자신을 인간성의 품격에 맞게 만들어간다.

그러므로 인간은 선을 향해 **교육**되지 않으면 안 된다. 그러나 인간을 교육해야 하는 자도 다시 인간이다. 즉 여전히 자연본성의 조야함 속에 놓여 있으면서, 그 자신이 필요로 하는 것을 이제야 성취해야 하는 인간인 것이다. 그래서 〔인간의〕 자기 규정〔사명〕에서의 끊임없는 일탈은 자기 규정〔사명〕으로 언제나 다시 되돌아감을 수반한다. — 우리는 이제 이 문제 해결의 난점들과 그 장애들을 거론하고자 한다.

A.

그 제일의 물리적 규정은 동물의 유〔類〕로서 자기의 유를 보존하려는 인간의 충동에 있다. — 그러나 무릇 여기서 이미 인간 발전〔발육〕의 자연적 시기들은 시민적 시기들과 일치하지 않는다. **전자**에 따르면 인간은 A322
자연상태에서는 적어도 15세가 되면 **성본능**에 의해 **몰리고**, 또한 종을
생산하고 보존하는 **능력**이 있다. **후자**에 따르면 인간은 (평균적으로) 20세 B320
이전에는 감히 이런 일을 하기가 어렵다. 왜냐하면 설령 젊은이가 일찍이 자신과 자기 처의 경향성을 세계시민으로서 충족시킬 수 있는 충분한 능력을 가지고 있다 해도, 그는 아직도 국가시민으로서 자기의 처와 자식을 보존할 능력을 여전히 가지고 있지 못하기 때문이다. — 그는 한 여자와 더불어 가정생활을 시작하기 위해서는 직업을 익혀야 하고, 그에 정통해야 한다. 그러나 그러한 자기의 규정〔사명〕에 이를 만큼 성숙하기까지는 세련된 국민계급에서는 25세는 지나야 할 것이다. — 그런데 이 강요된 부자연스러운 금욕의 중간 기간을 젊은이는 무엇으로 채울까? 패악들 말고 다른 것은 거의 없을 것이다.

B.

인간성을 고상하게 하는 문화로서 학문을 향한 충동은 인류 전체에서 〔볼 때〕 수명과 비례하지 않는다. 학자가 문화에서 그 분야를 확장하는 데에까지 밀고나가 있으면, 죽음의 소환을 받으며, 그의 위치는 〔그 역시〕 생의 종말을 가까이 앞두고 있는 초학도〔初學徒〕가 넘겨받고, 이 사
VII326 람 역시 한 발짝 전진하고 나면 다시금 그의 자리를 다른 이에게 넘겨준다. — 만약 **아르키메데스**,[114] **뉴턴**,[115] **라부아지에**[116]와 같은 사람이 그 근면과 재능을 가지고서 생명력의 감소 없이, 수 세기간 지속되는 나이
A323 를 자연으로부터 혜택받았다면, 무릇 얼마나 많은 지식의 양이, 어떤 새
B321 로운 방법들의 발견이 이미 저장되어 있었을까? 그러나 학문에 있어서 인류의 진보는 언제나 단지 단편〔斷片〕적(시간에 따라서)일 뿐이고, 중간중간에 끼어드는 국가 전복의 만행에 의해 언제나 퇴보의 위험에 놓이기 때문에, 그 진보에 대해 아무런 보증도 할 수가 없다.

C.

인간의 자연본성은 인간으로 하여금 끊임없이 행복을 추구하도록 하되, 이성은 행복할 만한 품격〔행복할 수 있는 자격〕, 다시 말해 윤리성의 조건에 제한시키는바, 그 행복에 관해서도 인류는 자기의 규정〔사명〕에 이르지 못하는 것으로 보인다. — 감히 자연상태에서 벗어나고자 하는 인류에 대해 **루소**가 다시금 자연상태로, 숲으로 되돌아갈 것을 추천한 우울한(기분이 언짢은) 서술을 그의 진정한 의견으로 받아들여서는 안 된

114) Archimedes(기원전 287~212). 고대 그리스의 수학자, 물리학자, 발명가.

115) Isaac Newton(1642~1727). 영국의 자연철학자, 근대 물리학의 정초자.

116) Antoine Laurent Lavoisier(1743~1794). 프랑스의 화학자, 물리학자. 프랑스 대혁명 후 공포정치 와중에 단두대에서 처형당했다.

다. 그로써 **루소**는 인류가 자기의 규정〔사명〕에 연속적으로 접근해가는 궤도에 진입하는 것이 어렵다는 의견을 표현했던 것이다. 사람들은 이런 서술을 날조해서는 안 된다. — 과연 인류가 언젠가는 더 좋은 상태에 있을 것인지에 관해서 고금의 경험은 어느 사상가나 당혹스럽게 만들고 의심하게 만들 것이 틀림없으니 말이다.

루소의 세 저술,[117] 즉 1. 인류가 자연에서 **문화**로 나감이 우리의 힘 A324
을 약화시킴으로써 야기한 손해와, 2. **문명**이 불평등과 교호적인 억압에 B322
의해 야기한 손해 및 3. 자칭 **도덕화**가 성향〔사유방식〕의 반자연적인 교육과 기형화에 의해 야기한 손해에 대한 저술들, — (그리로 다시 되돌아가는 것을 천국의 문지기가 불의 검을 들고 방해하는) 자연상태를 마치 순결무구의 상태로 그렸던 이 세 저술들은, 감히 말하거니와, 그의 『**사회계약론**』과 『**에밀**』 및 『**사부아의 부사제**』에서, 우리 인류가 그 자신의 죄책에 의해 둘러싸였던 해악의 미망을 벗어나는 실마리로서만 기여한다. — **루소**는 원래 인간이 다시금 자연상태로 되돌아**가는** 것을 의욕했던 것이 아니라, 인간이 지금 서 있는 단계에서 자연상태를 **마땅히** 되돌아**볼** 것
을 의욕했다. **루소**가 상정한바, 인간은 자연본성적으로는(유전된 대로는) VII327
선하되, 소극적으로만 그러하다는 것, 곧 자의적으로 그리고 의도적으로 악하지는 않지만, 악한 또는 미숙한 안내자나 사례들에 의해 오염되고 타락하게 될 위험에 놓여 있다는 것이다. 그런데 〔이런 위험을 벗어나기〕 위해서는 다시금 **선한** 사람들이 필요하고, 선한 사람들은 이를 위해 스스로를 교육했어야만 하거니와, (생득적〔선천적〕인 또는 초래된〔후천적인〕) 타락을 자기 안에 가지고 있지 않은 이는 아무도 없으므로, 도덕 교육의

---

117) 곧 Rousseau의 『예술과 과학 서설(*Discours sur les arts et les sciences*)』(Paris 1750), 『인간 불평등 기원론(*Discours sur l'origine et les fondements de l'inégalité parmi les hommes*)』(Amsterdam 1755), 『신 엘로이즈(*Julie ou la Nouvelle Héloïse*)』(Amsterdam 1761)를 지칭하는 것으로 볼 수 있다.

문제는 우리 **유**〔인류〕에게서 한낱 정도의 면에서뿐만 아니라 원리의 질의 면에서도 해결되지 않는다. 왜냐하면 인류에게 생득적인 악한 성벽은
A325 보편적인 인간이성에 의해 능히 비난되고, 어떻든지 제어되기는 하지만, 그러나 그렇게 해서도 절멸되지는 않기 때문이다.

* * *

B323 시민적 헌정체제는 인류 안에 있는 선한 성질을 그 규정〔사명〕의 궁극목적을 위해 인위적으로 높이는 최고도의 것이거니와, 이런 시민적 헌정체제에서도 **동물성**은 그 외현에서 **순수한 인간성**보다 더 이르고 그리고 원래 더 강력하다. 그리고 길들여진 가축은 〔그 동물성을〕 **약화**시킴으로써만 야생의 짐승보다 인간에게 더 유용하다. 자기 의지는 그의 이웃 사람들에 대한 반감 중에서 언제나 부수고 나올 준비가 되어 있으며, 그는 항상, 한낱 독립적일 뿐만 아니라, 또한 자신이 본성상 자기와 동등한 다른 존재자들 위의 지시명령자가 되는 무조건적인 자유에 대한 자기 요구주장을 추구한다. 이런 사실은 아주 어린아이에게서도 이미 인지된다.※

※ 막 태어난 아이가 내는 울음소리는 비탄의 음조가 아니라, 격분과 폭발한 분노의 음조를 자체로 가지고 있다. 왜냐하면 아이는 무언가를 고통스러워하는 것이 아니라, 무언가 언짢아하고 있기 때문이다. 짐작하건대 아이는 움직이고 싶은데 그가 그럴 능력이 없음이 마치 그에게서 자유를 박탈한 속박인 것처럼 느끼기 때문일 것이다. — 자연은 어린아이가 큰소리로 울면서 이 세상에 태어나게 하는 것으로써, 어떠한 의도를 가진 것일까? 이런 일은 **야만의 자연상태에서**는 어린아이에게나 어머니에게나 극도로 위험한 일일 것인데 말이다. 왜냐하면 늑대 같은 것은, 심지어 돼지 같은 것도, 그런 울음소리를 통해, 어머니의 부재시에 또는 출산으로 인해 엄마가 쇠약해져 있는 때에
A326 아이를 먹어치울 유혹을 받을 터이기 때문이다. (현재와 같은) 인간 외에 어떠한 동물도 태어날 때 자기의 실존을 **큰소리로 알리지** 않는다. 이것은 종의
B324 보존을 위해 자연의 지혜에 의해 그렇게 안배된 것으로 보인다. 그러므로, 이 동물부류에 관해서도 자연의 태초 시기(곧 야만의 시대)에는 태어날 때 아이

왜냐하면 인간 안의 자연본성은 개화[118]에서 도덕성으로 진입하지, (이성 이 지시규정하듯이) 도덕성과 그 법칙들에서 시작해서 그 위에 세워진 합목적적인 문화로 진입하는 것을 추구하지 않기 때문이다. 이런 일은 불가피하게 전도된, 반목적적인 추세를 낳는다. 예컨대 반드시 **도덕적** 개화이어야 할 종교 교육이 한낱 기억의 개화인 **역사적** 개화에서 시작해서, 그로부터 도덕성을 추론해내려는 헛된 시도를 할 때 말이다. B324 A326 VII328

인류의 교육은 그 유의 **전체**에서는, 다시 말해 모든 개개인(個體들)의
교육이 아니라 — 이런 경우에는 다수가 하나의 조직이 아니라 단지 함께 A327
모아진 집적이 될 것이다 —, **집합적으로** 본(全體의) 교육은 시민적인, 자 B325
유의 원리와 동시에 또한 합법칙적인 강제의 원리 위에 기초되어야 하는 헌정체제를 지향하거니와, 인간은 이러한 교육을 그럼에도 단지 **섭리**에서, 다시 말해 **자기의 것**이 아닌, 그러나 (자기 자신의 죄책으로 인해) 자기 자신의 이성의 무력한 **이념**인, 어떤 지혜에서 기대한다. — 위로부터의 이러한 교육은, 말하건대, 유익하지만, 거칠고 엄격하다. 수많은 난제와 전체 인류의 거의 파괴에까지 이르는 자연본성의 개작으로 인해 그렇다. 곧 인간에 의해 의도된 것은 아니지만, 일단 현존하게 되면, 계속해서 존

가 고성을 지르는 일은 없었다고 상정하지 않을 수 없다. 그러니까 단지 후 VII328
에, 양친이 **가정**생활에 필요한 개화에 이미 도달했던 것과 같이, 제2의 시기가 도래했다. 우리로서는 자연이 어떻게 해서 그리고 어떤 함께 작용하는 이유로 인해 그러한 발전을 이루었을까는 알지 못한다. 이러한 소견은 더 나아가 예컨대 다음과 같은 생각에까지 이른다. 즉 이와 같은 제2의 시기에 뒤이어, 자연의 대혁명이 일어나는 경우에는, 제3의 시기가 올 수도 있겠다는. 그때에는 오랑우탕이나 침팬지가 걷고, 대상들을 느끼고, 말하는 데 쓰는 기관들을 인간의 것과 같은 구조로 발육시키고, 그 가장 내부에는 지성의 사용을 위한 기관도 보유하고, 사회적인 개화를 통해 점차 발전할 것이라는 생각 말이다.

---

118) 원어: Kultur.

속하는 **선**을, 내부에서 자기 자신과 언제나 불화하는 **악**으로부터 만들어내는 개작으로 인해 그러한 것이다. 섭리란 바로, 끊임없이 종을 파괴하면서도 그 종을 언제나 지켜나가는 유기적 자연존재자들의 종의 보존에서 우리가 경탄을 가지고서 인지하는 그 지혜를 의미한다. 그렇다고 그러한 배려 중에서, 우리가 이미 동식물의 보존을 위한 원리로 상정한 것보다 더 상위의 원리를 상정하는 것은 아니다. — 어쨌거나 인류는 그 자신이 자기 행운의 창조자여야 하고 창조자**일 수 있다**. 다만 인류가 그렇
VII329 게 **될 것**이라는 사실이 선험적으로, 우리에게 알려져 있는 인류의 자연소질에서 추론되지는 않고, 오히려 오직 경험과 역사로부터, 개선을 향한 인류의 진보에서 절망하지 않고, 모든 지혜와 도덕적 모범을 가지고서 이 목표에 (각자가 가능한 한에서) 접근하는 것을 촉진하는 데 필요한 만큼의 근거 있는 기대를 가지고서 추론될 따름이다.

A328 그러므로 사람들이 말할 수 있는 바는, 인류의 제일의 성격은 자기의
B326 인격에 대해 그리고 또한 자연이 그로 하여금 그 안에 있게 한 사회에 대해 하나의 성격 일반을 부여하는 이성적 존재자로서의 능력이라는 것이다. 그러나 이것은 이미 인간 안에 선으로의 유리한〔은혜로운〕 자연소질과 성벽이 있음을 전제하는 것이다. 왜냐하면 악은 (자기 자신과의 상충을 수반하고, 어떤 항존하는 원리도 자기 자신 안에 허용하지 않으므로) 본래 아무런 성격도 없는 것이기 때문이다.

살아 있는 존재자의 성격은 그로부터 그것의 규정〔사명〕을 미리 인식하도록 해주는 것이다. — 그런데 사람들은 다음과 같은 것을 자연의 목적들을 위한 원칙으로 상정할 수 있다. 즉 자연은 피조물의 자연본성의 모든 소질이 자신을 위해 합목적적으로 발전하고, 그리하여, 설령 **개체** 각각은 그렇지 못하더라도, 그 종은 자연의 의도를 실현함으로써, 모든 피조물이 자기의 규정〔사명〕에 이르기를 의욕한다고. 이성 없는 동물들

에서는 이런 일이 실제로 일어나며, 이것이 자연의 지혜이다. 그러나 인간에서는 이런 것을 오직 유만이 이룩하며, 이에 대해 우리는 지상의 이성적 존재자들 가운데서 오직 하나의 유, 곧 인류를 알고 있을 뿐이다. 그리고 인류에 있어서도 이 목적으로의 자연의 오직 하나의 추세, 곧 자기 자신의 활동을 통해 악에서 선을 발전시킬, 언젠가는 완수하려는 추세를 알고 있을 뿐이다. 즉 자연의 혁명들이 갑자기 그것을 단절하지 않는다면, 도덕적인 (이 목적을 향해 노력하는 의무를 위해 충분한) **확실성〔확신〕**을 가지고서 기대할 수 있는 전망 중에서 말이다. — 무릇 인간이란 그런 것, 다시 말해 악성이 있지만, 그럼에도 발명에 풍부하고, 또한 동시에 도덕적인 소질을 품수한 이성적 존재자들이기 때문이다. 이 존재자 A329
들은 그들이 서로 간에 이기적으로 가하는 해악을 개화〔문화〕가 증대해 감에도 더욱더 강하게 느끼지만, 그에 반해 또한 (개인적인) 사적 감각을 B327
(만인이 합일된) 공통감각에, 즉 (시민적 강제의) 규율에, 마지못해서이기는 하지만, 복종하는 것 외에는 다른 수단을 눈앞에서 보지 못하기 때문이다. 그런데 이성적 존재자들은 그들 자신에 의해 주어진 법칙들에 따라서 이 규율에 복종하는 것이며, 이러한 의식을 통해 자신이 고귀해짐을 느끼고, 곧 이성이 인간에게 이상으로 보여주는 것 같은 인간의 규정〔사 VII330
명〕에 걸맞은 유에 자신이 속함을 느끼는 것이다.

인류 성격 묘사 개요

I. 인간은 가축처럼 하나의 떼[119]에 속하도록 정해져 있는 것이 아니라, 꿀벌처럼 하나의 통〔무리〕[120]에 속하도록 정해져 있었다. — 어떤 시민적 사회의 일원이 되는 **필연성** 말이다.

119) 원어: Herde.
120) 원어: Stock.

그런 사회를 이룩하는 가장 단순하고, 가장 적게 기교적인 방식이 이런 통 안에 하나의 지도자가 있는 방식(군주제)이다. — 그러나 서로 곁하여 있는 그러한 통들의 다수는 이내 도둑벌이 되어 서로 반목(전쟁)한다. 그럼에도 그것은 사람들이 하는 것처럼 타자들과 단결하여 자기들의 통을 강화하고자 하는 것이 아니다. — 무릇 비유는 여기서 끝난다. — 그것은 오히려 한낱 **타자들**의 근면을 자신을 위해 간지와 폭력으로 이용하기
A330 위한 것이다. 각 민족은 이웃한 민족들을 정복함으로써 자기를 강화하고
B328 자 한다. 그것이 증대욕이든 아니면, 선수 치지 못하면 타자에 의해 병탄당하게 된다는 공포이든, 인류에게서 내외의 전쟁은, 그것이 제아무리 큰 해악이라 하더라도, 동시에 야만적 자연상태에서 시민적 상태로 이월해가는 동기이다. 그것은 섭리의 기계장치로서, 이에서 서로 대결하는 힘들은 비록 마찰함으로써 서로 훼손하지만, 그럼에도 다른 동기들의 충돌과 견인으로 오랜 시간이 지나면서 합규칙적인 진행을 유지하게 된다.

II. **자유**와 **법칙** — 이를 통해 자유는 제한된다 — 은 그것들을 중심으로 시민적 법칙수립이 도는 두 축이다. — 그러나 법칙이 효력을 가지면서 공허한 천거가 되지 않기 위해서는, 이것에 매개※가 되는 것, 곧 **권력**이 덧붙여져야 한다. 권력은 저 두 가지 것과 결합하여 이 원리들에 성공을 부여하는 것이다. — 무릇 사람들은 이것과 앞의 두 가지 것과의 네 가지 조합을 생각할 수 있다.

A. 권력 없는, 법칙과 자유(무정부).

VII331 B. 자유 없는, 법칙과 권력(전제〔專制〕).

C. 자유와 법칙 없는, 권력(야만).

※ 판단의 주어와 술어를 결합하여 삼단논법의 네 가지 격을 낳는 삼단논법에서의 媒概念과 유비해서.

D. 자유와 법칙을 가진, 권력(공화제).

마지막 것만을 참된 시민적 〔헌정〕체제라고 부를 만하다는 것은 분명 A331
하다. 그런데 여기서 사람들은 세 가지 국가형식 중 하나(민주제)를 의중 B329
에 두지 않으며, 오히려 **공화제**를 국가 일반으로 이해한다. 옛 **브로카르드** 법전[121]의 명제 "國家의 — 市民의가 아니라 — 福祉가 最高의 法일진저."[122]는 공동체의 감각적 복리(즉 시민들의 **행복**)가 국가체제의 최상의 원리 역할을 해야 한다는 것을 의미하지 않는다. 왜냐하면 각자가 자기의 사적 경향성에 따라 이렇게 저렇게 구상하는 번영은 보편성이 요구하는 것과 같은 어떤 객관적 원리로는 전혀 쓸모가 없기 때문이다. 오히려 저 명제가 말하는 바는 다름 아니라, **지성적 복리**, 즉 일단 존립해 있는 **국가 헌법 체제**의 보존이 시민적 사회 일반의 최고의 법칙이라는 것이다. 왜냐하면 시민적 사회는 국가 헌법 체제에 의해서만 존립하는 것이기 때문이다.

모든 시대의 경험에서 그리고 모든 민족들 사이에서 알려지는 바, 인류의 성격인즉 이렇다. 즉 집합적으로(인류 전체로) 본 인류는 서로 잇따라 그리고 서로 곁하여 실존하는 인격들의 집합이며, 이 인격들은 평화적인 공존이 **없지는** 않지만, 그럼에도 끊임없이 서로 상반되는 것을 **피할** 수가 없고, 따라서 그들 자신으로부터 나온 법칙들 아래서, 교호적인 강제에 의해, 끊임없이 분열의 위협을 받으면서도, 일반적으로는 진보하는 연립이 자연〔본성〕에 의해 **세계시민 사회**(世界同胞主義)가 되도록 정해져 있다는 것을 느낀다. 그러나 이 세계시민 사회 자체는 도달할 수 없는

121) Brocardica(또는 Brocarda)는 일종의 법전 내지 법이론 집성이라 할 수 있는데, 이 작업을 착수한 Worms의 주교 Brocard(965년경~1025)의 이름에서 그 명칭이 유래함.

122) 원문: Salus civitatis (nicht civium) suprema lex esto. 이 명제는 "인민의 복지가 최고의 법일진저(salus populi suprema lex esto)"(Cicero, *De legibus*, 3.3.8)를 염두에 둔 것으로 보인다.

A332 이념으로서, (인간의 활발한 작용과 반작용 중에 존립하는 평화를 기대하는)
B330 구성적 원리는 아니고, 단지 하나의 규제적 원리일 따름이다. 즉 그것은 그러한 이념으로의 자연적 추세를 추정하는 것이 근거 없지 않은, 인류의 규정〔사명〕으로서의 세계시민 사회를 열심히 추구해 나아가야 한다는 규제적 원리인 것이다.

이제 사람들이, 과연 인류가 — 만약 사람들이 인류를, 다른 유성에 있는 존재자들과 비교해서, 이성적 **지상존재자**의 한 종으로, 하나의 창조자에게서 생겨나온 피조물의 집합으로 생각한다면, 인류는 **종족**이라고 불릴 수도 있거니와—, 선한 종족으로 또는 나쁜 종족으로 간주되어야 하는지를 묻는다면, 그에 대해서 뽐낼 것이 많지 않음을 나는 고백하지
VII332 않을 수 없다. 그럼에도 인간의 행동거지를 한낱 옛 역사에서뿐만 아니라 현금의 역사에서도 취하는 이는 누구라도 자주 인간혐오적인 **티몬**[123]과 같이, 그러나 훨씬 더 자주 그리고 더 적중하게는 모모스[124] 같이 판단하도록 유혹받을 것[125]이며, 인류의 특성 중에서 악성보다는 오히려 멍청함이 두드러짐을 발견할 것이다. 그러나 악성의 면모와 결합된 멍청함은 — 이 경우에는 얼간이 같다고 일컬어지므로 — 인류의 도덕적인 인상에서는 부정될 수 없기 때문에, 영리한 사람은 누구나 필요하다고 보는바, 자기 생각의 선한 부분을 감추는 것에서 이미, 인간이라는 종족에서는 누구나 자기가 조심하고, 있는 그대로의 자기를 **전부** 보여주지 않는 것을 현명한 것으로 본다는 사실이 분명히 드러난다. 이것은 이미 서로에 대해 나쁘게 생각하는 인류의 성벽을 보여주는 것이다.

---

123) 아테네의 전설적인 인물로 인간혐오자의 대명사. 회의론자의 한 사람으로 Τίμωνος(기원전 320~230경)가 있고, 이를 극화한 Shakespeare의 작품 *Timon of Athens*도 있다.

124) momos라는 그리스 낱말은 비난, 조롱을 뜻하며, Platon의 *Politeia*, 487a에서도 읽을 수 있다.

125) AA에 따라 고쳐 읽음. 칸트 원문대로 읽으면 "유혹받지 않을 것."

어딘가 다른 유성에는 소리 내어 생각하는 것 말고는 아무것도, 다시 A333
말해 꿈꿀 때처럼 깨어 있을 때도, 모임 중에 있든 홀로 있든, 동시에 **언** B331
표하지 않는 생각은 아무것도 할 수 없는 이성적 존재자들이 있을 수도
있겠다. 이런 존재자는 서로에 대해 우리 인류와는 다른 어떤 태도를, 어
떤 작용을 보여줄까? 만약 그들 모두가 **천사처럼 순수하지** 않다면, 어떻
게 그들이 서로 이웃하여 사귀며, 일방이 타방들을 단지 조금이라도 존
경하며, 서로 화합할 수 있는지 알 수가 없다. — 그러므로 타인의 생각
은 탐색해내면서 자기 생각은 억류하는 것이 인간이라는 피조물의 근원
적인 구성분이며, 인류의 개념에 이미 속하는 것이다. 그래서 이러한 지
독한 속성은 점차 **위장**으로부터 고의적인 **속임**으로, 마침내는 **거짓말**로
반드시 진행한다. 그렇다면 이것이 우리 인류의 한 만화를 보여주는 것
이겠다. 이것은 인류를 한낱 선량한 **웃음거리**로 만들 뿐만 아니라, 인류
의 성격을 구성하는 것을 **경멸**하게 만들고, 이성적 세계존재자의 이 종
족이 여타의 (우리에게 알려져 있지 않은) 이성적 존재자들 가운데서 어떠
한 존경을 받을 위치에 있지 못하다는 점을 고백하는 것을 당연한 것으
로 만들어버린다.※ — 만약 바로 이러한 비난하는 판단이 우리 안에 있 B332 A334

※ **프리드리히 2세**가, 그의 공적을 높이 평가하고 슐레지엔 학교시설들의 감독
으로 임명했던 그 탁월한 **슐처**[126]에게 언젠가 일이 어떻게 되어가는지를 물
었다. 이에 **슐처**는 대답하였다: "인간은 자연본성상 선하다는 (**루소**의) 원칙
에 근거해서 일을 진행시킨 이래, 일이 개선되어가기 시작했습니다." (왕은
말했다:) "친애하는 슐처 씨, 경은 우리가 속해 있는, 이 저주받은 종족에 대 A334
해서 충분히 알고 있지 않습니다."[127] — 인류의 성격에는 이런 것도 속한다. B332
즉 인류는 시민적 헌정체제를 향해 노력하면서 종교에 의한 훈육도 필요하거
니와, 그것은 **외적**인 강제에 의해 도달할 수 없는 것을 (양심의) **내적**인 강제

---

126) Johann Georg Sulzer(1720~1779). 프로이센의 철학자, 교육자로 1775년부터 베를린 학술원의 철학부장이었고, 대표 저술은 *Allgemeine Theorie der schönen Künste*(1771~1774). 또 Hume의 *Enquiry Concerning Human Understanding*을 번역하기도 했다. 『윤리형이상학 정초』에서 칸트는 그와 교환한 서신 내용을 소개하고 있다.(*GMS*, B33 이하=IV410 이하 참조)

는 도덕적 소질로서, 저러한 성벽에 대항하고, 그러니까 인류를 악종으로서가 아니라, 장애물 가운데서도 악으로부터 선으로 끊임없이 진보하고자 노력하는 이성적 존재자의 유(類)로서 현시해야 한다는, 이성의 선천적인 요구를 드러내는 것이 아니라면 말이다. 여기서 인류의 의욕은 일반적으로 선하되, 그 실현이 어려운 것은, 목적의 달성이 **개인들**의 자유로운 합치에 의해서가 아니라, 하나의 체계로서의 유〔인류〕 안에서 그리고 유〔인류〕를 위해서, 다시 말해 세계동포적으로 결합된, 지상 시민들의 진보하는 조직을 통해서만 기대될 수 있는 것이기 때문이다.[127)]

를 통해 성취하기 위한 것이다. 인간의 도덕적 소질은 법칙수립자들에 의해 정치적으로 이용되지만, 인류의 성격에 속하는 하나의 추세〔경향〕이기 때문이다. 그러나 국민의 이러한 훈육에서 도덕이 종교에 선행하지 않으면, 종교가 도덕의 지배자가 되며, 제정법규의 종교가 **신앙의 전제자** 아래서 국가권력(정치)의 도구가 된다. 이것은 성격을 불가피하게 운이 맞지 않게 만들고, (국가정략이라 부르는) **기만**으로써 통치하도록 오도하는 해악이다. 이에 대해서 저 위대한 군주는 **공적으로**는 한낱 국가의 최고위 공복이라고 고백하면서, 사적 고백에서는 탄식하면서 그것과 반대되는 것을 감출 수가 없었다. 그러면서도 이러한 부패를 인류라고 일컫는 나쁜 **종족**에 책임을 돌림으로써 자기 인격에 대해 변명하고 있다.

---

127) 이상의 삽화는 아마도 Christoph Friedrich Nicolai, *Anekdoten von König Friedrich II. von Preussen*([2]1790)에 근거한 것 같으나, 역사적 사실과는 맞지 않다. Sulzer는 Schlesien의 교육감독을 한 일도, 왕과 저러한 대화를 나눌 지위에 있은 적도 없었기 때문이다.

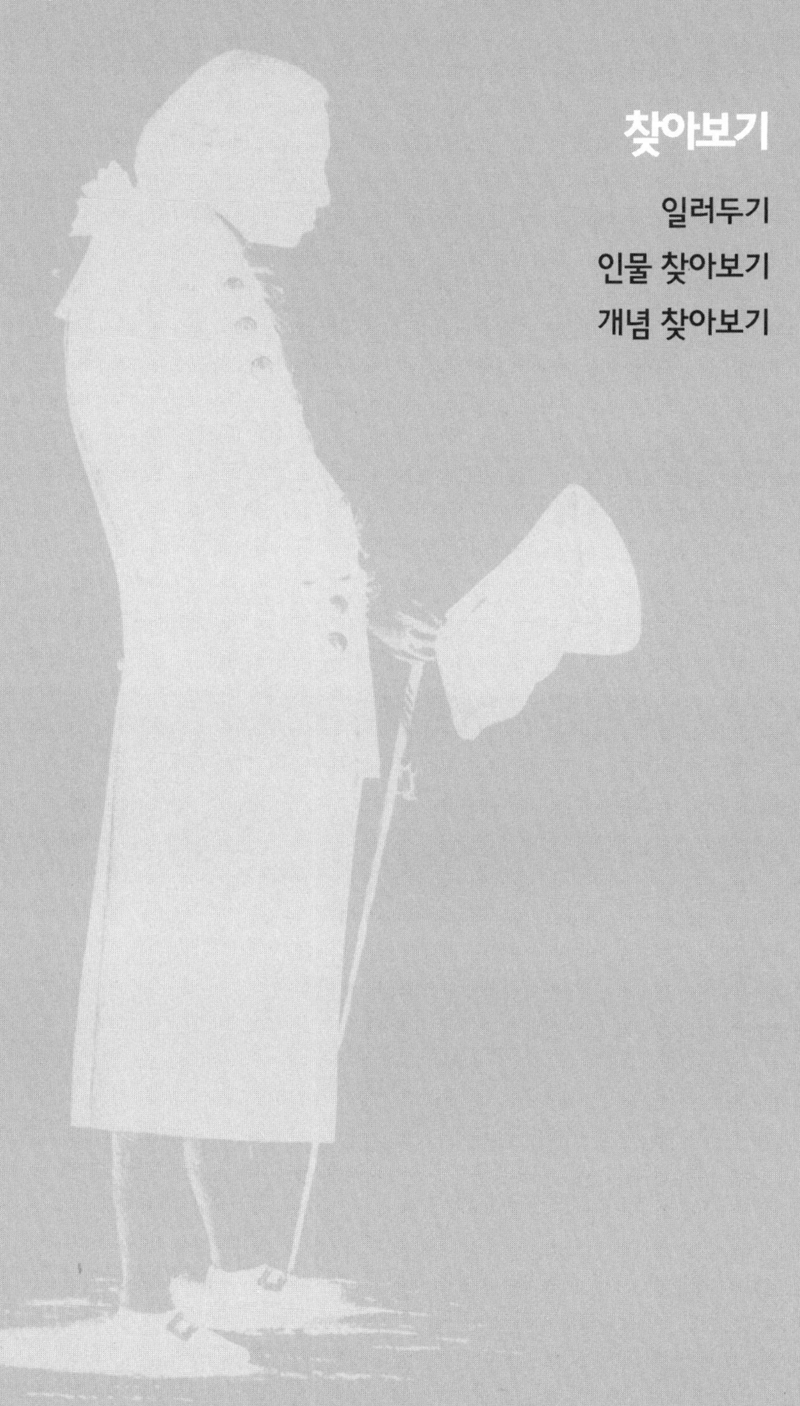

찾아보기

| 일러두기 |

1. 편찬 체제

☞ 이 찾아보기의 편찬 체제는 다음의 차례를 따른다.

표제어(어깨번호)〔한자〕원어
¶ 용례 면수

☞ 『실용적 관점에서의 인간학』의 면수는 제2판(1800년 판)〔=B〕의 본문 면수이다.
☞ 칸트의 원주는 면수 뒤에 '주'라는 말을 별도로 붙인다.

2. 약호 목록

¶ 용례를 나타낸다.
→ 바로 뒤에 이어지는 표제어나 면수를 참조하라.
← 바로 앞에 놓인 말을 참조하라.
↔ 반대말이나 대조되는 말을 나타낸다.

| 인물 찾아보기 |

| 개념 찾아보기 |

ㄱ

ㄷ

ㄹ

ㅁ

ㅂ

ㅅ

ㅇ

ㅈ

ㅊ

ㅋ

ㅌ

ㅍ

ㅎ

옮긴이

백종현(白琮鉉)

서울대학교 명예교수. 한국포스트휴먼학회 회장.

서울대학교 철학과에서 학사 · 석사 과정 후 독일 프라이부르크 대학에서 철학박사 학위를 받았다. 인하대 · 서울대 철학과 교수, 서울대 철학사상연구소 소장, 서울대 인문학연구원 원장, 한국칸트학회 회장, 한국철학회 『철학』 편집인 · 철학용어정비위원장 · 회장 겸 이사장을 역임하였다.

주요 논문으로는 "Universality and Relativity of Culture"(*Humanitas Asiatica*, 1, Seoul, 2000), "Kant's Theory of Transcendental Truth as Ontology"(*Kant-Studien*, 96, Berlin & New York, 2005), "Reality and Knowledge"(*Philosophy and Culture*, 3, Seoul 2008) 등이 있으며, 주요 저서로는 *Phänomenologische Untersuchung zum Gegenstandsbegriff in Kants "Kritik der reinen Vernunft"*(Frankfurt/M. & New York, 1985), 『독일철학과 20세기 한국의 철학』(1998/증보판 2000), 『존재와 진리—칸트 〈순수이성비판〉의 근본 문제』(2000/2003/전정판 2008), 『서양근대철학』(2001/증보판 2003), 『현대한국사회의 철학적 문제: 윤리 개념의 형성』(2003), 『현대한국사회의 철학적 문제: 사회 운영 원리』(2004), 『철학의 개념과 주요 문제』(2007), 『시대와의 대화: 칸트와 헤겔의 철학』(2010), 『칸트 이성철학 9서5제』(2012), 『동아시아의 칸트철학』(편저, 2014), 『한국 칸트철학 소사전』(2015) 『포스트휴먼 시대의 휴먼』(공저, 2016), 『이성의 역사』(2017), 『제4차 산업혁명과 새로운 사회 윤리』(공저, 2017), 『인공지능과 새로운 규범』(공저, 2018) 『인간이란 무엇인가 - 칸트 3대 비판서 특강』(2018), 『한국 칸트사전』(2019) 등이 있고, 역서로는 『칸트 비판철학의 형성과정과 체계』(1992)//『임마누엘 칸트 - 생애와 철학 체계』 (F. 카울바흐, 2019), 『실천이성비판』(칸트, 2002/개정2판 2019), 『윤리형이상학 정초』(칸트, 2005/개정2판 2018), 『순수이성비판 1 · 2』(칸트, 2006), 『판단력비판』(칸트, 2009), 『이성의 한계 안에서의 종교』(칸트, 2011), 『윤리형이상학』(칸트, 2012),『형이상학 서설』(칸트, 2012), 『영원한 평화』(칸트, 2013), 『실용적 관점에서의 인간학』(칸트, 2014), 『교육학』(칸트, 2018) 등이 있다.

한국어 칸트전집 제16권

실용적 관점에서의 인간학

대우고전총서 037

1판 1쇄 펴냄 | 2014년 9월 2일
1판 3쇄 펴냄 | 2019년 10월 17일

지은이 | 임마누엘 칸트
옮긴이 | 백종현
펴낸이 | 김정호
펴낸곳 | 아카넷

출판등록 2000년 1월 24일(제406-2000-000012호)
10881 경기도 파주시 회동길 445-3
전화 031-955-9511(편집) · 031-955-9514(주문) | 팩시밀리 031-955-9519
책임편집 | 김일수
www.acanet.co.kr

철학, 서양철학, 독일철학, 칸트 KDC 165.2

Printed in Seoul, Korea.

ISBN 978-89-5733-384-6 94160
ISBN 978-89-89103-56-1 (세트)

이 도서의 국립중앙도서관 출판예정도서목록(CIP)은
서지정보유통지원시스템 홈페이지(http://seoji.nl.go.kr)와
국가자료공동목록시스템(http://www.nl.go.kr/kolisnet)에서 이용하실 수 있습니다.
(CIP제어번호: CIP2014023784)